Kim de Groote / Flavia Nebauer
Kulturelle Bildung im Alter

Kulturelle Bildung vol.7

Eine Reihe der BKJ - Bundesvereinigung Kulturelle Kinder- und Jugendbildung, Remscheid (vertreten durch Hildegard Bockhorst und Wolfgang Zacharias) bei kopaed

Beirat
Burkhard Hill (FH München-Pasing)
Birgit Jank (Universität Potsdam)
Birgit Mandel (Universität Hildesheim)
Wolfgang Sting (Universität Hamburg)
Reiner Treptow (Universität Tübingen)

Kulturelle Bildung setzt einen besonderen Akzent auf den aktiven Umgang mit künstlerischen und ästhetischen Ausdrucksformen und Wahrnehmungsweisen: Von Anfang an und lebenslang. Sie umfasst den historischen wie aktuellen Reichtum der Künste und der Medien. Kulturelle Bildung bezieht sich zudem auf je eigene Formen der sich wandelnden Kinderkultur und der Jugendästhetik, der kindlichen Spielkulturen und der digitalen Gestaltungstechniken mit ihrer Entwicklungsdynamik.

Entsprechend der Vielfalt ihrer Lernformen, Inhaltsbezüge und Ausdrucksweisen ist kulturelle Bildung eine Querschnittsdisziplin mit eigenen Profilen und dem gemeinsamen Ziel: Kultur leben lernen. Sie ist gleichermaßen Teil von Sozial- und Jugendpolitik, von Kunst- und Kulturpolitik wie von Schul- und Hochschulpolitik bzw. deren Orte, Institutionen, Professionen und Angebotsformen.

Die Reihe „Kulturelle Bildung" will dazu beitragen, Theorie und Praxis kultureller Bildung zu qualifizieren und zu professionalisieren: Felder, Arbeitsformen, Inhalte, Didaktik und Methodik, Geschichte und aktuelle Entwicklungen. Die Reihe bietet dazu die Bearbeitung akzentuierter Themen der ästhetisch-kulturellen Bildung, der Kulturvermittlung, der Kinder- und Jugendkulturarbeit und der Kulturpädagogik mit der Vielfalt ihrer Teildisziplinen: Kunst- und Musikpädagogik, Theater-, Tanz-, Museums- und Spielpädagogik, Literaturvermittlung und kulturelle Medienbildung, Bewegungskünste, Architektur, Stadt- und Umweltgestaltung.

Kim de Groote / Flavia Nebauer

Kulturelle Bildung im Alter

Eine Bestandsaufnahme
kultureller Bildungsangebote
für Ältere in Deutschland

herausgegeben vom
Institut für Bildung und Kultur e.V.

www.kopaed.de

Die Studie und die Publikation sind entstanden im Rahmen des Projekts „Kulturelle Bildung im dritten und vierten Lebensalter" des IBK, das vom Bundesministerium für Bildung und Forschung in 2007 bis 2008 gefördert wurde (Förderkennzeichen KB01606).

GEFÖRDERT VOM

Die Autorinnen *Kim de Groote*, Dipl. Päd., Studium der Erwachsenenbildung, und *Flavia Nebauer*, Dipl. Soz., M.A., Studium der Soziologie und Erwachsenenbildung, sind wissenschaftliche Mitarbeiterinnen beim Institut für Bildung und Kultur e.V.

Projektleitung: Gerda Sieben / Almuth Fricke
Lektorat und Abstracts: Christina Müller
Übersetzung: Jennifer Taylor

Das Institut für Bildung und Kultur e.V. (IBK) in Remscheid wurde 1984 als Einrichtung der Forschung und Modellentwicklung im Bereich Kultur und Bildung gegründet. Schon 1989 entwickelte das IBK im Auftrag des Bundesministeriums für Bildung und Wissenschaft in dem Modellvorhaben „Künstler in der kulturellen Bildungsarbeit" neue Konzepte der kulturellen Bildung, auch für den Bereich der Seniorenkulturarbeit. Mit dem vom Ministerium für Generationen, Familie, Frauen und Integration des Landes NRW geförderten Projekt „mehrkultur55plus" hat das Institut zwischen 2004 und 2007 einen landesweiten Dialog zu den Chancen der Kulturwirtschaft im demografischen Wandel initiiert und konnte zahlreiche Erfahrungen in der praktischen Kulturarbeit mit und von Älteren sammeln. Analog dazu entstand das vom IBK koordinierte Europäische Netzwerk für Kultur im Alter „age-culture.net" als überregionale Plattform zur Zusammenarbeit zum Thema in Europa. Die Erfahrungen und Kompetenzen aus der langjährigen Projektarbeit führten 2006 zur Gründung von kubia – Europäisches Zentrum für Kultur und Bildung im Alter als Fachabteilung des IBK.

Bibliografische Information Der Deutschen Nationalbibliothek Die Deutsche Nationalbibliothek verzeichnet diese Publikation in der Deutschen Nationalbibliografie; detaillierte bibliografische Daten sind im Internet über http://dnb.ddb.de abrufbar

Herausgeber
Institut für Bildung und Kultur e.V.
Küppelstein 34, 42857 Remscheid
Fon 02191.794 295 Fax 02191.794 290
e-mail: ibk@ibk-kultur.de
Internet:www.ibk-kultur.de www.ibk-kubia.de

ISBN 978-3-86736-037-1
Druck: Kessler Druck + Medien, Bobingen
© kopaed 2008
Pfälzer-Wald-Str. 64, 81539 München
Fon: 089. 688 900 98 Fax: 089. 689 19 12
e-mail: info@kopaed.de Internet: www.kopaed.de

Inhalt

Grußwort 7
A word of welcome 9

Vorwort 11
Foreword 13

Kulturelle Bildung im Alter:
Kontext, Handlungsfelder, Perspektiven – ein Überblick 15
Cultural education for seniors:
Context, fields of activity, prospects – an overview 24

Kultur – Bildung – Alter 33

Wirkungsweisen und Methoden kultureller Bildung 33
Konzepte und Traditionen der Altersbildung im historischen Überblick 35
Besonderheiten einer kulturellen Bildung im Alter 38

Untersuchungsdesign 43

Zentrale Begriffe 43
Methodisches Vorgehen 45

Kultur- und Bildungsteilhabe im Alter – Forschungs- und Diskussionsstand 50

Empirische Studien zu Kultur – Bildung – Alter 51
Stand des kulturpolitischen Diskurses 55

Die Förderpraxis in den Bundesländern 59

Die Praxisfelder 69

    1. Alte Meister – Kulturvermittlung für Ältere in der Hochkultur 75
       Old Masters – High culture outreach for seniors
    2. Es ist nie zu spät –
       Angebote 50+ von kulturpädagogischen Einrichtungen 97
       It's never too late – Cultural education institution programs
       for the 50+ group

3. Senioren und Punker unter einem Dach – Soziokulturelle Zentren 121
   Seniors and Punkers under one roof – Sociocultural centres
4. „Gott schickt nicht in Rente" – Kirchen als Anbieter kultureller Bildung 137
   „There's no need to retire from God" – Churches as venues of cultural education
5. Zwischen Heimat und Fremde – Integration durch kulturelle Bildung: Die Rolle der Migrantenselbstorganisationen und Einrichtungen der Migrationsarbeit 163
   Caught between homeland and new home – Integration through cultural education: The role of immigrant self-help organizations and institutions for immigration work
6. Lebenslanges Lernen nicht nur bis zur Rente – Einrichtungen der Erwachsenenbildung 193
   Lifelong learning beyond retirement – Adult education institutions
7. Kunst und Kultur in Eigenregie – Selbstorganisierte Aktivitäten 233
   Do it yourself art and culture – Self-organized activities

Abbildungs- und Tabellenverzeichnis 263

Literaturverzeichnis 265

Grußwort

Medizinischer und technischer Fortschritt haben dazu geführt, dass die Lebenserwartung der Menschen in Deutschland kontinuierlich gestiegen ist. Die Chancen, gesund zu altern, sind heute besser denn je. Immer mehr Menschen sind in der Lage, bis ins hohe Alter ihr eigenes Leben aktiv zu gestalten. Nach der Erwerbsphase haben sie mehr Möglichkeiten als frühere Generationen, ihre Freizeit bewusst zu gestalten oder sich zu engagieren. Diese Altersgruppe ist deshalb nicht nur auf der Suche nach Betreuungs- und Pflegemöglichkeiten; gerade qualitativ hochwertige, anregende und sinnstiftende Angebote werden nachgefragt.

Kultur und kulturelle Bildungsangebote gewinnen in diesem Lebensabschnitt immer mehr an Bedeutung. Kulturelle Bildung vermittelt Lebensqualität, sichert gesellschaftliche Teilhabe und bietet die Möglichkeit, das reiche Erfahrungswissen älterer und alter Menschen zu nutzen. Wie die Studie zeigt, bringen die Senioren ihre Kompetenzen schon heute in das kulturelle Leben ihrer Stadt oder Region ein. Neben zahlreichen Beispielen für ehrenamtliches Engagement und selbst organisierten kulturellen Initiativen gibt es zudem vielfältige Angebote von kulturellen Einrichtungen und den Kirchen.

Die Motivation für die Wahrnehmung von Bildungsangeboten im Alter unterscheidet sich von anderen Lebensabschnitten, in denen Bildungsanstrengungen häufig in unmittelbarem Zusammenhang mit dem Erwerbsleben stehen. Die Entwicklung seniorenspezifischer Bildungsangebote wurde aber von den Akteuren im Bildungs-, Kultur- und Sozialbereich bisher noch nicht ausreichend in den Blick genommen.

Das Bundesministerium für Bildung und Forschung hat deshalb eine Bestandsaufnahme angeregt und gefördert. Vor dem Hintergrund des demografischen Wandels müssen Antworten auf die Frage gefunden werden, wie die gewonnenen Lebensjahre im Alter mit Sinn erfüllt werden können. Die kulturellen Bildungsangebote müssen in Zukunft weiter an Qualität gewinnen, möglichst vielen Menschen der älteren Generation offenstehen und zugleich zu Eigeninitiative anregen.

Das Institut für Bildung und Kultur in Remscheid hat mit der vorliegenden Publikation eine wichtige Informationsgrundlage geschaffen. Sie gibt vielfältige Anregungen, wie die bisherigen Erfahrungen bei der Weiterentwicklung kultureller Bildungsangebote für Ältere genutzt werden können. Die Ergebnisse der Studie können entscheidend dazu beitragen, neue attraktive Angebote zu erarbeiten.

Dr. Annette Schavan, MdB
Bundesministerin für Bildung und Forschung

A word of welcome

Medical and technical progress have led to a steadily rising life expectancy for people in Germany. The chances of enjoying good health until an advanced age are today better than ever. More and more people are able to lead active lives well beyond retirement age. Once leaving their working years behind them, they have more opportunities than previous generations for engaging in leisure-time activities or becoming involved in projects. This age group is therefore not only interested in nursing and care issues, but is on the lookout for high-quality, stimulating and meaningful pastimes.

Culture and cultural education offerings are taking on enhanced significance in this phase of life. Cultural education is an integral part of quality of life, while also ensuring participation in society for its older members and offering younger people the opportunity to take advantage of the rich stock of knowledge and experience that has been gathered in the course of long lives. As the study shows, seniors are already contributing their expertise toward enriching the cultural life of their city or region. In addition to numerous examples of volunteer involvement and self-organized cultural initiatives, there are also a variety of offerings from cultural institutions and the churches.

The motivation for taking advantage of educational opportunities in advanced years is different from that in other phases of life, when learning is often directly connected with earning. However, those in charge of developing educational, cultural and social programs have yet to adequately take into consideration the needs of the senior generation.

The Federal Ministry of Education and Research has therefore initiated and sponsored a study of the current state of cultural education for seniors in Germany. In view of dramatic demographic changes, answers must be found to the question of how the years we have gained in the latter part of our lives can be made more fulfilling. Cultural education offerings must in future continue to improve in quality, be open as much as possible to the older generation and at the same time encourage people to take the initiative on their own.

With this publication, the Institute for Education and Culture in Remscheid has created an important information resource. It provides versatile ideas on how to make use of what we have learned so far about developing cultural educational offerings for the elder members of society. The results of the study can play a vital role in shaping new and attractive opportunities for active seniors.

Dr. Annette Schavan, Member of the German Bundestag
Federal Ministry of Education and Research

Vorwort

Das Alter der anderen vermittelt uns immer eine Antizipation unseres kommenden Alters.
Michel Philibert

Im Jahr 2007 erstellte das Institut für Bildung und Kultur aufgrund seiner langjährigen Erfahrungen im Themenfeld eine Bestandsaufnahme kultureller Bildungsangebote im Alter – keine leichte Aufgabe angesichts der heterogenen Landschaft von Anbietern, den unterschiedlichen Konzeptionen und Traditionen kultureller Bildung sowie der aktuell sehr dünnen Datenlage. Die Untersuchung wurde vom Bundesministerium für Bildung und Forschung angeregt und gefördert. Ein Anliegen war es, die Vielfalt zu systematisieren und darzustellen. Erstmalig wird ein umfassender Überblick über Praxisfelder und Akteure kultureller Bildung für ältere Menschen gegeben. Angebotsformen, die erfolgreich praktiziert werden und nachahmenswert sind, werden beschrieben, Entwicklungsperspektiven und Bedarfe aufgezeigt.

Die aktive Auseinandersetzung mit Kunst und Kultur hilft – dies ist erwiesen – dem älter werdenden Menschen, die spezifischen Entwicklungsaufgaben in der Lebensphase Alter zu bewältigen. Sowohl der Kultur- als auch der Bildungsbereich sind in besonderer Weise gefordert zu zeigen, wie der gesellschaftliche Zuwachs an Lebenszeit positiv gestaltet werden kann und wie kulturelle Beteiligung und Aktivität dazu beitragen, Gesundheit, Lebensqualität und soziale Netzwerke zu erhalten.

Die Arbeit an sich selbst, die Entwicklung einer persönlichen Lebenskunst, darf jedoch nicht nur dem Einzelnen überlassen bleiben, vielmehr liegt es auch in der öffentlichen Verantwortung, dies zu unterstützen. Auf den Stellenwert von kultureller Bildung in der Lebensperspektive und die damit zusammenhängende öffentliche Verantwortung wird ausdrücklich von der Enquete-Kommission „Kultur in Deutschland" in ihrem im Dezember 2007 veröffentlichten Schlussbericht hingewiesen. Möglichkeiten und Rahmenbedingungen zu schaffen, die das individuelle „Projekt des guten langen Lebens" befördern, sollte von der Kultur- und Sozialpolitik als Querschnittsaufgabe begriffen werden.

Altern ist, das verdeutlicht das eingangs genannte Zitat des Philosophen Philibert, nicht nur ein naturgegebener Prozess, sondern immer auch Ergebnis von gesellschaftlichen Diskursen über das Alter. Wie die jüngeren Generationen *heute* über Fähigkeiten und Entwicklungsmöglichkeiten älterer Menschen denken, welche Optionen ältere Menschen haben, um an der Gesellschaft teilzuhaben, gibt einen Vorgeschmack darauf, was *morgen* auf uns zukommt.

Die Schaffung einer besseren Infrastruktur kultureller Erwachsenenbildung und die spezielle Förderung einer kulturellen Bildung im Alter verdient nicht zuletzt angesichts der demografischen Veränderungen großes gesellschaftliches Interesse. Das vorliegende Handbuch leistet einen Beitrag zum aktuellen Diskurs und macht gleichzeitig sehr deutlich, welchen Entwicklungsbedarf in Forschung und Praxis es noch gibt.

Ich wünsche allen Leserinnen und Lesern eine anregende Lektüre und viele neue Ideen für die praktische Arbeit – und uns allen ein von Kunst und Kultur bereichertes Leben im Alter.

Prof. Dr. Max Fuchs
(Vorsitzender des Instituts für Bildung und Kultur)

Foreword

The aging of others gives us a foretaste of how we ourselves will age one day.
Michel Philibert

In 2007 the Institute for Education and Culture put together a review of cultural education offerings for seniors based on its own long years of experience in the field. This was not an easy task in view of the heterogeneous landscape of education providers, the disparate concepts and traditions of cultural education, and the scarce data available today. The study was proposed and supported by the Federal Ministry of Education and Research. One of the objectives was to obtain a systematic idea of the variety of offers available. For the first time a comprehensive overview was compiled of the fields of practice and the actors in the realm of cultural education for older people. The study describes forms of education that are being practiced successfully and are worthy of emulation, as well as ascertaining contemporary needs and prospects for further development.

It has been proven that active encounters with art and culture help the aging individual to cope better with the specific developmental tasks required in the latter years of life. Both the cultural and educational realms are called upon to demonstrate how the expanding number of retirement years enjoyed by people in our society can be spent constructively and how cultural participation and activity can contribute to maintaining health, quality of life and social networks.

Personal development and shaping an individual art of living are tasks that must not be left up to each individual; instead, it is a civic responsibility to provide assistance here. The enquete commission „Culture in Germany" expressly stressed in its final report published in December 2007 that priority must be given to cultural education in view of today's longer lifespans, and that this task is a civic duty. Creating opportunities and the right framework conditions for promoting the individual „project of the good long life" should be understood by cultural and social policymakers as a task that touches upon many different fields.

Aging, as demonstrated by the quote from philosopher Michel Philibert above, is not only a natural process, but also always the result of social discourses on aging. How the younger generations view the capabilities of and development opportunities for older people *today*, and which options are open to senior citizens for participating in society, gives us a foretaste of what to expect *tomorrow*.

Creating a better infrastructure for cultural adult education and, specifically, promoting cultural education for seniors deserve to be subjects of great interest to society – not least in view of the demographic changes we are facing today. This manual makes a contribution to the current discourse and at the same time points out the need for further development in research and practice.

I hope that all readers will find inspiration and many new ideas here for their day-to-day work – and wish all of us a life rich in art and culture in our own advancing years.

Prof. Dr. Max Fuchs
(Chairman of the Institute for Education and Culture)

Kulturelle Bildung im Alter:
Kontext, Handlungsfelder, Perspektiven - ein Überblick

> *„Kultur kann weder die Ursachen noch die Folgen demografischen Wandels ändern oder abschwächen, sie kann jedoch ein Instrument sein, mit dem Wandel bewusst umzugehen, ihn individuell und gemeinschaftlich zu bewältigen."*
> (Deutscher Bundestag 2007, S. 227)

Statistische Fakten: Ältere Menschen sind

...zahlreicher

Die Zahl der Über-65-Jährigen wird bis 2037 um 50 % steigen, bis 2050 dann leicht um vier % zurückgehen. Die Zahl der Über-80-Jährigen wird von 3,6 Millionen im Jahr 2005 auf 5,9 Millionen im Jahr 2020 ansteigen. Prognosen zufolge werden im Jahr 2050 zehn Millionen Menschen über 80 Jahre alt sein (Bundesamt für Statistik 2006, S. 42 ff., zu den Auswirkungen und Hintergründen des demografischen Wandels vgl. ausführlich Kaufmann 2006, zu Fakten und Zahlen in Europa vgl. Kommission der Europäischen Gemeinschaften 2007).

...gebildeter

Heute verfügen Senior/inn/en über höhere Schulabschlüsse als Senior/inn/en früherer Kohorten und nehmen im Vergleich häufiger an Bildungsmaßnahmen teil – wenn diese Teilnahme mit zunehmendem Alter auch gravierend rückläufig ist (Schröder/Gilberg 2005, S. 62 ff.).

...gesünder

Aufgrund von gesünderen Lebensumständen und dem medizinisch-technischen Fortschritt haben Menschen eine erhöhte Lebenserwartung. So können sie relativ lang gesund altern. Allerdings nimmt auch das Risiko zu, in sehr hohem Alter pflegebedürftig zu werden. Zusätzlich wird die Anzahl chronisch kranker Menschen zunehmen (Bundesinstitut für Bevölkerungsforschung 2004, S. 65).

Im Jahr 2008 sind ältere Menschen in Deutschland wie auch in Europa zahlreicher, gebildeter und gesünder als die Älteren früherer Generationen und diese Tendenzen werden zukünftig weiter zunehmen. Ab 2020 kommen die geburtenstarken Jahrgänge ins Seniorenalter, die Lebenserwartung steigt. Viele der deutschen Seniorinnen und Senioren verfügen zudem über eine gute finanzielle Absicherung.[1]

Das Altersbild wandelt sich: Entwicklungs- und Leistungsfähigkeit, Aktivität und Attraktivität sind Eigenschaften, die heute nicht mehr nur jungen Menschen zugeschrieben werden. Der Ruhestand hat längst seinen Charakter als „Restzeit" verloren, viele wollen sich auch im Alter noch aktiv in die Gesellschaft einbringen.

Die gegenwärtige Altersbildung hat den Anspruch, die mit dem demografischen Wandel einhergehenden Herausforderungen unterstützend zu

---

[1] Eine repräsentative Einkommensstudie in Nordrhein-Westfalen an 5.013 Haushalten mit Personen zwischen 55 und 80 Jahren in 2002 ergab, dass „80 % der befragten Haushalte sich in einer guten bis sogar sehr guten finanziellen Situation befinden und über eine mittlere bis starke Kaufkraft verfügen (Reichert/Born 2003, S. 87 ff.).

begleiten. Bildungs- und Kulturbereich sind neben Gesundheits- und Sozialbereich in besonderer Weise gefordert zu zeigen, wie der gesellschaftliche Zuwachs an Lebenszeit positiv gestaltet werden kann und umgekehrt, wie soziale Integration und Beteiligung dazu beitragen, Gesundheit und Lebensqualität zu erhalten.

Dabei ist stets zu beachten, dass Altern als Prozess des Älterwerdens sich höchst individuell vollzieht. Die Individualisierung und Pluralisierung von Lebensstilen und Lebensumständen macht eine differenzierte Betrachtung der „Generation 50+" notwendig. Neben den finanziell abgesicherten Senior/inn/en gibt es ein breites Spektrum älterer Bevölkerungsgruppen, deren Leben durch Altersarmut gekennzeichnet ist. Viele Ältere verfügen über zahlreiche Ressourcen und Kompetenzen, im anderen Extrem aber sind Beeinträchtigungen und Einsamkeit lebensbestimmende Faktoren (vgl. Zentrum für Kulturforschung 2008, S. 44 ff.).

Die aktiven und finanziell unabhängigen Älteren, vielfach interessiert und mobil, sind eine wichtige Zielgruppe sowohl für den Bildungsmarkt als auch die Kulturwirtschaft. Laut Prognosen des Deutschen Instituts für Wirtschaftsforschung (DIW) in Berlin werden die privaten Konsumausgaben für Kultur voraussichtlich steigen. Gerade die älteren Generationen geben überdurchschnittlich viel für diesen Bereich aus.

> Die Untersuchung „Auswirkungen des demografischen Wandels auf die private Nachfrage nach Gütern und Dienstleistungen in Deutschland" prognostiziert, dass im Jahr 2050 ein durchschnittlicher Haushalt in Deutschland knapp ein Drittel mehr für Freizeit, Unterhaltung und Kultur ausgeben wird als im Jahr 2003. Ältere Menschen über 60 Jahre repräsentieren derzeit rund 316 Mrd. Euro Kaufkraft jährlich und tragen damit etwa ein Drittel der Gesamtausgaben für den privaten Konsum. Ihre Finanzkraft wird bis 2050 auf etwa 386 Mrd. Euro anwachsen, was dann mehr als 41 % der Gesamtausgaben ausmachen wird (Deutscher Bundestag 2007, S. 222).

Ältere engagieren sich zudem in steigendem Maße ehrenamtlich und tragen in vielfältiger Weise selbst zu einer lebendigen Bildungs- und Kulturlandschaft bei. Auch weniger mobile und finanziell gut gestellte Ältere müssen allerdings bei der Planung von Bildungs- und Kulturangeboten berücksichtigt werden.

Kulturelle Bildung und aktive Kulturnutzung sind Schlüssel für Integration und Lebensqualität auch und gerade im Alter. Kunst und Kultur sind – wie für den Bereich der kulturellen Kinder- und Jugendbildung vielfach nachgewiesen – zentrale Sozialisationsfaktoren und „Werkzeuge des Weltzugangs". Dies gilt auch in der zweiten Lebenshälfte. Für diese eigenständige Lebensphase ist der Entwurf neuer biografischer Projekte notwendig, die Frage der Beteiligung am sozialen Leben stellt sich in neuer Form (Kohli 1992 nach Sommer u. a. 2004, S. 13). Die älteren Menschen werden mit Veränderungen, Zuschreibungen und biografischen Wendepunkten konfrontiert und zu Anpassungsprozessen herausgefordert. Zudem erfordern die anwachsende Lebenserfahrung und die schrumpfende Lebenszeitperspektive neue Integrationsleistungen und veränderte Handlungsstrategien. Kunst und Kultur können dazu beitragen, diese Veränderungsprozesse, Fragestellungen, Emotionen und Widersprüche mit künstlerischen Mitteln zu thematisieren, zu kommunizieren und einer Auseinandersetzung zugänglich zu machen (Sieben 2005, S. 5).

Kulturelle Bildung, bei der der Erwerb der gern genannten „Schlüsselkompetenzen" wie Kreativität, Kommunikations- und Reflexionsfähigkeit ganz zentral ist, stellt somit einen Weg dar, sich auf die verändernde Gesellschaft einzustellen und den Herausforderungen kompetent zu begegnen. Während Bildungsanstrengungen in früheren Lebensabschnitten vor allem Orientierung für das Erwachsenenleben geben sollen oder sich auf Veränderungen innerhalb des Berufsalltags beziehen, fällt die Lebensphase „Alter" weitgehend aus diesem Begründungszusammenhang heraus. Hier entstehen zahlreiche neue Lernsituationen und Motivationen. Diese können im Rahmen dieser Sekundäranalyse nicht umfassend beschrieben werden, doch zeigen Experteninterviews und Literatur ein breites Spektrum auf. Es gibt einen Bedarf an Anpassungswissen an neue Kulturtechniken (z. B. Internet) oder an Kulturformen zur Bewältigung von Krisen (z. B. Trauerarbeit) und körperlichen Veränderungen im Alter sowie die Notwendigkeit der Qualifizierung für ehrenamtliches Engagement. Themen bewegen sich zwischen der Freiheit von der konkreten Verwertbarkeit des Wissens im Beruf, der Schere im Kopf, was im Alter wohl noch erlernbar ist und was sich „noch zu lernen lohnt", dem Wunsch, aufgeschobene Bildungswünsche zu realisieren und Neugier zu befriedigen. Daneben gibt es auch und gerade im Alter ein breites Feld von Lernanlässen und Bildungsinteressen, die aber noch nicht systematisch erforscht worden sind.

Das Institut für Bildung und Kultur hat einen Überblick über die wichtigsten Praxisfelder im Bereich „Kulturelle Bildung im Alter" und die bestehenden Entwicklungen, Bildungstrends sowie Bedarfe erstellt. Die vorliegende Studie wurde vom Bundesministerium für Bildung und Forschung angeregt und gefördert. Mit der Untersuchung wurde erstmalig eine umfassende bundesweite Bestandsaufnahme der kulturellen Bildungslandschaft mit dem Fokus auf ältere Menschen als Nutzer/innen, Besucher/innen, Teilnehmer/innen sowie Produzent/inn/en und Anbieter/innen kultureller Bildung erhoben. Es geht also um kulturelle Bildung für, mit und von Senior/inn/en. Auf der Grundlage von Experteninterviews, Sekundäranalyse und Feldrecherche wurden von den folgenden elf Praxisfeldern Portraits angefertigt:
>> Kulturinstitutionen (z. B. städtische Theater, Museen),
>> kulturpädagogische Einrichtungen (z. B. Musikschulen, Malschulen),
>> Volkshochschulen,
>> kirchliche Träger der Erwachsenenbildung (z. B. konfessionelle Akademien und Bildungsstätten),
>> Universitäten (Seniorenstudium),
>> Seniorenakademien,
>> kirchliche Gemeinde- und Altenarbeit (z. B. Altenclubs, Erzählcafés),
>> kirchliche Kulturarbeit (z. B. Bibliotheken, Kirchenchöre, Kulturkirchen),
>> soziokulturelle Zentren,
>> Migrantenselbstorganisationen und Einrichtungen der Migrationsarbeit sowie
>> selbstorganisierte Aktivitäten.

Die Ergebnisse der Untersuchung werden in dem vorliegenden Handbuch vorgestellt. Das Handbuch will den Akteuren aus Politik, Verwaltung und Praxis im Bildungs-, Sozial- und Kulturbereich einen Überblick über die Angebotsformen kultureller Bildung für ältere Menschen geben. Es soll als Anregung dienen, kulturelle Bildungsangebote für diese Zielgruppe zu konzipieren und anzubieten bzw. sich mit anderen Akteur/inn/en zu vernetzen. Gute Beispiele unterstützen die Verwertbarkeit für die Praxis.

Im Verlauf unserer Untersuchung wurden verschiedene allgemeine Trends, Bedarfe und Entwicklungsperspektiven deutlich. Diese werden am Ende der einzelnen Kapitel zu den beschriebenen Praxisfeldern ausführlicher diskutiert. Im Folgenden wird ein allgemeiner Überblick über die wichtigsten Ergebnisse gegeben.

>> Angebote an der Nachfrage orientieren

Bestehende Angebote müssen weiterentwickelt und auf die Bedürfnisse und vielfältigen Interessen von Senior/inn/en zugeschnitten werden. Anbieter sollten dabei Folgendes bedenken:
>> Die Interessen von Senior/inn/en haben sich verschoben. Traditionelle Angebote gehen nicht selten an den Bedürfnissen und Interessen der Senior/inn/en vorbei.
>> Senior/inn/en werden immer besser gebildet sein. Angebote müssen dem gerecht werden und qualitätsvoll sein.
>> Senior/inn/en altern heute gesünder. Angebote sollten deshalb nicht nur gesundheitsfördernde Aspekte in den Vordergrund stellen.
>> Eine Nachfrageorientierung schließt auch die Entwicklung neuer Formate, z. B. zeitlich flexible Angebote, mit ein.
>> Das Gros der Seniorenhaushalte befindet sich in einer guten bis sehr guten finanziellen Situation. Dennoch bleibt die Altersarmut ein gravierendes Problem, sowohl bei Senior/inn/en mit als auch ohne Migrationshintergrund. Angebote, die für weniger wohlhabende Menschen erschwinglich sind, sollten gefördert werden.

Es steht fest, dass noch viel mehr Senior/inn/en für die kulturelle Bildung gewonnen werden könnten. Angesichts der Pluralisierung von Lebenslagen und der Individualisierung der Lebensläufe ist ein breites Spektrum von Altersbildungskonzepten mit alternativen didaktischen und methodischen Ansätzen notwendig. „Neue Generationen" von Älteren, die sich durch ein gewachsenes Selbstbewusstsein, höheren Bildungsgrad und einen zunehmenden Anteil von Singles und Migrant/inn/en auszeichnen, müssen in den Angeboten der kulturellen Bildung stärker berücksichtigt werden. Um sich gezielt auf die jeweiligen Bedürfnisse vor Ort einstellen zu können, sollten Institutionen verstärkt Besucherbefragungen/-forschung betreiben. Eine Bündelung der Ergebnisse könnte – neben einrichtungsspezifischen Rückschlüssen – zu interessanten Erkenntnissen führen.

>> Potenziale der Selbstorganisation und Kreativität Älterer aufgreifen und fördern

Senior/inn/en wollen nicht nur als Konsument/inn/en angesprochen werden, sondern ihre Freizeit selbstbestimmt gestalten und eigenschöpferisch aktiv werden. Eine Vielzahl von selbstorganisierten Bildungsformen zeigt, dass ältere Menschen (oft mit einem guten Bildungshintergrund) zunehmend ihre Bildungsinteressen auf der Basis eigener Ressourcen umsetzen. Individuell oder im Freundeskreis werden vorhandene Kulturinteressen gepflegt und ausgeweitet. Viele betätigen sich als Kulturvermittler: Sie gründen z. B. kulturtouristische Gruppen, Diskussionszirkel, Mediengruppen und Kunstwerkstätten (Sieben 2007). Auch der Boom der Seniorenakademien belegt die große Bereitschaft älterer Menschen zu Eigeninitiative und -engagement. Viele arbeiten freiwillig in kulturellen Zusammenhängen und genießen hier die Chance zu intergenerationellen Erfahrungsmöglichkeiten. Volkshochschulen, private Anbieter und soziokulturelle Träger reagieren auf diesen Trend, greifen Ideen auf und nehmen sie in ihre Angebotspalette mit auf. Die Wissensressourcen der Älteren und ihre Fähigkeiten zur Selbstorganisation bergen ein großes Potenzial, das durch gezielte fachliche Unterstützung erschlossen und in regionale und kommunale Zusammenhänge integriert werden kann. Dies wird nicht ohne Auswirkungen auf die Weiterentwicklung der Bildungslandschaft der kulturellen Bildung insgesamt bleiben.

Institutionen sollten Raum für Selbstbetätigung schaffen. Viele Einrichtungen sind auf ehrenamtliche Mitarbeiter/innen angewiesen und könnten ohne deren Einsatz nicht aufrecht erhalten werden. Das Erfahrungswissen Älterer bereichert zudem das Angebot. Zusätzlich kann hierdurch die Publikumsbindung gefördert werden, da die eigene Betätigung die Identifizierung mit der Institution stärkt. Ältere Ehrenamtliche sollten nicht aufgrund von Einsparungen eingesetzt werden, sondern Angebote durch ihre Erfahrungen ergänzen. Sie auf diese Arbeit vorzubereiten ist personal- und kostenintensiv.

Gute Voraussetzungen für eine fruchtbare Zusammenarbeit sind der Ausbau von Qualifizierungsprogrammen für Ehrenamtliche und Fortbildungen für Mitarbeiter/innen der Institutionen, die Ehrenamtliche gewinnen wollen. Das Miteinander von Haupt- und Ehrenamtlichen muss thematisiert werden. Eine unbürokratische finanzielle Förderung für selbstorganisierte Kulturprojekte im Amateurbereich wäre sinnvoll und wünschenswert.

>> Den Generationendialog anregen und begleiten

In allen untersuchten Praxisfeldern existieren sowohl zielgruppenspezifische als auch altersübergreifende Angebote. Beide Angebotsformen haben ihre Berechtigung und werden nachgefragt. Bei vielen Themen wirkt eine Ausschreibung als „Senioren-Angebot" jedoch eher abschreckend – gerade wenn man jüngere und fitte Senior/inn/en erreichen will.

Das Interesse an generationenübergreifendem Arbeiten ist groß. Kultur ist ein gutes Vehikel, um Generationen zusammenzubringen und das Lernen miteinander und voneinander anzuregen. Die große Resonanz auf die Möglichkeit eines Seniorenstudiums macht beispielhaft deutlich: Viele ältere Menschen wollen auch im Alter lernen und schrecken vor anspruchsvollen Inhalten nicht zurück. Viele wollen dies gern gemeinsam mit Jüngeren tun. Lernziele und Interessen sind jedoch verschieden. Ältere bereiten sich nicht auf den Arbeitsmarkt vor, sie haben weniger Zeitdruck, sie interessieren sich für andere Fragestellungen als jüngere Menschen und integrieren das neue Wissen auf andere Weise in ihren Erfahrungsschatz und in ihr Leben als junge Menschen. Diese unterschiedlichen Bildungserwartungen und Ziele können auch zu Konflikten führen – Unterschiede, die vielfach zu einer Abtrennung des Seniorenstudiums von den herkömmlichen Studiengängen geführt haben (Meyer-Wolters 2004).

Andererseits können solche Konflikte in altersgemischten Gruppen auch produktive Lernanlässe sein. Dies zeigen viele intergenerationelle Projekte im Kulturbereich. Noch fehlt eine systematische Erforschung und Evaluation von neuen didaktischen Konzepten für intergenerationelles Lernen. Diese können nur entwickelt werden, wenn Erkenntnisse über Lernen im Alter in Bildungsprozesse einbezogen werden. Dies ist auch im Bereich der kulturellen Bildung eine große Herausforderung.

>> Soziale Integration und kulturelle Teilhabe stärken

Durch biografische Wendepunkte wie den Verlust des Partners oder dem Ende des Berufslebens drohen im Alter soziale Netze auseinander zu fallen. Kunst und Kultur bieten Möglichkeiten zur sozialen Integration, zu kultureller Teilhabe und somit zu einer gesteigerten Lebensqualität. Mit künstlerischen Mitteln können Veränderungen, Lebenskrisen, Emotionen und Fragen reflektiert und verarbeitet werden. Senior/inn/en können sich durch Kunst und Kultur auf eine verändernde Gesellschaft einstellen, sie können aber auch einen wichtigen gesellschaftlichen Beitrag leisten, indem sie ihr kulturelles Gedächtnis weitertragen, anderen vermitteln oder mit anderen Generationen reflektieren.

Insbesondere Hochaltrigen droht Vereinsamung und soziale Isolation, wenn die eigene körperliche oder geistige Mobilität nachlässt. Eine besondere Berücksichtigung Hochaltriger findet bislang nur vereinzelt Berücksichtigung. Mit zunehmendem Alter nimmt der Besuch von Kulturinstitutionen stark ab. Es besteht ein Bedarf an aufsuchenden Angeboten für ältere, nicht mehr mobile Menschen.

Kaum entwickelt sind derzeit zudem Angebote kultureller Bildung für ältere Menschen aus weniger bildungsnahen Kreisen. Hier fehlen Programme zur Ermutigung und Anregung Älterer, sich wieder in Lernprozesse zu begeben.

Auch die Zielgruppe der älteren Migrant/inn/en wird bislang kaum angesprochen, obwohl sie einen immer größeren Anteil an der Bevölkerung ausmacht. Es liegen so gut wie keine

Kenntnisse bezüglich ihrer kulturellen Interessen und Beteiligungswünsche vor. Was für die Migrant/inn/en allgemein gilt, gilt in noch größerem Maße für die älteren Migrant/inn/en: Die klassischen kulturellen Institutionen und die kommunale Kulturplanung sind auf den wachsenden Anteil von Menschen mit Migrationshintergrund nicht hinreichend eingestellt. Dringend notwendig ist eine stärkere interkulturelle Orientierung, diese reicht von der interkulturellen Öffnung für Migrant/inn/en durch eine angepasste Programmplanung bis zur stärkeren Einbindung von Migrant/inn/en in die Entwicklung kultureller Konzepte und in Entscheidungsprozesse. Gute Praxisbeispiele zeigen, dass Angebote interkulturellen Lernens gelingen können und dass der kulturellen Bildung eine besondere Bedeutung für den interkulturellen Dialog zukommt.

>> **Kooperation und Vernetzung unterstützen**

Zwischen den Anbietern von kultureller Bildung für Senior/inn/en aus den Bereichen Bildung, Kultur und Soziales finden bereits viele Kooperationen statt. So werden gemeinsam Projekte von kulturellen und karitativen Trägern durchgeführt, man hilft sich mit Räumen aus oder bei der Suche nach qualifizierten Lehrkräften. Eine Unterstützung von Seiten der Politik durch die Förderung ressortübergreifender Projekte wäre in diesem Zusammenhang wünschenswert. Teilweise befinden sich die Träger aber auch in einer Konkurrenzsituation oder sie kennen sich überhaupt nicht. Chancen, die in Absprachen und dem Erzeugen von Synergieeffekten liegen, werden hier verpasst. Anbieter kultureller Bildung können sich durch Abstimmungen besser auf dem Markt positionieren, dies wird zur Vermeidung eines Überangebots ähnlicher kultureller (Bildungs-)Angebote in sich überlagernden Einzugsgebieten häufiger notwendig werden. Eine derartige systematische Vernetzung, die zudem einen Erfahrungsaustausch, das Lernen voneinander und die Erschließung neuer Lernorte ermöglicht, existiert nur in Teilbereichen bzw. regional.

>> **Forschungsbedarf decken**

> „Gegenwärtige Studien und Dokumentationen über die Altersgruppe der ab 50-Jährigen konzentrieren sich [...] vorrangig auf Fragestellungen aus den Bereichen Gesundheit, Pflege, Wohnsituation, Mediennutzung sowie allgemeine soziale und finanzielle Stellung von Senioren und blenden den Bereich der kulturellen Partizipation Älterer weitgehend aus" (Zentrum für Kulturforschung 2008, S. 5).

Studien und statistisches Material, die „Kulturelle Bildung im Alter" thematisieren, sind bislang sehr rar. Das KulturBarometer 50+ (Zentrum für Kulturforschung 2008) schließt hier zwar eine große Lücke, doch liegt der Fokus nicht auf kultureller Bildung, sondern auf kultureller Teilhabe und kulturellem Verhalten im Allgemeinen. Einer flächendeckenden und alle Akteure umfassenden Beschreibung der kulturellen Bildungslandschaft in Deutschland mit dem Fokus auf der Beteiligung Älterer sind daher zum jetzigen Zeitpunkt Grenzen gesetzt.

Es können hierfür eine Reihe von Gründen angeführt werden, die mit der aktuellen Datenlage, mit dem Organisationsgrad und der Organisationsstruktur der Träger und Einrichtungen sowie den Schwierigkeiten bei der Identifikation der uns interessierenden Bildungsangebote zusammenhängen:

>> Es gibt keine verbandliche Organisation und Struktur, wie etwa in der kulturellen Jugendbildung.
>> Nicht alle Anbieter sind an Organisationen angebunden; sie sind daher schwer zu erfassen.
>> In keinem der identifizierten Felder existiert eine umfangreiche Statistik. Punktuell sind Daten in Teilbereichen vorhanden. Auch bei den Experteninterviews wurden viele einzelne Zugänge zu den Praxisfeldern genannt, die aber keinen bundesweiten, eher einen punktuellen Überblick geben. Häufig wird in den relevanten Bildungs- und Besucherstatistiken nicht nach Alter und/oder nach „kultureller Bildung" differenziert. Statistiken müssen „quer" ausgewertet werden, eine Vergleichbarkeit ist nur selten gegeben.
>> Die Vielfalt der Anbieter ist sehr groß und nur ein Teil veröffentlicht seine Angebote in Programmheften bzw. kennzeichnet in seinen Programmheften Angebote für die Zielgruppe der Senior/inn/en. Angebote kultureller Bildung in Einrichtungen werden oft unter anderen Bereichen geführt.
>> Eine rein angebotsorientierte Perspektive verzerrt das Bild, wenn nicht auch die Nachfrage berücksichtigt wird. Nur ein Teil der Angebote wendet sich explizit an ältere Menschen. Unter kulturelle Bildungsangebote für Ältere fallen daher auch altersgruppenunabhängige Angebote, die von Älteren genutzt werden.

Der Bedarf an empirischen Erhebungen in den einzelnen Praxisfeldern ist groß.

Obwohl die Frage, inwieweit Migrant/inn/en im Kulturbetrieb einer Gesellschaft vertreten sind bzw. am „normalen" deutschen Kulturangebot teilhaben, auch integrationspolitisch höchst relevant ist, existieren bislang keine wissenschaftlichen Untersuchungen oder Studien zu diesem Thema.

Die Erwachsenenbildung und die Geragogik haben die Besonderheiten der kulturellen Bildung und die fachliche Zuspitzung auf Lernformen in den verschiedenen Kunstsparten bisher nicht systematisch berücksichtigt. Sie machen bisher allgemeine Aussagen zu Motivationslagen, Lernformen und Lerninhalten im Alter. Über die spezifischen Besonderheiten einer kulturellen Bildung von Senior/inn/en ist noch zu wenig bekannt. Bezogen auf die kulturelle Bildung und die einzelnen Kunstsparten etwa kann man fragen: Wie lernt ein älterer Mensch ein Instrument, wie gewinnt er Zugang zu Medien, wie muss er/sie angesprochen werden? Welche Probleme können auftreten? Welche Lernstrategien und Lerninteressen haben sie? Welche Anforderungen ergeben sich hieraus für Lehrende? Wie kann intergenerationelles Lernen in den einzelnen Kunstsparten aussehen?

>> Professionalisierung und Qualifizierung vorantreiben

Die Erkenntnisse aus der Forschung wären Grundlage für die Entwicklung professioneller Weiterbildungsangebote, um Kulturpädagog/inn/en für die Arbeit zu qualifizieren. Das Thema „Kulturelle Altersbildung" muss didaktisch und methodisch weiterentwickelt werden. Während die Arbeit mit Kindern und Jugendlichen eine lange Tradition hat, steht die Professionalisierung für die kulturpädagogische Arbeit mit Senior/inn/en in den verschiedenen Praxisfeldern noch am Anfang. Zum einen geht es um inhaltliches und methodisches Know-how zur altersangemessenen Weiterentwicklung der jeweils kunstspartenbezogenen Lerninhalte und Methoden – ein hoher Weiterbildungsbedarf besteht insbesondere auch für die intergenerationelle und interkulturelle Arbeit. Zum anderen geht es um die Frage, wie das z. T. beachtliche Erfahrungswissen und künstlerische Können älterer Menschen, wie ihre Bereitschaft zum Engagement in Bildungsprozesse einbezogen werden können. Wie können sich die Bildungseinrichtungen der kulturellen Bildung und der Altenhilfe für dieses Potenzial öffnen?

>> Bildungspolitischer Handlungsbedarf

Die Enquete-Kommission „Kultur in Deutschland" konstatiert, dass gerade in der kulturellen Bildung bei Angeboten für Erwachsene und Senior/inn/en ein großer Nachholbedarf besteht, der im Zuge der Alterung der Gesellschaft gravierender wird (Deutscher Bundestag 2007, S. 224). Kulturelle Erwachsenenbildung muss daher politisch und finanziell gestärkt werden und sollte deshalb weiterhin in den Weiterbildungsgesetzen berücksichtigt werden. Zudem empfiehlt die Enquete-Kommission, den Bundesaltenplan als bundesweites Förderinstrument stärker auch für die kulturelle Bildung von älteren Menschen zu nutzen (ebd., S. 405). Verstärkte Anstrengungen im Bereich der kulturellen Bildung für ältere Menschen stellen die Wichtigkeit der Angebote für jüngere Generationen keineswegs in Frage.

Je nach Bundesland wird kulturelle Bildung in unterschiedlichem Maße gefördert. Einige Landesministerien fördern kulturelle Bildung für Senior/inn/en ausschließlich im Rahmen der institutionellen Förderung von Volkshochschulen oder kulturpädagogischen Einrichtungen wie Musikschulen. Unsere Befragung der zuständigen Landesministerien zeigt: Die Förderung könnte zielgruppen- und bedarfsorientierter sein. So ist kulturelle Bildung für ältere Migrant/inn/en bislang nur selten ein Förderschwerpunkt. Auch bei der Förderung spezieller Angebote für Senior/inn/en im vierten Lebensalter besteht ein großes Defizit.

Das Handbuch zeigt viele gute Praxisbeispiele, wie kulturelle Bildung für Senior/inn/en gelingen kann. Häufig ist aber deren Nachhaltigkeit nicht gesichert. Wenn Projekte enden, bröckeln meist die mühsam aufgebauten Strukturen. Wichtig wäre es, erfolgreiche Modellprojekte institutionell zu verankern und in andere Regionen zu tragen.

Cultural education for seniors:
Context, fields of activity, prospects – an overview

"Culture can neither change nor mitigate the causes and consequences of demographic change, but it can be a tool that helps us to deal with this change with greater awareness and to cope better both individually and as a community."
(Deutscher Bundestag/German Bundestag 2007, p. 227)

In 2007 older people in Germany as well as in Europe are more numerous, better educated and healthier than their peers in previous generations, and these trends are set to increase in future. Starting in 2020 the "babyboomers" will be entering their senior years, and life expectancy continues to rise. Many of these German seniors enjoy a high level of financial security.[2]

The image of old age is changing: developmental and performance capabilities, an active lifestyle and attractiveness are qualities that are no longer attributed to young people alone. The retirement years have long since lost the character of merely "biding time"; many people want to continue to contribute actively to society during their sunset years.

Present-day adult education aspires to provide support for the challenges entailed by demographic change. Along with the healthcare and so-

Statistical facts: Older people are

... more numerous

The number of 65+-year-olds will increase by 50 percent by 2037 and then fall slightly by about four percent by 2050. The number of 80+-year-olds will grow from 3.6 million in 2005 to 5.9 million in 2020. According to forecasts, by the year 2050 ten million people will be over 80 years old (Federal Office of Statistics/Bundesamt für Statistik 2006, p. 42 ff., for the implications of and background behind demographic change cf. detailed analysis in Kaufmann 2006, for facts and figures in Europe cf. Kommission der Europäischen Gemeinschaften/Commission of European Communities 2007).

... better educated

Today seniors hold higher degrees than earlier cohorts and take part in more educational activities – even though this participation drops drastically with increasing age (Schröder/Gilberg 2005, p. 62 ff.).

... healthier

Due to healthier living conditions and medical and technical advances, people today have a longer life expectancy. They can thus age in good health for a relatively long time. However, the risk is also increasing of requiring nursing care at a very advanced age. The number of chronically ill people will also increase (Bundesinstitut für Bevölkerungsforschung/Federal Institute for Population Research 2004, p. 65).

---

2 A representative income study in the state of North Rhine-Westphalia in 2002 of 5,013 households with persons aged between 55 and 80 years revealed that "80 percent of the households surveyed are in a good to very good financial situation and have medium to strong purchasing power (Reichert/Born 2003, p. 87 ff.).

cial systems, the cultural and educational areas are likewise called upon to demonstrate how the expanding number of retirement years enjoyed by people in our society can be spent constructively and, conversely, how social integration and participation can contribute to maintaining health and quality of life.

It must always be kept in mind here that aging is a highly individual process. The individualization and pluralization of lifestyles and life circumstances necessitates a differentiated way of viewing the "50+ generation". Alongside the financially secure seniors there is also a broad range of older groups in the population who live in poverty. Many seniors have at their disposable abundant resources and skills, but at the other extreme there are those whose lives are shaped by constraints and loneliness (cf. Zentrum für Kulturforschung/Centre for Cultural Research 2008, p. 44 ff.).

> The study "Effects of Demographic Change on Private Demand for Goods and Services in Germany" forecasts that in the year 2050 the average German household will spend almost one third more than in 2003 on leisure time, entertainment and culture. Older people over 60 years of age currently represent around 316 billion euros in annual purchasing power and are thus responsible for about one third of private consumption. Their financial power will grow to about 386 billion euros by 2050, which will then make up more than 41 percent of all spending (Deutscher Bundestag/German Bundestag 2007, p. 222).

Active and financially independent seniors with varied interests and a high degree of mobility are an important target group for both the educational market and the cultural sector. According to forecasts by the German Institute for Economic Research (*Deutsches Institut für Wirtschaftsforschung* - DIW) in Berlin, an increase in private spending on culture is anticipated. The older generations already spend an above-average amount on this area.

Seniors are also volunteering in increasing numbers and contribute in many different ways to a lively educational and cultural scene. However, less mobile and well-to-do seniors must also be taken into consideration in the planning of educational and cultural offerings.

Cultural education and active participation in cultural events are keys to integration and quality of life for both old and young, but especially in the latter years. As has already been demonstrated many times over in the case of cultural education for children and youth, art and culture are central socialization factors and "tools for being part of the world". This can also be said of the second half of life. During these years people must draft new biographical projects; the question of participation in social life presents itself in a new form (Kohli 1992, pursuant to Sommer et al. 2004, p. 13). Older people are confronted with changes, assumptions and biographical about-faces, and challenged to initiate processes of adaptation. Growing life experience and a shrinking number of years remaining in addition call for new integration achievements and changing strategies for action. Art and culture can contribute to addressing these processes of change, issues, emotions and contradictions using artistic means, and to communicating them and opening them up to analysis (Sieben 2005, p. 5).

Cultural education, a central aspect of which is the acquisition of what are often called "key competencies", such as creativity, communication and reflective ability, thus presents a way for us to accommodate ourselves to a changing society and to confidently face up to the challenges it entails. While educational efforts in earlier phases of life are designed above all to provide orientation for adult life, or relate to changes within working life, education in "old age" has a completely different context. This results in numerous new learning situations and motivations. These cannot be described comprehensively within the scope of this secondary analysis, but expert interviews and literature reveal a broad range of activities in this area. There is for example a need for older people to adapt to new cultural technologies (e. g. the Internet) or for cultural forms of coming to terms with crises (e. g. mourning) and with physical changes brought about by aging, as well as the necessity to obtain qualifications for volunteer work. Themes range from the freedom to apply what one knows in a job, the divide in one's mind between what can still be learnt at an advanced age and what "is still worth learning", the desire to go back and receive the education that was always postponed, and merely satisfying one's curiosity. In addition, there is in old age, and especially at this time, a broad field of occasions for learning and educational interests that have not yet been systematically researched.

The Institute for Education and Culture has put together an overview of the key practice fields in the area of "Cultural education for seniors" as well as looking at present developments, educational trends and needs. The study was supported by the Federal Ministry of Education and Research. It represents the first comprehensive nationwide stocktaking of the cultural education landscape with a focus on senior citizens as users, visitors, participants as well as in the role of producers and providers of cultural education offerings. We are thus talking here about cultural education for, with and by seniors. Based on expert interviews, secondary analysis and field research, portraits were prepared of the following eleven practice fields:
>> cultural institutions (e. g. city theatres, museums),
>> cultural educational institutions (e. g. music schools, painting schools),
>> *Volkshochschulen* (adult education centres),
>> church sponsors of adult education (e. g. confessional academies and education centres),
>> universities (senior studies),
>> senior academies,
>> parish and senior activities in the church (e. g. seniors' clubs, storytelling cafés),
>> church cultural work (e. g. libraries, church choirs, "culture churches"),
>> sociocultural centres,
>> immigrant self-help organizations and institutions for immigration work,
>> self-organized activities.

The results of the study are presented in this manual. The manual is designed to provide actors in politics, public administration and social and cultural practice an overview of the forms in which cultural education is offered for senior citizens. It should serve as an impetus to conceive and offer cultural education for this target group and to build networks with other actors in this field. Examples of good practice help to ensure practical application of the findings.

In the course of our study, various general trends, needs and development prospects were discerned. These are described in detail at the end of each chapter for the respective fields of practice. The following provides a general overview of the most significant findings.

>> Orienting offers to demand

Existing offers should be developed further and tailored to the needs and manifold interests of seniors. Providers should heed the following:
>> The interests of seniors have shifted. Traditional offerings often miss the mark, not responding adequately to seniors' needs and interests.
>> Seniors enjoy an increasingly high level of education. Offerings must take this into account and be of high quality.
>> Seniors maintain a better state of health these days. Programs should therefore not only focus on aspects of health promotion.
>> An orientation on demand also includes the development of new formats, e. g. offerings with flexible scheduling.
>> The majority of senior households today enjoy good to excellent finances. Nevertheless, old-age poverty is still a serious problem, both for Germans and immigrants. Offerings that even less well-to-do people can afford should be promoted.

It is beyond doubt that many more seniors could be recruited for cultural education. In view of the pluralization of living conditions and the individualization of lifestyles, a broad spectrum of senior education concepts is necessary, taking a variety of didactic and methodological approaches. Cultural education offerings must endeavour to address more effectively "new generations" of seniors who enjoy growing self-confidence and a high level of education, as well as the increasing numbers of singles and immigrants. In order to systematically adjust programs to local needs, institutions could conduct more visitor surveys. Bundling the results of these could lead to interesting revelations – along with inferences specifically applicable to the institution in question.

>> Harnessing and fostering potential for self-organization and creativity among seniors

Seniors do not want to be addressed solely as consumers, but also wish to organize their own leisure time and exercise their own creative talent. The large number of self-organized educational forms shows that older people (often with a good educational background) are increasingly devoting their own resources to pursuing their educational interests. Individually or in a circle of friends, existing cultural interests are pursued and extended. Many act as cultural educators: for example, they establish a group for cultural travel, a discussion circle, media groups or art workshops (Sieben 2007). The boom in senior academies likewise demonstrates the willingness of older people to take the initiative and get involved on their own behalf. Many volunteer for cultural activities, enjoying the opportunity for inter-generational encounters. *Volkshochschulen*, private providers and sociocultural sponsors are responding to this trend, picking up on ideas and incorporating them into their own range of offerings. Seniors' knowledge resources and their abilities to organize themselves harbour huge potential that can be developed by means of targeted professional support and integrated into regional and municipal contexts. This will not happen without impacting the further development of the cultural education landscape as a whole.

Institutions should make space for self-affirmation. Many institutions rely on volunteer workers and could not survive without their dedication. Moreover, the wealth of knowledge accumulated by older people enriches their offerings. Their involvement can also be used to increase visitor loyalty since through participation they identify more strongly with the institution. Older volunteers should not be enlisted to save costs, but should rather enhance offerings with their stock of experience. Preparing them for this work is personnel- and cost-intensive.

Good prerequisites for a positive working relationship include the expansion of qualification programs for volunteers and advanced training courses for employees of the institutions that wish to recruit volunteers. How full-time staff and volunteers will work together is a theme that must be addressed. Unbureaucratic financial support for self-organized culture projects in the amateur field would be expedient and desirable.

>> Stimulating and guiding generational dialogue

In all fields of practice studied, there are both target-group-specific offerings and those open to all ages. Both forms are justified and in demand. For many topics, the announcement of an "offer for seniors" acts more as a deterrent than a motivation for participation – especially if the intention is to reach the younger and fitter seniors.

There is great interest in cross-generational work. Culture is a good vehicle for bringing generations together and stimulating learning with each other and from one another. The resounding response to the possibility of senior studies is one example demonstrating that many older people want to continue learning and are not put off by demanding content. Many like to learn alongside younger people. But learning goals and interests often vary. Older people are not grooming themselves to enter the job market, they have less time pressure, are interested in different issues than young people and integrate the newly won knowledge differently in their prior experience and into their lives. These differing expectations from education and the disparate goals pursued may lead to conflicts – these are differences that in many cases have led to senior studies being separated from conventional courses of study (Meyer-Wolters 2004).

On the other hand, such conflicts in mixed-age groups can also provide productive learning opportunities. This is shown by many intergenerational projects in the cultural arena. Still lacking here is a systematic examination and evaluation of new didactic concepts for intergenerational learning. These can only be developed if findings on learning at an advanced age are incorporated into educational processes. This is another major challenge in the field of cultural education.

>> **Strengthening social integration and cultural participation**

Through biographical turning points such as the loss of a partner or the end of one's career, social networks often threaten to collapse when people grow older. Art and culture furnish opportunities for social integration, cultural participation and thus enhanced quality of life. People can reflect on and mentally process the changes, crises, emotions and questions in their lives using artistic means. Through art and culture seniors can come to terms with a changing society, and they can also make an important contribution to that society by passing on their cultural memories, communicating them to others or reflecting on what they have learnt with other generations.

In particular the aged are threatened by loneliness and social isolation when their own physical or mental mobility diminishes. Only in rare cases is special attention paid to the needs of the very aged. With advancing age visits to cultural institutions are strongly curtailed. There is thus a need for outreach work for older people who are no longer mobile.

Likewise in need of further development are cultural education offers for older people from circles more remote from the educational environment. Programs are lacking here that could encourage older people to resume the learning process.

The target group of older immigrants is likewise hardly ever addressed by such programs, although they make up a steadily growing share of the population. Almost nothing is known about their cultural interests and desires for participation. What applies in general to immigrants is all the more valid for older immigrants: The classical cultural institutions and municipal cultural planners are ill prepared to accommodate the growing proportion of immigrants in the population. What is urgently needed here is a stronger intercultural orientation, which should range from opening up activities to immigrants by adapting program planning accordingly to more strongly integrating immigrants in the development of cultural concepts and decision-making processes. Examples of good practice demonstrate that intercultural learning programs can succeed and that cultural education is especially significant for intercultural dialogue.

>> Supporting cooperation and networking

Many of those offering cultural education for seniors in the fields of education, culture and social affairs already cooperate with one another. Joint projects are conducted by cultural and charitable institutions, for example, involving sharing rooms or searching together for qualified instructors. Desirable here would be support from the political realm through funding for projects that bridge different sectors. However, sponsors are sometimes in competition with one another or are simply not familiar with each other's work. Opportunities to make reciprocal arrangements or generate synergy effects are missed. By coordinating their programs with others, cultural education providers can better position themselves on the market, helping to avoid a surplus of similar cultural (education) offerings in overlapping catchment areas. This kind of systematic networking, which in addition enables the exchange of experiences, learning from one another and developing new locations for learning, exists only in some areas or regions.

>> Covering research needs

> "Contemporary studies and documentation on the 50+ age group concentrate [...] primarily on issues dealing with health, nursing care, living situation, media use and the general social and financial standing of seniors and largely ignore the area of cultural participation by seniors." (Zentrum für Kulturforschung/Centre for Cultural Research 2008, p. 5).

Studies and statistical material dealing with "Cultural education for seniors" are still rare. Although the KulturBarometer 50+ (Zentrum für Kulturforschung/Centre for Cultural Research 2008) closes a major gap, the focus here is not on cultural education, but rather on cultural behaviour in general. A comprehensive description of the cultural education landscape in Germany covering all actors and with a focus on participation by older people thus comes up against certain obstacles at the present moment in time.

A number of reasons can be cited for this limitation, related to the current data available, the degree of organization and organizational structure of the sponsors and institutions, as well as the difficulties involved in identifying the educational offerings that interest us here:
>> There is no network of associations as in for example cultural education for youth.
>> Not all providers are affiliated with organizations, which makes it difficult to obtain information about them.
>> In none of the identified fields are ample statistics available. Isolated data is available for partial areas. In the expert interviews as well, many individual approaches to the fields of practice are cited, but these provide only highlights and not a nationwide overview. In the relevant statistics on education and visitor/participant numbers, there is often no differentiation made according to age and/or "cultural education". Statistics must be analysed across fields; comparisons are rarely possible.

>> The variety of providers is considerable, and only some of them publish their offerings in program brochures or identify which of the offerings are intended expressly for the target group of seniors. Institutional cultural education offerings are often listed under other areas.
>> A purely offer-oriented perspective distorts the picture if demand is not likewise considered. Only part of the offerings are addressed explicitly to older people. Cultural education for seniors thus also includes programs for all age groups that older people also happen to take advantage of.

There is a great need for empirical surveys in the various fields of practice.

Although the question of the extent to which immigrants have a place in the cultural landscape of a particular society or take part in the "normal" German cultural scene is also highly relevant from the standpoint of integration policy, no scientific studies or investigations have been carried out on this theme to date.

Adult education and "geragogics" have heretofore not taken into consideration in any systematic way the special features inherent in cultural education and the special forms of learning required in the various art genres. They have to date only posited more general arguments with regard to motivation, forms of learning and learning content in old age. Little is known about the specific qualities of cultural education for seniors. In terms of cultural education and the various art categories one might ask for example: How does an older person learn to play an instrument, how does he gain access to media, how should he best be appealed to? Which problems can arise? Which learning strategies and interests do seniors have? What are the resulting requirements that should be met by those teaching them? How might intergenerational learning look in the various art genres?

>> **Driving professionalization and qualification**

Research findings thus obtained could form the basis for developing professional advanced training courses in which cultural educators could obtain fitting qualifications for this work. The theme of "Cultural education for seniors" must be further developed both didactically and methodologically. While work with children and youth has a long tradition, professionalization of cultural education work with seniors in the various practice fields is still in its infancy. On the one hand, this would call for knowledge of the proper age-appropriate content and methodologies for the respective art genres – and in particular advanced training in how to approach intergenerational and intercultural work. On the other hand, it is important to address the issue of how to take advantage of what is in some cases the considerable empirical knowledge and artistic talent of older people, and their willingness to become involved in educational processes. How can cultural educational institutions and those dedicated to assisting seniors open themselves up to this potential?

>> **Educational policy-makers called on to take action**

The enquete commission on "Culture in Germany" confirms that in particular in the field of cultural education offerings for adults and seniors we have a great deal of catching up to do, and we will fall behind more and more as society continues to age (Deutscher Bundestag/German Bundestag 2007, p. 224). Cultural education for adults must therefore be reinforced both politically and financially and should therefore continue to be incorporated in legislation on continuing education. The enquete commission recommends in addition that the Federal Action Plan on Aging be utilized more strongly as a nationwide promotional instrument for the cultural education of older citizens (ibid., p. 405). Increased efforts in the area of cultural education for seniors by no means call into question the offerings for younger generations.

Cultural education is fostered to varying extents in each state. Some state ministries support cultural education for seniors only within the scope of institutional funding of *Volkshochschulen* (adult education centres) or cultural education institutions such as music schools. Our survey of the responsible state ministries shows that support could be oriented more toward specific target groups and needs. For example, cultural education for older immigrants has rarely been a focus up until now. A large deficit can also be discerned in support for special programs for seniors in the fourth age of life.

The manual presents many good practical examples of how cultural education for seniors can succeed. The sustainability of these programs is frequently jeopardized, however. When projects draw to a close, painstakingly erected structures usually crumble. It is important to make sure that successful model projects are anchored institutionally and are able to spread their achievements to other regions.

Kultur - Bildung - Alter

„Nichts ist im Verstand, was nicht vorher in den Sinnen war."
John Locke

Gegenstand der Bestandsaufnahme ist die kulturelle Bildung im Alter. Diese ist am Schnittpunkt von kultureller Bildung und Altersbildung angesiedelt. Die kulturelle Bildung ist vor allem mit Blick auf die Zielgruppe der Kinder und Jugendlichen entstanden. In der Altersbildung wiederum ist kulturelle Bildung nur ein Teilaspekt. Daher wenden wir uns zunächst diesen beiden Begriffen zu, um dann im Anschluss den Bedarf einer kulturellen Bildung im Alter zu diskutieren.

Wirkungsweisen und Methoden kultureller Bildung

„Kulturelle Bildung (als Kernbegriff der Kulturpädagogik) ist Allgemeinbildung, die mit kulturpädagogischen Arbeitsformen vermittelt wird" (Fuchs 2007, S. 204). Die Ziele kultureller Bildungsarbeit sind nach Fuchs dieselben wie die der allgemeinen Bildungsarbeit:
>> Herstellen von Handlungsfähigkeit,
>> Herstellen der Fähigkeiten zur Gestaltung von Gesellschaft sowie
>> Persönlichkeitsentwicklung (Fuchs 1994, S. 87).

Die Förderung kreativer Selbstbildungsprozesse wird in besonderer Weise von der kulturellen Bildung initiiert: Sie ermöglicht offene Lernprozesse, in der Selbstbildung durch die Auseinandersetzung mit Kunst und Kultur oder dem eigenen kreativen Gestalten im Vordergrund stehen (Stang 2001, S. 180).

Die heutige Kulturpädagogik ist in den 1970er Jahren entstanden. Die Disziplin ist also noch recht neu. Der Begriff der kulturellen Bildung hat sich gegenüber dem der musischen Bildung durchgesetzt (v. a. in der Jugend-, Kultur- und Bildungspolitik). Kulturpädagogik versteht sich als „erziehungswissenschaftliche Disziplin mit Bezügen zu anderen Wissenschaften, vor allem den Kulturwissenschaften" (Zacharias 2001, S. 21). Während die musische Bildung die Vermittlung der Künste in den Vordergrund stellte, steht heute bei der kulturellen Bildung der Lernende im Mittelpunkt. Es geht um „Erfahrungen und Wahrnehmungen in sozialen und auch politischen Prozessen" (Fuchs 2005a, S. 20). Unter dem Sammelbegriff „kulturelle Bildung" bildete sich seit den 1970er Jahren ein breites Spektrum von pädagogischen Konzepten heraus: aus der musischen Bildung Ansätze der Vermittlung unterschiedlicher künstlerischer Fertigkeiten, aus dem Ansatz der ästhetischen Erziehung die Auseinandersetzung mit der gestalteten und natürlichen Umwelt. Daneben existieren interkulturelle und lebensweltliche Ansätze. Auch Ziele der politischen Bildung, z. B. antirassistische oder ökologisch orientierte Einflüsse, Ansätze zur Arbeit mit bestimmten Zielgruppen wie Mädchenbildung oder Arbeit mit Behinderten, fanden Eingang in Konzepte kultureller Bildung. Immer ging es um allgemeinbildende Ziele, die mit Mitteln und Methoden aus dem künstlerisch-gestalterischen Bereich umgesetzt werden sollten.

Auch wenn es einige Versuche gibt, den Begriff kulturelle Bildung systematisch zu fundieren (vgl. Fuchs 1994, 2007, Zacharias 2001), ist er v. a. aus der Praxis heraus gewachsen, die immer wieder auf gesellschaftliche Veränderungen und neue Erkenntnisse der (Bildungs)Forschung reagiert hat. Dabei wurden das Methodenspektrum erweitert, neue Zielgruppen gewonnen, das Selbstverständnis diskutiert und organisatorische Strukturen aufgebaut (z. B. Landesarbeitsgemeinschaften der kulturellen Jugendbildung, die Bundesvereinigung kulturelle Kinder- und Jugendbildung, Zusammenschlüsse der Musikschulen und Kunstschulen, die Gründung einer Sektion Soziokultur und Kulturelle Bildung im Deutschen Kulturrat etc.).

Kulturelle Bildung ist ein sehr lebendiges pädagogisches Feld, dessen Vorzug seine Offenheit und Innovationskraft ist. Aufgrund der Vielfalt der Träger, dem breiten Spektrum der Zielgruppen, der Vielzahl an Methoden und Arbeitsformen kann kulturelle Bildung immer nur vorläufig beschrieben werden.

In den Arbeitsfeldern kultureller Bildung gibt es je spezifische Methoden, die eines gemeinsam haben: Das kompetenzerweiternde Potenzial für die Lernenden wird betont, ein rein instrumentelles Bildungsverständnis jedoch abgelehnt.

> „Es kann nicht nur um Effizienz, um die Verwertbarkeit von Wissen, ein ‚Fitmachen' für einen Zweck gehen. Es sollte vielmehr jedem klar sein, wie unerlässlich kulturelle Bildung als eine Art ‚Schlüsselkompetenz' ist. Sie ist die Basis für das Selbstverständnis und die individuelle Selbstvergewisserung des Einzelnen. Denn sie erst kann, dadurch dass sie dem Einzelnen seine Geschichtlichkeit, auch seine Bedingt- und Begrenztheit aufzeigt, vermitteln, wozu das angeeignete Wissen letztlich dienen und wofür es eingesetzt werden soll" (Neumann 2006).

Vielfach setzen künstlerische und ästhetische Verfahren kultureller Bildung lebhafte Emotionen frei. Diese können – oft ist dies methodisch so angelegt – aufgegriffen, geteilt, bewusst gemacht und mit Hilfe der (künstlerischen) Medien und Verfahren (z. B. durch Tanz, Theater, Musik, Malerei) in eine neue Form gebracht werden. Die hierdurch möglichen Chancen für Annäherung und Distanzierung (zum Erleben, zum Gegenstand, zu anderen Menschen), für neue Betrachtungsperspektiven und die Transformation in eine neue (ästhetische) Form machen allgemeine Bildungsprozesse wie Selbstausdruck, Selbsterfahrung, Selbstreflexion, aber auch Formen der Kommunikation und Koordination mit anderen, bis hin zu Erfahrungen des „Aufgehens" des Einzelnen in gemeinsamem Tun und Erleben möglich.³

Seit der Antike wird den Künsten zugesprochen, ein Raum der Freiheit, Reflexion und Mündigkeit zu sein und dadurch auf das Individuum „bildend" zu wirken. Ein empirischer Nachweis hierfür bleibt schwierig, u. a. weil künstlerische Prozesse sehr komplexe Verbindungen von praktischem, sinnlichem, sozialem und theoretischem Handeln darstellen (vgl. Ehrenspeck 2002). Aufgrund der besonderen Verfahren und Strukturen des künstlerischen Prozesses kann immerhin in dichter Weise beschrieben werden, wie hier besondere Handlungs- und Reflexionsformen realisiert, erfahren, geübt und schließlich gekonnt werden (vgl. Sieben 1995, 2003, Sieben/Spormann 2003).

Neben klassischen künstlerischen Arbeitsweisen der einzelnen Kunstsparten (Bildende Kunst, Musik, Tanz, Theater, Literatur/Erzählen) nutzt kulturelle Bildung digitale und klassische Medien (z. B. Computer, Fotografie, Radio, Film) sowie Techniken des Spiels und der Akrobatik. Sie ist in vielen Kontexten auch für handwerkliche Techniken und alltägliche Kulturtechniken offen (z. B. Kochen, Feste feiern, Handarbeit, Gartenarbeit, Raumgestaltung).

Konzepte und Traditionen der Altersbildung im historischen Überblick

Da der Fokus unserer Bestandsaufnahme auf dem Angebot kultureller Bildung für ältere Erwachsene liegt, soll hier die Altersbildung⁴ näher betrachtet werden. Nach der Definition des Deutschen Ausschusses für das Erziehungs- und Bildungswesen wird im Hinblick auf die Erwachsenenbildung derjenige als gebildet bezeichnet, der im ständigen Bemühen lebt, sich selbst, die Welt und die Gesellschaft zu verstehen und diesem Verständnis gemäß zu handeln (Deutscher Ausschuss für das Erziehungs- und Bildungswesen 1960). Diese Definition beinhaltet ein erweitertes Verständnis von Bildung, „das über das Erlernen von neuen Informationen weit hinausgeht und die Reflexivität als zentrales Merkmal ausweist: gemeinsames Nachdenken (Reflexivität), geistige Auseinandersetzung mit sich selbst, den eigenen Lebensumständen und denen von anderen" (Bubolz-Lutz 2004, S. 8). Dieses Verständnis lässt sich daher gut in Beziehung setzen zur Bildung im Alter, bei der es auch um mehr als die Verarbeitung von dargebotenen Informationen geht: „sie ist eine aktive Form von ‚Selbstbildung', erfahrungs- und handlungsorientiert, die der persönlichen, sozialen

---

3   Auch wenn ähnlich bildende Prozesse in anderen pädagogischen Settings praktiziert werden, z. B. im Sport, in der Umweltpädagogik oder in der Erlebnispädagogik, sind sie im Rahmen der kulturellen Bildung systematisch angelegt und mit vielfältigen Methoden entwickelt.
4   Der Begriff der „Altenbildung" wurde weitgehend vom umfassenderen Begriff der „Altersbildung" abgelöst. Altersbildung soll sich nicht nur an die ältere Generation wenden, sondern als eine Bildungsarbeit zum Thema „Altern" über den Lebenslauf hinweg verstanden werden. Damit gelten „Bildung im Alter" und „intergenerationelles Lernen" nicht mehr als Gegensätze: Das Lernen in altershomogenen Gruppen und das gemeinsame Lernen von Alt und Jung werden als unterschiedliche Optionen von Lernarrangements einer Alten- und Altersbildung gefasst (Bubolz-Lutz 2004, S. 7 f.)

und gesellschaftlichen Entwicklung dient" (ebd.). Die Zielsetzungen der Altersbildung knüpfen an gesellschaftliche und individuelle Interessenlagen an und unterliegen einem zeitbedingten Wandel. Diese Vielfalt der Zielsetzungen findet in der Praxis der Altersbildung ihren Niederschlag (Sommer u. a. 2004, S. 15).

Da die in den verschiedenen Jahrzehnten jeweils prominent diskutierten Konzepte[5] heute noch vielfach wirksam sind, lohnt ein Blick auf die Geschichte der Altersbildung. Diese soll in Anlehnung an Kade (2007) und Bubolz-Lutz (2004) kompakt nachgezeichnet werden. Die Anfänge gehen bis in die 1960er Jahre zurück.

1960er Jahre: Betreuung für Bildungsbenachteiligte

In der Nachkriegszeit galten die „Alten" zunächst als defizitäre Randgruppe, im Vordergrund standen Hilfen bei der Bewältigung von prekären Lebenssituationen. Altenbildung ging in Altenhilfe bzw. Altenarbeit auf, folglich waren Hauptanbieter von Altenbildungs- oder vielmehr Betreuungsangeboten kirchliche und caritative Einrichtungen. Das niedrige Bildungsniveau der älteren Vorkriegsgeneration spiegelte sich in dem geringen Anspruchsniveau der Unterhaltungs-, Beschäftigungs- und Belehrungsangebote wider, bei denen die passive Rezeption im Vordergrund stand. Auch in den Volkshochschulen blieb die Altersbildung bis weit in die 1960er Jahre hinein auf gesellige Angebote mit Bildungsanteilen beschränkt.

1970er Jahre: Aktivierung und Emanzipation

„Bildung für alle" war das Motto der 1970er Jahre, unter dem die Öffnung des Bildungssystems für neue Zielgruppen erfolgte. Altenbildung war in dieser Zeit vor allem Chancengleichheit anstrebende emanzipatorische Benachteiligtenarbeit.

Mit der so genannten „Bonner Längsschnittuntersuchung" der Arbeitsgruppe Altersforschung Bonn (1971) wurde nachgewiesen, dass die Vorstellung von einem generellen altersbedingten geistigen Leistungsabfall im Alter falsch ist. Die Ergebnisse gaben der Altersbildung die empirisch fundierte Argumentationsbasis, dass Bildung im Alter möglich ist. Petzold/Bubolz (1976) entwickelten sodann erste wissenschaftlich fundierte Konzepte unter der Bezeichnung „Geragogik". Die Volkshochschulen wollten durch Aufbereitung der wissenschaftlichen Erkenntnisse über das Alter und das Lernen im Alter aufklären. Allgemein hatten die Lernkonzepte eine stark normativ-erzieherische Ausrichtung.

1980er Jahre: Autonomie und Kompetenzerhalt

Seit den 1980er Jahren wurden Erkenntnisse der Gerontologie zunehmend in alltagspraktische Programme umgesetzt, die den Kompetenzerhalt im Alltag und die Kom-

---

5 Diese Konzepte stehen für den jeweils aktuellen Diskurs in der Altersbildung, die Umsetzung in die Praxis benötigte in der Regel einige Zeit.

pensation gesundheitlicher Beeinträchtigungen zum Ziel hatten. Da die Übernahme der Gesundheitskosten durch den Sozialstaat angesichts der stark zunehmenden Altenbevölkerung nicht mehr zu garantieren war, expandierte die Gesundheitsbildung, die an individuelle Selbsthilfe und Eigenverantwortung appellierte. Parallel dazu entwickelten sich autonome Alteninitiativen und Selbsthilfegruppen. Anfang der 1980er Jahre öffnete sich eine Vielzahl von Universitäten auch den aktiven, bildungsgewohnten Alten, die nun „Senioren" genannt wurden. Es wurden auch vermehrt Angebote im kulturellen Bereich bereit gehalten. Die in dieser Dekade entwickelten Bildungsangebote wiesen in Bezug auf die methodische Ausgestaltung und die institutionelle Einbettung eine große Nähe zu Veranstaltungen der klassischen Erwachsenenbildung auf.

1990er Jahre: Lebenswelt und Lebenslauf

In den 1990er Jahren entstand, begünstigt durch die Förderpolitik, eine beachtliche Anzahl selbst organisierter Initiativen. Eine neue, besser gebildete und selbstbewusste Altengeneration organisierte Bildung in eigener Regie.

Es fand ein Perspektivenwechsel statt: Das Prinzip der Lebensweltorientierung löste die Zielgruppenorientierung ab. Es wurde nicht mehr von einem von außen antizipierten Bedarf oder vorab definierten Problem ausgegangen, vielmehr standen die Situationsdefinition und Wirklichkeitskonstruktionen der Beteiligten im Vordergrund. Die Biografie gewann an Bedeutung für das Lernen. Pädagog/inn/en hatten die Aufgabe, Lerninteressen hervorzulocken, die Beschäftigung mit selbst gewählten Themen zu moderieren und die Dynamik der Selbsterfahrung in Gruppen zu begleiten. Der pädagogische Grundsatz der differentiellen Bildung wurde propagiert: Die Heterogenität in Gruppen wurde nicht vermieden, sondern bewusst genutzt, um Lernerfahrungen zu ermöglichen, so beim biografischen, intergenerationellen und interkulturellen Lernen.

(Anfang) 2000er Jahre: Infrastruktur und Selbstorganisation

„Selbstorganisation, Vernetzung und das Nachfragemodell der Lerninfrastruktur ergänzen strukturell die Angebotsorientierung der Bildungsarbeit von und mit Älteren" (Kade 2007, S. 59). Eine nachfragebezogene offene Infrastruktur ist für bildungsgewohnte Ältere attraktiv, nicht jedoch für Bildungsbenachteiligte. Daher werden Nachfrage- und Angebotsstruktur weiterhin nebeneinander bestehen. Es entwickeln sich auch zunehmend Kooperationen zwischen Anbietern sowie Zwischenformen von selbstorganisierter Bildung im Alltag und fremdorganisierter Bildungsarbeit. So entstehen selbstständig organisierte Angebote im Rahmen institutionalisierter Kontexte, wobei die Vorzüge von Institutionen genutzt werden, um eigene Lernwünsche mit möglichst vielen Gestaltungsspielräumen zu realisieren.

Die heutige Altersbildungslandschaft ist sehr heterogen, die im Laufe der Jahrzehnte entwickelten Konzepte existieren zum Teil nebeneinander. Nach Nittel ist es auch abwegig, nach dem einzig wahren Weg in der Altersbildung suchen zu wollen. Vielmehr wird vor dem Hintergrund der Pluralisierung von Lebenslagen und der stetigen Individualisierung der Lebensläufe eine „Träger- und Programmstruktur der Vielfalt und Differenz" benötigt. Wichtig ist dabei die Reflexion der verschiedenen Ansätze und das Eingehen von Kooperationsbeziehungen (Nittel 2007, S. 19).

Besonderheiten einer kulturellen Bildung im Alter

Über die spezifischen Besonderheiten einer kulturellen Bildung von Senior/inn/en ist noch wenig bekannt. Ein allgemeines Prinzip kultureller Bildung, das Grundlage für die Angebote quer durch *alle* Altersgruppen ist, ist die Entwicklungsorientierung. Das Bedürfnis, für die Führung seines Lebens selbst verantwortlich zu sein und auf die Bedingungen dieses Lebens einzuwirken, ist jedem Menschen zu eigen, selbst dann, wenn aufgrund von Beeinträchtigungen eine solche Selbststeuerung nur in begrenztem Rahmen möglich ist. Was Kulturarbeit so wichtig macht, ist die Möglichkeit „selbst produktiv werden zu können (Selbstwirksamkeit), sich selber mit anderen zu zeigen, Neues zu entdecken, Erfahrungen sichtbar für sich und andere zu machen etc." (Fuchs 2005b). Dies gilt für alle Altersgruppen. In der Bildungspraxis spielen allerdings die unterschiedlichen Lebenserfahrungen, Motivationen, Interessen, eventuellen gesundheitlichen Einschränkungen etc. bei der Konzipierung von Angeboten eine wichtige Rolle.

Eine „Kulturelle Altersbildung", die die Praxis der kulturellen Bildung mit, für und von Ältere/n wissenschaftlich untersucht, gibt es bisher nicht. Es fehlen didaktische und methodische Konzepte für die Arbeit mit den verschiedenen Gruppen älterer Menschen sowie eine fachliche Zuspitzung auf Lernformen in den verschiedenen Kunstsparten. „Kulturelle Altersbildung" muss sich, unter dieser oder einer anderen Bezeichnung, erst noch zu einer Teildisziplin der Erziehungswissenschaft entwickeln. Dabei hätte sie eine Vielzahl von Bezügen zu anderen Fachdisziplinen, deren jeweilige Erkenntnisse zum Themenfeld zu integrieren wären. Hauptbezugspunkte sind die Kulturpädagogik (siehe Kapitel „Kulturelle Bildung und ihre Wirkungsweisen") und die Geragogik[6]. Die kulturelle Bildung mit, für und von Ältere/n ist für beide Disziplinen bislang eher ein Randthema.

Folgende Fragen wären u. a. von Interesse für die Forschung: Worin liegen die Besonderheiten von kultureller Bildung für Senior/inn/en? Welche Angebote wünschen sich ältere Menschen? Welche Konsequenzen ergeben sich daraus für Didaktik und Methodik? Wie können die Potenziale der Selbstorganisation und Kreativität Älterer aufgegriffen und gefördert werden? Wie kann der Generationendialog angeregt und

---

6 „Die Wissenschaft Geragogik integriert die erziehungswissenschaftlichen beziehungsweise lebensbegleitenden Aspekte der Biologie des Alterns, der Geriatrie, Gerontopsychiatrie, Pflegewissenschaft, Gerontopsychologie und der Gerontosoziologie, ergänzt diese um die Felder Bildung, Freizeit und Kultur und setzt die gerontologischen Erkenntnisse in die Praxis des Lehrens und Lernens um" (Gregarek 2005, S. 34 f.).

begleitet werden? Wie können hochaltrige Menschen, bildungsferne Ältere sowie ältere Migrant/inn/en stärker kulturell beteiligt werden?

Funktion und Bedeutung von kultureller Bildung im Alter für den Einzelnen

Die große Nachfrage nach kulturellen Bildungsangeboten bzw. die Aktivitäten im Rahmen selbstorganisierter Angebote, wie sie in der vorliegenden Bestandsaufnahme zu Tage tritt, lässt den Schluss zu, dass Kunst und Kultur einen wichtigen Platz im Leben älterer Menschen einnehmen kann. Warum dies so ist, kann an dieser Stelle nur vorläufig in Form von Thesen formuliert werden:

Nachholbedarf
Wer das Arbeitsleben hinter sich hat, für den ist Bildung nicht mehr an berufliche Verwertung gebunden. Das Wissen, das erworben wird, ist ein Wissen, das den ganz persönlichen Interessen entspricht. Da während der Berufsphase gewünschte Aktivitäten und Interessen zurückgestellt bzw. Kompetenzen unfreiwillig vereinseitigt wurden, besteht laut Kade häufig ein Nachholbedarf, in der nachberuflichen Phase eigene kreative Potenziale zu entfalten und sich neue Erlebnismöglichkeiten und kulturelle Bedeutungszusammenhänge zu erschließen (Kade 2007, S. 77).

„Sensible Phase für Sinnfragen und Lebensauswertung"
Die anwachsende Lebenserfahrung und die schrumpfende Lebenszeitperspektive verlangen nach neuen Integrationsleistungen und veränderten Handlungsstrategien (vgl. Kinsler 2003). In Analogie zu den sensiblen Phasen, die von Maria Montessori für das Kinder- und Jugendalter formuliert wurden, bezeichnet Nell das Alter als eine „sensible Phase für Sinnfragen und Lebensauswertung", die durch die Beschäftigung mit Kunst und Kultur, schöpferisches Tun und soziales Engagement entscheidend gefördert werden kann (Nell 2007, S. 101).

Teilnahme am öffentlichen Leben
Kultur ist ein wichtiger Bestandteil des öffentlichen Lebens. Der Besuch eines Museums, Theaters oder Konzerts stellt für ältere Menschen, die sich in der nachberuflichen bzw. nachfamiliären Phase befinden und einen völligen Rückzug ins Private vermeiden möchten, eine gute Möglichkeit dar, am öffentlichen Leben teilzunehmen.

„Soziale Vorsorge"
Kultur eignet sich zudem sehr gut als Faden für das Knüpfen neuer sozialer Netze, die aufgrund des Ausscheidens aus dem Berufsleben häufig dringend gebraucht werden. „Es sind besondere Netze, die nicht über gegenseitige Hilfe definiert sind und auch nicht über familiäre oder freundschaftliche Bande, sondern über ein gleiches Interesse" (Sautter 2007, S. 67). Ausgangspunkt ist das gemeinsame Thema, und daraus entwickeln sich Beziehungen und Freundschaften. Hier entsteht das, was man mit „sozialer Vorsorge" (Nell) bezeichnen kann (ebd., S. 68).

Kulturelles soziales Engagement
Die Erfahrungen zeigen, dass die Verbindung zwischen sozialem und kulturellem Engagement besonders gut funktioniert. „Kultur bietet die Möglichkeit, sich mit Schönem zu befassen, den 'inneren Brunnen' wieder zu füllen und die erlebte Freude an andere weiter zu geben. In der Auseinandersetzung mit Kunst und Kultur kann man Freudvolles tun, seine Interessen entfalten und gleichzeitig etwas für andere tun" (Sautter 2007, S. 66) Kulturelle Arbeit ist mit den eigenen Kräften vereinbar.

Alter und Altern als Thema der kulturellen Bildung

Wie wird Alter und Altern in der kulturellen Bildung thematisiert? Eine mögliche Herangehensweise an diese Fragestellung kann in diesem Rahmen nur skizziert werden.

In Anlehnung an Bubolz-Lutz (2000) und Kade (2007) könnte zwischen drei verschiedenen bildungsdidaktischen Perspektiven unterschieden werden:
>> Kulturelle Bildung im Alter (‚für mich'): Biografiebezug
>> Kulturelle Bildung für das Alter (‚für uns'): Lebensphasenbezug
>> Kulturelle Bildung mit Älteren (‚mit anderen'): Generationenbezug

Kulturelle Bildungsangebote mit Biografiebezug: „Fast immer setzt das Lernen im Alter mit einem bilanzierenden Rückblick ein, von dem aus die Vergangenheit rekonstruiert, die Gegenwart gestaltet und die Zukunft im Alter entworfen werden kann. Alternativ geht das Lernen von einem biografischen Bruch in der Entwicklung aus, der als Krise erlebt worden ist" (Kade 2007, S. 128). Eine Reihe der von uns aufgeführten guten Praxisbeispiele sind kulturelle Bildungsangebote mit Biografiebezug. Das biografische Arbeiten bedient sich gerne künstlerisch-kultureller Methoden, so werden z. B. Erzählungen und Gedichte verfasst, die durch die Auseinandersetzung mit der eigenen Lebensgeschichte entstanden sind.

Kulturelle Bildungsangebote mit Lebensphasenbezug: Häufig decken sich die thematische Interessen älterer Menschen und ein Bedürfnis nach Austausch und Auseinandersetzung mit anderen entsteht, so dass Lernen in Gruppen organisiert werden kann. Ältere lernen dann nicht nur individuell ‚für sich', sondern gemeinsam mit anderen, die sich in der gleichen Lebensphase befinden. Beispielhaft können hier Theaterensembles älterer Menschen genannt werden, die Themen des Alters ins Rampenlicht rücken.

Kulturelle Bildungsangebote mit Generationenbezug: „Älterwerden ist nicht nur ‚biologisches Schicksal', es ist heute vor allem ein Kulturschicksal, das durch soziale Konstellationen und das kulturell ausgehandelte Verhältnis zwischen Generationen in seinen Möglichkeiten und Grenzen bestimmt wird" (vgl. Winterhagen-Schmidt 2000, zit. nach Kade 2007, S. 183). Es werden in der vorliegenden Bestandsaufnahme eine Reihe von Praxisprojekten beschrieben, deren Ziel der Dialog zwischen den Generationen ist. Projekte intergenerationellen Lernens gibt es im Bereich Theater, Tanz, Musik, Bildende Kunst, Medien etc.

Altershomogene vs. altersheterogene Angebote für Ältere

Bei der Planung von Bildungsangeboten, für die ältere Menschen interessiert werden sollen, ist die Frage nach der angestrebten Gruppenzusammensetzung zu stellen. Sind altershomogene Veranstaltungen sinnvoll? Benötigen Senior/inn/en gesonderte Angebote? Grundsätzlich kann man sagen, dass innerhalb der älteren Bevölkerung sowohl altershomogene als auch altersheterogene Angebote nachgefragt werden (Zentrum für Kulturforschung 2008, S. 100). In der Diskussion um altershomogene oder altersheterogene Lerngruppen finden sich zwei Argumentationslinien. Auf der einen Seite wird für das Lernen in Seniorenveranstaltungen plädiert, weil die Teilnehmer/innen dort nicht unter Leistungsdruck geraten, wenn sie für das Lernen mehr Zeit und Aufmerksamkeit benötigen als Jüngere. Auf der anderen Seite wird argumentiert, dass der Besuch von altersgemischt zusammengesetzten Veranstaltungen für Ältere eine (inzwischen selten gewordene) Chance darstellt, mit anderen Altersgruppen zusammenzukommen und sich auszutauschen. Eine mit dem Etikett „Für Senioren" versehene Veranstaltung kann zudem als stigmatisierend empfunden werden.

Schröder/Gilberg (2005) haben in ihrer Studie zum Thema „Weiterbildung Älterer im demographischen Wandel" herausgefunden, dass beide Positionen gehalten werden können. Der Wunsch von Senior/inn/en nach altershomogenen Veranstaltungen hängt prinzipiell stark vom Thema ab. Aspekte des Alters, Rechts- und Rentenfragen, Sport, Technik und Computer sind Themen, bei denen der Wunsch nach einem Lernen unter Gleichaltrigen groß ist. Schröder/Gilberg deuten dieses Ergebnis als „ein Bedürfnis […], das Hineinwachsen in das Alter und die besonderen persönlichen und sozialen Bedingungen der neuen biographischen Phase eher im identitätsstiftenden Kreis der Betroffenen zu be- und verarbeiten" (ebd., S. 112).

Allgemein lässt sich feststellen, dass die große Mehrheit der Älteren das reguläre Bildungsangebot in altersheterogenen Gruppen aufsucht. Wenn Seniorenveranstaltungen besucht werden, dann eher ab Mitte 60. „In den Kohorten bis Mitte Sechzig nehmen nur 4 % an solchen Veranstaltungen teil. Ab Mitte Sechzig steigt der Anteil sprunghaft auf 10 bis maximal 12 %. Gemessen an dem Personenkreis, der sich überhaupt an Bildung im Alter beteiligt, machen die Besucher von Seniorenveranstaltungen insgesamt 12 % und in den Altersgruppen ab Mitte sechzig ein Fünftel aus" (ebd., S. 86). So schlussfolgern Schröder/Gilberg , dass „rein quantitativ betrachtet […] dem Besuch von reinen Seniorenveranstaltungen also zum jetzigen Zeitpunkt nur eine untergeordnete Bedeutung zu[kommt]" (ebd.).

Besteht bei den Älteren der Wunsch, mit Gleichaltrigen zu lernen, so darf dieser freilich nicht ignoriert werden. V. a. von der Thematik und den Lernzielen sollte abhängig gemacht werden, ob eine altersheterogene oder altershomogene Zusammensetzung sinnvoll erscheint. Diese können auch darüber entscheiden, ob intergenerationelles Lernen angestrebt werden kann.

Lernen in altersgemischten Gruppen darf nicht mit *intergenerationellem Lernen* gleichgesetzt werden. Untersuchungen haben ergeben, dass ein Dialog zwischen den Generationen im Rahmen von Bildungsveranstaltungen eher die Ausnahme bildet. Sehr häufig herrscht vielmehr Indifferenz, im ungünstigeren Fall wird die jeweils andere Generation als ‚Störfaktor' erlebt (Kade 2007, S. 193). Damit intergenerationelles Lernen stattfinden kann, so Kade, muss ein reziprokes Tausch- oder Ergänzungsverhältnis im Generationengefüge vorliegen und somit die generationsspezifische Differenz der Erfahrung selbst zum Thema werden (ebd., S. 194).

Die Erfahrungen in der intergenerationellen ebenso wie in der interkulturellen Arbeit zeigen, dass ein fruchtbarer Dialog auf gleicher Augenhöhe meist Prozesse der Selbstvergewisserung der Gruppen voraussetzt. Dies ist umso wichtiger, je größer die kulturellen, alters- oder bildungsspezifischen Differenzen zwischen den Generationen sind. „Erst wenn Eigenerfahrung bzw. die Gruppenidentität gefestigt sind, kann auch auf stabiler Basis eine Konfrontation mit den Generationsdifferenzen aufgenommen werden" (ebd.).

Kulturelle Bildung im Alter als Chance

Die nachfolgende Bestandsaufnahme hat ergeben, dass es eine Vielzahl von Anbietern kultureller Bildung gibt, die mehr und mehr auch die älteren Generationen gezielt ansprechen und mit Angeboten bedienen. Es lässt sich zudem eine starke Nachfrage nach kulturellen Bildungsangeboten feststellen, die auch an den zahlreichen selbst organisierten Aktivitäten abzulesen ist. Es ist die Annahme berechtigt, dass noch viel mehr Ältere als bisher für die kulturelle Bildung gewonnen werden könnten. Wichtige Gründe wurden bereits genannt: die Älteren von heute sind gebildeter, gesünder und finanziell besser gestellt als Ältere früherer Generationen. Kunst und Kultur sind wichtige Medien, um eine Gesellschaft des langen Lebens zu gestalten. Kulturelle Bildung öffnet die Chance, sich auch im Alter weiter zu entwickeln und jenseits von Verwertbarkeitsfragen etwas zu tun, das „Sinn" macht.

Angesichts der Prognosen, nach denen im Jahr 2050 etwa 30 % der Bevölkerung über 60 Jahre alt sein werden, und diese 60-Jährigen im Durchschnitt noch etwa 20 Lebensjahre zu erwarten haben (Statistisches Bundesamt 2003, S. 19 f.), besteht für die Weiterentwicklung des Arbeitsfelds „Kulturelle Altersbildung" unseres Erachtens dringender Handlungsbedarf.

Untersuchungsdesign

Zentrale Begriffe

> *Arbeitsdefinition kulturelle Bildung*
>
> 1. Jede Aneignung und Sicherung von künstlerischen Kompetenzen in den klassischen Kunstsparten und Medien. Dabei ist auch von „Aneignung" die Rede, wenn die betreffende Gestaltungsform aktiv praktiziert wird, nicht nur, wenn sie neu erlernt wird.
>
> 2. Die Nutzung künstlerisch-kultureller Methoden und Verfahren mit allgemeinbildenden Zielen.
>
> 3. Aktive Rezeption von Kunst und Kultur in einem Bildungszusammenhang. Rein rezeptive Angebote wie den Besuch eines Konzertes schließen wir an dieser Stelle aus.

Wir beziehen uns in der vorliegenden Studie auf die Definition von Fuchs (2007), der kulturelle Bildung als Form von Allgemeinbildung bezeichnet, die kulturpädagogisch vermittelt wird. Im Rahmen dieser Untersuchung beschränken wir uns allerdings auf die Kunstsparten: Bildende Kunst, Theater, Musik, Literatur, Tanz und Medien.

Wir gehen somit von einem eng gefassten Kulturbegriff aus, fassen den Bildungsbegriff hingegen relativ weit. Denn nicht nur in der allgemeinen Bildungsarbeit, sondern auch in der Altenhilfe, der Migrationsarbeit, der Soziokultur oder der kirchlichen Bildungsarbeit findet kulturelle Bildung statt. Dies ist immer dann der Fall, wenn kulturpädagogische Arbeitsformen eingesetzt werden, um Ziele allgemeiner Bildungsarbeit zu verfolgen, oder wenn künstlerische Kompetenzen vermittelt werden. So existieren beispielsweise Selbsthilfegruppen, in denen ältere Menschen sich mit ihrer chronischen Krankheit auseinandersetzen, und die Methoden der bildenden Kunst zur Förderung der Persönlichkeit einsetzen.

Rein rezeptive Angebote wie den Besuch eines Konzertes schließen wir aus der Definition für diese Untersuchung aus. Hier finden zwar wichtige Formen der Selbstbildung statt, diese subjektiven Bildungsprozesse können aber nicht auf dem Wege einer Recherche erfasst werden. Wir wollen uns in diesem Grenzbereich auf bewusst initiierte Bildungsprozesse beschränken, etwa wenn im Rahmen eines Konzertes kulturelle Bildungsinhalte mit einem „Input" und einer Phase der (Selbst-)Reflexion, z. B. durch eine Diskussion, gezielt vermittelt oder gefördert werden.

Gegenstand der Bestandsaufnahme ist kulturelle Bildung *im Alter*. Was aber bedeutet diese Bezeichnung „Alter"? Kohli (1998) bezeichnet den Begriff als mehrdeutig und vielschichtig: Es kann zwischen kalendarischem, biologischem, psychologischem und sozialem Alter differenziert werden. Aus soziologischer Perspektive kann Alter als ein klar abgegrenzter Lebensabschnitt nach der Erwerbsphase bzw. nach der dafür gesellschaftlich institutionalisierten Grenze aufgefasst werden (Sommer u. a. 2004, S. 12).

Nach Kade ist „Altern [...] nicht nur ein naturgegebener, empirisch beschreibbarer Prozess, sondern stets auch Ergebnis einer sozialen Aushandlung bzw. von Diskursen über das Alter" (Kade 2007, S. 39). Das Alter kann einen Teil des Lebenslaufs bezeichnen, die so genannte zweite Lebenshälfte. Diese Lebensphase kann differenzierter je nach Kontext in zwei oder drei Phasen unterteilt werden. Die Gruppe der Senior/inn/en ist sehr heterogen und umfasst mehrere Generationen – je nach Definition 30 bis 40 oder sogar mehr Lebensjahre. Daher wird häufig vom dritten und vierten Lebensalter gesprochen. Diese Lebensalter werden in empirischen Studien zeitlich festgelegt, doch können „genaue Altersgrenzen [...] aufgrund differenzieller Alternsprozesse nicht sinnvoll gezogen werden" (Backes u. a. 2004, S. 8). Der Übergang vom mittleren zum höheren Erwachsenenalter verläuft sehr unterschiedlich. Zwei Drittel der Arbeitnehmer treten aufgrund von Krankheit oder Tod verfrüht aus dem Beruf aus. Auch in empirischen Studien werden die Altersgrenzen recht unterschiedlich festgelegt:

>> Im Alters-Survey beginnt die zweite Lebenshälfte mit 40 Jahren (Tesch-Römer u. a. 2006).
>> Der Survey of Health, Ageing and Retirement in Europe untersucht die Lebensumstände Älterer ab 50 Jahren (Börsch-Supan u. a. 2005).
>> Das KulturBarometer 50+ des Zentrums für Kulturforschung untersucht die Bevölkerung ab 50 Jahren (Zentrum für Kulturforschung 2008).
>> Die Studie „Weiterbildung Älterer im demographischen Wandel" untersucht die Bildungsnachfrage älterer Menschen zwischen 50 und 75 Jahren (Schröder/Gilberg 2005).
>> Der Freizeit-Monitor differenziert sowohl nach Lebensphasen (50 bis 64 Jahre, 65 bis 79 Jahre und 80 Jahre und älter) als auch nach Berufsgruppen (Rentner, die alters-unabhängig nicht mehr im Erwerbsleben stehen) (B.A.T. Freizeit-Forschungsinstitut 2004).
>> Im Freiwilligensurvey werden unter älteren Menschen Personen ab 60 Jahren verstanden, besondere Aufmerksamkeit kommt der Gruppe der 60- bis 69-Jährigen zu (BMFSFJ 2005a).

Die Liste ist beliebig fortsetzbar, doch sie zeigt: Über die Definition der Begriffe und Festsetzung von Altersgruppen und Lebensphasen scheint keine Einigkeit zu bestehen. Kade fasst treffend zusammen: „Zielgruppen Älterer werden funktional differenziert, um wirtschaftliche, gesundheits-, bildungs- und ordnungspolitische Aufgaben bearbeiten zu können." (Kade 2007, S. 16) Zielgruppen werden somit häufig aufgrund von Fähigkeiten und Leistungen definiert, wenn auch bei empirischen Erhebungen eine absolute Altersbenennung erforderlich ist.

Wir bezeichnen den Ausstieg aus dem Berufs- und Familienleben als Beginn des dritten Lebensalters. Eine absolute Altersgrenze zum vierten Lebensalter festzulegen, ist nicht möglich. „Eigenständige und überaus aktive ‚Alte' sowie hinfällige, betreuungs- oder unterstützungsbedürftige Alte markieren dabei nur Extrempunkte unterschiedlichster Lebensbedingungen" (Backes u. a. 2004, S. 8). Backes u. a. (ebd.) präferieren das vierte Alter nach verbleibenden Fähigkeiten und Fertigkeiten zu definieren – ein Verlust dieser Ressourcen und somit der Eintritt ins vierte Lebensalter tritt bei manchen Menschen gar nicht ein. Daher definieren wir für die vorliegende Untersuchung, dass ältere Menschen, deren Ressourcen so nachgelassen haben, dass sie auf Hilfe zur Bewältigung des Alltags angewiesen sind, hochaltrig sind und somit dem vierten Lebensalter angehören. Im vierten Lebensalter bestehen zwar auch noch Möglichkeiten, sich weiterzuentwickeln und zu lernen. Allerdings ist aufgrund körperlicher Einschränkungen und der damit verbundenen abnehmenden Mobilität eine Teilnahme am öffentlichen Leben schwieriger, Lernen findet zunehmend „im eigenen Lebensraum" statt (Bubolz-Lutz 2004, S. 4).

Bei der vorliegenden Untersuchung kommt der Aspekt hinzu, dass in vielen Fällen kulturelle Bildungsangebote für Ältere nicht explizit an diese Gruppe gerichtet, jedoch häufig von ihr genutzt werden.

Kulturelle Bildungsangebote für Ältere definieren wir daher
1. als solche, die explizit an Senior/inn/en gerichtet werden und
2. als altersgruppenunabhängige Angebote, die Senior/inn/en nutzen.

Methodisches Vorgehen

Folgende Fragen waren leitend für die Untersuchung:
>> Welche Träger, Einrichtungen, Organisationen oder Gruppen bieten kulturelle Bildungsangebote für Ältere bzw. mit und von Älteren an?
>> Welchen Praxisfeldern sind diese Akteure zuzuordnen?
>> An welchen (Lern-)Orten, zu welchen Themen und in welcher Form finden kulturelle Bildungsangebote statt?
>> Findet in den einzelnen Praxisfeldern kulturelle Bildung durch intergenerationelles Lernen statt?
>> Kommen interkulturelle Aspekte in der kulturellen Bildung zum Tragen? Werden Ältere ausländischer Herkunft gezielt als potentielle Nutzer/innen angesprochen?
>> In welchen Bereichen der Kulturarbeit und der kulturellen Bildung findet ehrenamtliches Engagement Älterer statt?
>> Welche Bedeutung kommt den selbstorganisierten Aktivitäten von Älteren zu, die der kulturellen Bildung zugeordnet werden können?

>> Welche Trends, Defizite, Anregungen für zukünftige Entwicklungen, Forschungs- und Weiterbildungsbedarfe können aus den Experteninterviews und den Erkenntnissen der Recherchen abgeleitet werden?
>> Welche guten Praxisbeispiele gibt es?

Die qualitativ orientierte Untersuchung der Angebotsseite kultureller Bildung für ältere Menschen legte bestimmte Arbeitsschritte und -methoden nahe, die im Folgenden dargestellt werden.

Abb. 1: Arbeitsschritte und -methoden

Literaturrecherche – Sekundäranalyse – Feldrecherche

Die Suche und Auswertung geeigneter Literatur und geeigneten Datenmaterials bereits durchgeführter Untersuchungen erfolgte in zwei Schritten.

Literaturrecherche und Sekundäranalyse dienten in dieser Phase der Vorbereitung auf die Befragung der Expert/inn/en, mit deren Hilfe die Bildungslandschaft erschlossen werden sollte.

In einem nächsten Schritt wurden Literatur und Datenmaterial recherchiert und ausgewertet, um die einzelnen Praxisfelder kultureller Bildung eingehend und anschaulich zu beschreiben. Neben wissenschaftlichen Publikationen spielten hier die aus der Praxis stammenden Veröffentlichungen eine Rolle, also Teilnehmerstatistiken, Positionspapiere, Evaluationsberichte, Projektbeschreibungen, Programmhefte, im Rahmen von Projekten entstandene „Produkte" etc. Deren Beschaffung machte häufig auch eine Recherche im Feld notwendig. Es wurde telefonisch oder persönlich Kontakt zu Bildungsträgern, Einrichtungen oder aktiven Älteren aufgenommen, vereinzelt auch konkrete Veranstaltungen besucht.

Bei der Auswertung von Literatur und Datenmaterial wurde nicht ausschließlich die Angebotslandschaft untersucht, sondern auch eine Nutzerperspektive eingenommen,

Methodisches Vorgehen

also Teilnehmerstatistiken (soweit vorhanden) gesichtet. Der Grund hierfür lag darin, dass nicht alle kulturelle Bildungsangebote für ältere Menschen explizit an diese bestimmte Zielgruppe gerichtet werden.

Somit wurde aus Angebotsperspektive untersucht, was Bildungs- und Kulturplaner für ältere Menschen als besonders geeignet ansehen. Die Nutzerperspektive ergänzt diese Angaben dadurch, welche Angebote Ältere wünschen und bevorzugt wählen. In Kapitel „Kultur- und Bildungsteilhabe im Alter: Forschungs- und Diskussionsstand" wird ein Überblick über allgemeine Studien gegeben, die über die Praxisfelder hinaus Relevanz besitzen.

Experteninterviews

Auf der Grundlage der Ergebnisse aus der ersten Recherchephase und der schon vorhandenen Erkenntnisse[7] wurde eine erste Übersicht zur Landschaft der Anbieter kultureller Bildung erstellt und Expert/inn/en[8] ausgewählt, die die Erschließung der Praxisfelder weiter unterstützen sollten.

Insgesamt wurden 18 Experteninterviews geführt. Ziel dieser Interviews war es
>> genauere Kenntnisse über die kulturelle Bildungslandschaft zu gewinnen, d. h. über Träger, Lernorte, Angebots- und Beteiligungsformen kultureller Bildung für ältere Menschen in den einzelnen Praxisfeldern;
>> Hinweise für die weitere Recherche zu erhalten, z. B. durch Nennung relevanter Institutionen, um die Bestandsaufnahme auf alle Bundesländer ausweiten zu können oder um statistisches Material zu erhalten;
>> gute Praxisbeispielen zusammenzutragen;
>> Einschätzungen und Meinungen einzuholen in Bezug auf die Berücksichtigung älterer Menschen in den jeweiligen Praxisfeldern sowie in Bezug auf Trends, Herausforderungen und einen etwaigen Weiterbildungsbedarf.

Die Interviews wurden anhand eines Leitfadens geführt, aufgezeichnet, transkribiert und mit dem Programm MAXQDA inhaltsanalytisch ausgewertet.

---

7 Das Institut für Bildung und Kultur führte im Rahmen des Landesprojekts mehrkultur55plus eine Feldrecherche der kulturellen Bildungsangebote auf kommunaler und regionaler Ebene durch (vgl. Institut für Bildung und Kultur 2007). Anhaltspunkte bot auch die Verbandsstruktur im Kulturbereich, z. B. des Deutschen Kulturrates.

8 Unter Expert/inn/en verstehen wir fachlich qualifizierte und meist auch wissenschaftlich ausgebildete Fachleute, in einem weiterem Sinne aber auch alle, die in einem Problembereich, z. B. als Beteiligte oder Betroffene, über ein besonderes Wissen verfügen. Bei den von uns befragten Expert/inn/en handelt es sich ausschließlich um Personen, die über jahrelange berufliche Erfahrung im Bereich Kultur, Bildung und/oder Soziales verfügen.

Die Interviewpartner/innen sind/waren in folgenden Institutionen bzw. Zusammenhängen tätig:
>> Akademie Remscheid für musische Bildung und Medienerziehung e.V.,
>> Arbeitskreis Bildung im Alter der Deutschen evangelischen Arbeitsgemeinschaft für Erwachsenenbildung e.V.,
>> Bundesakademie für kulturelle Bildung Wolfenbüttel e.V.,
>> Bundesverband für Soziokulturelle Zentren e.V.,
>> Deutscher Kulturrat e.V.,
>> EFI-Programm (Erfahrungswissen für Initiativen),
>> Europäisches Zentrum für Kultur und Bildung im Alter,
>> Kulturpolitische Gesellschaft,
>> Modellprojekt Adentro,
>> Nachbarschaftsheim Wuppertal,
>> Paritätischer Wohlfahrtsverband NRW e.V. sowie
>> Theologische Fakultät der Universität Paderborn/Landvolkshochschule Hardehausen.

Wir sind den Hinweisen der Expert/inn/en in Bezug auf relevante Institutionen und Ansprechpartner/innen, vorhandenes Datenmaterial und gute Praxisbeispiele nachgegangen. Die durch die Interviews gewonnenen Erkenntnisse, die Erfahrungen und Meinungen der befragten Expert/inn/en sind in die Texte zu den einzelnen Praxisfeldern eingeflossen.

Befragung von Landesministerien

Es wurde eine Befragung von Landesministerien in den 16 Bundesländern zur Förderpraxis im Bereich kulturelle Bildung für Ältere durchgeführt, um erste Hinweise auf Unterschiede und Parallelen der Förderpraxis in den Bundesländern zu erhalten. Hierzu wurden die Ministerien aller Bundesländer, die für Ältere zuständig sind (im Zuständigkeitsbereich Kultur, Bildung sowie in den Bereichen Soziales, Familie, Senior/inn/en, Generationen) mit einem kurzen Fragebogen um Auskunft gebeten. Die Ergebnisse dieser Befragung sind im Kapitel „Die Förderpraxis in den Bundesländern" nachzulesen.

Sammlung guter Praxisbeispiele

Mit der vorliegenden Studie soll ein größeres Interesse an den Älteren als zukünftig noch wichtiger werdende Nutzer- und Kundengruppe für kulturelle Bildungsangebote geweckt, Möglichkeiten für Vernetzungen aufgezeigt und das Lernen voneinander angeregt werden. Es wurden daher gute Praxisbeispiele gesammelt und in unterschiedlicher Ausführlichkeit beschrieben. Der Auswahl der Praxisbeispiele lag kein Kriterienkatalog zugrunde. Es wurden Beispiele gewählt, welche die Praxis in den einzelnen Feldern kultureller Bildung veranschaulichen helfen – sowohl innovative Ansätze der kulturellen Bildung als auch „typische" Angebote, im Sinne von „altbewährt" und häufig in einem Praxisfeld vorzufinden. Bei der Auswahl wurde auf eine bundesweite Streuung geachtet.

In der Zusammenschau machen die Beispiele deutlich, dass sich bereits heute der Bereich der kulturellen Bildung für ältere Menschen durch eine große Vielfalt auszeichnet. Eine Vielfalt, die sich in den Unterschieden hinsichtlich der Zielgruppen, Konzepte, Methoden, Rahmenbedingungen (in punkto Struktur, Organisation, Finanzen) und dem Grad des fachlichen Know-hows für die Realisierung der Angebote ausdrückt.

Auswertung

Auf der Grundlage der Recherchen und Experteninterviews wurden „Portraits" der wichtigsten Praxisfelder kultureller Bildung, in denen ältere Menschen aktiv sind, angefertigt (s. Kapitel „Die Praxisfelder"). Für diese Kapitel waren die Untersuchungsfragen leitend. Diese Portraits bieten viele Anknüpfungspunkte für weitere Forschungsfragen und führen Entwicklungsperspektiven in den jeweiligen Praxisfeldern auf. Illustriert werden die Portraits durch viele gute Praxisbeispiele.

Kultur- und Bildungsteilhabe im Alter
Forschungs- und Diskussionsstand

Von der Kulturpädagogik ist die kulturelle Bildung für Senior/inn/en bisher kaum wissenschaftlich in den Blick genommen worden. Es existieren keine empirischen Untersuchungen, die genau auf das Thema kulturelle Bildung für Senior/inn/en fokussiert sind. Die vorhandenen Bildungs-, Besucher- oder Teilnehmerstatistiken differenzieren häufig nicht nach Alter und/oder nach „kultureller Bildung". Hinzu kommt, dass es oft keine trennscharfen Definitionen der Bildungsangebote gibt und ihre Zuordnung zur kulturellen Bildung vielfach nachträglich erfolgen muss. Selten sind die Daten vergleichbar oder vollständig in Bezug auf die Bundesländer, die Kunstsparten oder die Zielgruppen. Das Fehlen von Verbandsstrukturen und die Tatsache, dass es sich um einen Bildungsbereich handelt, der aufgrund der demografischen Veränderungen sehr im Wandel begriffen ist, erschwert die Erforschung des Themas[9]. Für die Portraits der einzelnen Praxisfelder konnten dennoch – nach eingehender Literaturrecherche – zahlreiche Quellen herangezogen werden, mit denen relevante Teilaspekte des Untersuchungsgegenstands beleuchtet werden können.

Nachfolgend werden aktuelle empirische Studien vorgestellt, die zwar nicht auf alle drei Themengebiete „Kultur – Bildung – Alter" zentriert und deren Ergebnisse auch nur teilweise in die vorliegende Bestandsaufnahme eingeflossen sind, aber dennoch Erwähnung verdienen, da sie wichtige Erkenntnisse über die (Weiter-)Bildung von (älteren) Erwachsenen, über die Kulturnutzung oder über allgemeine Lebensumstände Älterer enthalten. Es wird jeweils aufgeführt, welche der uns interessierenden Themengebiete (Kultur, Bildung, Alter) einbezogen wurden.

---

9 Erste systematische Ansätze zu einer Seniorenkulturarbeit entstanden allerdings schon in den 1970er Jahren und wurden vom Institut für Bildung und Kultur in den 1980er Jahren erstmals bundesweit gesammelt und beschrieben (Institut für Bildung und Kultur 1990).

Empirische Studien zu Kultur – Bildung – Alter

B.A.T. Freizeit-Forschungsinstitut (2004): Freizeit-Monitor 2004. Daten zur Freizeitforschung. Repräsentativbefragung in Deutschland. Hamburg

Befragte:	3.000 Personen ab 14 Jahren, differenziert wird u. a. nach Geschlecht, Lebensphasen, Berufsgruppen, Alter (in den höheren Altersgruppen 50 bis 64 Jahre, 65 bis 79 Jahre, 80 Jahre und älter)
Erhebungsmethode:	Befragung
Interessante Daten zu:	Freizeitaktivitäten der Bevölkerung, auch im kulturellen Bereich
Themengebiete:	Kultur, Alter

Barz, H./Tippelt, R. (Hrsg.) (2004): Weiterbildung und soziale Milieus in Deutschland. Bielefeld
Bd. 1: Praxishandbuch Milieumarketing
Bd. 2: Adressaten- und Milieuforschung zu Weiterbildungsverhalten und interessen

Befragte:	3.000 Personen zwischen 18 und 75 Jahren
Erhebungsmethode:	Computergestützte Telefoninterviews, Einzelinterviews, Gruppendiskussionen
Interessante Daten zu:	Weiterbildungsverhalten, -interessen, Motiven und Barrieren im Zusammenhang mit sozialen Milieus
Themengebiete:	Bildung, Alter

Börsch-Supan, A. u. a. (Hrsg.) (2005): Health, Ageing and Retirement in Europe. First results from the survey of health, ageing and retirement in Europe. Mannheim

Befragte:	Ca. 30.000 Personen ab 50 Jahren in elf europäischen Ländern, in Deutschland wurden 3.000 Personen in 100 Gemeinden befragt
Erhebungsmethode:	Befragung
Interessante Daten zu:	Lebensumständen von Senior/inn/en bzgl. Gesundheit, familiärer Kontext, Arbeit und Ruhestand, sozioökonomischer Status
Themengebiete:	Alter

Bundesministerium für Familie, Senioren, Frauen und Jugend (BMFSFJ) (Hrsg.) (2005a): Freiwilliges Engagement in Deutschland 1999–2004. Ergebnisse der repräsentativen Trenderhebung zu Ehrenamt, Freiwilligenarbeit und bürgerschaftlichem Engagement. München

Befragte:	15.000 Personen ab 14 Jahren; „Kultur und Musik" ist ein Engagementbereich von insgesamt 14 Bereichen; 231 Personen über 55 Jahre sind im Bereich „Kultur und Musik" engagiert
Erhebungsmethode:	Telefonische Interviews

Interessante Daten zu:	Ehrenamt, Freiwilligenarbeit und bürgerschaftlichem Engagement in der Bevölkerung, auch in Bezug auf ältere Menschen
Themengebiete:	Kultur, Bildung, Alter

European Commission (2007): EuroBarometer 68. Public opinion in the European Union. First results. Brüssel

Befragte:	Ca. 1.000 Personen ab 14 Jahren pro EU-Mitgliedstaat
Erhebungsmethode:	Seit 1973 regelmäßige Bevölkerungsbefragung der EU-Mitgliedstaaten
Interessante Daten zu:	Kultureller Partizipation
Themengebiete:	Kultur

Eurostat (2007): Cultural Statistics. Luxemburg

Befragte:	-
Erhebungsmethode:	Auswertung bestehender Erhebungen in 27 EU-Mitgliedstaaten, Kandidatenländer und EFTA-Länder und frühere Arbeiten von Eurostat
Interessante Daten zu:	Demografie, Sozialdaten, Wirtschaft, kulturellem Erbe, kultureller Beschäftigung, Firmen und Außenhandel kultureller Waren, kulturellen Ausgaben und Teilnahme
Themengebiete:	Kultur

Keuchel, S. (2006): Rheinschiene – Kulturschiene. Mobilität – Meinungen – Marketing. Bericht über ein Umfragemodell. Bonn

Befragte:	4.491 Nutzer- und Nicht-Nutzer von Kultureinrichtungen ab 14 Jahren, teilweise wird die Bevölkerung zwischen 50 und 64 und ab 65 Jahren gesondert ausgewiesen
Erhebungsmethode:	Strukturierter Fragebogen
Interessante Daten zu:	Kulturnutzung, -interessen, -aktivitäten und Barrieren der Bevölkerung in der Rheinschiene
Themengebiete:	Kultur, Alter

Kinsler, M. (2003): Alter – Macht – Kultur. Kulturelle Alterskompetenzen in einer modernen Gesellschaft. Hamburg

Befragte:	19 Personen ab 50 Jahren, hoch gebildet, kulturell bzw. kulturpolitisch aktiv, aktives, selektives Medienverhalten, zusätzlich 14 Personen einer Kontrollgruppe von Jugendlichen und jungen Erwachsenen
Erhebungsmethode:	Qualitative Interviews
Interessante Daten zu:	Beitrag kultureller Alterskompetenzen zur Zukunftsgestaltung der Gesellschaft, Alterskultur, Altersrollen
Themengebiete:	Kultur, Alter

Köster, D. (1998): Strukturwandel und Weiterbildung älterer Menschen. Eine Studie des „neuen Alters". Münster

Befragte:	Bildungsprogramm des neuen Alters
Erhebungsmethode:	Evaluation des Bildungsprogramms des Neuen Alters unter quantitativen Aspekten; qualitative Untersuchung von Bildungsmaßnahmen
Interessante Daten zu:	Bildungsverhalten älterer ehemaliger Stahlarbeiter, Bedeutung des demografischen Wandels für Gewerkschaften, Gewerkschaftliche Seniorenbildung
Themengebiete:	Bildung, Alter

Kuwan, H./Thebis, F. (2004): Berichtssystem Weiterbildung IX. Ergebnisse der Repräsentativbefragung zur Weiterbildungssituation in Deutschland. München

Befragte:	7.000 zwischen 19 und 64 Jahren
Erhebungsmethode:	Computergestützte mündliche Interviews
Interessante Daten zu:	Teilnahme an allgemeiner und berufliche Weiterbildung, soziodemografische Faktoren der Weiterbildungsteilnahme (Alter, Nationalität)
Themengebiete:	Bildung, Alter

Reitz, G./Reichart, E. (2006): Weiterbildungsstatistik im Verbund 2004. Bonn

Befragte:	ca. 2.430 Weiterbildungsinstitutionen
Erhebungsmethode:	Datenermittlung und weitergabe durch Weiterbildungsinstitutionen
Interessante Daten zu:	Veranstaltungen/Teilnahme in verschiedenen Themenbereichen (u. a. Kultur und Gestalten), Daten zu Institutionen, Personal und Finanzierung
Themengebiete:	Kultur, Bildung

Schröder, H./Gilberg, R. (2005): Weiterbildung Älterer im demographischen Wandel. Empirische Bestandsaufnahme und Prognose. Bielefeld

Befragte:	1.991 Personen zwischen 50 und 75 Jahren in 150 Gemeinden
Erhebungsmethode:	Telefonische Befragung
Interessante Daten zu:	Teilnahme an Bildungsveranstaltungen seit dem 50. Lebensjahr (auch an kulturellen Bildungsveranstaltungen), Bildungsinteressen Älterer, Bewertung des Bildungsangebots, Motiven für Bildungsnachfrage, Hindernissen bei der Realisierung von Bildungswünschen, Teilnahme an Seniorenveranstaltungen
Themengebiete:	Bildung, Alter

Sommer, C. u. a. (2004): Zwischen Selbstorganisation und Seniorenakademie. Die Vielfalt der Altersbildung in Deutschland. Berlin

Befragte:	720 Bildungsanbieter in 150 Gemeinden
Erhebungsmethode:	Sekundäranalyse des Alters-Surveys; Befragung von Altersbildungsveranstaltern per Fragebogen; zehn Fallstudien von Seniorenakademien
Interessante Daten zu:	Außeruniversitären Bildungsangeboten für Senior/inn/en (Inhalte und Formen, Adressaten und Teilnehmer, Barrieren, Typisierung der Anbieter, Vernetzungsstrategien der Anbieter), besonderer Schwerpunkt liegt auf selbstorganisierten Bildungsaktivitäten, insbesondere Seniorenakademien
Themengebiete:	Bildung, Alter

Statistisches Bundesamt (2004): Alltag in Deutschland. Analysen zur Zeitverwendung. Wiesbaden

Befragte:	5.400 Haushalte mit 12.600 Personen ab zehn Jahren, 37.700 Tagebucheinträge vorhanden
Erhebungsmethode:	Haushaltsfragebogen; Personenfragebogen; qualitative Analyse von Tagebüchern
Interessante Daten zu:	Zeitverwendung älterer Menschen, bürgerschaftlichem Engagement, (sozial) kulturelle Aktivitäten nach Alter
Themengebiete:	(Kultur), Alter

Statistisches Bundesamt (2005): Bildung im Zahlenspiegel. Wiesbaden

Befragte:	ein Prozent der Bevölkerung auf Grundlage des Mikrozensus
Erhebungsmethode:	Haushaltsbefragung durch persönliche Befragung und Fragebogen
Interessante Daten zu:	Bevölkerungsstruktur, wirtschaftlicher und sozialer Lage der Bevölkerung, der Familien, Lebensgemeinschaften und Haushalte, Weiterbildung, Gesundheit
Themengebiete:	Bildung

Tesch-Römer, C. u. a. (2006): Altwerden in Deutschland. Sozialer Wandel und individuelle Entwicklung in der zweiten Lebenshälfte. Wiesbaden

Befragte:	3.084 Personen in Deutschland zwischen 40 bis 85 Jahren sowie 586 ausländische Bürger/innen
Erhebungsmethode:	Quer- und Längsschnittbefragung
Interessante Daten zu:	Lebensumständen von Senior/inn/en, Freizeitaktivitäten etc. (Ergebnisse der zweiten Welle des Alters-Surveys, die dritte Befragungswelle des Alters-Surveys ist derzeit in Vorbereitung und wird 2008 durchgeführt werden)
Themengebiete:	Alter

Zentrum für Kulturforschung (2008): KulturBarometer 50+. Eine bundesweite empirische Bestandsaufnahme. Endbericht. Bonn (i.V.)

Befragte:	2.000 Personen ab 50 Jahren, Unterteilung in vier Altersgruppen (50 bis 59 Jahre, 60 bis 69 Jahre, 70 bis 79 Jahre, 80 Jahre und älter) und Gegenüberstellung der Ergebnisse zum Jugend-KulturBarometer
Erhebungsmethode:	Persönlich-mündliches Interview
Interessante Daten zu:	Kulturellem Verhalten, Einstellungen zu Kultur, kulturellen Aktivitäten
Themengebiete:	Kultur, Alter

Zentrum für Kulturforschung (2005): Achtes „KulturBarometer". Tabellenband. Bonn

Befragte:	2.035 Nutzer- und Nicht-Nutzer ab 14 Jahren, Zielgruppe ab 50 Jahren wird gesondert ausgewiesen
Erhebungsmethode:	Strukturierter Fragebogen
Interessante Daten zu:	Kulturnutzung, -interessen, -aktivitäten und Barrieren der Bevölkerung
Themengebiete:	Kultur, Alter

Stand des kulturpolitischen Diskurses

Im Zuge der intensiven Diskussionen um den demografischen Wandel gewinnt das Thema kulturelle Bildung für ältere Menschen auch zunehmende kulturpolitische Relevanz. Hippe/Sievers (2006) fordern in ihrer aktuellen Publikation „Kultur und Alter"[10], dass sich die Kulturpolitik dringend auf die veränderte Gesellschaft einstellen muss. Sowohl junge als auch ältere Senior/inn/en sowie Migrant/inn/en müssen berücksichtigt werden: als Publikum, Kund/inn/en, Kulturschaffende, Kulturvermittler/innen und Unterstützer/innen.

Nachstehend werden die wichtigsten aktuellen kulturpolitischen Papiere skizziert.

Empfehlung zu den Auswirkungen des demografischen Wandels der Kultusministerkonferenz

Die Kultusministerkonferenz fordert in der Empfehlung „Auswirkungen des demografischen Wandels auf die Kultur" (Kultusministerkonferenz 2004):
1. Zukünftig wird die Bevölkerungszahl zurückgehen. Das hat sinkende öffentliche Kuluretats und abnehmende Besucherzahlen zur Folge. Dies muss infrastrukturell

---

10 „Kultur und Alter" ist eine Literaturstudie, herausgegeben vom NRW Kultursekretariat Wuppertal. Der Fokus liegt zwar auf Nordrhein-Westfalen, doch werden auch viele bundesweite Daten herangezogen. Neben einer Untersuchung kultureller Beteiligung von Senior/inn/en wird auch auf die Aspekte Empowerment und Marketing sowie auf Konsequenzen für die Kulturpolitik eingegangen.

berücksichtigt werden, Zusammenarbeit und Dialoge auf kommunaler, regionaler, länderübergreifender und ressortübergreifender Ebene sind erforderlich.
2. Der Anteil von Kindern und Jugendlichen an der Bevölkerung sinkt; diese müssen daher verstärkt durch eine Zusammenarbeit von Schule und Kultur erreicht werden.
3. Bedürfnisse und Interessen Älterer im Kulturbereich müssen berücksichtigt werden.
4. Der zunehmenden Gruppe (älterer) Migrant/inn/en muss eine Teilhabe an kultureller Bildung ermöglicht werden.
5. Die spezifischen Bedürfnisse und Interessen jeder heterogener werdenden Zielgruppe müssen berücksichtigt werden. (ebd.)

Altenbericht der Bundesregierung

Das Bundesministerium für Familie, Senioren, Frauen und Jugend (BMFSFJ) gibt in jeder Legislaturperiode einen Altenbericht mit jeweils unterschiedlichen Schwerpunkten heraus. Der aktuelle, fünfte Altenbericht widmet sich dem Thema „Potenziale des Alters in Wirtschaft und Gesellschaft" (BMFSFJ 2005b). In Form einer wissenschaftlichen Bestandsaufnahme wird untersucht, wie die Potenziale Älterer besser genutzt werden könnten und welche Rahmenbedingungen hierfür geschaffen werden sollten, so z. B. in Hinsicht auf den Zusammenhalt der Generationen oder Familien. In diesem Zusammenhang ist in erster Linie das Kapitel zum Gesellschaftsbereich Bildung von Interesse, in dem Daten zur allgemeinen und beruflichen Weiterbildung Älterer herangezogen werden. Es wird betont, dass eine kulturelle Bildung für Senior/inn/en eine Voraussetzung zur aktiven Gestaltung der Gesellschaft darstellt (ebd., S. 158 f.).

„Auch die Abgrenzung zwischen Bildung und Konsum und Freizeit ist nicht immer einfach. Bildungsmaßnahmen – gerade im kulturellen Bereich – sind oft eine Mischung zwischen Weiterbildung und aktiver Lebensführung und Freizeitgestaltung. Für ein aktives Altern ist diese Form der Lebensführung eine zentrale Voraussetzung." (ebd., S. 133)

Stellungnahme des Deutsches Kulturrates zur kulturellen Bildung im demografischen Wandel

Der Deutsche Kulturrat fordert in seiner Stellungnahme „Kulturelle Bildung. Eine Herausforderung durch den demografischen Wandel", den Bundesaltenplan des BMFSFJ, für den der Altenbericht Grundlage war, auf die kulturelle Bildung auszudehnen:

„Der Bundesaltenplan als bundesweites Förderinstrument sollte stärker auch für die Kulturelle Bildung von älteren Menschen genutzt werden. Am Kinder- und Jugendplan des Bundes ist zu erkennen, wie durch eine Förderung der Infrastruktur an Anbietern kultureller Bildung das Feld weiterentwickelt und professionalisiert wird" (Deutscher Kulturrat 2007, S. 4).

Schlussbericht der Enquete-Kommission „Kultur in Deutschland"

Dies fordert auch die Enquete-Kommission „Kultur in Deutschland" in ihrem Schlussbericht, der am 11.12.07 veröffentlicht wurde (Deutscher Bundestag 2007). In diesem Schlussbericht beschreibt die Enquete-Kommission die Situation von Kunst und Kultur in Deutschland. Es werden ca. 500 Handlungsempfehlungen für Kulturpolitiker und Kulturschaffende formuliert. Interessant in diesem Zusammenhang sind in erster Linie die Themen „Kulturelle Auswirkungen des demografischen Wandels" und „Kulturelle Erwachsenenbildung". Das Kapitel zur kulturellen Erwachsenenbildung stützt sich im Wesentlichen auf ein Gutachten, das das Deutsche Institut für Erwachsenenbildung (DIE) im Auftrag der Enquete-Kommission im Jahr 2005 erstellt hat (Deutsches Institut für Erwachsenenbildung 2005). Die Kommission schlussfolgert, dass kulturelle Erwachsenenbildung gleichberechtigt mit anderen arbeitsmarkt- und berufsbezogenen Bildungssektoren und der kulturellen Kinder- und Jugendbildung gefördert und in die Weiterbildungsgesetze der Länder aufgenommen werden sollten (Deutscher Bundestag 2007, S. 405). Im Gutachten des DIE wird betont, dass „gerade Weiterbildungsangebote für Ältere und Migrant/inn/en von eminenter Bedeutung" sind (Deutsches Institut für Erwachsenenbildung 2005, S. 59).

Die Enquete-Kommission „Kultur in Deutschland" identifiziert als Lernorte kultureller Erwachsenenbildung folgende Institutionen:
>> Volkshochschulen,
>> gewerkschaftliche Bildungseinrichtungen,
>> freie Bildungseinrichtungen,
>> kirchliche Bildungseinrichtungen,
>> Bibliotheken, Museen, Theater und andere Kultureinrichtungen,
>> soziokulturelle Zentren,
>> Kulturvereine sowie
>> private Initiativen. (Deutscher Bundestag 2007, S. 403)

Die zuständigen Ressorts sind hierfür die Jugend-, Bildungs- und Kulturpolitik (ebd., S. 380). Für die kulturelle Altersbildung haben wir darüber hinaus weitere Institutionen aus dem Sozial- und Gemeinwesen identifiziert, für deren Förderung die Sozialpolitik zuständig ist.

Die Enquete-Kommission „Kultur in Deutschland" greift in ihrem Schlussbericht ein häufig diskutiertes Problem auf. Zwischen den Generationen entstehen oft Verteilungskonflikte:
>> Kinder und Jugendliche werden zukünftig aufgrund des demografischen Wandels einen immer kleiner werdenden Anteil an der Bevölkerung ausmachen. Diese Gruppe ist das Publikum von morgen, ihr müssen Angebote kultureller Bildung zur Verfügung gestellt werden.
>> Senior/inn/en werden zukünftig einen immer größeren Anteil an der Gesellschaft ausmachen. Der Nachfrage dieser Gruppe muss mit entsprechenden Angeboten gerecht werden. „Gerade in der kulturellen Bildung besteht bei Angeboten für Erwachsene und Senioren Nachholbedarf, der im Zuge der Alterung der Gesellschaft gravierender wird." (ebd., S. 224)

An dieser Stelle sei betont, dass es hier nicht um ein „entweder – oder" der Zielgruppen geht. Kulturbetriebe und Anbieter kultureller Bildung müssen eine angemessene Balance zwischen den Generationen finden und auf die Entwicklungen des demografischen Wandels reagieren. Schrumpfende Bevölkerungszahlen müssen nicht zwingend zu einer sinkenden Nutzung von kulturellen Angeboten führen, sofern Anbieter sich auf ein verändertes Kulturpublikum einstellen und Maßnahmen zur Publikumsgewinnung ergreifen. „Die Kulturbetriebe müssen sich für die konkreten sozialen und kulturellen Probleme der Region öffnen, um offensiv, vielfältig und zielgerichtet auf die Folgen des demografischen Wandels reagieren zu können." (ebd., S. 227)

Die Enquete-Kommission betont, dass der Zuwachs der Gruppe von Älteren positive Auswirkungen auf den Kulturbetrieb haben kann und hat: Senior/inn/en sind überdurchschnittlich häufig ehrenamtlich aktiv und halten oft kulturelle Veranstaltungen aufrecht. Hier gilt es, ihre Potenziale zu erschließen und zu nutzen (ebd., S. 226). Die Zielgruppe erfordert allerdings die Anwendung einer großen methodischen Vielfalt, „um auch in dieser Lebensphase eine aktive Auseinandersetzung mit der eigenen Geschichte zu ermöglichen." (ebd., S. 404) Hier wird auf Methoden kultureller Praxis wie „oral history", Erzählpatenschaften, Zugänge für hör- und sehbehinderte Menschen und mobile Angebote hingewiesen.

Kulturelle Bildung sollte allen Teilen der Bevölkerung zugänglich gemacht werden. Sie kann einen Beitrag zur Integration von Menschen mit anderem kulturellem Hintergrund leisten und einen kulturellen Dialog anregen (ebd., S. 401).

> „Für die gesellschaftliche Zukunftsfähigkeit und die Entwicklung einer Zivilgesellschaft, deren Basis eben nicht nur die Ökonomie, sondern auch das soziale Miteinander ist, sind deshalb gerade kulturelle Weiterbildungsangebote für Ältere und Bürger mit Migrationshintergrund von eminenter Bedeutung." (ebd.)

Das vorhandene Angebot kultureller Erwachsenenbildung wird dem Bedarf heute noch nicht gerecht, vor allem in Bezug auf benachteiligte Gruppen und Regionen (ebd., S. 404).

Die Förderpraxis in den Bundesländern

Das Thema demografischer Wandel haben die meisten Bundesländer auf ihrer politischen Agenda. Kultur ist hierbei jedoch nur in Nordrhein-Westfalen, Hessen und Brandenburg ein Handlungsfeld (Deutscher Bundestag 2007, S. 219).

Für die vorliegende Bestandsaufnahme wurde recherchiert, ob und in welcher Weise Behörden der Landesregierungen sich mit dem Thema der kulturellen Bildung für Senior/inn/en befassen. Ein Hauptanliegen war, zu erfassen, ob den Landesregierungen Statistiken oder Studien über kulturelle Bildungsangebote für Senior/inn/en vorliegen. Ein kurzer Fragebogen wurde an möglicherweise zuständige Stellen der Landesministerien versendet.

Vorgehensweise

Zunächst wurden 55 Landesministerien identifiziert, in denen kulturelle Bildung für Ältere gefördert werden könnte. Dies waren die Kultur- und Kunst-, Sozial-, Kultus- bzw. Bildungsministerien und teilweise die Staatskanzleien. Zusätzlich wurden in Nordrhein-Westfalen das Ministerium für Generationen, Familie, Frauen und Integration, in Niedersachsen das Ministerium für Wirtschaft, Arbeit und Verkehr (Referat Freizeit-, Gesundheits-, Kulturwirtschaft) und in Sachsen-Anhalt das Ministerium für Landesentwicklung und Verkehr (Referat Demografische Entwicklung, Leitbilder und Perspektiven für Räume und Simulationen und Prognosen, Raumbeobachtung) angeschrieben.

Insgesamt wurden 70 zuständige Referate oder Abteilungen bestimmt, in denen eine Förderung thematisch möglich sein könnte. Dies waren Abteilungen/Referate, die für die Themen Demografie, Demografischer Wandel, Senior/inn/en, Ältere Menschen, Seniorenpolitik, Seniorenarbeit, Altenhilfe, Generationen, Soziales, Familie, Bildung, Weiterbildung, Erwachsenenbildung, Kunst, Kultur(pflege), Theater, Musik, Bibliotheken, Laienmusik, Kulturelle Bildung u. ä. zuständig sind.

Der Fragebogen wurde mit einem Anschreiben, in dem das Projekt kurz skizziert wurde, per Post an die o. g. Stellen versendet. Um eine möglichst hohe Rücklaufquote zu erzielen und eine bessere Vergleichbarkeit zu erreichen, wurde der Fragebogen kurz gehalten und es wurden ausschließlich geschlossene Fragen formuliert. Nach Erhalt der Antworten recherchierten wir telefonisch bei denjenigen Ministerien zu Einzelheiten nach, die angaben, kulturelle Bildung für Senior/inn/en zu fördern.

Rücklauf

Von insgesamt 70 angeschriebenen Adressaten erhielten wir Auskunft über 47 Stellen in den Ministerien. Die Rücklaufquote ist nicht absolut zu bewerten, da oftmals ein Ministerium Rücksprache mit weiteren hielt und eine gemeinsame Antwort verfasste. So schreibt zum Beispiel die Hessische Staatskanzlei: „anbei erhalten Sie die Antwort des Hessischen Sozialministeriums auf o. g. Anfrage. Ich habe Ihre Anfrage auch an das Kultus- und Wissenschaftsministerium weitergeleitet. Das Kultusministerium ist dafür nicht zuständig". Wenn wir in einer Antwort eine Auskunft über ein anderes Ministerium erhalten haben, so haben wir dies auch als Antwort gewertet. Im genannten Fall galt das Kultusministerium als „nicht zuständig", mengenmäßig ergab dieses Beispiel drei Antworten (Staatskanzlei, Sozialministerium, Kultus- und Wissenschaftsministerium). Das bedeutet, dass wir insgesamt über 47 Stellen in den Ministerien eine Auskunft erhielten, auch wenn diese in einigen Fällen nicht selbst geantwortet haben.

Teilweise sind die Wege, über die Fragebögen verschickt wurden, nicht nachvollziehbar. Oftmals wurde der Fragebogen innerhalb eines Bundeslandes in einem Ministerium oder aber auch zwischen den Ministerien mehrfach weitergeleitet. Einige haben uns darüber informiert. Vermutlich haben einige, von denen wir keine Antwort erhalten haben, die Anfrage auch weitergeleitet, ohne uns darüber zu informieren. Oftmals erhielten wir von Abteilungen eine Antwort, die von uns gar nicht angeschrieben wurden. Aus den genannten Gründen ist der Rücklauf quantitativ schlecht bewertbar.

Die Antworten, die wir erhalten haben, sind wie folgt verteilt:

Staatskanzlei	6
Ministerium für Kunst oder Kultur	9
Bildungsministerium	12
Sozialministerium	13
Generationenministerium	1
Landesbibliothekszentrum(dem Ministerium für Wissenschaft, Weiterbildung, Forschung und Kultur unmittelbar nachgeordnete staatliche Behörde)	1
Ministerium für Bildung und Kultur	4
Ministerium für Landesentwicklung und Verkehr	1

Tab. 1: Verteilung der Antworten

Ergebnisse

In jedem Bundesland gab mindestens ein Ministerium an, kulturelle Bildung für Ältere zu fördern, in einigen Ländern wird das Thema auch von mehreren Ministerien unterstützt. Wir erhielten von 25 Ministerien die Aussage, dass kulturelle Bildung für Ältere von ihrem Hause gefördert werde. In Thüringen erhielten wir die Auskunft vom Kultusministerium, dass kulturelle Bildung für Ältere zwar bislang nicht gefördert werde, aber dass es bisher auch keine entsprechenden Förderanträge gegeben habe. Wir interpretieren diese Aussage so, dass das Thüringer Kultusministerium eine Förderung nicht ausschließt und grundsätzlich ein potenzieller Förderer sein könnte.

In den nachstehenden Tabellen sind die Abteilungen und Referate aufgeführt, die angaben, kulturelle Bildung für Senior/inn/en fördern, ggf. mit Einschränkung oder Zusatzinformation (s. rechte Spalte).

Tab. 2: Antworten der Ministerien, die angaben, kulturelle Bildung für Senior/inn/en zu fördern

Bundesland	Ministerium	Referat/Abteilung	Information
Baden-Württemberg	Ministerium für Kultus, Jugend und Sport	Abteilung 5, Referat 55	Träger sind z. B. Volkshochschulen, Volkshochschulheime, kirchliche Erwachsenenbildungseinrichtungen etc.
Bayern	Bayerisches Staatsministerium für Arbeit und Sozialordnung, Familie und Frauen	Referat III 5	Förderung des Kulturführerscheins und des SeniorenNetzForum (Seniorencomputerinitiativen)
	Bayerisches Staatsministerium für Wissenschaft, Forschung und Kunst,	Abteilung XII	Die Angebote der Landesausstellungen und der Internetauftritt des Haus der Bayerischen Geschichte werden zu hohem Maße von Senior/inn/en wahrgenommen
Berlin	Senatsverwaltung für Integration, Arbeit und Soziales	Abteilung I B 3	Förderung über LIGA-Vertrag, hierüber werden soziale Projekte gefördert, u. a. auch für Senior/inn/en im kulturellen Bereich, z. B. Theater der Erfahrungen, Kreative Potenziale des Alters
	Senatsverwaltung für Bildung, Wissenschaft und Forschung	Abteilung II F, Referat Weiterbildung - Lebenslanges Lernen	Indirekte Förderung, das Land Berlin ist Träger von zwölf Volkshochschulen
Brandenburg	Ministerium für Bildung, Jugend und Sport	Abteilung 2, Referat 26	Förderung im Rahmen der Grundversorgung
	Ministerium für Wissenschaft, Forschung und Kultur	Abteilung 3, Referat 31	Förderung kultureller Einrichtungen (Musikschulen, Kunstschulen, Museen, Vereine, Verbände), die auch Angebote für Senior/inn/en machen
Bremen	Senator für Kultur		Förderung der Bremer Volkshochschule
Hamburg	Behörde für Soziales, Familie, Gesundheit und Verbraucherschutz	Seniorenarbeit und Pflege	Förderung insbesondere eines Netzes von 84 Seniorentreffs, in denen Angebote zur Betätigung und Kommunikation gemacht werden, neben geselligen Veranstaltungen auch zahlreiche kulturelle Bildungsangebote
	Kulturbehörde	K2: Theater, Musik, Bibliotheken	Derzeit Aufbau einer Arbeitsgruppe, die sich gezielt dem demografischen Wandel und der Bedeutung für die zukünftige Kulturpolitik widmet

Die Förderpraxis in den Bundesländern

Bundesland	Ministerium	Referat/Abteilung	Information
Hessen	Ministerium für Wissenschaft und Kunst	Kultur	Keine Unterscheidung zwischen jungen und älteren Antragstellern, aber immer wieder Aktionen für Senior/inn/en an den Landesmuseen
	Hessisches Sozialministerium	Abteilung 2: Seniorinnen und Senioren/Familie	Fördern z. B. die Hessische Literaturgesellschaft, die Autorenlesungen in Altenpflegeheimen durchführt, die Akademie der Generationen, die generationenübergreifend arbeitet und den Dialog der Generationen anstrebt, Angebote sind Zeitzeugenprojekte, Theaterprojekte, aber auch Projekte ohne kulturellen Bildungsinhalt, die Landesseniorenvertretung, die aber eher als Interessenvertretung der Senior/inn/en fungiert und weniger Angebote im kulturellen Bildungsbereich macht, in unregelmäßigen Abständen den Seniorentanzverband
Mecklenburg-Vorpommern	Ministerium für Bildung, Wissenschaft und Kultur	Abteilung 2/260	Förderung im Bereich der Volkshochschulen
	Ministerium für Bildung, Wissenschaft und Kultur	Abteilung Kultur	Entsprechend der Richtlinie über die Gewährung von Zuwendungen zur Projektförderung im kulturellen Bereich durch das Land Mecklenburg-Vorpommern und gemäß der im Landeshaushalt bestätigten Haushaltsmittel können Projekte im soziokulturellen Bereich gefördert werden. Es werden Projekte in soziokulturellen Zentren und Projekte soziokultureller Initiativen im ländlichen Raum unterstützt, die von landesweiter, überregionaler oder besonderer kulturpolitischer Bedeutung und in besonderem Landesinteresse sind. Institutionelle Förderungen werden nicht ausgereicht. Es werden sowohl Kulturprojekte speziell für die Zielgruppe der Älteren gefördert als auch Kulturprojekte, an denen viele Ältere teilnehmen.
Niedersachsen	Ministerium für Wissenschaft und Kultur	Abteilung 3: Kultur	Unterstützung verschiedener Maßnahmen: Bundesakademie für kulturelle Bildung e.V. in Wolfenbüttel, Kunstschulen, öffentliche Bibliotheken, Museen, Soziokultur, EFRE "Erhöhung kultureller Kompetenzen für spezifische Zielgruppen im Zusammenhang mit den Folgen veränderter demografischer Strukturen" im Rahmen des Zielgebietes "Regionale Wettbewerbsfähigkeit und Beschäftigung"

Bundesland	Ministerium	Referat/Abteilung	Information
Nordrhein-Westfalen	Ministerium für Generationen, Familie, Frauen und Integration	Abteilung 2: Grundsatz, Generationen	Wichtige Projekte, die gefördert werden, sind MehrKultur55plus und age-culture.net im europäischen Zusammenhang. Weitere Projekte sind in Planung. Zudem wurden viele Projekte unterstützt, bei denen kulturelle Bildung eine Rolle gespielt hat, z. B. bei interkulturellen Projekten.
	Staatskanzlei	Abteilung IV B 3: Zielgruppenspezifische Kulturarbeit (Kulturelle Integration, Kulturpflege der Vertriebenen, Kultur und Alter), Kultur und Recht	Ab 2008 wird das Thema "Kultur und Alter" im Referat für kulturelle Integration konzeptionell verankert
Rheinland-Pfalz	Ministerium für Bildung, Wissenschaft, Jugend und Kultur	Literaturreferat	Förderung nach dem Weiterbildungsgesetz, Unterstützung des Landesmusikrates, Landesbibliothekszentrums
	Ministerium für Arbeit, Soziales, Gesundheit, Familie und Frauen	Abteilung 65, Landesleitstelle "Älter werden in Rheinland-Pfalz"	Förderung von kulturellen Projekten, altersübergreifend, aber auch ausschließlich kulturelle Projekte für Senior/inn/en
Saarland	Ministerium für Bildung, Kultur und Wissenschaft	Referat E2 - Breitenkultur	Förderung staatlich anerkannter Einrichtungen der Weiterbildung (darunter acht Seniorenakademien) über das Weiterbildungs- und Bildungsfreistellungsgesetz (indirekte Förderung)
Sachsen	Staatsministerium für Wissenschaft und Kunst	Abteilung 2: Kunst	Förderung auf der Grundlage von Förderrichtlinien, Angebote stehen grundsätzlich allen Altersgruppen offen
	Staatsministerium für Kultus	Referat 46/4	Nur generationsübergreifend bei Förderung innovativer Projekte, z. B. Zusammenarbeit Volkshochschule, Staatliche Kunstsammlungen Dresden, Hochschule für Bildende Künste Dresden
Sachsen-Anhalt	Kultusministerium	Referat 54	Förderung ist projektbezogen, v. a. im Bereich Soziokultur. Es werden sowohl Kulturprojekte speziell für Senior/inn/en gefördert als auch altersunspezifische Projekte, an denen auch Senior/inn/en teilnehmen. Die Antragsteller sind in erster Linie Vereine, seltener Kommunen.
Schleswig-Holstein	Staatskanzlei	Kulturabteilung	Es gibt kein spezielles Förderprogramm für kulturelle Bildung für Senior/inn/en. Bildungsstätten werden vom Land gefördert, die Seniorenarbeit in ihrem Programm haben. Die Einrichtungen sind nicht dazu verpflichtet, Angebote für Senior/inn/en zu machen, aber sie tun es aufgrund gesellschaftlicher Entwicklungen. In den Bildungsstätten werden Senior/inn/en als eine Zielgruppe betrachtet, im Einzelfall existieren spezielle Seniorenprogramme.
Thüringen	Kultusministerium	Abteilung Kultur	Es gab bisher keine entsprechenden Föderanträge

Wie Tabelle 2 zu entnehmen ist, unterstützen einige der Ministerien kulturelle Bildungsangebote im Rahmen einer zielgruppenunabhängigen Grundversorgung oder durch die Förderung von Volkshochschulen, Musikschulen, Kunstschulen etc. In diesen Fällen besteht also eine indirekte Förderung dieser Altersgruppe. An diesen Bildungseinrichtungen gebe es nach Auskunft der zuständigen Stellen in den Ministerien kulturelle Bildungsangebote und es nehmen daran auch Ältere teil. Andere Ministerien verneinen die Förderung in diesem Zusammenhang als Förderung kultureller Bildung für Senior/inn/en. Sie würden ausschließlich Bildungseinrichtungen fördern, die auch Angebote für Senior/inn/en machen bzw. an deren Angeboten viele Senior/inn/en teilnehmen, aber auf das Angebot der Einrichtungen hätte das Ministerium keinen Einfluss. Auch diese Ministerien wurden in obige Tabelle aufgenommen.

Grundsätzlich ist zu sagen, dass die Antworten der Ministerien nicht vollständig sein können, da in einigen Ländern ausschließlich eine Förderung außerhalb von Volkshochschulen angegeben wurde, die Förderung dieser durch die Länder aber gesetzlich verankert ist. Da Volkshochschulen Senior/inn/en offen stehen, sind hier kulturelle Bildungsangebote auch für diese Zielgruppe zu finden. Einen guten Überblick über die Gesetzeslage der kulturellen Erwachsenenbildung in den Bundesländern gibt die Bestandsaufnahme des Deutschen Instituts für Erwachsenenbildung im Auftrag der Enquete-Kommission „Kultur in Deutschland" (Deutsches Institut für Erwachsenenbildung 2005):

> „Betrachtet man die Gesetze im Überblick, zeigt sich, dass bis auf zwei Bundesländer (Hamburg und Schleswig-Holstein) alle Bundesländer über Weiterbildungsgesetze verfügen. Die kulturelle Bildung findet in sechs Weiterbildungsgesetzen (Brandenburg, Hessen, Niedersachsen, Nordrhein-Westfalen, Sachsen und Thüringen) und in einem Schulgesetz (Berlin), das die Volkshochschulen berücksichtigt, explizit als Bestandteil der Weiterbildung Erwähnung. In anderen Gesetzen und Verordnungen wird die allgemeine Weiterbildung genannt und teilweise Aufgaben im kulturellen Kontext aufgeführt (Baden-Württemberg, Bayern, Bremen, Mecklenburg-Vorpommern, Rheinland-Pfalz, Saarland und Sachsen-Anhalt). In Thüringen ist die kulturelle Erwachsenenbildung am Exponiertesten aufgeführt. Überhaupt wird sie in drei neuen Bundesländern und Berlin explizit genannt und nur in drei alten Bundesländern. In Nordrhein-Westfalen wird sie zwar im Gesetz erwähnt, doch bei der Beschreibung des Pflichtangebots der Volkshochschulen, die eine Grundversorgung leisten sollen, wird sie im Gegensatz zu der politischen sowie der arbeitswelt- und berufsbezogenen Weiterbildung nicht genannt und somit nicht grundsätzlich gefördert im Gegensatz zu den genannten Bereichen.
>
> Insgesamt findet die kulturelle Erwachsenenbildung zwar in den Weiterbildungsgesetzen Berücksichtigung, doch zeigt sich in den konkreten Formulierungen und den dazugehörigen Verordnungen eine deutliche Tendenz, die kulturelle Bildung insgesamt bzw. Teilbereiche, aber auch kulturelle Institutionen, die keine Weiterbildungseinrichtungen sind, aus der Förderung auszuschließen." (Deutsches Institut für Erwachsenenbildung 2005, S. 44 f.)

Besondere Maßnahmen für Senior/inn/en mit Migrationshintergrund werden nur von sechs Ministerien gefördert, bei vier Ministerien wurde keine Auskunft darüber gegeben. Das bedeutet, dass die meisten Ministerien (15 Ministerien) diesen Aspekt nicht gesondert berücksichtigen.

Generationenübergreifende Angebote hingegen werden von dem Großteil der Ministerien (16 Ministerien) gefördert.

Nach dem dritten und vierten Lebensalter wird in keinem der fördernden Ministerien unterschieden. Einige Ministerien sind hierüber nicht informiert, ggf. unterscheiden die von ihnen geförderten Anbieter Senior/inn/en in verschiedene Altersklassen. Konzeptionell wird diese Unterteilung in der Förderung aber nicht berücksichtigt.

Dass die Datenlage im Themenfeld sehr dünn ist, wurde uns seitens der Ministerien bestätigt. Landesweite, umfassende Studien oder Statistiken über Art und Umfang kultureller Bildungsangebote für Ältere sind auch ihnen nicht bekannt. Einige verweisen auf die Volkshochschul-Statistik, vereinzelte Besuchsstatistiken, z. B. von Seniorentreffs, oder allgemeine Erhebungen zur demografischen Entwicklung im Land.

Interpretation

In jedem Bundesland existiert auf der Ebene der Ministerien eine zuständige Stelle, die für Förderung und Bündelung kultureller Bildung für Senior/inn/en zuständig ist, doch hat offensichtlich kein Ministerium eine vollständige Übersicht, welche Angebote konkret im Feld existieren. Einige Ansprechpartner/innen gaben an, dass es möglich wäre, gezielter, zielgruppenorientierter und defizitorientierter zu fördern, wenn hier eine differenzierte Bestandsaufnahme gestartet würde.

Durch die Unterscheidung einer indirekten und direkten Förderung kommen Probleme der Vergleichbarkeit auf. Es ist zu diskutieren, ob eine bloße indirekte Förderung ausreicht bzw. ob zusätzlich kulturelle Bildungsangebote für Ältere unterstützt werden sollten. Es wird von der Thematik und den Interessen eines Teilnehmers/einer Teilnehmerin abhängen, inwiefern speziell auf Ältere ausgerichtete Angebote erforderlich sind.

Grundsätzlich scheint das Thema der kulturellen Bildung für ältere Migrant/inn/en in den Ministerien noch wenig verankert zu sein. Eine differenzierte Wahrnehmung dieser Zielgruppe hat sich noch nicht durchgesetzt.

Generationenübergreifende Angebote sind hingegen sehr verbreitet. Interessant wäre, ob dieser Aspekt auch konzeptionell und methodisch unterfüttert ist oder ob lediglich unterschiedliche Altersgruppen an einem Angebot teilnehmen.

Vergleich der Bundesländer

Aus der kurzen Befragung der Ministerien lässt sich nicht ableiten, in welchem Bundesland besonders wenig oder besonders viele kulturelle Bildungsangebote für Senior/inn/en existieren. Aufgrund der Beschränkung der Studie auf sekundäranalytische Methoden konnte eine quantifizierende und qualitativ differenzierte Befragung nicht durchgeführt werden, so dass keine quantitativen Angaben vorliegen. Es konnte auch nicht erhoben werden, wie engagiert die Institutionen in den unterschiedlichen Bundesländern im Themenfeld sind bzw. wie viele Anträge gestellt, bewilligt und abgelehnt wurden oder wie viele Menschen erreicht wurden. Für eine relativ breite und für die Befragten arbeitsintensive Erhebung hätte im Vorfeld die Kooperation der Bundesländer auf politischer Ebene sichergestellt werden müssen.

Eine quantitative Bewertung der Aktivitäten in den Bundesländern vorzunehmen, würde viele Probleme aufwerfen. Es existieren keine dezidierten Daten über Bildungsangebote in den einzelnen Bundesländern. Ein Vergleich der Höhe der Fördermittel (z. B. pro älterem Bevölkerungsmitglied) könnte Anhaltspunkte geben, doch lässt dies keinen qualitativen Vergleich zu. Vielleicht sind in einigen Ländern verschiedene Kultur- oder Bildungseinrichtungen sehr aktiv und erproben in eigener Regie Angebote für die Zielgruppe der Senior/inn/en. Uns sind zwar einige größere Projekte oder Initiativen bekannt, die durch Landesministerien gefördert werden[11], doch ist es schwierig, auf der Grundlage dieser vereinzelten Projekte eine Bewertung vorzunehmen. Für einen Ländervergleich müsste man einen feldübergreifenden, weiten Blick einnehmen.

---

11 Beispiele sind:
  >> „Kultur im Wandel" in Brandenburg (www.iq-consult.com/kultur-im-wandel, Stand: 16.11.07)
  >> „Alt werden im Land Brandenburg. Leitlinien zur Seniorenpolitik der Landesregierung" (www.masgf.brandenburg.de/cms/detail.php?gsid=lbm1.c.388214.de&_siteid=7, Stand: 16.11.07)
  >> „MehrKultur55plus" in Nordrhein-Westfalen (www.ibk-kultur.de/senioren, Stand: 16.11.07)
  >> Landesleitstelle „Älter werden in Rheinland-Pfalz" (www.masfg.rlp.de/Familie/Seniorenpolitik/Landesleitstelle.asp?highmain=12&highsub=1&highsubsub=0, Stand: 16.11.07)

Die Praxisfelder

Die Bildungslandschaft kultureller Bildung für Ältere in Deutschland hat eine überaus komplexe Struktur. Kulturelle Bildung wird von den verschiedensten Trägern an unterschiedlichsten Lernorten durchgeführt, sie erreicht unterschiedliche Zielgruppen, arbeitet mit einer Vielzahl von Konzepten unter Verwendung unterschiedlicher Medien. Kulturelle Bildungsprozesse ereignen sich „im Spiel, in der Reflektion, in der sinnlichen Erfahrung, in der Diskussion mit anderen, in der individuellen und gemeinsamen Auseinandersetzung mit der Widerständigkeit des Materials etc." (Krings 1994, S. 18). Kulturelle Bildung wird vielerorts von Älteren für Ältere angeboten, sie findet in altershomogenen oder altersheterogenen Gruppen statt, immer häufiger auch in intergenerationellen Lerngruppen und/oder mit dem Anspruch interkultureller Kulturarbeit.

Es war aufgrund der uns zur Verfügung stehenden Mitteln schwer festzustellen, ob die Angebote dem Anspruch genügen, „dass Kulturelle Bildung eine ‚kontinuierliche fachlich fundierte Anleitung' voraussetzt" (ebd., S. 19). Auf der Differenz zwischen Bildung und Unterhaltung, zwischen Lernen und Geselligkeit, zwischen Wissen und Kommunikation in der Altersbildung zu beharren, hält Kade für überholt (Kade 2000). Es wurden folgerichtig Angebote aufgenommen, die wahrscheinlich ohne eine fundierte Fachlichkeit im kulturpädagogischen Bereich realisiert werden, aber dennoch von Bedeutung sind. Gemeint sind hier in erster Linie Angebote in der Sozial-, Migrations- und Altenarbeit sowie im Bereich der Selbstorganisation. Nicht immer ersichtlich war zudem, ob die Prämisse kultureller Bildung, nämlich die aktive Teilhabe an Kunst und Kultur, erfüllt ist oder ob in manchen Fällen statt dessen eher ein passives Rezipieren vorliegt.

Die Vielfalt der Anbieter kultureller Bildung für Senior/inn/en ist sehr groß. In der vorliegenden Studie wurde der Versuch unternommen diese Vielfalt zu systematisieren und Institutionen und Einrichtungen, die sich mit kultureller Bildung im Alter beschäftigen, Praxisfeldern zuzuordnen. Zehn dieser von uns identifizierten Praxisfelder werden ausführlich beschrieben. Zusätzlich zu diesen Feldern gibt es den Bereich der Selbstorganisation Älterer, dem ebenfalls ein eigenes Kapitel gewidmet wird. Selbstorganisierte Aktivitäten im Bereich der Kultur bzw. kulturellen Bildung finden sowohl innerhalb der verschiedenen Praxisfelder als auch ganz unabhängig davon statt.

Die Einrichtungen in den von uns portraitierten Praxisfeldern haben grob drei Ausrichtungen:
>> Kunst und Kultur,
>> Erwachsenenbildung und
>> Soziales und Gemeinwesen.

In der Praxis sind die Institutionen keineswegs starr, sondern bewegen sich häufig in verschiedenen Feldern, es gibt Schnittstellen und Kooperationsbeziehungen. Von den Anbietern in den beschriebenen Praxisfeldern kultureller Bildung werden verschiedene Gruppen älterer Menschen erreicht. Bedeutung und Umfang der Angebote der verschiedenen Felder werden in der nachfolgenden Grafik nicht erfasst.

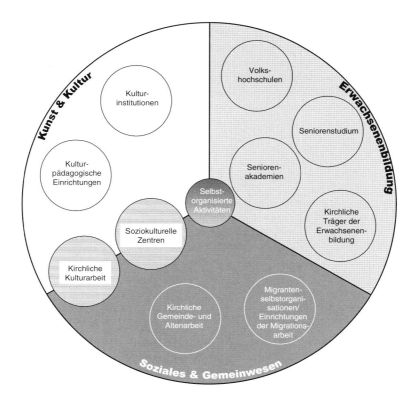

Abb. 2: Praxisfelder kultureller Bildung für ältere Menschen

Zum Zwecke der Durchführbarkeit der Studie im vorgegeben Rahmen mussten wir die Bereiche Altenhilfe, Rehabilitation/Therapie, öffentliche Medien sowie Reiseveranstalter/Kulturtourismus aussparen. Diese wurden in den Experteninterviews und bei der Recherche ebenfalls als Felder, in denen kulturelle Bildung für Ältere stattfindet, identifiziert. Insbesondere die Rolle der Altenhilfe sollte in einer eigenen Studie näher beleuchtet werden.

>> Altenhilfe
Gerade für Personen im vierten Lebensalter sind die Angebote innerhalb der Altenhilfe von großer Bedeutung.[12] Jenseits von Pflege und Versorgung können mit kulturellen Bildungsangeboten die Potenziale von Senior/inn/en und die Mög-

---

12 Beachtenswert ist in diesem Zusammenhang das Projekt „Offene Altenarbeit und Altersbildung in den Wohlfahrtsverbänden" (Forschungsinstitut Geragogik 2007), gefördert durch die Stiftung Wohlfahrtspflege des Landes Nordrhein-Westfalen, in dem Qualitätsmerkmale der offenen Altenarbeit und Altersbildung mit besonderer Fokussierung auf selbstorganisierte Tätigkeiten und bürgerschaftliches Engagement herausgestellt werden.

lichkeiten, an Gesellschaft teilzuhaben, gestärkt werden. Kulturelle Bildung findet in diesem Feld u. a. in Alters-, Senioren-, Pflegeheimen, Altenclubs, Altentagesstätten, Begegnungsstätten, im betreuten Wohnen, in geriatrischen Kliniken, Seniorenstiften und Altentreffs statt. Auch die ambulante Altenpflege ergänzt ihre Dienstleistungen z. B. durch die Vermittlung einer Begleitung zu kulturellen Bildungsveranstaltungen.
Anbieter sind hier die Wohlfahrtsverbände, Kommunen und private Anbieter. Wohlfahrtsverbände als Träger der Altenhilfe sind in Bezug auf die Altersbildung sehr bedeutsam. Sie verfügen über jahrzehntelange Erfahrung in der Arbeit mit Älteren. Wie das Zentrum für Kulturforschung (2008, S. 20) im KulturBarometer 50+ herausstellt, sind viele Senior/inn/en, die in Seniorenheimen wohnen, gesellschaftlich isoliert. Aus diesem Grund wird die Empfehlung ausgesprochen, die kulturelle Bildungsarbeit in Seniorenheim zu stärken (ebd.).

>> Rehabilitation/Therapie
In therapeutischen Einrichtungen und Einrichtungen der Rehabilitation, z. B. psychiatrischen und gerontologischen Kliniken oder Gefängnissen, werden häufig kunsttherapeutische Methoden eingesetzt, die auch eine kulturelle Bildung ermöglichen können. Eine Differenzierung zwischen sozialarbeiterischen, therapeutischen und reinen Bildungsangeboten ist schwierig. Ganz außer Acht lassen kann man diese Angebote jedoch nicht, denn in einigen Selbsthilfegruppen wird z. B. versucht, mit Hilfe von kulturpädagogischen Arbeitsmethoden die eigene Persönlichkeitsentwicklung zu fördern. Das heißt, allgemeinbildende bzw. therapeutische Ziele stehen im Vordergrund, die mit künstlerischen Arbeitsmethoden realisiert werden sollen.[13]
In Einrichtungen der Rehabilitation und Therapie gibt es zudem häufig Angebote in Form eines Kulturprogramms, z. B. Besuche von Ausstellungen. Bei den Angeboten in diesem Feld wird nicht zwingend eine Altersdifferenzierung der Angebote im Vorhinein vorgenommen.

>> Öffentliche Medien
Im Feld der öffentlichen Medien ermöglichen Fernsehen, Internet, Zeitschriften oder Radio auch nicht mobilen älteren Menschen eine Teilhabe an Kultur und Gesellschaft. Meist sind dies rezeptive Angebote, z. B. Kulturprogramme oder virtuelle Museumsrundgänge im Internet.[14] Öffentlich-rechtliche Medienanstalten treten zudem als Kulturveranstalter mit Konzert- und Veranstaltungsreihen in Erscheinung. Neben rein rezeptiven Angeboten existieren aber auch Bildungsange-

---

13 Ein Modellprojekt wurde in diesem Praxisfeld z. B. in der Fachklinik Erbprinzentanne in Clausthal durchgeführt (Lubnow 1993).
14 Über die reine Mediennutzung geben die ARD/ZDF-Langzeitstudie Massenkommunikation (vgl. Reitze/Ridder 2006), die ARD/ZDF-Onlinestudie (vgl. van Eimeren/Frees 2007) und eine Studie des Adolf-Grimme-Instituts (vgl. Adolf-Grimme-Institut 2007) Aufschluss. Noch zeigen Senior/inn/en eine verhaltene Nutzung von neueren Medien wie dem Internet und nutzen eher klassische Medien wie Fernsehen oder Radio. Auch das KulturBarometer 50+ liefert über die Mediennutzung erkenntnisreiche Ergebnisse (Zentrum für Kulturforschung 2008, S. 37ff.).

bote der öffentlichen Medien, z. B. in Form des E-Learning oder des Funkkollegs. Der öffentlich-rechtliche Rundfunk hat einen Kulturauftrag in Form eines Informations-, Unterhaltungs- und Bildungsauftrages (verankert z. B. im WDR-Gesetz, vgl. Gesetz über den Westdeutschen Rundfunk Köln 2004). Inwiefern kulturelle Bildungsangebote für Senior/inn/en in diesem Bereich existieren bzw. wie diese sich stärker auf die Zielgruppe einstellen könnte, wäre ein interessanter Untersuchungspunkt, denn zukünftig werden Senior/inn/en vertrauter mit neuen Medien agieren, als sie es heute noch tun.

>> Reiseveranstalter/Kulturtourismus
Senior/inn/en sind von Reiseveranstaltern längst als Zielgruppe entdeckt worden. Viele Anbieter sind auf Ältere spezialisiert und bieten Kulturreisen an. Diese Reisen führen zu Kulturstätten, kulturellen Veranstaltungen oder in fremde Kulturen und werden oft mit dem Erlernen einer Fremdsprache, einer eigenen künstlerischen Tätigkeit oder Führungen mit Raum für Diskussionen und Fragen verknüpft. Die Angebote werden überwiegend privatwirtschaftlich betrieben, aktiv in diesem Bereich sind aber auch z. B. Volkshochschulen, Bildungswerke, Kirchen und Wohlfahrtsverbände.

1. Alte Meister – Kulturvermittlung für Ältere in der Hochkultur

Abstract

Als Folge des demografischen Wandels sehen sich öffentliche und private Einrichtungen der Hoch- und Breitenkultur vermehrt der Zielgruppe der Älteren gegenüber. Sie arbeiten deshalb verstärkt zielgruppen- und altersspezifisch. Unter kulturellen Bildungsangeboten kann man Zweierlei fassen: didaktisch aufbereitete Rahmenprogramme zu kulturellen Veranstaltungen sowie kulturpädagogische Angebote, die zu eigenschöpferischer Aktivität anregen sollen.

Als Grundlage dieses Kapitels dienen – aufgrund mangelnder spezifischer Daten – vor allem allgemeine Daten zu Kulturinstitutionen. Bundesweit erhobenes Material über die Zielgruppe der Senior/inn/en ist ebenso begrenzt. Häufig gibt es zwar Informationen über Besuche, zu selten jedoch über Besucher/innen. Dennoch gibt es einige Erhebungen, die auszuwerten sich lohnt.

Kulturinstitutionen sind in einer sehr heterogenen Trägerlandschaft verortet, neben private Träger stellen sich vor allem gemeinnützige Vereine, Stiftungen sowie öffentliche Einrichtungen. Die Verteilung der Träger in den einzelnen Kultursparten ist hierbei nicht vergleich- oder verallgemeinerbar.

Das Interesse von Senior/inn/en an kulturellen Veranstaltungen ist groß. Die Teilnahme nimmt erst im höheren Alter deutlich ab, was vermutlich auf schlechtere Mobilität und/oder einen schlechteren Gesundheitszustand zurückzuführen ist. Die Bereiche „Oper/Konzert/Theater" – dominierend hier das Boulevardtheater – sowie „Museum/Kunstausstellungen" spielen bei Senior/inn/en die größte Rolle. Bei letzteren sind Führungen die beliebteste Vermittlungsform. Das Kapitel zeigt interessante Praxisbeispiele für die verschiedenen Sparten.

In einigen Punkten sind Entwicklungsbedarfe zu verzeichnen. So nehmen Kulturinstitutionen überhaupt erst nach und nach Angebote kultureller Bildung in ihr Programm auf. Dennoch sollte in einem zweiten Schritt über bestimmte Zielgruppen nachgedacht werden. Besucherbefragungen können hier ein wichtiges Hilfsmittel sein. Angebote für Senior/inn/en sollten inhaltlich und methodisch auf diese Zielgruppe abgestimmt sein.

Aufgrund des demografischen Wandels und der Tatsache, dass neue Generationen Älterer immer gebildeter sein werden, ist von einer zunehmenden Nachfrage nach anspruchsvollen kulturellen Angeboten – vor allem im Bereich der Hochkultur – auszugehen. Außerdem kann über diese Angebote eine Kundenbindung erreicht werden. In diesem Zusammenhang sind auch aufsuchende Kulturangebote denkbar. Ebenso erscheinen Aufbau und Pflege einer Stammbesucherschaft, vom Kindesalter an, als lohnende Ziele. Hochaltrige, Demenzkranke und ältere Migrant/inn/en sind besondere Zielgruppen, die Kulturinstitutionen berücksichtigen sollten, was bisher kaum getan wird. Kulturpädagog/inn/en sollten für die Arbeit mit Senior/inn/en professionalisiert werden.

Old Masters – High culture outreach for seniors

Abstract

As a consequence of demographic change, public and private institutions for both high culture and popular culture are increasingly addressing their efforts to the senior citizen target group. Their initiatives are thus more strongly oriented toward a specific target and age group. Cultural education offerings can be divided into two categories: didactic supporting programs for cultural events and educational activities designed to foster participants' own creative talent.

Since specific data is not available, this chapter is based primarily on general data on cultural institutions. The availability of nationwide material on the seniors target group is likewise limited. Frequently information can be obtained on visitor numbers, but not on the visitors themselves. Nevertheless, there are certain surveys that are worth analysing.

Cultural institutions are situated in an extremely heterogeneous support landscape; in addition to private sponsors, there are also non-profit organizations, foundations and public institutions. It is not possible to generalize or to compare the distribution of these different forms of sponsorship across the various cultural sectors.

Seniors show great interest in cultural activities and events. It is not until an advanced age that participation numbers dwindle significantly, presumably attributable to a lack of mobility and/or a poor state of health. The most important cultural areas for seniors are „opera/concert/theatre" – dominated by boulevard theatre – and „museums-/art exhibitions". For the latter, guided tours are the most popular form of cultural education. This chapter will show interesting examples from actual practice for the various cultural sectors.

In some points there is room for further development. Many cultural institutions are only gradually adding educational offerings to their programs. Despite this fact, as a second step we will consider the needs of various target groups. Visitor surveys can form an important aid here. Offerings for seniors should be designed specifically for this target group in terms of both content and methodology.

In view of demographic change and the fact that new generations of seniors will be increasingly well educated, we can assume that the demand for sophisticated cultural offerings – especially in the realm of high culture – will rise. What's more, such offerings can be used to promote customer loyalty. Cultural outreach activities are also conceivable in this connection. Another seemingly worthwhile goal would be to try to build and maintain a regular visitorship, from childhood onward. The aged, those suffering from dementia and older migrants are special target groups that cultural institutions should keep in mind – something that has hardly been considered up until now. Cultural educators should acquire special professional qualifications for working with seniors.

„Angesichts der demografischen Entwicklung in Deutschland liegt das Zukunftspotential der Museen definitiv im Bereich der Menschen 50plus oder sogar 60plus. Wenn aber mit Politikern über Museen gesprochen wird, wird immer sehr gerne über Jugend und Kinder gesprochen. Wenn die Museumsleute dagegen anfangen zu sagen, unsere Zukunftspotentiale liegen zumindest in den nächsten 20 bis 30 Jahren definitiv in der Seniorenbildung, in der Einbindung von sehr frühzeitig aus dem Erwerbsleben ausgeschiedenen, noch aktiven Menschen, dann bekommen wir nicht immer so viel Gehör, wie wir es bekommen sollten. Kulturelle Bildung ist altersunabhängig."

Dr. Michael Eissenhauer (Präsident des Deutschen Museumsbundes)
bei der öffentlichen Anhörung der Enquete-Kommission „Kultur in
Deutschland" zum Thema „Museen und Ausstellungshäuser"
(Deutscher Bundestag 2006, S. 11)

Foto: Kunsthalle Bremen – Der Kunstverein in Bremen

Die öffentlichen und privaten Einrichtungen der Hoch- und Breitenkultur entwickeln in letzter Zeit vermehrt zielgruppen- und altersspezifische kulturpädagogische Angebote zur Vermittlung ihrer kulturellen Programme, aber auch zur stärkeren Bindung des Stammpublikums und zur Gewinnung von neuen Publikumsgruppen. Zu diesen Kulturanbietern zählen städtische bzw. staatliche Theater-, Opern-, Konzert- und Festspielhäuser, freie Theater- und Tanzhäuser, Tourneetheater, Figurentheater, Museen und Kunstvereine, Gedenkstätten, Bibliotheken, Literaturhäuser, Filmhäuser etc.

Kulturelle Bildungsangebote sind i. d. R. in zwei Ausprägungen zu finden:
>> Didaktisch aufbereitete Rahmenprogramme zu Theater-, Tanz-, Oper- oder Konzertaufführungen, z. B. Publikumsgespräche, Begegnungen mit Künstlern, Einführungen zu Aufführungen und
>> kulturpädagogische Angebote, die sich an unterschiedliche Altersgruppen richten und zu eigenschöpferischer Aktivität anregen. Einige öffentliche Theater betreiben inzwischen neben Jugendclubs auch Laientheaterensembles für Ältere (z. B. die „Alten Helden" im Schauspiel Essen) oder binden ältere Laien in Profiproduktionen ein (wie in der Neuinszenierung von Pina Bauschs Kontakthof mit Damen und Herren ab 65 von 2000/01), Museen bieten neben Führungen die Möglichkeit, selbst kreativ zu werden. Eine besondere Variante ist, dass Ehrenamtler als

Vermittler agieren, z. B. Großväter erläutern der Enkelgeneration Technikgeschichte (Tatort Technik Südwestfalen) oder sogenannte „Keyworker" werden in Museen zu Vermittlern für die eigene Peergroup (museum kunst palast Düsseldorf).

Zugrundeliegendes Datenmaterial

In Studien und Datenerhebungen zu Kulturinstitutionen wird selten explizit auf die kulturpädagogischen Angebote eingegangen. Daher werden in diesem Kapitel vorwiegend Daten über Kulturinstitutionen im Allgemeinen herangezogen, um Trends oder Potenziale zu beschreiben.

Differenzierte Erkenntnisse liefert das KulturBarometer 50+ vom Zentrum für Kulturforschung (2008), die Veröffentlichung wird derzeit vorbereitet. Es wurden u. a. Daten über die soziodemografische Zusammensetzung der Gruppe Senior/inn/en, zu ihrer kulturellen Beteiligung, zur Nutzung von Kulturinstitutionen und zur eigenen künstlerischen Betätigung in Kulturinstitutionen erhoben.

Bundesweites statistisches Material in diesem Feld ist sehr begrenzt. Nur selten erheben Einzelinstitutionen, Landes- bzw. Bundesverbände differenzierte Daten oder führen Besucherbefragungen durch. Wenn solche Erhebungen vorliegen, wird zumeist nicht nach Alter differenziert. Dies hängt auch damit zusammen, dass die rein zahlenmäßige Erfassung anhand von verkauften Eintrittskarten wenig Aussagekraft über das Alter der Besucher/innen bietet, es sei denn es gibt ein gestaffeltes Preissystem mit Rabatten für Schüler/innen oder Senior/inn/en.

In der statistischen Gesamterhebung an den Museen der Bundesrepublik Deutschland untersucht das Institut für Museumsforschung Besuchszahlen und weitere statistische Daten von 6.155 Museen und 488 Ausstellungshäuser. Allerdings wird hierin nicht differenziert, wer ein Museum wie oft besucht hat, sondern es werden ausschließlich Aussagen über die Museumsbesuche (nicht Museumsbesucher/innen) getroffen. So ist auch eine Differenzierung nach Alter und dem Besuch von Bildungsveranstaltungen der Museen nicht möglich. Hierfür wäre eine Publikumsbefragung erforderlich, die immerhin von 60 % aller Museen durchgeführt wird (Institut für Museumsforschung 2006, S. 45) – jedoch häufig bezogen auf Einzelprojekte. Nur wenige Museen betreiben mit hauseigenem Personal eine regelmäßige Besucherforschung, z. B. das Deutsche Museum München, das Jüdische Museum Berlin und das Haus der Geschichte der Bundesrepublik Deutschland in Bonn. Solche hausinternen Erhebungen sind vermutlich aussagekräftiger als bundesweite Erhebungen, da die Themen und der Standort eines Museums erheblichen Einfluss auf die Zusammensetzung der Besucher/innen haben.

Der deutsche Bühnenverein veröffentlicht jedes Jahr eine Auswertung der Daten von 145 öffentlich getragenen Theatern, 185 Privattheatern, 53 selbstständigen Kulturorchestern und 34 Festspielhäusern in der Bundesrepublik. Die Statistik gibt Informationen zu Trägern, Rechtsformen, Besucherzahlen, Einnahmen/Ausgaben, Zuschüssen etc. (Deutscher Bühnenverein 2007). Hierin sind allerdings weder Angaben über kulturelle Bildungsveranstaltungen noch über die Altersverteilung der Besucher/innen bzw. über eine Altersdifferenzierung der Zielgruppen zu finden.

Etwa 13.700 Bibliotheken werden in der Deutschen Bibliotheksstatistik erfasst. Im Jahr 2006 wurden die Daten von 8.660 öffentlichen Bibliotheken und 811 wissenschaftlichen Bibliotheken zu Besuchen, Trägern, Veranstaltungen, Personalstrukturen, Finanzen u. v. m. ausgewertet. Jedoch ist auch hier keine Altersdifferenzierung zu finden bzw. werden kulturelle Bildungsangebote nicht gesondert erfasst (Hochschulbibliothekszentrum des Landes Nordrhein-Westfalen 2007).

Um die Altersverteilungen der Besucher/innen in Kulturinstitutionen zu betrachten, können aus der Freizeit-Forschung Daten des B.A.T. Freizeit-Forschungsinstitutes herangezogen werden (B.A.T. Freizeit-Forschungsinstitut 2004, Opaschowski u. a. 2006). Das Institut erhebt u. a. Daten zur Freizeitwirtschaft und zur Nutzung kultureller Angebote. Mit dem Freizeit-Monitor 2004 wurden repräsentative Daten der Bevölkerung ab 14 Jahren zu ihren Freizeitaktivitäten erhoben, hierunter auch kulturelle Freizeitaktivitäten. Befragt wurden 3.000 Personen, darunter 1.347 Personen ab 50 Jahren, die in drei Altersklassen unterschieden werden (50–64 Jahre, 65–79 Jahre und über 80 Jahre). Diese Statistik ist in Bezug auf die Altersdifferenzierung daher eine der genauesten.

Das Institut für Kulturpolitik gab 2005 ein Jahrbuch für Kulturpolitik zum Thema Kulturpublikum heraus. Hierin sind Aufsätze zu finden, die sich mit dem (älter werdenden) Publikum beschäftigen und Daten der Institutionen heranziehen (Institut für Kulturpolitik der Kulturpolitischen Gesellschaft 2005), z. B. eine interessante Untersuchung des Sozialwissenschaftlichen Instituts der Universität Düsseldorf über die Zusammensetzung der Theaterbesucher/innen in Düsseldorf, die an späterer Stelle als Fallbeispiel herangezogen werden soll (Reuband/Mishkis 2005).

1.1 Träger kultureller Bildung

Die Trägerlandschaft der Kulturinstitutionen ist sehr vielfältig. Neben privatwirtschaftlichen Anbietern gibt es v. a. gemeinnützige Trägervereine oder private Stiftungen und öffentlich getragene Einrichtungen. Am Beispiel der Museen, Theater und Bibliotheken soll die Heterogenität der Trägerlandschaft dargestellt werden.

Die Museumsstatistik des Instituts für Museumsforschung zeigt, dass Museen und Ausstellungshäuser hauptsächlich durch lokale Gebietskörperschaften und Vereine getragen werden:

Trägerschaft nach Deutschem Städtetag	Museen	Ausstellungshäuser
Staatliche Träger	478	26
Lokale Gebietskörperschaften	2.515	219
Andere Formen öffentlichen Rechts	431	17
Vereine	1.680	179
Gesellschaften, Genossenschaften	261	24
Stiftungen des privaten Rechts	116	5
Privatpersonen	466	11
Mischformen privat und öffentlich	208	7
Gesamt	**6.155**	**488**

Tab. 3: Verteilung der Museen und Ausstellungshäuser nach Trägerschaft – angenähert an die Klassifikation des Deutschen Städtetags
Quelle: Auszug aus Institut für Museumsforschung 2006, S. 28 und S. 76

Die Theaterstatistik 2005/2006 des Deutschen Bühnenvereins gibt Aufschluss über die Träger bzw. Rechtsformen öffentlicher Theaterunternehmen:

		Öffentliche Theaterunternehmen
Träger	Land	28
	Gemeinde	68
	Mehrträgerschaft	47
Rechtsform	Regiebetrieb	42
	Eigenbetrieb	27
	GmbH	44
	e.V.	6
	Zweckverband	8
	AöR	8
	GbR	1
	Stiftung	7

Tab. 4: Träger/Rechtsformen öffentlicher Theaterunternehmen
Quelle: Auszug aus Deutscher Bühnenverein 2007, S. 245

Auffällig ist, dass Vereine bei öffentlichen Theaterunternehmen eine geringe Rolle spielen, obwohl sie generell in der kulturellen Bildungslandschaft sehr wichtige Träger sind. Bei den öffentlichen Bibliotheken hingegen sind die Kirchen sehr wichtige Träger, wie die Deutsche Bibliotheksstatistik zeigt:

Träger öffentlicher Bibliotheken	Zahl der meldenden Institutionen
Öffentliche Hand	4.227
Evangelische Kirche	763
Katholische Kirche	3.620
Sonstige Träger	50

Tab. 5: Träger öffentlicher Bibliotheken
Quelle: Auszug aus Hochschulbibliothekszentrum des Landes Nordrhein-Westfalen (2007)

Wie an dieser kleinen Auswahl unterschiedlicher Kultureinrichtungen zu erkennen ist, ist die Verteilung der Träger in den einzelnen Sparten keineswegs vergleich- oder verallgemeinerbar.

Der Präsident des Deutschen Museumsbundes Eissenhauer betont bei der öffentlichen Anhörung der Enquete-Kommission „Kultur in Deutschland" zum Thema „Museen und Ausstellungshäuser", dass die Rechtsform für den Erfolg eines Museums nicht allein ausschlaggebend ist. Viel entscheidender sei, sich auf die Rahmenbedingungen zu konzentrieren, auf die Gestaltung, die Kreativität, die Positionierung, die Ausstattung etc. (Deutscher Bundestag 2006, S. 10).

1.2 Kulturelle Beteiligung von Senior/inn/en

Beteiligungsumfang
Der Freizeit-Monitor gibt Auskunft darüber, welche kulturellen Angebote Senior/inn/en außer Haus nutzen. Für das Feld „Kulturinstitutionen" sind die Kategorien „Oper/Konzert/Theater besuchen" und „Museum/Kunstausstellung besuchen" von Interesse (B.A.T. Freizeit-Forschungsinstitut 2004, S. 144 f.).

Foto: Kunsthalle Bremen – Der Kunstverein in Bremen

	Altersgruppen		
	50–64 Jahre	65–79 Jahre	80 +
Befragte insgesamt	690	560	97
Oper/Konzert/Theater besuchen			
täglich	0,5	0,0	0,0
mehrmals in der Woche	0,0	0,0	0,0
etwa einmal pro Woche	0,0	0,0	0,0
mehrmals im Monat	2,9	3,1	1,4
etwa einmal pro Monat	4,8	4,2	3,1
mehrmals im Jahr	18,3	13,8	10,3
vielleicht einmal jährlich	12,9	10,8	8,2
seltener	23,6	20,8	18,1
nie	37,3	47,2	59,0
Museum/Kunstausstellung besuchen			
täglich	0,0	0,0	0,0
mehrmals in der Woche	0,0	0,0	0,0
etwa einmal pro Woche	0,6	0,0	0,0
mehrmals im Monat	2,2	1,9	0,0
etwa einmal pro Monat	3,1	2,8	6,6
mehrmals im Jahr	15,7	15,1	4,5
vielleicht einmal jährlich	18,9	12,8	6,6
seltener	30,1	28,7	23,0
nie	29,4	38,7	59,3

Tab. 6: Nutzung kultureller Angebote außer Haus von Senior/inn/en
Angaben in %
Quelle: Auszug aus B.A.T. Freizeit-Forschungsinstitut 2004, S. 144 f.

26,5 % der 50- bis 64-Jährigen besuchen also mindestens mehrmals im Jahr eine Oper/ein Konzert/ein Theater bzw. 21,6 % ein Museum oder eine Kunstausstellung. Im Alter zwischen 65 und 79 nimmt dies nur leicht ab. Das Interesse von Senior/inn/en an kulturellen Angeboten scheint also groß zu sein. Erst in höherem Alter ab 80 Jahren lässt die Teilnahme deutlich nach. V. a. in diesem Alter nimmt die Angabe, nie ein Museum/eine Kunstausstellung bzw. eine Oper/ein Konzert/ein Theater zu besuchen, deutlich zu, entsprechend die Angabe, dies mehrmals im Jahr zu tun, deutlich ab. Dies hängt höchst wahrscheinlich mit dem in der Hochaltrigkeit schlechter werdenden Gesundheitszustand und mit sinkender Mobilität zusammen.

Auch das KulturBarometer 50+ bestätigt, dass die Generation über 50 Jahren mit zunehmendem Alter seltener Museen und Ausstellungen besuchen (Zentrum für Kulturforschung 2008, S. 69). 56 % der 50- bis 59-Jährigen haben in den letzten drei Jahren ein Museum oder eine Ausstellung besucht, 32 % sogar mehrfach. Die Über-80-Jährigen hingegen besuchten zu 35 % ein Museum oder eine Ausstellung, 18 % taten dies mehrfach.

Foto: Kunsthalle Bremen – Der Kunstverein in Bremen, Karen Blindow

Soziodemografie
Wie bereits festgestellt wurde, sind kaum bundesweite Daten über die Besucher/innen von kulturellen Institutionen bzw. die Nutzer/innen von Angeboten kultureller Bildung zu finden.

Exemplarisch soll an dieser Stelle eine Untersuchung des Sozialwissenschaftlichen Instituts der Universität Düsseldorf herangezogen werden (Reuband/Mishkis 2005). In dieser Studie wurden die Besucher/innen von vier Düsseldorfer Theatern befragt, von denen insgesamt 686 (55 %) antworteten. Im Vergleich wurde eine repräsentative Bevölkerungsumfrage der Bewohner/innen der Stadt Düsseldorf erhoben, so dass auch die Nichtbesucher/innen befragt wurden. Hier wurden 1.044 Personen ab 18 Jahren befragt, die Rücklaufquote belief sich auf 59 %, hiervon waren 33 % über 60 Jahre.

Aus diesen Untersuchungen lassen sich Aussagen über die Soziodemografie von Theaterbesuchern/innen in Düsseldorf treffen, die in nachstehender Tabelle zusammengefasst sind (vgl. Tab. 7, folgende Seite).

Das Durchschnittsalter der Theaterbesucher/innen liegt bei der Besucherumfrage bei 48,1 Jahren, bei der Bevölkerungsumfrage bei 49,1 Jahren. Auf den ersten Blick scheint dies ein Indiz für die „Vergreisung" des Kulturpublikums zu sein, doch liegt das Durchschnittsalter der Gesamtbevölkerung minimal über dem der Theaterbesucher/innen (ebd., S. 240).

Die Besucherumfrage wurde differenziert nach der Art des Theaters: Schauspielhaus, Forum Freies Theater (FFT), Boulevardtheater (Komödie und Theater an der Kö). Hieraus wird deutlich, dass Senior/inn/en vorwiegend Boulevardtheater besuchen. Altersunspezifisch werden eher Boulevardtheater von schlechter Gebildeten besucht (ebd., S. 241). Unter den Besucher/inne/n der Boulevardtheater nimmt mit steigendem Alter die Häufigkeit der Besuche zu. Beim Schauspielhaus und beim FFT dagegen sind die regelmäßigen Besucher/innen eher jünger. So sind die Altersunterschiede zwischen den Stammbesucher/inne/n der einzelnen Theaterhäuser umso deutlicher (ebd., S. 242).

	Besucherumfrage			Bevölkerungsumfrage	
	Insgesamt ungewichtet	Insgesamt gewichtet	Düsseldorf gewichtet*	Theater-besucher/innen **	Insgesamt
Geschlecht					
Männer	39	38	39	40	44
Frauen	62	62	61	60	56
Alter					
Alter 18–29	19	16	15	14	13
Alter 30–44	19	20	20	27	29
Alter 45–59	27	28	31	29	25
Alter 60+	34	36	35	31	33
Bildung					
Volksschule	12	14	13	23	32
Mittlere Reife	18	20	22	19	20
FHS-Reife	11	12	11	14	14
Abitur	23	20	19	44	31
Universität	37	34	35		

Tab. 7: Soziale Zusammensetzung der Theaterbesucher/innen
Gewichtung anteilsmäßig nach Besucherzahlen pro Theater (Schauspielhaus, FFT, Komödie, Theater an der Kö)
*Theaterbesucher/innen mit Wohnsitz in Düsseldorf
** Besuch von Theatern in Düsseldorf mindestens einmal im Jahr. Diese Gruppe stellt eine Subgruppe aus der Kategorie „Insgesamt" der „Besucherumfrage" dar. Die Frage lautete: „Wie oft gehen Sie in Düsseldorf in das Theater? Mehrmals pro Woche – einmal pro Woche – mehrmals im Monat – einmal im Monat – mehrmals im Jahr – einmal im Jahr – seltener – nie"
Quelle: Auszug aus Reuband/Mishkis 2005, S. 239

1.3 Form und Inhalte der Angebote

Kulturelle Bildungsangebote für Senior/inn/en im Feld „Kulturinstitutionen" haben ein sehr breites inhaltliches Spektrum. Aus diesem Grund sollen an dieser Stelle exemplarisch einige Institutionen und Beispiele skizziert werden.

Museen
Unabhängig vom Alter der Zielgruppe sind Führungen die wichtigste und beliebteste Vermittlungsform in Museen (Institut für Museumsforschung 2006, S. 39). Diese sind bei der Hälfte der Museen im Eintrittspreis enthalten. Für Rentner/innen besteht darüber hinaus bei 28,1 % der Museen ein ermäßigter Eintrittspreis, bei 11 % haben sie freien Eintritt. Viele der Museen bieten für Senior/inn/en ein museumspädagogisches Angebot an.

Museum mit Muße

Museumsdienst Köln

Der Museumsdienst Köln entwickelt, organisiert und realisiert die Vermittlungsarbeit für die Museen der Stadt Köln. Das Programm richtet sich an verschiedene Zielgruppen der Bevölkerung: Senior/inn/en, Kinder und Eltern, Schulen, Abiturienten, Lehrer, Berufstätige, Menschen mit Behinderungen u. v. m.

Aus dem Ausschreibungstext:

Museen sind auch Orte der Entspannung und des Wohlbefindens. Unser Führungsteam nimmt sich Zeit, die Objekte umfassend zu erläutern und kulturelle Bezüge darzulegen. Der Seniorentreff steht allen älteren Menschen offen. Die Veranstaltungen dauern 60 bis 90 Minuten, an Sitzgelegenheiten ist gedacht. Manchmal handelt es sich um Einzelthemen, bei denen bestimmte Werke im Mittelpunkt stehen, manchmal aber auch um mehrteilige Veranstaltungen.

www.museenkoeln.de/museumsdienst (Stand: 22.01.08)

...when I´m 64 und Kunst-Café mobil

Kunsthalle Bremen

Foto: Kunsthalle Bremen – Der Kunstverein in Bremen

Die Kunsthalle Bremen hat ein breites Angebot an Bildungs- und Vermittlungsarbeit. Ziel ist es, „dass Kinder, Familien, Jugendliche, Erwachsene und Erwachsene im Seniorenalter beim Besuch der Kunsthalle Sehen lernen, Zusammenhänge erkennen, Verknüpfungen bilden". Zu diesem Zweck wurden unterschiedliche zielgruppenspezifische Angebote entwickelt, u. a. auch Veranstaltungen für Erwachsene im Seniorenalter oder generationenübergreifende Angebote, bei denen Kinder Senior/inn/en mit Kinderaugen durch die Kunsthalle führen.

> *...when I´m 64 – Kunst-Forum für Senioren*
>
> Verschiedene Referent/inn/en halten in der Kunsthalle kunstgeschichtliche Vorträge. In angenehmer Atmosphäre tauschen sich die Senior/inn/en vor der Kunstwerken der Sammlung aus.
>
> *Kunst-Café mobil*
>
> Professionelle Museumspädagog/inn/en besuchen eine AWO-Begegnungsstätte, um Senior/inn/en einen Einblick in die Kunstwerke über Lichtbilder zu geben. Bei diesem mobilen Angebote findet ein Austausch über eigene Erinnerungen und Erfahrungen statt.
>
> www.kunsthalle-bremen.de/Bildung-und-Vermittlung/Veranstaltungen/Veranst-fuer-Senioren.html (Stand: 06.11.07)

Bibliotheken
Bibliotheken machen häufig Angebote zur Leseförderung von Kindern und Jugendlichen, nutzen ihre Räumlichkeiten aber auch für kulturpädagogische Angebote für Senior/inn/en. Gern werden Senior/inn/en auch als Lesepat/inn/en eingesetzt, um Kindern, in deren Familien nicht viel gelesen wird, vorzulesen und mit ihnen das Lesen zu trainieren.

> **Literarisches Café Horst**
>
> Stadtbibliothek Gelsenkirchen
>
> Im Oktober 2005 wurde in Gelsenkirchen eine Zukunftswerkstatt 50plus ins Leben gerufen, in der Senior/inn/en bedürfnisgerecht auf die Gestaltung ihrer Stadt Einfluss nehmen können. Eine Projektgruppe befasste sich mit kulturellen Angeboten. In diesem Rahmen richtete die Stadtbibliothek ein Literaturcafé ein, in dem Senior/inn/en über Literatur zu verschiedenen Themen diskutieren und eigene Texte vorstellen können.
>
> http://agenda21.gelsenkirchen.de/50/plus.htm (Stand: 06.11.07)

Theater
Die Theater scheinen sich im Zeitvergleich stärker auf das jüngere Publikum zu konzentrieren. 1991/1992 veranstalteten sie 7.729 Angebote im Kinder- und Jugendbereich, 2002/2003 war diese Zahl um 35 % erhöht auf 10.444 Veranstaltungen. Insgesamt stiegen die Veranstaltungen in diesem Zeitraum von 56.984 auf 64.729,

Schauspiel Dortmund, König Lear
Foto: Andrea Seifert, stage picture

also um 14 %. Nach Seniorenveranstaltungen wird nicht differenziert, doch scheint im Verhältnis zum allgemeinen Zuwachs von Kinder- und Jugendveranstaltungen hier keine verstärkte Zielgruppenorientierung stattzufinden (Hampe/Bolwin 2005, S. 130). Wenn Hampe/Bolwin (ebd., S. 132) für Theater die Aussage treffen: „Mit differenzierten Angeboten versucht man auf die unterschiedlichen Bedürfnisse der (potenziellen) Besucher einzugehen", so sollten diese Institutionen auch die Chancen des demografischen Wandels ergreifen und sich auf die ältere Bevölkerung einstellen. Wie Hampe/Bolwin (ebd., S. 132) folgerichtig anmerken, können Theater ihre Angebote bei abnehmenden Mitteln natürlich nur begrenzt ausweiten. Durch bessere Besucherforschung und gezielteres Marketing könnten sie sich besser auf die spezifischen Bedürfnisse aller Besucher- und Altersgruppen einstellen. Der Deutsche Bühnenverein hat mit der Heinrich-Heine-Universität Düsseldorf einen Leitfaden für Besucherbefragungen durch Theater und Orchester herausgegeben (Butzer-Strothmann u. a. 2001).

ZEIT – tanzen seit 1927 und Zeitsprünge

Tanz-Scene Leipzig in Kooperation mit der Oper Leipzig und der Tanzbühne Dresden
Die künstlerische Leiterin Heike Hennig stellte sich die Frage, wie ältere Tänzer/innen wieder auf die Bühne finden könnten. Sie spürte ehemalige Tänzer/innen des Ballett-Ensembles der Oper Leipzig auf und arbeitete mit ihnen daran, ihre körperlichen Möglichkeiten auszuloten, Ängste zu überwinden, das Körpergedächtnis aufzufrischen und die Kondition zu trainieren.

Im Rahmen des Projektes „Generation – Variation" wurde die Nachfolge-Produktion „Zeitsprünge" entwickelt, bei der die älteren Tänzer/innen auf jüngere Kolleg/inn/en trafen. Die Tänzer/innen in dieser Produktion umfassen vier Generationen zwischen 18 und 80 Jahren.

Nach den stets ausverkauften Aufführungen in Dresden und Leipzig, wurde die Produktion „Zeit – tanzen seit 1927" im Auftrag von ZDF/Arte unter dem Titel „Tanz mit der Zeit" verfilmt.

www.tanz-scene.de/produktionen/Zeit/zeit.html (Stand: 06.11.07)

Theaterprojekte mit Laien am Schauspiel Dortmund

In jeder Spielzeit führt das Schauspiel Dortmund ein Projekt mit Laien durch. Regie und Ausstattung leisten Profis.

Im ersten Laienprojekt mit Senior/inn/en spielten 60- bis 77-Jährige Frank Wedekinds „frühlings erwachen". Die Senior/inn/en schlüpfen hier in die Rollen von Jugendlichen des ausgehenden 19. Jahrhunderts und treten jenseits der Tragödie eine emotionale Zeitreise ins Gestern und Morgen an.

Schauspiel Dortmund, König Lear
Foto: Andrea Seifert, stage picture

In der aktuellen Inszenierung mit Laien treffen Senior/inn/en zwischen 62 und 81 Jahren und Jugendliche zwischen 19 und 26 Jahren in Shakespeares „König Lear" aufeinander. Gemeinsam setzen sich die Spieler/innen mit dem Generationenkonflikt, mit Bildern von Jugend und Alter und dem Verlust von Identität und Funktionen auseinander.

Interesse an den Stücken finden Zuschauer/innen von Jung bis Alt.

www.theaterdo.de/event.php?evt_id=606 (Stand: 11.02.08)

Bundesarbeitskreis deutscher Amateurtheater (BDAT), Heidenheim

Der Bundesarbeitskreis Seniorentheater im BDAT stellt auf der Informationsplattform „Seniorentheater aktuell" Interessantes für Senioren- und Generationentheater zusammen. Die Plattform soll eine stärkere Vernetzung initiieren. Größtenteils sind die Mitglieder Theatergruppen, die an städtische Theater angeschlossen sind.

Jedes Jahr organisiert der BDAT ein europäisches Seniorentheater-Forum, bei dem die Möglichkeit des Informations- und Erfahrungsaustausches und die Teilnahme an qualifizierenden Kursangeboten für Spieler/innen besteht.

www.bdat-online.de (Stand: 06.11.07)

> **Seniorentheaterplattform NRW**
>
> NRW Kultursekretariat Wuppertal
>
> Die Seniorentheaterplattform NRW, ansässig am Consol Theater in Gelsenkirchen, ist seit 2007 ein zentraler Ort zur Unterstützung von Seniorentheatergruppen aus NRW – sowohl Laiengruppen an städtischen und freien Theatern als auch aktive Theatergruppen an Volkshochschulen, soziokulturellen Zentren oder karitativen Organisationen. Die Plattform bietet Vernetzung, Gastspiele und Fortbildungsreihen an. Sie ist eine Initiative des NRW Kultursekretariats Wuppertal.
>
> www.nrw-kultur.de/output/controller.aspx?cid=436 (Stand: 11.02.08)

1.4 Entwicklungsperspektiven

Kulturinstitutionen stellen sich nach Einschätzung eines von uns befragten Experten vom Deutschen Kulturrat erst allmählich darauf ein, überhaupt Angebote kultureller Bildung ins Programm zu nehmen. Erst im zweiten Schritt werden bestimmte Zielgruppen, z. B. Senior/inn/en, in den Blick genommen. Hier liegt also noch viel Entwicklungspotenzial. Wichtig ist es erfahrungsgemäß, kulturelle Bildungsangebote für Senior/inn/en genauso altersgerecht und pädagogisch aufzubereiten wie für Kinder und Jugendliche oder andere Zielgruppen, damit sie auch angenommen werden. Wenig ergiebig ist es, wenn eine Institution ein Angebot für Senior/inn/en macht, das inhaltlich und methodisch nicht auf die Zielgruppe abgestimmt ist.

Veränderte Nachfrage
Klingholz (2006) rechnet mit einem Anstieg der Nachfrage nach kulturellen Angeboten durch Senior/inn/en. Die älter werdende Bevölkerung wird immer gebildeter sein. Vor allem Institutionen der Hochkultur sollten sich daher durch qualitativ hochwertige Angebote noch mehr auf die hohen Ansprüche dieser Zielgruppe einstellen.

Bei der älteren Bevölkerung handelt es sich i. d. R. um die „treusten" Abonnenten klassischer Angebote (Opaschowski u. a. 2006, S. 245, vgl. Abb. 3, folgende Seite). 48 % der Über-65-Jährigen erkennen ausschließlich Angebote der Oper, Konzerte, Theater, Ballet oder Museumsausstellungen als Kultur an. Das bedeutet, dass Ältere im Vergleich zu jüngeren Personen den Kulturbegriff auf die in diesem Kapitel behandelten Kulturinstitutionen wie Theater oder Museen einschränken. Dies ist ein gutes Argument, die Zielgruppe auch entsprechend zu pflegen.

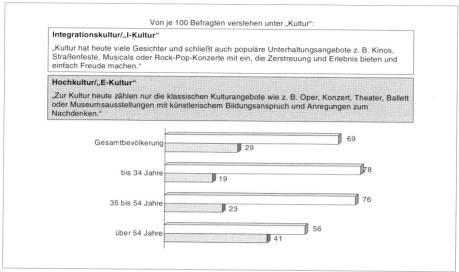

Abb. 3: Kultur aus Sicht der Bevölkerung
         Repräsentativbefragung von 1.000 Personen ab 14 Jahren in Deutschland
Quelle: in Anlehnung an Opaschowski u. a. 2006, S. 245

Publikumsentwicklung
Kulturinstitutionen erkennen zunehmend, dass sie über kulturelle Bildungsangebote neue Besucher/innen gewinnen und binden können.

> „[D]iejenigen, die sich künstlerisch in ihrer Freizeit betätigen, das heißt musizieren, malen oder tanzen, nehmen in der Regel auch sehr stark am Kulturleben vor Ort teil, besuchen Konzerte, Museen oder Theater." (Mehlig/Wanner 2005, S. 151)

Ein Angebot für Ältere, sich in einer Kulturinstitution künstlerisch zu betätigen, würde die Identifikation mit dem Kulturort und die Bindung noch erhöhen. Eine weitere Möglichkeit, neue Besucher/innen zu erreichen und mit dem Angebot und Programm der jeweiligen Kulturinstitution vertraut zu machen und dafür zu werben, besteht darin, verstärkt an Orte zu gehen, an denen Senior/inn/en leben und sich künstlerisch betätigen, also in Musikschulen, Kirchengemeinden,

Lesung von Ensemblemitgliedern des Schlosstheaters Moers in Haushalten von dementiell veränderten Menschen
Foto: Thomas Leege

Volkshochschulen und alle in dieser Publikation erwähnten Bildungsorte. Solche „aufsuchenden" Kulturangebote werden auch schon von Einrichtungen der Hochkultur praktiziert (z. B. „Philharmonie*Veedel*" der Philharmonie Köln).

Dreyer/Wiese schlagen in Bezug auf die Museen eine lebensphasenorientierte Nutzerbindung vor (Dreyer/Wiese 2004, S. 172 ff.). Es wird geraten, die Besucher/innen vom Kindes- bis ins hohe Alter mit entsprechenden Angeboten für die jeweilige Lebensphase zu bedienen, damit diese langfristig zu Stammbesucher/inne/n werden. Hierfür werden vier Erfolgsfaktoren genannt:

>> Verbundenheit frühzeitig aufbauen:
Interesse für den Besuch von Museen bei Kindern und Jugendlichen frühzeitig wecken und durch positive (Lern-)Erlebnisse an das Haus binden, z. B. auch durch Angebote des Museums in der Schule.
>> Nutzerbindung durch direkte Ansprache:
Einsatz verschiedener Methoden des Direktmarketing und der Möglichkeiten durch neue Medien.
>> Emotionale Ebene ansprechen:
Menschen rein über kognitive Inhalte an ein Museum zu binden ist schwierig, persönliche Erlebnisse im Museum, z. B. ein besonderer Tag mit Freund/inn/en im Museum, erzeugen eine emotionale Bindung.
>> Angebotsspektrum für verschiedene Lebensphasen:
Menschen unterschiedlicher Lebensalter haben verschiedene Bedürfnisse in Bezug auf die didaktische Aufbereitung, Öffnungszeiten, Eintrittspreise, Zugang, Erreichbarkeit etc., die bedacht werden sollten, bevor man ein Angebot für eine bestimmte Altersgruppe kreiert.

Diese Entwicklungsperspektiven gelten nicht nur für Museen, sondern lassen sich auf andere Einrichtungen hochkultureller Bildung übertragen.

Senior/inn/en – mehr als passives Publikum
Es ist darüber hinaus sinnvoll, dass Kultureinrichtungen Senior/inn/en nicht ausschließlich als Konsumenten betrachten, sondern ihnen weitere Betätigungsfelder als Vermittler und zur eigenschöpferischen Aktivität anbieten. Die Bibliotheken – vor allem die kirchlichen Bibliotheken – werden zum Großteil neben- oder ehrenamtlich geleitet und sind auf dieses Engagement angewiesen (Hochschulbibliothekszentrum des Landes Nordrhein-Westfalen 2007). Senior/inn/en sind vielfach in Fördervereinen oder Freundeskreisen von Kulturinstitutionen aktiv und tragen so zu Erhalt und Weiterentwicklung dieser Einrichtungen bei, die heutzutage häufig von Kürzungen bedroht sind (ebd., S. 176). Dieses Potenzial und diese Bereitschaft zum Engagement könnten Kulturinstitutionen durch zielgruppenspezifische Angeboten noch stärker anregen und besser einbinden. Zudem unterstützen viele Senior/inn/en gern andere durch ihre (Lebens-)Erfahrung und (beruflichen) Kenntnisse. Auch diese Ressourcen sollten Kultureinrichtungen nicht ungenutzt lassen.

Berücksichtigung besonderer Zielgruppen
Hochaltrige
Der Freizeit-Monitor 2004 verdeutlicht, dass Menschen ab 80 Jahren i. d. R. keine Kulturinstitution mehr besuchen (B.A.T. Freizeit-Forschungsinstitut 2004, S. 144 f.). Die Kulturinstitutionen könnten hier verstärkt Angebote schaffen, die die nachlassende Mobilität Hochaltriger berücksichtigen. Generell sollten Barrieren, die auf das zunehmende Alter zurückzuführen sind, noch besser bedacht und beseitigt werden, denn dies macht Kultureinrichtungen für Senior/inn/en besucherfreundlicher. Gute Rahmenbedingungen für Hochaltrige sind Verbesserung der Zugänglichkeit durch Zusammenarbeit mit öffentlichen Verkehrsbetrieben, Bring- und Holdienste, Hörhilfen, Verbesserung der Lichtverhältnisse, Lesbarkeit von Informationen und auch mobile Kulturangebote wie Kultur auf Rädern, bei denen Ehrenamtliche mit Unterstützung von Kultureinrichtungen Kultur nach Hause bringen.

Vor allem Hochaltrige sind besonders von Demenzerkrankung betroffen. Da die Bevölkerung immer älter wird, wird künftig auch die Zahl der Erkrankungen zunehmen. Erfahrungen in Kulturprojekten wie „Erinnern-Vergessen: Kunststück Demenz" haben gezeigt, dass mit künstlerischen Mitteln die Lebensqualität dieser Menschen gesteigert werden und eine bessere soziale Integration für sie und ihre Angehörigen gelingen kann.

Erinnern-Vergessen: Kunststück Demenz

Gemeinnützige Gesellschaft für Soziale Projekte (Projektgesellschaft des Paritätischen Wohlfahrtsverbandes NRW), Schlosstheater Moers und Verein Lebens-Kunst e.V.

Erinnern-Vergessen ist eine Kampagne zum Thema Demenz. Es gab vier Theaterprojekte, bei denen professionelle Schauspieler/innen dementiell erkrankte Menschen auf

Szenenfoto „Ich muss gucken, ob ich da bin. Projekt zum Thema Demenz" des Schlosstheaters Moers
Foto: Christian Nielinger

der Bühne unterstützen. Über das Theaterspiel wurde versucht, einen Zugang zu und ein Verständnis für das fremde Leben Demenzerkrankter zu bekommen. Auf der Bühne wurden sowohl die Biografie als auch Versorgungsproblematiken thematisiert. Zudem gab es Kindertheater für Kinder und dementiell erkrankte Menschen, Hauslesungen in Haushalten von Dementen, Ausstellungen, Dokumentarfilme und Diskussionen. In Zusammenarbeit mit der Musikschule Moers musizierten Jugendliche in Hauskonzerten bei dementiell erkrankten Menschen daheim.

Diese Kampagne ist ein Beispiel für die Vernetzung verschiedener Felder der kulturellen Bildungslandschaft.

www.erinnern-vergessen.de (Stand: 06.11.07)

Ältere Migrant/inn/en
Der Anteil (älterer) Migrant/inn/en an der Bevölkerung wird weiterhin steigen. Museen haben auf diese Veränderung bisher kaum reagiert. Sie sind in ihrer Arbeit zu wenig auf kulturelle Vielfalt eingestellt (Klingholz 2006). Dabei gibt es erste Erfahrungen, dass das Interesse von Migrant/inn/en an diesen Angeboten sehr groß ist: „Ich bin noch nie so häufig von älteren Damen und Herren umarmt worden, wie bei solchen Führungen" berichtet die Direktorin des Stadtmuseums Münster Dr. Barbara Rommé, doch beklagt sie, dass Angebote für Flüchtlinge zukünftig aufgrund von Personal- und Finanzproblemen nicht selbstverständlich sein werden (Deutscher Bundestag 2006, S. 19). Bibliotheken fördern häufig die Lesekompetenz von Kindern und Jugendlichen. Denkbar wäre auch die Entwicklung von besonderen Modellen für die Zielgruppe älterer Migrant/inn/en.

Forschungsbedarf
Häufig wird eine Vergreisung des Publikums hochkultureller Einrichtungen befürchtet bzw. konstatiert und fehlende Angebote für Kinder und Jugendliche beklagt. Allerdings sollte darüber nicht vergessen werden, dass die Zahl der Senior/inn/en in den kommenden Jahren immer weiter zunehmen wird. Wichtig ist zu erkennen: Es geht nicht um ein „entweder – oder", sondern um eine angemessene Balance zwischen den Angeboten für Kinder und Jugendliche und für Senior/inn/en. Studien oder Besucherbefragungen stärker auf die Zielgruppe der Senior/inn/en zu fokussieren, wäre interessant, um sich gezielter auf das Publikum einstellen zu können und zu überprüfen, welche Angebote für Senior/inn/en noch entwickelt werden könnten (vgl. Befragung der Düsseldorfer Theater, Reuband/Mishkis 2005).

Weiterer Forschungsbedarf besteht darin, altersgerechte kulturpädagogische Vermittlungsmethoden für Kultureinrichtungen zu entwickeln und Kulturpädagog/inn/en für die Arbeit besser zu qualifizieren.

1.5 Gute Praxisbeispiele

Schauspiel Dortmund, König Lear
Foto: Andrea Seifert, stage picture

Darstellende Kunst

Alte Helden
Schauspiel Essen
Menschen ab 60 Jahren treffen sich im Theaterclub des Schauspiel Essen und rücken Themen des Alterns ins Rampenlicht.
vgl. www.schauspiel-essen.de (Stand: 06.11.07)

„frühlings erwachen" und „König Lear"
Schauspiel Dortmund
In „frühlings erwachen" schlüpfen Laien zwischen 60 und 77 Jahren in die Rollen von Jugendlichen des ausgehenden 19. Jahrhunderts. In der Inszenierung „König Lear" treffen Senior/inn/en auf Ju-

gendliche und thematisieren den Generationenkonflikt, Bilder von Jugend und Alter und den Verlust von Identität und Funktion.
vgl. www.theaterdo.de/event.php?evt_id=606 (Stand: 11.02.08)

Kontakthof mit Damen und Herren ab „65"
Tanztheater Wuppertal
„Kontakthof" ist ein Tanztheaterstück von Pina Bausch, das seit 2000 von älteren Laien neu inszeniert wird.
vgl. www.pina-bausch.de/stuecke/Kontakthof65.html (Stand: 06.11.07)

Seniorentheaterplattform NRW
Die Seniorentheaterplattform NRW, eine Initiative des NRW Kultursekretariats Wuppertal, vernetzt und unterstützt Seniorentheatergruppen aus NRW.
vgl. www.nrw-kultur.de/output/controller.aspx?cid=436 (Stand: 11.02.08)

ZEIT – tanzen seit 1927 und Zeitsprünge
Tanz-Scene Leipzig
Ehemalige Tänzer/innen eines Ballett-Ensembles der Oper Leipzig stehen in der Produktion „ZEIT – tanzen seit 1927" im Alter erneut auf der Bühne. In der Produktion „Zeitsprünge" treffen sie auf jüngere Kolleg/inn/en.
vgl. www.tanz-scene.de/produktionen/Zeit/zeit.html (Stand: 06.11.07)

Erinnern-Vergessen: Kunststück Demenz
Schlosstheater Moers
Professionelle Schauspieler/innen unterstützen dementiell erkrankte Menschen auf der Bühne und thematisieren auf der Bühne die Erkrankung.
vgl. www.erinnern-vergessen.de (Stand: 06.11.07)

Seniorentheater aktuell und Europäisches Seniorentheater-Forum
Bundesarbeitskreis Seniorentheater im Bund deutscher Amateurtheater (BDAT), Heidenheim
Der Bundesarbeitskreis Seniorentheater im BDAT erarbeitet die Informationsplattform „Seniorentheater aktuell" mit Interessantem für Senioren- und Generationentheater und organisiert jedes Jahr ein europäisches Seniorentheater-Forum.
vgl. www.bdat-online.de (Stand: 06.11.07)

Szenenfoto „Ich muss gucken, ob ich da bin. Projekte zum Thema Demenz" des Schlosstheaters Moers
Foto: Christian Nielinger

Bildende Kunst

Keywork
museum kunst palast, Düsseldorf
Im museum kunst palast setzen sich ältere kunst- und kulturinteressierte Keyworker als Botschafter/innen für die eigene Zielgruppe oder für benachteiligte Gruppen ein.
vgl. www.museum-kunst-palast.de (Stand: 06.11.07)

...when I´m 64 und Kunst-Café mobil
Kunsthalle Bremen
Für Senior/inn/en bietet die Kunsthalle Bremen zielgruppenspezifische Bildungsangebote an, z. B. kunstgeschichtliche Vorträge mit anschließenden Diskussionen oder mobile Kulturangebote von Museumspädagogen in Alten-Begegnungsstätten.
vgl. www.kunsthalle-bremen.de/Bildung-und-Vermittlung/Veranstaltungen/Veranstfuer-Senioren.html (Stand: 06.11.07)

Tatort Technik Südwestfalen – Alt mit Jung auf Spurensuche
Veranstaltungsreihe von Technikmuseen in Südwestfalen
Mehrere Technikmuseen haben sich in Südwestfalen zusammengeschlossen und die Veranstaltungsreihe für Großeltern und Enkelkinder entwickelt.
vgl. www.tatorttechnik.kulturregion-swf.de (Stand: 06.11.07)

Museum mit Muße
Museumsdienst Köln
Der Museumsdienst Köln entwickelt, organisiert und realisiert die Vermittlungsarbeit für die Museen der Stadt Köln, hierunter auch ein spezielles Programm für Senior/inn/en.
vgl. www.museenkoeln.de/museumsdienst (Stand: 22.01.08)

Literatur

Literarisches Café Horst
Stadtbibliothek Gelsenkirchen
In der Stadtbibliothek diskutieren Senior/inn/en in einem Literaturcafé über Literatur zu verschiedenen Themen und stellen eigene Texte vor.
vgl. http://agenda21.gelsenkirchen.de/50/plus.htm (Stand: 06.11.07)

Musik

PhilharmonieVeedel
Philharmonie Köln
Die Philharmonie Köln veranstaltet in vier Stadtteilen Konzerte, die auf unterschiedliche Zielgruppen zugeschnitten sind.
vgl. www.koelner-philharmonie.de/de/08_veedel/08_00_veedel.php?v=1 (Stand: 06.11.07)

Spartenübergreifende Angebote

Kultur auf Rädern
Entsprechend „Essen auf Rädern" bringen Freiwillige z. B. ein Museum im Koffer zu nicht mobilen Menschen.
vgl. www.ekir.de/eeb-nordrhein/pisa/kulturraeder.htm (Stand: 06.11.07)

2. Es ist nie zu spät – Angebote 50+ von kulturpädagogischen Einrichtungen

Abstract

In diesem Kapitel werden Einrichtungen betrachtet, die sich auf die Vermittlung kultureller Bildung in den verschiedensten Bereichen spezialisiert haben. Sie befassen sich mit der Vermittlung von künstlerischen Methoden und Techniken sowie der Anleitung zur künstlerischen Reflexion. Die Mitarbeiter/innen der Einrichtungen verfügen i. d. R. über eine kulturpädagogische (Zusatz-)Ausbildung.

Quantitative Daten zur kulturpädagogischen Erwachsenenbildung sind kaum vorhanden und – falls doch vorhanden – weit verstreut. Einzig für den Bereich der Musikpädagogik liegt eine gute Datenbasis vor.

Träger kulturpädagogischer Einrichtungen lassen sich unterscheiden in öffentlich geförderte Einrichtungen und privatwirtschaftliche Anbieter. Konzentrieren sich viele dieser Anbieter zunächst auf die Arbeit mit Kindern und Jugendlichen, findet zunehmend eine Öffnung auf die Zielgruppe der (älteren) Erwachsenen statt. Es gibt allerdings keinen Dachverband in diesem Feld. Es werden Verbände/Institutionen genannt, für die eine Weiterentwicklung des Themas „kulturelle Bildung im Alter" von Interesse sein könnten.

Angebote sowie Beispiele der guten Praxis werden nach Kunstsparten aufgeteilt vorgestellt. So bieten im Bereich Musik die Hälfte aller Musikschulen im Verband deutscher Musikschulen Angebote für Senior/inn/en an. Hierbei kann es sich um zielgruppenspezifische wie um generationenübergreifende Angebote handeln, es fehlt jedoch an einem flächendeckenden musikpädagogischen Angebot für Senior/inn/en in Deutschland. Auch in den Bereichen Theater, Tanz und Medien gibt es Angebote für Senior/inn/en sowie generationenübergreifende Angebote. Beim Tanz spielt die Verbindung von Kreativität und Gesundheit eine besondere Rolle. Im medienpädagogischen Bereich gibt es eine Vielzahl von Internet-Angeboten für Senior/inn/en, aber auch viele Angebote vor Ort. Im Bereich Literatur/Geschichten erzählen spielen generationenübergreifende Angebote eine wichtige Rolle. Auch im Bereich der bildenden Kunst gibt es Angebote speziell für Senior/inn/en.

Kulturpädagogische Angebote für Ältere müssen einige Besonderheiten beachten. So wollen sich Senior/inn/en häufig ungern zeitlich binden, flexible Angebote stellen hier eine gute Möglichkeit dar. Der Zielgruppen der Hochaltrigen und älteren Migrant/inn/en sollte zukünftig eine besondere Beachtung geschenkt werden. Da die Bezeichnung „Kulturpädagoge/-pädagogin" nicht geschützt ist, wäre die Entwicklung von Kompetenz-Checklisten für die einzelnen Kunstsparten wünschenswert. Qualifizierungen für die Arbeit mit Senior/inn/en müssen stärker entwickelt bzw. ausgebaut werden. Hierzu muss systematisch untersucht werden, worin die Besonderheiten und Erfordernisse einer kulturellen Bildung für Senior/inn/en liegen und auf dieser Grundlage Aussagen über Didaktik und Methodik der kulturpädagogischen Bildungsarbeit mit Senior/inn/en abgeleitet werden. Auf dieser Basis können dann professionelle Weiterbildungsangebote für Lehrende in diesem Feld entwickelt werden.

It's never too late – Cultural education institution programs for the 50+ group

Abstract

In this chapter we will look at institutions that specialize in cultural education in a variety of fields. They concern themselves with teaching artistic methods and techniques as well as encouraging reflection on art. The institutions' employees usually have (further) training in cultural education.

Quantitative data on cultural education for adults is for the most part not available, or, if available, is widely distributed between different sectors. Only in the area of music education is there an adequate pool of data available.

In terms of sponsorship, cultural education institutions can be divided into publicly supported institutions and private commercial offerings. While many of these programs initially focused on working with children and young people, they are increasingly opening up to the target group consisting of adults and particularly seniors. There is however no umbrella organization in this field. We will cite associations/institutions for which further development of the theme of „cultural education for seniors" might be of interest.

Offerings as well as best-practice examples will be presented for each cultural sector. For example, half of the music schools in the Association of German Music Schools offer programs for seniors. These might be designed specifically for a certain target group or comprise cross-generation offerings; however, a nationwide music education program for seniors is lacking in Germany. In the areas of theatre, dance and media as well, there are special programs for seniors as well as cross-generation offerings. In the case of dance, the connection between creativity and health plays a special role. In the media education field, there are many offerings for seniors available on the Internet, as well as many local programs. In the field of literature/storytelling, cross-generation offerings play a prominent role. And there are programs specially designed for seniors in the fine arts field as well.

Cultural education offerings for seniors must heed a few special considerations. For instance, seniors often do not wish to commit themselves to a regular date and time, which means that flexible offerings are a good option here. The target group of the aged and older migrants should be given special consideration in

future. Since the description „cultural educator" is not protected, the development of competence checklists for the various cultural fields would be desirable. Qualifications for working with seniors should be developed more concertedly or expanded. This would entail a systematic investigation of the specific features and requirements of cultural education for seniors. Based on the results of such a study, conclusions could be derived on the didactics and methodology appropriate for cultural education work with seniors. Professional development courses for teachers in this field could then be developed on that basis.

Angebote 50+ von kulturpädagogischen Einrichtungen

"Es bleibt von jedem etwas in dieser Welt zurück."
Eine Teilnehmerin der Seniorenkunstwerkstatt
der Werkschule Oldenburg[15]

Zu kulturpädagogischen Einrichtungen zählen solche, die sich auf die Vermittlung von kultureller Bildung spezialisiert haben: kunstpädagogische, literaturpädagogische, medienpädagogische, musikpädagogische, theaterpädagogische und tanzpädagogische Einrichtungen. Diese befassen sich mit der Vermittlung von künstlerischen Methoden und Techniken und der Anleitung zur künstlerischen Reflexion. Die verschiedenen speziellen Kulturpädagogiken sind unterschiedlich wissenschaftlich fundiert, „so steht der traditionell gut ausgebauten (außerschulischen) Musikpädagogik eine kaum entwickelte wissenschaftliche Tanzpädagogik gegenüber" (Fuchs 2005, S. 79).

Foto: Seniorenkunstwerkstatt der Werkschule Oldenburg

Die Einrichtungen sind dadurch gekennzeichnet, dass die Mitarbeiter/innen über eine kulturpädagogische (Zusatz-)Ausbildung verfügen und daher professionelle Arbeit in den Bereichen Kulturmanagement, Kunstvermittlung, kulturelle Bildung und Erziehung leisten. „Erziehung" ist im Zusammenhang der kulturellen Bildung im Alter auf die Erweiterung und Reflexion der eigenen Persönlichkeit ausgerichtet und legt keine hierarchische oder autoritäre Beziehung zwischen Lehrenden und Lernenden zugrunde.

Zugrundeliegendes Datenmaterial

Quantitative Daten zur kulturpädagogischen Erwachsenenbildung sind kaum vorhanden und sehr weit gestreut, da es keinen übergeordneten Verband gibt, der diese Daten bündeln könnte.

Im Bereich der Musikpädagogik sind differenziertere Angaben möglich, da der Verband deutscher Musikschulen (VdM) eine E-Mail-Umfrage von 924 Mitgliedern des Verbandes durchgeführt hat. Mitglieder des VdM sind öffentliche Musikschulen, die charakterisiert sind durch

---
15 www.werkschule.de/html2/documents/Seniorenkatalog_07_LR1.pdf (Stand 06.11.07)

>> hauptamtliche Leiter/innen mit musikpädagogischer Ausbildung,
>> Lehrkräfte mit Fachstudium oder vergleichbaren Qualifikationen,
>> Strukturplan und Rahmenlehrpläne des VdM,
>> einem Mindestangebot an Fächern, Ergänzungs- und Ensembleunterricht,
>> Gemeinnützigkeit (Mehlig/Wanner 2005, S. 152).

An dieser Umfrage haben sich 440 Musikschulen beteiligt. Eine differenziertere Auswertung und Publikation ist in Vorbereitung. Erste Ergebnisse wurden auf dem Kongress „Es ist nie zu spät – Musizieren 50+" des Deutschen Musikrates im Juni 2007 in Wiesbaden vorgestellt.

Im theaterpädagogischen Bereich gibt es zur Arbeit mit Älteren wenig empirisches Datenmaterial. Nach Aussage des Bundesverbandes Theaterpädagogik (BUT) bleibt für solche Untersuchungen in der alltäglichen Arbeit kaum Zeit. Der BUT hat sich im Rahmen der vorliegenden Studie bereit erklärt, per E-Mail unsere Fragen an die Mitglieder zu versenden. Auf diesem Wege sind wir auf viele gute Beispiele aufmerksam geworden und wurden über Erfahrungswerte informiert. Statistisches Material lag den Mitglieder, die geantwortet haben, nicht vor.

Im Bereich der bildenden Kunst sind keine bundesweiten Daten bekannt. Der Bund deutscher Kunsterzieher (BDK) weist darauf hin, dass höchstens einzelne Kunstschulen Daten der eigenen Institution erheben. Im Verband sind vereinzelt auch ältere, ehemalige Kunstpädagog/inn/en Mitglied, die sich z. B. über die Verbandszeitschrift auf dem Laufenden halten. Nähere Angaben über diese Personen liegen jedoch auch nicht vor.

Ebenfalls im Bereich Literatur erhält man nur stichpunktartig Informationen und Beispiele einzelner Büros oder Schreibwerkstätten. Acht Literaturhäuser (Berlin, Hamburg, Frankfurt am Main, Salzburg, München, Köln, Stuttgart und Leipzig) haben sich zu dem Netzwerk literaturhaeuser.net (vgl. www.literaturhaeuser.net) zusammengeschlossen. Doch auch hier liegen keine institutionsübergreifenden Daten vor.

Foto: Seniorenkunstwerkstatt der Werkschule Oldenburg

Der Bereich der Tanzpädagogik ist sehr facettenreich – von Gesellschaftstänzen über Sitztänze bis hin zum Bühnentanz. Einzelnen Institutionen liegen Daten vor, doch existieren keine bundesweiten, stilübergreifenden Daten.

Für den Bereich der Medienpädagogik liegen ebenfalls keine umfassenden Daten oder Studien vor[16], da dieser gar nicht systematisiert ist. Eine Struktur auf Landesebene bietet Mekonet, das Medienkompetenz-Netzwerk NRW. Mekonet informiert, berät und unterstützt Institutionen, die im Medienbereich tätig sind, und fördert die Medienkompetenz von Privatpersonen. Die Angebote konzentrieren sich zwar vorwiegend auf Nordrhein-Westfalen, wirken aber auch über die Landesgrenzen hinaus. In der Online-Datenbank „Grundbaukasten Medienkompetenz" von Mekonet lautet eine Rubrik „Ältere Menschen", in der Institutionen, Anlaufstellen, Texte, Grundlagen, Projekte und Internetangebote bundesweit recherchiert werden können. Hier sind auch einige Texte zum Thema Medienpädagogik und Senior/inn/en zu finden.

2.1 Träger und Orte kultureller Bildung

Grundsätzlich kann unterschieden werden zwischen öffentlich geförderten Einrichtungen und privatwirtschaftlichen Anbietern. Öffentlich geförderte Einrichtungen sind
>> städtische Musik- und Kunstschulen mit Angeboten in allen Kunstsparten,
>> Medienzentren,
>> der Großteil der Literaturbüros und Literaturhäuser,
>> Kreativhäuser sowie
>> Weiterbildungsakademien: Bundesakademien für kulturelle Bildung, kirchliche Akademien, theaterpädagogische Zentren.

Zu privatwirtschaftlichen Anbietern zählen
>> freie Musik- und Malschulen,
>> Tanzschulen und -studios sowie
>> Angebote freischaffender Künstler/innen.

Ursprünglich konzentrierten viele dieser Einrichtungen ihre Arbeit ausschließlich auf Kinder und Jugendliche – viele tun dies heute noch. Seit einiger Zeit öffnen sich aber Einrichtungen immer mehr auch für andere Zielgruppen. Die meisten Institutionen sind prinzipiell allen Altersgruppen geöffnet. Musikschulen richten sich nicht mehr nur an Kinder und Jugendliche, sondern machen auch Angebote für (ältere) Erwachsene.[17] Allerdings scheitert es häufig noch an der Umsetzung. Der Kursbeitrag der Musikschüler/innen deckt i. d. R. die Kosten der öffentlichen Musikschulen nicht, daher sind die Kursangebote zusätzlich subventioniert. Da die Ressourcen begrenzt sind, werden Kinder und Jugendliche aufgrund des öffentlichen Auftrags primär berücksichtigt.

---

16 Über die Mediennutzung von Senior/inn/en weiß man hingegen relativ viel – nicht zuletzt durch die ARD/ZDF-Langzeitstudie Massenkommunikation (vgl. Reitze/Ridder 2006).
17 Viele der „Jugendmusikschulen" wurden bereits in „Musikschulen" umbenannt, der „Verband der Jugend- und Volksmusikschulen" heißt seit 1966 „Verband deutscher Musikschulen".

Im privaten Sektor sind einige Einrichtungen ausschließlich auf Angebote für Senior/inn/en spezialisiert, z. B. die gemeinnützige Musik-Akademie für Senioren in Hamburg. Diese Akademie bietet Seminare zu Harmonielehre, Einführungen zu Konzerten, Ensemblearbeit, Chöre, Reisen u. Ä. für die Generation 50plus an.

Im Feld kulturpädagogischer Einrichtungen existiert für die Bildung im Alter kein Dachverband. Bei der kulturellen Kinder- und Jugendbildung ist dies anders: Die Bundesvereinigung Kulturelle Kinder- und Jugendbildung e.V. (BKJ) ist ein bundesweiter Dachverband mit Vertretern aus den Kunstsparten Musik, Spiel, Theater, Tanz, Rhythmik, bildnerisches Gestalten, Literatur, Fotografie, Film und Video, neue Medien und kulturpädagogische Fortbildung. Mitglieder sind Fachverbände, Institutionen und Landesvereinigungen kultureller

Foto: Musik-Akademie für Senioren e.V.

Kinder- und Jugendbildung. Hierdurch kann sie als Interessenvertretung bundesweit auftreten, Informationen und einen Fachaustausch der Mitglieder ermöglichen und überregional beratend tätig sein.

Von einigen Verbänden/Institutionen wissen wir, dass sie sich bereits dem Thema „kulturelle Bildung im Alter" widmen, so z. B. der Verband deutscher Musikschulen. Im Folgenden werden weitere bundesweit agierende Verbände/Institutionen aufgeführt, die für die Weiterentwicklung des Themas relevant sein könnten bzw. die sich dem Thema zukünftig verstärkt annehmen könnten:

>> Musik:
    >> Verband deutscher Musikschulen,
    >> Deutscher Musikrat,
    >> Internationaler Arbeitskreis für Musik.
>> Theater:
    >> Bundesverband Theaterpädagogik,
    >> Bund Deutscher Amateurtheater.
>> Tanz:
    >> Bundesverband Tanz (Schwerpunkt auf Alltagskultur),
    >> Allgemeiner Deutscher Tanzlehrerverband (Schwerpunkt auf Gesellschaftstänze),
    >> Bundesverband Seniorentanz (Konzentration auf gesundheitsfördernde Wirkungen),
    >> Deutscher Berufsverband für Tanzpädagogik (Schwerpunkt auf Bühnentanz).

>> Bildende Kunst:
   >> Bund Deutscher Kunsterzieher.
>> Literatur:
   >> Literaturhaeuser.net,
   >> Literaturbüros sind für Senior/inn/en wichtige Institutionen, haben aber keinen übergeordneten Dachverband.
>> Medien:
   >> Gesellschaft für Medienpädagogik und Kommunikationskultur (GMK),
   >> Kinder- und Jugendfilmzentrum in Deutschland (für generationenübergreifende Arbeit).
>> Kulturpädagogische Fortbildung:
   Die bundesweiten Weiterbildungsakademien, theaterpädagogische Zentren und einige Bundesverbände (Bund deutscher Kunsterzieher, Bundesverband Tanz) machen Angebote für Lehrkräfte in der kulturellen Bildung. Einige bieten zu ihrem allgemeinen Angebot zusätzlich Kurse ausschließlich für Senior/inn/en an, z. B. die Akademie Remscheid für musische Bildung und Medienerziehung, die seit 2006 das Offene Programm für Menschen ab 50 entwickelt. Die Bundesakademie Wolfenbüttel ist aufgrund ihrer Konzentration auf Erwachsene für die Bildung im Alter selbstverständlich sehr wichtig. Sie macht nicht nur Angebote für Lehrkräfte und Senior/inn/en, sondern regt auch einen Diskurs zur kulturellen Bildung für Senior/inn/en an. Bereits Ende 2005 fand die Tagung „Alte Meister – Über Rolle und Ort Älterer in Kultur und kultureller Bildung" statt (Tagungsbericht: Ermert/Lang 2006). Im November 2007 wurde die Tagung fortgesetzt: „Alte Meister – oder: Wie Ältere Kompetenzen in der kulturellen Bildung leben und nutzen ...". An diesen Tagungen nehmen Künstler/innen, Multiplikator/inn/en, (kulturelle) Erwachsenenbildner/innen, Bildungs-, Kultur- und Altersforscher/innen teil.

2.2   Inhalt der Angebote

Um die Vielfalt der Angebote im Bereich „Kulturpädagogische Einrichtungen" darzustellen, werden nachstehend die Kunstsparten bzw. einige Institutionen exemplarisch dargestellt.

Musik
Angebote für Senior/inn/en machen 44 % der Musikschulen im VdM. Einerseits sind dies Kursangebote, an denen Ältere teilnehmen können, andererseits werden zielgruppenspezifische Angebote für Senior/inn/en gemacht.

Aus diesen Ergebnissen wird zudem ersichtlich, dass Musikschulen auch für das vierte Lebensalter aktiv sind. 67 % der Musikschulen im VdM machen Angebote in Altenheimen. Hier wird häufig eine elementare Musikerziehung angeboten, wobei die Inhalte mit den Teilnehmer/inne/n abgestimmt werden, also nachfrage- und bedürfnisorientiert gearbeitet wird. Ein solches Angebot kann zustande kommen, wenn ein Altenheim an die Musikschule herantritt. Häufig wird ein Wunsch nach einem rezeptiven/

eher passiven Angebot ausgesprochen, wie z. B. Konzerte in der Senioreneinrichtung, doch die Musikschulen schlagen dann teilweise Angebote vor, bei denen die Senior/inn/en selbst aktiv werden. Möglich ist auch, dass die Musikschule mit einer Idee an ein Seniorenzentrum herantritt.

Angebotsform	von 440 Musikschulen bieten dies an	
	absolut	in %
Instrumentalunterricht mit Neueinsteiger/inne/n	373	85 %
Instrumentalunterricht mit Wiedereinsteiger/inne/n	370	84 %
Angebote in Altenheimen	296	67 %
Generationenübergreifende Projekte	264	60 %
andere	154	35 %

Tab. 8: Angebotsformen für Senior/inn/en an Musikschulen
Quelle: eigene Darstellung, nach Vortrag von Wolfhagen Sobirey, Deutscher Musikrat, auf dem Kongress „Es ist nie zu spät – Musizieren 50+" am 1. Juni 2007 in Wiesbaden

Altershomogene Angebote für Senior/inn/en sind z. B.:
>> Seniorenorchester mit Workshops,
>> Senioren-Rockbands,
>> Kreis- und Folkloretanz,
>> Musiktheorie und -geschichte,
>> Vorbereitung von Konzertbesuchen,
>> Orchester für Ehemalige,
>> Seniorenkonzerte mit und für Senior/inn/en,
>> elementare Musikerziehung,
>> Orff-Gruppen,
>> Tanz- und Bewegungsangebote,
>> Rhythmik.

Thematisch sieht die Verteilung wie folgt aus:

Inhalt des Angebots	von 440 Musikschulenbieten dies an
Kammermusik	45 %
Rockbands	9,3 %
Musikgeschichtliche Vorträge	7 %
Konzerteinführungen und Besuche	7 %
Seniorenclubs	3 %
Musik auf Rädern	3 %

Tab. 9: Verteilung der Inhalte der Angebote an Musikschulen für Senior/inn/en
Quelle: eigene Darstellung, nach Vortrag von Wolfhagen Sobirey, Deutscher Musikrat, auf dem Kongress „Es ist nie zu spät – Musizieren 50+" am 1. Juni 2007 in Wiesbaden

Angebote, in denen es zu generationenübergreifender Arbeit kommt, sind meist
>> Theatergruppen, Musical-Kompanien, Musiktheater, Orchester, Bands,
>> Musiktheorie und -geschichte sowie
>> Vorbereitung von Konzertbesuchen.

Orte dieser Angebote sind vorwiegend die Musikschulen selbst bzw. Altenheime/Seniorenheime. Die Finanzierung dieser Angebote wird durch Altenheime, Behörden und Teilnahme-Gebühren gewährleistet.

Foto: Musik-Akademie für Senioren e.V.

Trotz dieser Aktivitäten ist festzustellen, dass es grundsätzlich in Deutschland kein flächendeckendes musikpädagogisches Angebot für Senior/inn/en gibt und es an geeigneten Bedingungen für diese Angebote in Senioreneinrichtungen fehlt (Deutscher Musikrat 2007b). Noch machen Über-60-Jährige einen sehr geringen Anteil der Schüler/innen an Musikschulen im VdM aus:

	Anzahl	in Prozent
bis 6 Jahre	158.719	17,57 %
6–9 Jahre	255.115	28,24 %
10–14 Jahre	276.332	30,59 %
15–18 Jahre	121.809	13,49 %
19–25 Jahre	29.553	3,27 %
26–60 Jahre	53.043	5,87 %
über 60 Jahre	8.690	0,96 %
insgesamt	903.261	100 %

Tab. 10: Schülerzahl und Altersverteilung an Musikschulen im VdM im Jahr 2006
Quelle: Auszug aus Deutscher Musikrat 2007a

Motive für den Besuch einer Musikschule im Alter können sehr unterschiedlich sein:
>> Motivation durch eigene Kinder oder Enkel/innen,
>> Wiederaufnahme einer früheren Aktivität,
>> Neuanfang des Unterrichts zur sinnvollen Lebensgestaltung und Aufnahme sozialer Kontakte (Mehlig/Wanner 2005, S. 155).

YOMO – Ein Africa Musical

Musikschule Henningsdorf (bei Berlin)

In diesem Musical wird die Geschichte des afrikanischen Jungen Yomo dargestellt. Yomo ist gehörlos, hat aber die Gabe, mit Tieren sprechen zu können. Die märchenhafte Inszenierung wurde von der Musikschule Henningsdorf ins Leben gerufen. Bei einem Casting wurden alle Altersgruppen, von Kindern bis zu Über-70-Jährige, als Darsteller/innen ausgewählt. Während dieses Projektes standen die Musikschule und das Kasapa Centre in Ghana (Westafrika) stets in kulturellem Austausch, denn Hintergrund der Geschichte ist ein Afrikaner, der tatsächlich existiert – wenn auch eine Geschichte um ihn herum erfunden wurde. Yomo arbeitet im echten Leben als Trommellehrer im Kasapa Centre. Trotz seiner Gehörlosigkeit ist er ein ausgezeichneter Musiker und Tänzer.

www.hennigsdorf.de/ndex.phtml?La=1&sNavID=1101.187&mNavID=1101.2&ffmod=tx&ffmod=tx&object=tx|1126.911.1&sub=0 (Stand: 06.11.07)

Theater
Viele der Mitglieder des Bundesverbandes Theaterpädagogik (BuT) führen Projekte und Produktionen mit Senior/inn/en bzw. generationenübergreifend durch. Generationenübergreifende Arbeit wird gerne zum Austausch und zur Reflexion eines Themas genutzt. Inhaltlich sind die Gruppen sehr verschieden. So werden Themen aufgegriffen, die Senior/inn/en aktuell beschäftigen bzw. biografisch gearbeitet. Die Inszenierung des generationenübergreifenden Ensembles „Saleinad Mundo" thematisiert z. B. den „Trickbetrug an der Wohnungstüre, in der Wohnung und am Telefon". Diese Inszenierung wird präventiv bei Veranstaltungen der Polizei Mettmann aufgeführt. Gern werden auch autobiografische Themen aufgegriffen.

> **Clown 50plus**
>
> Schule für Tanz, Clown und Theater, Hannover
>
> Aus dem Ausschreibungstext: „Einmal ‚Clown sein'...
> Neue Ausdrucksformen an sich kennen lernen und ausprobieren. Viel erlebt, gereift und doch für Momente wieder Kind sein dürfen. Eine Idee davon bekommen, wie man/frau komisch (und nicht albern) wirken und jemanden im Herzen erreichen kann. Vielleicht ein wenig Bühnenluft schnuppern, gar einen Traum aus Kindertagen zum Leben erwecken ..."
> Die Schule für Tanz, Clown und Theater bietet in ihrem Programmbereich „Clown 50plus" Schnupperseminare, eine Jahresgruppe und Aufführungsprojekte für Senior/inn/en ab 50 Jahren an. In den Gruppen waren bisher Teilnehmer/innen zwischen 50 und 76 Jahren. Viele nehmen im Anschluss an weiteren Kursen der Schule an und lassen sich z. B. zum Clinic Clown ausbilden.
>
> www.tut-hannover.de (Stand: 10.12.07)

Theaterpädagogische Zentren bieten in erster Linie Fortbildungen zum Theaterpädagogen/zur Theaterpädagogin an, aber auch Theatergruppen für alle Altersgruppen. Die SeniorenTheaterPlattform NRW (vgl. Kapitel über Selbstorganisierte Aktivitäten) bietet für die theaterpädagogische Arbeit mit Senior/inn/en Fortbildungen, Vernetzung und Austausch zwischen den Gruppen an. Zu Seniorentheatern existiert mittlerweile viel Literatur, zum Thema „Generationentheater" hingegen liegt kaum etwas vor. Der Bundesverband Theaterpädagogik veranstaltete im Jahr 2006 eine Tagung zum Thema „Generationentheater". Eine Zusammenfassung des Theaters der Erfahrungen[18] in Berlin enthält entsprechende Tipps, Erfahrungen und Übungen (Kirchner 2006).

> **Kreativhaus in Berlin**
>
> Das Kreativhaus in Berlin ist ein theaterpädagogisches Zentrum, das auch soziokulturelle Angebote macht. Zielgruppen der Arbeit sind Kinder, Jugendliche, Erwachsene und Senior/inn/en. Viele der Angebote sind generationenübergreifend, z. B. das Erzählcafé, Theatergruppen oder Kurse zum kreativen Schreiben und Gestalten. So ist das Kreativhaus seit Mai 2007 anerkanntes Mehrgenerationenhaus. Spezielle kulturpädagogische Angebote für Senior/inn/en sind ein Chor und (Bauch-) Tanzgruppen. Theaterpädagogische Arbeit findet in der Theaterwerkstatt in Kooperation mit dem „Theater der Erfahrungen" statt. Die Senior/inn/en können aktiv werden durch Schauspiel, aber auch Erzählen, Schreiben oder Musizieren.
>
> www.kreativhaus-tpz.de (Stand: 06.11.07)

---

18 Das Theater der Erfahrungen ist bereits seit 20 Jahren aktiv im Bereich Seniorentheater und arbeitet auch generationenübergreifend mit Jugendlichen, Migrant/inn/en und Senior/inn/en.

Tanz
Im tanzpädagogischen Bereich werden bei Angebotsausschreibungen häufig keine Angaben zum Alter der Zielgruppe gemacht. So kommt es zu altersgemischten Gruppen und einer generationenübergreifenden Arbeit, ohne dass dies vorgegeben wurde. Angebote für Senior/inn/en werden im Bereich der Tanzpädagogik häufig auf Gesellschaftstänze, Sitztänze und Volkstänze beschränkt. In fast allen Tanzschulen, die Mitglied im Allgemeinen Deutschen Tanzlehrerverband (ADTV) sind, gibt es Seniorengruppen zum Gesellschaftstanz. Zusätzlich hat der Verband den Club Agilando ins Leben gerufen, bei dem anspruchsvolle Choreografien und rhythmische Gymnastik kombiniert werden. Am Club Agilando beteiligen sich bislang 157 ADTV Mitgliedschulen. Der künstlerische Aspekt steht hier allerdings ebenso wie beim Bundesverband Seniorentanz (BVST) an nachgeordneter Stelle. Der BVST engagiert sich in erster Linie für die gesundheitsfördernden Wirkungen des Tanzens. Viele Angebote ebenso wie der Club Agilando werden daher von Krankenkassen unterstützt.

Die von uns befragte Expertin aus der Tanzpädagogik berichtet von einer Besonderheit in diesem Bereich. Es geht dabei um eine Vereinbarkeit von Gesundheit und Kreativität. Der eigene Körper spielt beim Tanzen eine ganz besondere Rolle. Gerade mit zunehmendem Alter können hier Unsicherheiten auftreten und die Identifikation mit dem eigenen Körper oder z. B. der eigenen Weiblichkeit kann problematisch werden. Tanzen fördert den Umgang mit dem eigenen Körper und Körperbewusstsein in jedem Alter.

Ältere Frauen nehmen gern an Angeboten aus anderen Kulturen teil. Nachgefragt wird Bauchtanz, Flamenco aus Andalusien oder Bharatanatyam aus Indien. In diesen Kulturen herrschen andere Vorstellungen von Schönheit und Erotik. Frauen, die in dieser Hinsicht eine Bestätigung brauchen, fühlen sich dort oft gut aufgehoben. Bei diesen Angeboten sind Frauen unter sich und können ein positives Körpergefühl entwickeln. Vorwiegend handelt es sich hierbei um private Angebote.

Medien
„Im Rückblick lässt sich feststellen, dass die Medienpädagogik in ihrem Kern immer noch eine Medienpädagogik für Kinder und Jugendliche war und nach meiner Meinung noch ist. Als Gründungsmitglied der GMK und Erwachsenenbildner habe ich die Medienpädagogik in den letzten Jahren immer mehr unter der Perspektive in den Blick genommen, wie Erwachsene und auch die Älteren im medienpädagogischen Diskurs Berücksichtigung finden.
Man kann nicht sagen, dass sie überhaupt nicht vorkommen. [...] Doch insgesamt ist das Thema bislang nur am Rande von Relevanz. Es gibt meines Wissens derzeit keinen medienpädagogischen Lehrstuhl in Deutschland, der seinen Forschungs- und Arbeitsschwerpunkt auf dieses Thema richtet. In der Praxis gibt es inzwischen allerdings vielfältige Initiativen in diesem Bereich"

Richard Stang (Deutsches Institut für Erwachsenenbildung)
bei den Stuttgarter Tagen der Medienpädagogik (Stang 2005, S. 18)

Im medienpädagogischen Bereich existiert eine Vielzahl von Internet-Angeboten für Senior/inn/en – nicht nur Informationsseiten, sondern auch Homepages, die Senior/inn/en selbst erstellen und mit Inhalt füllen. In vielen Orten gibt es Internet-Cafés für Senior/inn/en. Viele Medienzentren und Filmclubs bieten Kurse für Senior/inn/en oder generationenübergreifende Kurse an.

> ***Verein Seniorenmedien-Pädagogik und Kultur, Bielefeld***
>
> Der Verein Seniorenmedien-Pädagogik und Kultur in Bielefeld bietet gemeinsam mit dem Bürgerfernsehen Kanal 21 ein medienpädagogisches Programm für Senior/inn/en an. An den Film-Produktionen partizipieren Mitglieder und werden als Darsteller/innen und Produzent/inn/en medienpädagogisch durch Profis unterstützt.
>
> www.kanal-21.de/haupt-navigation/machen/redaktionsgruppen/seniorenstammtisch.html (Stand 15.11.07)

Da neue Medien von Senior/inn/en im Vergleich zu Jugendlichen bislang viel seltener genutzt werden, konzentrieren sich viele Projekte allerdings auf die Erschließung der Online-Medien für Senior/inn/en (Stadelhofer/Marquard 2004, S. 9). Hier steht häufig die reine Mediennutzung im Vordergrund, weniger eine künstlerische Auseinandersetzung.

Viele der medienpädagogischen Angebote für Ältere sind vorwiegend wissensvermittelnde, sehr lebenspraktische Angebote, z. B. Computerkurse für Senior/inn/en. Medienpädagogik beinhaltet durchaus nicht immer kulturelle oder künstlerische Angebote, auch wenn die meisten Medienprodukte künstlerischen Charakter haben. Die Technik der Medien lässt sich zwar immer einfacher bedienen, doch insgesamt nehmen technische Parameter, die man bedenken muss, zu. So führen häufig die hohen technischen Anforderungen dazu, dass vergessen wird, dass ursprünglich ein künstlerisches Produkt hergestellt werden sollte.
>> Angebote kultureller Bildung können hier auch technische Bildungsinhalte haben. Ein Videokurs für Senior/inn/en verfolgt das Ziel, ein künstlerisch hochwertiges Video zu erstellen. Kulturelle Bildungsinhalte können sehr begrenzt sein, weil die Beherrschung der Technik im Vordergrund steht.
>> Angebote der technischen Bildung hingegen können auch kulturelle Bildungsinhalte haben. Bei einem Kurs für Senior/inn/en über die Erstellung von Homepages wird zunächst HTML erlernt, jedoch wird auch die grafische Gestaltung thematisiert.

Umso schwieriger ist es, im medienpädagogischen Bereich quantitative Aussagen über kulturelle Bildungsangebote für Senior/inn/en zu treffen. Hier können vorwiegend Einzelprojekte exemplarisch herangezogen werden.

> **Wiesbadener Medienzentrum**
>
> Das Wiesbadener Medienzentrum bietet einerseits Seminar- und Bildungsarbeit an, andererseits werden Produktionen erstellt. Zielgruppen der Arbeit sind alle Altersklassen. Das Angebot für Senior/inn/en ist sehr umfangreich: Videoprojekte, Fotografie, Stadtteilreportagen u. v. m. Mit „Zwischen den Kulturen" bot das Medienzentrum 2004 ein Video-Film-Projekt für deutsche und ausländische Jugendliche und Senior/inn/en an.
>
> www.wiesbadener-medienzentrum.de (Stand: 06.11.07)
> www.zwischendenkulturen.de (Stand: 06.11.07)

Das Kinder- und Jugendfilmzentrum in Deutschland hat im Rahmen des Projektes „Video der Generationen" einen Leitfaden für generationenübergreifende Videoarbeit veröffentlicht mit Hinweisen zur Durchführung von Projekten, geeigneten Themen und Arbeitsfeldern, Fallbeispielen, Literaturtipps und Adressen (Kinder- und Jugendfilmzentrum in Deutschland 2007).

> **Video der Generationen**
>
> Kinder- und Jugendfilmzentrum in Deutschland
>
> „Video der Generationen" ist ein bundesweiter Wettbewerb für Senior/inn/en ab 50 Jahren und für altersgemischte Gruppen mit Teilnehmer/innen bis 25 und ab 50 Jahren. Auf der Internetseite kann man sich über die Filmprojekte informieren. Beim Wettbewerb und bei den Festivals ist ein Ziel, die Kommunikation zwischen den Filmemacher/inne/n zu unterstützen.
>
> www.video-der-generationen.de (Stand: 06.11.07)

Literatur/Geschichten erzählen
Gerade im Literaturbereich und beim Geschichten erzählen ist generationenübergreifendes Arbeiten typisch und die Altersspanne oft groß, z. B. wenn Senior/inn/en Kindern Geschichten erzählen. In Schreibwerkstätten wird häufig miteinander gearbeitet. Alt und Jung schreiben Texte und stellen sie sich gegenseitig vor. Nach Aussage des Literaturbüros NRW[19] und auch des Netzwerkes der Literaturhäuser werden kaum Angebote für die ältere Zielgruppe ausgeschrieben. Angebote, die zu bestimmten Tageszeiten stattfinden, werden vorwiegend von Älteren genutzt – unabhängig vom thematischen Inhalt. Das Literaturbüro NRW ist sich sicher, dass eine Ankündi-

---

19 Beim Literaturbüro NRW handelt es sich nicht um einen Landesverband.

gung „für Senior/inn/en" eher abschreckend wirken würde. Die Literaturhäuser verfolgen eher das Ziel, Jugendliche als Zielgruppe zu gewinnen, da die Besucher/innen bislang vorwiegend Senior/inn/en sind.

> **Digital Storytelling**
>
> Kunsthaus Essen
>
> Beim Workshop „Digital Storytelling" im Kunsthaus Essen werden Kurz-Videos erstellt, in denen biografische Geschichten erzählt werden. Teilnehmer/innen im Kurs 2007 sind zwischen 30 und über 60 Jahre alt. Der Kurs ist bei Senior/inn/en beliebt, da in den Videos häufig Erlebtes verarbeitet wird. Teilweise sind die Geschichten sehr privat, die Videos erstellen die Teilnehmer/innen für sich selbst und veröffentlichen sie daher nicht. Andere Videos können auf der Internetseite heruntergeladen werden. Schwerpunkt der Arbeit von Kursleiterin Ingrid Weidig liegt hier auf der künstlerischen Gestaltung, nicht auf einer technischen Bildung.
>
> Digital Storytelling ist ein gutes Beispiel der Verknüpfung von Geschichten erzählen und Medienpädagogik.
>
> Das Kunsthaus Essen ist Atelierhaus und Kunstverein, in dem Kunst geschaffen und ausgestellt wird, ein breites Kursangebot mit qualifizierten Dozent/inn/en stattfindet und Diskussionsveranstaltungen organisiert werden. Mit dem kulturellen Bildungsangebot ist das Kunsthaus Essen auch im Bereich der Stadtteilarbeit tätig.
>
> www.digital-storytelling.kunstvirus.de (Stand 15.11.07)
> www.kunsthaus-essen.de/khe/kurse/kurse.html#digital (Stand 15.11.07)

Bildende Kunst
Einige Kunstwerkstätten oder Malschulen machen gesonderte Angebote für Senior/inn/en. Freischaffende Künstler/innen bieten häufig Sommerakademien in Seniorenheimen an.

Seniorenkunstwerkstatt

Werkschule Oldenburg, Werkstatt für Kunst und Kulturarbeit e.V.

In der „Seniorenkunstwerkstatt" der Werkschule Oldenburg bieten freischaffende Künstler/innen und Keramiker/innen Kurse für Heimbewohner/innen und Senior/inn/en aus dem Stadtteil vor Ort an. Dabei bewegt sich die Arbeit stets an der Schnittstelle von künstlerischer Arbeit und Gemeinwesenarbeit. So wird die Arbeit auch an Senior/inn/en gerichtet, denen einen Zugang zu Kultur und kultureller Bildung erschwert ist. Körperlich eingeschränkte Senior/inn/en werden mithilfe eines Abholdienstes zum Angebot gebracht. Auch Senior/inn/en, die sich den Kulturbetrieb in der Stadt aufgrund ihres geringen Einkommens nicht leisten können, können an den Angeboten teilnehmen.

Foto: Seniorenkunstwerkstatt der Werkschule Oldenburg

Aus dem Ausschreibungstext:
Im Bewusstsein, dass künstlerische Betätigungsfelder gerade in sozialen Bereichen stets der Gefahr unterliegen, instrumentalisiert und dadurch ihrer Eigenart beraubt zu werden, steht in der Seniorenkunstwerkstatt der künstlerische Prozess mit all seinen Begleiterscheinungen und persönlichen Erfahrungswerten von der Idee bis zur fertigen Arbeit im Mittelpunkt. Hier geht es eindeutig nicht um eine andere, verbrämte oder kaschierte Form der Sozialarbeit mit gestalterischen Mitteln, noch steht hier „Beschäftigung" im Sinne eines beliebigen Herstellens von Dingen auf dem Programm. Die künstlerische Arbeit als solche wird als absoluter Wert begriffen und ins Zentrum des Geschehens gestellt: die Schulung der Wahrnehmung, die Auseinandersetzung und Erfahrung des Einzelnen mit Materialien, das Erleben von Bildern, Formen und Farben. Gearbeitet wird in aufeinander aufbauenden Arbeitsverläufen, die an bestehenden Fähigkeiten der einzelnen Beteiligten anknüpfen und behutsam zwischen der individuellen Ausdruckssuche und dem handwerklichen Umsetzungsvermögen vermitteln.

www.werkschule.de/html2/documents/Seniorenkatalog_07_LR1.pdf (Stand: 06.11.07)

2.3 Entwicklungsperspektiven

Foto: Seniorenkunstwerkstatt der Werkschule Oldenburg

Zeitlicher Umfang von Angeboten
Senior/inn/en wollen sich häufig nicht binden (z. B. aufgrund längerer Reisen), so die Erfahrung vieler Musikschulen. Dies sollte bei Kursangeboten berücksichtigt werden, z. B. durch zeitlich begrenzte Angebote oder „Unterrichtsschecks", die zeitlich flexibel innerhalb eines Zeitraumes eingelöst werden können. Diese werden z. B. von der Musikschule Reutlingen unter dem Namen „Take 5" für Erwachsene angeboten.

Inhalte der Angebote
Angebote für Ältere stellen oft nur den gesundheitsfördernden Aspekt in den Vordergrund (z. B. beim Sitztanz, Club Agilando oder beim Angebot des Chorverbandes NRW „Sing mit – bleib fit"). Senior/inn/en altern heutzutage gesünder und ihre Interessen verschieben sich. Sie sind physisch in der Lage, auch Angebote wahrzunehmen, die eine gute körperliche Konstitution voraussetzen, z. B. im Bereich Modern Dance. Hier könnten Kulturpädagog/inn/en experimentierfreudiger neuere Stile ausprobieren und anbieten.

Berücksichtigung besonderer Zielgruppen
Der Deutsche Musikrat macht es in der Ausschreibung des Musikpreis 50+ im Jahr 2007 vor: Der Musikpreis 50+ anlässlich des Kongresses „Es ist nie zu spät – Musizieren 50+" wird hier in den vier Kategorien generationenübergreifendes Arbeiten, Musikvermittlung 50+, interkulturelles Musizieren und Musik in der Therapie und der Pflege verliehen. Diese Differenzierung und Berücksichtigung besonderer Zielgruppen wird bislang nur selten vorgenommen.

Foto: Seniorenkunstwerkstatt der Werkschule Oldenburg

Hochaltrige
Kulturpädagogische Einrichtungen realisieren ihre Angebote teilweise auch außerhalb der eigenen Institutionen. So arbeiten einige Musikschulen mit Seniorenheimen zusammen. Musikpädagog/inn/en besuchen die Hochaltrigen und singen und musizieren mit ihnen gemeinsam. Dies könnte von anderen Anbietern kulturpädagogischer Angebote stärker aufgegriffen werden.

Ältere Migrant/inn/en
Der deutsche Musikrat (2007b) fordert eine stärkere Berücksichtigungen von Senior/inn/en mit Migrationshintergrund. Es existieren zwar einige Angebote für Migrant/inn/en, doch berücksichtigen die meisten kulturpädagogische Einrichtungen die Gruppe der *älteren* Migrant/inn/en in ihren Angeboten bislang nicht gesondert.

Professionalität freischaffender Künstler/innen
Die Bezeichnung „Kulturpädagoge/Kunstpädagogin" ist nicht geschützt. So ist es schwer zu unterscheiden, inwiefern Angebote professionell pädagogisch fundiert sind. Aus diesem Grund hat die Sektion Tanz vom Deutschen Kulturrat eine Checkliste[20] entwickelt, mit Angaben dazu, welche Kompetenzen ein Tanzpädagoge/eine Tanzpädagogin unabhängig vom Alter der Zielgruppe haben sollte. Laien sollen mit diesem Hilfsmittel beurteilen können, ob ein Angebot qualitativ hochwertig ist. Derartige Checklisten wären für andere Kunstsparten ebenso hilfreich.

Foto: Musik-Akademie für Senioren e.V.

Qualifizierung von pädagogischem Personal
„Ältere bilden einen wachsenden Markt für kulturelle Unterhaltungs- und Bildungsdienstleistungen. Darauf können und müssen Anbieter sich mit spezifischen Angeboten und Qualifikationen einrichten. Das werden kommerzielle Anbieter schon aus ökonomischer Vernunft tun (s. als Beispiel www.reife maerkte.de). Aber auch der öffentlich geförderte künstlerisch kulturelle Sektor und seine kulturellen Bildungsangebote müssen sich der Herausforderung stellen, – ohne die berechtigten Interessen der jüngeren Generation zu vernachlässigen." (Ermert 2006, S. 5)

---

20 erhältlich bei den Sprecher/inne/n der Sektion

Kulturpädagogische Fortbildungen für Lehrkräfte bieten die Bundesakademien für kulturelle Bildung in allen Kunstsparten an. Hierbei ist in erster Linie die Bundesakademie Wolfenbüttel zu benennen, die in ihren Angeboten auf die Arbeit mit Erwachsenen vorbereitet. Zu der Frage, ob eine zielgruppenspezifische Aus- oder Fortbildung notwendig ist, werden zwei Positionen vertreten:

>> Die von uns befragte Expertin aus dem Bereich Tanzpädagogik fordert, Tanzpädagog/inn/en so auszubilden, dass sie sich auf jede Zielgruppe einstellen können. Das bedeutet, ein/e gute/r Tanzpädagoge/in sollte prozessorientiert arbeiten. Der Weg sei wichtig, nicht das Endergebnis. In der Ausbildung sollte man lernen, sich auf den individuellen Weg des Lernenden einstellen zu können – unabhängig vom Alter der Zielgruppe.
>> Aus den Ergebnissen der E-Mail-Umfrage des VdM geht hervor, dass ein Bedarf an zusätzlicher Ausbildung und Qualifizierung bei den Lehrkräften besteht, denn die Methoden, die an Hochschulen gelehrt werden, sind vorwiegend auf Kinder, viel zu wenig auf Erwachsene und Senior/inn/en ausgerichtet. Die Erfahrung zeigt, dass sich eine derartige Investition lohnt.[21] Diese Fortbildungsangebote müssen systematisch entwickelt werden. Dies bedeutet auch, dass die Hochschulen und Universitäten Student/inn/en dringend nicht ausschließlich auf die Arbeit mit Kindern vorbereiten, sondern z. B. Seminare zu Musikgeragogik anbieten sollten, wie Frau Prof. Steffen-Witteck an der Hochschule für Musik Franz Liszt, Weimar. Die Professorin für Rhythmik und Elementare Musikpädagogik führte zwei Semester lang mit Student/inn/en ein Projekt zu Elementarer Musikpädagogik mit Senior/inn/en durch.

Es ist sicherlich richtig, in der allgemeinen Ausbildung zum Kulturpädagogen/zur Kulturpädagogin auf alle Zielgruppen vorzubereiten bzw. altersunabhängige Kompetenzen zu vermitteln, damit die Lehrenden sich individuell auf Lernende einstellen können. Allerdings existieren einige Zusatzqualifizierungen im Kinder- und Jugendbereich, die z. B. für die Arbeit im Kindergarten oder in der Jugendarbeit ausbilden. Es ist unserer Meinung in gleichem Maße von Nöten, zusätzliche Qualifizierungen für die Arbeit mit Senior/inn/en stärker zu entwickeln und auszubauen. Bislang sind diese noch Einzelfälle und zählen noch nicht zum Alltag der Hochschulen und Weiterbildungsanbieter. Ein Beispiel ist die Zusatzausbildung „Musikgeragogik" des Fachbereichs Sozialwesen der Fachhochschule Münster. Diese Weiterbildung bereitet Student/inn/en aus dem sozialen Bereich auf die musikalische Arbeit mit älteren Menschen vor. Im spielpädagogischen Bereich hat das Kreativhaus in Berlin eine Fortbildung angeboten zur Möglichkeit des Spiels in der Arbeit mit Senior/inn/en. Spielen soll als Methode eingesetzt werden, um neue Erfahrungen zu machen, kreative Fähigkeiten zu trainieren und sich zu bewegen.

> **European Music Schools Unison**
>
> In diesem Projekt sollten die Besonderheiten und Methoden, die an europäischen Musikschulen gelehrt werden, erfasst und verglichen werden, um neue Wege für Erwachsene, einschließlich Senior/inn/en, daraus zu entwickeln. Projektpartner waren die Tanz- und Kunstschule Bannewitz e.V. (Deutschland, bei Dresden), die Landesmusikschule St. Georgen an der Gusen (Österreich), Ecole de Musique Paul Godet Amboise (Frankreich) und die Musikschule Überetsch (Italien).
>
> Abschlussbericht:
> www.musikschule4222.at/EU-Projekt/EndDoku%20(WEB).pdf (Stand: 06.11.07)

Forschungsbedarf
Über die Didaktik und Methodik in der kulturpädagogischen Bildungsarbeit mit Senior/inn/en liegen kaum Erkenntnisse vor. Diese wären aber Voraussetzung, um professionelle Weiterbildungsangebote für Lehrende in der kulturellen Bildung für Senior/inn/en zu entwickeln, um den Lernzielen, Lernmethoden und Lernstrategien älterer Lernender gerecht zu werden. Weiterbildungsangebote für Lehrende der kulturellen Bildung existieren bereits, doch beruhen diese Angebote vorwiegend auf informellem Wissen und den Erfahrungen der Lehrperson, die diese weitergibt. Systematisch ist bislang nicht untersucht worden, worin die Besonderheiten und Erfordernisse einer kulturellen Bildung für Senior/inn/en liegen. Dies wäre aber eine Grundlage, um professionelle Weiterbildungsangebote für Lehrende zu entwickeln.

2.4 Gute Praxisbeispiele

Darstellende Kunst

Saleinad Mundo
Das generationenübergreifenden Ensemble „Saleinad Mundo" thematisiert in seinen Inszenierungen auch Themen des Alters.
vgl. www.saleinad-mundo.de (Stand: 10.12.07)

Clown 50plus
Schule für Tanz, Clown und Theater, Hannover
Die Schule für Tanz, Clown und Theater bietet Seminare, Aus- und Fortbildungen für Senior/inn/en ab 50 Jahren im Bereich Clown, Komik und Theater an.
vgl. www.tut-hannover.de (Stand: 10.12.07)

Theater der Erfahrungen
Nachbarschaftsheim Schöneberg, Berlin
Das Theater der Erfahrungen ist seit 20 Jahren aktiv im Bereich Seniorentheater und arbeitet auch generationenübergreifend mit Jugendlichen, Migrant/inn/en und Senior/inn/en.
vgl. www.nachbarschaftsheim-schoeneberg.de/infos/tde/index.shtml (Stand: 15.01.08)

Bildende Kunst

Seniorenkunstwerkstatt
Werkschule Oldenburg, Werkstatt für Kunst und Kulturarbeit e.V.
Freischaffende Künstler/innen und Keramiker/innen bieten Kurse für Heimbewohner/innen und Senior/inn/en aus dem Stadtteil vor Ort an.
vgl. www.werkschule.de/html2/documents/Seniorenkatalog_07_LR1.pdf (Stand: 06.11.07)

Foto: Musik-Akademie für Senioren e.V.

Musik

Musik-Akademie für Senioren e.V.
Hamburg
Die Musik-Akademie für Senioren bietet ein vielseitiges Programm für Musikinteressierte der älteren Generation an.
vgl. www.musik-akademie.de (Stand: 15.01.08)

YOMO – Ein Africa Musical
Musikschule Henningsdorf (bei Berlin)
In diesem Musical spielen Kinder bis Über-70-Jährige als Darsteller die Geschichte des afrikanischen Jungen Yomo.
vgl. www.hennigsdorf.de/index.phtml?La=1&sNavID=1101.187&mNavID= 1101.2&ffmod=tx&ffmod=tx&object= tx|1126.911.1&sub=0 (Stand: 06.11.07)

Take 5
Musikschule Reutlingen
Take 5 sind Unterrichtsschecks für Erwachsene, die zeitlich flexibel eingesetzt werden können.
vgl. www.musikschule-reutlingen.de/musikschulert.de/data/media/_stories/5434/Take5.pdf (Stand: 06.11.07)

Musikpreis 50+
Deutscher Musikrat
Der Musikpreis 50+ wurde im Jahr 2007 bundesweit in den Kategorien generationenübergreifendes Arbeiten, Musikvermittlung 50+, interkulturelles Musizieren und Musik in der Therapie und der Pflege ausgeschrieben.
vgl. www.musikrat.de/index.php?id=4584 (Stand: 14.01.08)

European Musik Schools Unison
Die Besonderheiten und Methoden des musikalischen Lernens (älterer) Erwachsener wurden an vier Musikschulen in Europa erfasst und verglichen.
Abschlussbericht:
vgl. www.musikschule4222.at/EU-Projekt/EndDoku%20(WEB).pdf (Stand: 06.11.07)

Medien

Mekonet
Mekonet, das Medienkompetenz-Netzwerk NRW informiert, berät und unterstützt Institutionen, die im Medienbereich tätig sind, und fördert die Medienkompetenz von Privatpersonen. In der Online-Datenbank „Grundbaukasten Medienkompetenz" sind auch einige Texte zum Thema Medienpädagogik und Senior/inn/en zu finden.
vgl. www.mekonet.de (Stand: 15.01.08)

Verein Seniorenmedien-Pädagogik und Kultur
Bielefeld
Der Verein Seniorenmedien-Pädagogik und Kultur in Bielefeld bietet gemeinsam mit dem Bürgerfernsehen Kanal 21 ein medienpädagogisches Programm für Senior/inn/en an.
vgl. www.kanal-21.de/haupt-navigation/machen/redaktionsgruppen/seniorenstammtisch.html (Stand 15.11.07)

Wiesbadener Medienzentrum
Das Wiesbadener Medienzentrum bietet Seminar- und Bildungsarbeit an und erstellt Produktionen für Zielgruppen aller Altersklassen. Unter dem Titel „Zwischen den Kulturen" bot das Medienzentrum 2004 ein Video-Film-Projekt für deutsche und ausländische Jugendliche und Senior/inn/en an.
vgl. www.wiesbadener-medienzentrum.de (Stand: 06.11.07)
vgl. www.zwischendenkulturen.de (Stand: 06.11.07)

Video der Generationen
Kinder- und Jugendfilmzentrum in Deutschland, Remscheid
„Video der Generationen" ist ein bundesweiter Wettbewerb für Senior/inn/en ab 50 Jahren und für altersgemischte Gruppen mit Teilnehmer/innen bis 25 und ab 50 Jahren.
vgl. www.video-der-generationen.de (Stand: 06.11.07)

Digital Storytelling
Kunsthaus Essen
Beim Workshop „Digital Storytelling" im Kunsthaus Essen erzählen Teilnehmer/innen zwischen 30 und 60 Jahren in Kurz-Videos biografische Geschichten.
vgl. www.digital-storytelling.kunstvirus.de (Stand 15.11.07)
vgl. www.kunsthaus-essen.de/khe/kurse/kurse.html#digital (Stand 15.11.07)

Spartenübergreifende Angebote

Offenes Programm der Akademie Remscheid für musische Bildung und Medienerziehung, Remscheid
Die Akademie Remscheid bietet seit 2006 im Offenen Programm für Menschen ab 50 Kurse in allen Kunstsparten an.
vgl. www.kreativ50plus.de (Stand: 06.02.08)

Kreativhaus
Berlin
Das Kreativhaus in Berlin macht zielgruppenspezifische Angebote für Senior/inn/en, z. B. einen Chor, (Bauch-)Tanzgruppen oder theaterpädagogische Angebote in Zusammenarbeit mit dem Theater der Erfahrungen. Im spielpädagogischen Bereich gab es eine Fortbildung zur Möglichkeit des Spiels in der Arbeit mit Senior/inn/en.
vgl. www.kreativhaus-tpz.de (Stand: 06.11.07)

Fortbildungen für Lehrende in der kulturellen Bildungsarbeit mit Senior/inn/en

Seminare zu Musikgeragogik
Hochschule für Musik Franz Liszt, Weimar
Prof. Steffen-Wittek führte zwei Semester lang mit Student/inn/en ein Projekt zu Elementarer Musikpädagogik mit Senior/inn/en durch.

Zusatzausbildung „Musikgeragogik" des Fachbereichs Sozialwesen
Fachhochschule Münster
Diese Weiterbildung bereitet Student/inn/en aus dem sozialen Bereich auf die musikalische Arbeit mit älteren Menschen vor.
vgl. www.fh-muenster.de/fb10/weiterbildung.php (Stand: 06.11.07)

Bundesakademie für kulturelle Bildung Wolfenbüttel
Die Bundesakademie bietet kulturpädagogische Fortbildungen in allen Kunstsparten sowie im Bereich Kulturmanagement an. Fokus liegt auf der Arbeit mit Erwachsenen.
vgl. www.bundesakademie.de (Stand: 15.01.08)

2.5 Links zu den genannten Verbänden

Allgemeiner Deutscher Tanzlehrerverband/Club Agilando
www.tanzen.de

Bund Deutscher Amateurtheater
www.bdat-online.de

Bund Deutscher Kunsterzieher – Fachverband für Kunstpädagogik
www.bdk-online.info

Bundesverband Seniorentanz
www.seniorentanz.de

Bundesverband Tanz
www.dbt-remscheid.de

Bundesverband Theaterpädagogik
www.butinfo.de

Bundesvereinigung Kulturelle Kinder- und Jugendbildung
www.bkj.de

Deutscher Berufsverband für Tanzpädagogik
www.ballett-intern.de

Deutscher Musikrat
www.musikrat.de

Gesellschaft für Medienpädagogik und Kommunikationskultur
www.gmk-net.de

Internationaler Arbeitskreis für Musik
www.iam-ev.de

Kinder- und Jugendfilmzentrum in Deutschland
www.kjf.de

Literaturhaeuser.net (Netzwerk von acht großen Literaturhäusern)
www.literaturhaeuser.net

Verband deutscher Musikschulen
www.musikschulen.de

3. Senioren und Punker unter einem Dach – Soziokulturelle Zentren

Abstract

Programme und Angebote soziokultureller Zentren sind sehr verschieden, da sie örtliche Besonderheiten berücksichtigen sowie Interessen und Bedürfnisse der Menschen vor Ort. Sie werden gemeinsam mit lokalen Akteuren weiterentwickelt und sind geprägt von den Strukturen des Stadtteils sowie den haupt- und ehrenamtlich aktiven Personen. Der Begriff „Soziokultur" hebt die Trennung zwischen Kultur und Gesellschaft auf. Alle Bevölkerungsgruppen sollen Zugang zu Kultur haben, diese aber auch mitgestalten. Kultur soll in diesem Sinne demokratisiert werden, sie wird stets in einen gesellschaftspolitischen Kontext gestellt. Soziokulturelle Zentren versuchen dies umzusetzen. Sie sind als Gegenbewegung zu teuren hochkulturellen Einrichtungen einzuschätzen. Die meisten solcher Zentren sind in den 1970er und 1980er Jahren entstanden. Der Bundesverband Soziokultureller Zentren umfasst mehr als 450 von ihnen.
Neben soziokulturellen Zentren gibt es auch noch andere Anbieter in diesem Praxisfeld. Das Kapitel konzentriert sich aber auf die erste Gruppe, da hier repräsentative Daten vorliegen.
Die meist als eingetragene Vereine organisierten Zentren haben eine hohe Bedeutung für Senior/inn/en, auch wenn Seniorenarbeit nur eines ihrer Tätigkeitsfelder darstellt. Eine große Rolle spielt hier die Vernetzung mit anderen Anbietern für die Gruppe Senior/inn/en vor Ort. Die Finanzierung erfolgt hauptsächlich über Fördermittel aus den verschiedensten Bereichen und zur Hälfte aus selbst erwirtschafteten Mitteln. Häufig findet auch eine kommunale Förderung statt. So sind viele der Zentren in Gebäuden der Kommune untergebracht.
Sowohl generationenübergreifende als auch generationenspezifische Arbeit gehören in soziokulturellen Zentren zum Programm. Besucher/innen und Mitarbeiter/innen stammen aus allen Altersgruppen. Generationenübergreifende Begegnungen und gemeinsame Aktivitäten sind so selbstverständlich. Angebote für Senior/inn/en stehen bei den zielgruppenspezifischen Angeboten an vierter Stelle. Ehrenamtlich Tätigen (mehr als die Hälfte der Beschäftigten) kommt in diesem Zusammenhang von je her eine besondere Bedeutung zu. Diese können professionell unterstützt und auf die Arbeit vorbereitet werden. In Seniorengruppen verschwimmen häufig auch die Rollen von Besucher/innen und ehrenamtlich Tätigen, etwa durch gegenseitige Hilfestellungen. Angebote sind auch für Personen mit nachlassender Mobilität attraktiv und geeignet.
Soziokulturelle Zentren bieten einerseits Raum für Proben und Produktionen, regen aber auch Austausch und Kommunikation an und tragen zur Belebung des öffentlichen Raumes bei. Die Angebote sind hierbei spartenübergreifend. Fast alle Angebote enthalten Aspekte kultureller Bildung. Gastronomie spielt als Ort der Begegnung und Kommunikation eine erhebliche Rolle.
Soziokulturelle Zentren sind auf die Gruppe der Senior/inn/en bereits eingestellt. Veränderungen, die durch den demografischen Wandel bedingt sind, erfordern aber eine ständige Anpassung an verschiedenste gesellschaftliche Entwicklungen. So muss die Identifizierung mit Stadtteilen nachhaltig unterstützt werden. Die wachsende Altersarmut wie das Wachsen der Gruppe der älteren Migrant/inn/en muss in der Arbeit berücksichtigt werden.

Seniors and Punkers under one roof – Sociocultural centres

Abstract

The programs offered by sociocultural centres are quite diverse, depending as they do on the particular local circumstances and the interests and needs of the people in the community. They are developed on an ongoing basis with local actors and are shaped by the structure of the city district involved as well as the permanent and voluntary staff working at the centre. The term „sociocultural" abrogates the distinction between culture and society. All groups of the population should not only have access to, but should also help to shape culture. Culture should be democratized in this sense, and is thus always placed in a socio-political context. Sociocultural centres try to put this goal into practice. They can be seen as a counter-movement to expensive high-culture institutions. Most of these centres were founded in the 1970s and 80s. The German Federation of Sociocultural Centres has more than 450 members.

In addition to these sociocultural centres, there are others offering programs in this field. This chapter concentrates on the first group, however, since representative data is available for these centres.

Organized in most cases as a registered association, these centres are very important for seniors, even though work with older people is only one element of what they do. Major emphasis is placed here on networking with other local institutions offering programs for seniors. Financing comes primarily from public funding in a wide variety of areas, with half however being earned by a centre's own activities. The centres often receive support from their municipality. For example, many are housed in municipal buildings.

The program at the sociocultural centres includes both cross-generation and generation-specific work. Visitors as well as staff come from all age groups. Cross-generation encounters and shared activities are thus a matter of course. Among the target-group-specific offerings, programs geared toward seniors are in fourth place. Volunteer workers (who make up more than half of all staff) have always been very important in this connection. They can be given professional support and trained for the work at hand. In senior groups the roles of visitor and volunteer often become blurred, for instance in the case of

mutual assistance between the two groups. There are also attractive offerings available that are appropriate for people with diminishing mobility.

Sociocultural centres on the one hand provide space for rehearsals and productions, but on the other hand also promote exchange and communication, thus helping to enliven the public space. Programs often encompass more than one cultural sector. Almost all offerings involve cultural education aspects. Restaurants and cafés play an important role as the setting for encounters and communication.

Sociocultural centres are already geared toward the group of senior citizens. But the new circumstances presented by demographic change still require constant adaptation to far-reaching social developments. For example, people's identification with their community should be supported in a lasting way. Increasing old-age poverty as well as the growth of the group of older migrants must also be taken into account in the centres' work.

"Für mich ist das hier wie ein zweites Zuhause."
Eine 69-jährige Besucherin des Mehrgenerationenhauses „Nachbarschatz",
Hamburg-Eimsbüttel (Hofmann 2007, S. 18)

Soziokulturelle (Bildungs-)Arbeit ist in erster Linie dadurch gekennzeichnet, dass sie in ihren Programmen und Angeboten die Besonderheiten des jeweiligen lokalen Umfelds und die Interessen und Bedürfnisse der Bewohner/innen des Stadtteils aufgreifen und gemeinsam mit den Akteuren vor Ort weiterentwickeln. Die Ausrichtung der Angebote ist somit an jedem Ort anders und hängt stark von den haupt- und ehrenamtlich aktiven Personen sowie den Strukturen des Stadtteils ab. Die Mitarbeiter/innen müssen ein Gespür dafür haben, wo etwas entstehen könnte, und müssen Begegnungs- und Freiräume schaffen.

Definition

Soziokultur ist ein zusammengesetzter Begriff aus Kultur und Gesellschaft, „mit dem die traditionelle Trennung zwischen Kultur als Feld des Geistes und Gesellschaft als Feld des Sozialen überwunden werden soll" (Knoblich o.J.). Alle Bevölkerungsgruppen sollen nicht nur Zugang zu Kultur haben, sondern sie maßgeblich mitgestalten.

Einrichtungen mit dieser Ausrichtung werden bezeichnet als soziokulturelle Zentren. Die Entstehung dieser Einrichtungen verkörperte eine Gegenbewegung zu teuren hochkulturellen, konsum- und unterhaltungsorientierten Einrichtungen. Soziokulturelle Zentren ergänzen das Angebot hochkultureller Einrichtungen. Sie wollen Kunst und Kultur allen Gesellschaftsschichten, allen Altersgruppen und Menschen aller Nationalitäten zugänglich machen und somit Kultur demokratisieren. Dabei steht die Arbeit immer im Kontext von Gesellschaftspolitik. Die Arbeit wird an den Stadtteil und das Umfeld angepasst und häufig mit den Bewohner/inne/n gemeinsam entwickelt. Soziokulturelle Zentren bieten ein breites Programm in allen Kunst- und Kultursparten an und lassen immer Raum für die individuelle Betätigung der Besucher/innen.

Der Großteil soziokultureller Zentren, die jüngste Form kultureller Institutionen, ist in den 1970er und 1980er Jahren gegründet worden. Aus diesem Grund sind sie für viele Senior/inn/en von besonderer Bedeutung. Diejenigen, die bei der Gründung eines Zentrums im Jugendalter waren, kommen zunehmend ins Seniorenalter und verspüren eine Verbundenheit zur Institution.

Zugrundeliegendes Datenmaterial

Die Datenlage im Praxisfeld Soziokultur ist sehr gut, da die Bundesvereinigung soziokultureller Zentren alle zwei Jahre Daten erhebt. Die aktuellste Statistik ist von 2004 (Bundesvereinigung soziokultureller Zentren 2005). Die Auswertung der Befragung von 2006 ist derzeit in Arbeit. Befragt wurden Mitgliedszentren des Bundesverbands sowie Einrichtungen, die kooperierend in die Arbeit der Landesverbände integriert sind. 462 Einrichtungen wurden angeschrieben, wovon 258 antworteten. Da der Rücklauf bei 56 % liegt, kann die Erhebung als repräsentativ angesehen werden. Die Beteiligung ist in den Bundesländern jedoch sehr unterschiedlich ausgefallen, daher können keine repräsentativen Aussagen über Unterschiede in den Ländern getroffen werden (ebd., S. 3). Mit dem Fragebogen wurden Daten zu Mitarbeiter/inne/n, Besucher/inne/n und Finanzierung erhoben. In diesem Zusammenhang sind v. a. die Ergebnisse über die Angebote für Senior/inn/en und die Altersstruktur der Besucher/inne/n von Interesse.

3.1 Organisationsformen und Bildungsorte

Das Kapitel konzentriert sich im Wesentlichen auf soziokulturelle Zentren, da hier die Datenlage sehr gut ist. Neben soziokulturellen Zentren gibt es weitere Anbieter in diesem Praxisfeld, z. B. arbeiten einige Nachbarschaftsheime in Kooperation mit Volkshochschulen, Kirchengemeinden oder Migrantenvereinen.

Im Jahr 1979 wurde die Bundesvereinigung Soziokultureller Zentren gegründet. Aktuell sind 467 Zentren Mitglied im Verband. Hierzu zählen grundsätzlich Einrichtungen, die soziokulturell tätig sind: Kulturläden, Bürgerzentren, Kulturzentren, Nachbarschaftsheime oder stadtteilorientierte Sozialeinrichtungen. Diese sind tätig in:
>> der Kinder- und Jugendarbeit (Kinderläden, Werkstätten etc.),
>> der Stadtteilarbeit (stadtentwicklungspolitische Initiativen, Bürgerinitiativen etc.),
>> der Programm- und Veranstaltungsarbeit (Theater, Ausstellungen, Kino etc.),
>> der Seniorenarbeit (Tanzveranstaltungen, Geschichtswerkstätten etc.) und
>> der Bildungs- und politischen Arbeit (Seminare, Sprachkurse etc.)
   (Bundesvereinigung soziokultureller Zentren o.J.).

Aufgaben der Bundesvereinigung und der Landesvereinigungen sind Koordination, Förderung, Interessenvertretung, Beratung, Fortbildung, Austausch und Unterstützung der Zentren.

Eine Plattform zum Informations- und Erfahrungsaustausch von Städten und Gemeinden bietet das Bund-Länder-Programm „Stadtteile mit besonderem Erneuerungsbedarf – soziale Stadt". Eine besondere Berücksichtigung kultureller Bildungsangebote für Senior/inn/en ist hier jedoch nicht vorgesehen. Für Stadtteilarbeiter/innen selbst ist es wichtig, sich vor Ort mit anderen Stadtteilarbeiter/innen, die ebenfalls Angebote für Senior/inn/en konzipieren, zu vernetzen. Sie müssen vor Ort wissen, welche Angebote es gibt und welche Bedürfnisse die Anwohner/innen haben.

Der Großteil der soziokulturellen Zentren wird als gemeinnütziger eingetragener Verein geführt. Weitere Formen sind in nachstehender Tabelle aufgeführt.

Trägerschaft	in %	absolut
Verein	87,6	226
GmbH	4,7	12
kommunal	7,4	19
Stiftung	0,4	1

Tab. 11: Trägerschaft soziokultureller Zentren 2004, n=258
Quelle: in Anlehnung an Bundesvereinigung soziokultureller Zentren 2005, S. 4

Finanziert werden die soziokulturellen Zentren vorwiegend aus Fördermitteln sowie aus einem erheblichen Teil eigenwirtschafteter Mittel (vgl. Tab. 2). Öffentliche Zuwendungen stammen aus den Bereichen Kultur, Jugend, Soziales, Bildung/Weiterbildung, Umwelt und Stadtentwicklung (Bundesvereinigung soziokultureller Zentren 2005, S. 21). Öffentliche Förderungen existieren sowohl als institutionelle Förderung als auch als zweckgebundene oder Projektförderung. Die institutionelle Förderung liegt bei 68,6 % (ebd., S. 22). Eigenwirtschaftete Mittel spielen mit knapp 50 % eine bedeutende Rolle. Dies sind Eintrittsgelder, Kursgebühren, Einnahmen aus der Gastronomie, Mieteinnahmen und Spenden. An erster Stelle stehen hier Einnahmen aus Gastronomie (35,4 %) und aus dem Eintritt (34,1 %) (ebd., S. 24 f.). Sponsoring macht nur einen Anteil von 0,9 % an den Gesamteinnahmen aus, spielt also eine untergeordnete Rolle.

Zuwendungen durch	absolut in
Städte und Gemeinden	25,9 Mio.
Länder	10,9 Mio.
Bundesanstalt für Arbeit	3,9 Mio.
Eigenwirtschaftete Mittel davon Gastronomie	46,2 Mio. 16,4 Mio.
Europäische Union	1,1 Mio.
Bund	0,9 Mio.
Stiftungen und Fonds	2,9 Mio.
Gesamt	92 Mio.

Tab. 12: Einnahmen soziokultureller Zentren 2004
Quelle: nach Bundesvereinigung soziokultureller Zentren 2005, S. 19

Die Gebäude der soziokulturellen Zentren sind größtenteils Gebäude, die zuvor einen industriellen, gewerblichen oder öffentlichen Zweck erfüllten. Diese Gebäude sind meist in kommunalem Besitz (66,7 %), seltener in privatem Besitz (22,8 %), der geringere Anteil gehört den Trägern selbst (10,1 %) (ebd., S. 5). So werden viele der

Zentren kommunal unterstützt, indem sie keine Miete oder Energiekosten tragen müssen. Bildungsort der Angebote sind größtenteils diese Gebäude, es sei denn, es werden gemeinsame Ausflüge zu Konzerten oder Theateraufführungen geplant.

3.2 Kulturelle Beteiligung von Senior/inn/en

Sowohl generationenübergreifende als auch generationenspezifische Arbeit gehören in soziokulturellen Zentren von Anfang an dazu (Ziller 2006, S. 42). Die Besucher/innen und Mitarbeiter/innen stammen aus allen Altersgruppen. So ist eine generationenübergreifende Begegnung und gemeinsame Aktivität selbstverständlich. Häufig herrscht eine Art Kodex innerhalb der Häuser, dass alle Gruppen – Ruheständler wie Punker – tolerant sein müssen und dass keine Gruppe eine andere zurückdrängen darf. So wird angestrebt, dass alle Altersgruppen einen Platz finden. Ein Programm für alle Altersgruppen zu konzipieren ist eine herausragende Leistung, die ein soziokulturelles Zentrum zu bewerkstelligen hat (Spieckermann 2005, S. 182). Im folgenden Beispiel ist dies sehr gut gelungen – sowohl generationenübergreifend als auch interkulturell.

All you need is love

X.X.Y. Theater, Wuppertal

Eine Produktion des X.X.Y. Theaters in Kooperation mit „die börse", Wuppertal, Haus der Jugend Barmen, Internationales Begegnungszentrum der Caritas, Kulturverein Mare e.V. unter der künstlerischen Leitung von Geraldo Si

Foto: All you need is love, X.X.Y. Theater

„All you need is love" ist ein generationenübergreifendes, interkulturelles Performanceprojekt. Über den Zeitraum von ca. sechs Monaten haben 25 Laien und Profis zwischen 20 und 73 Jahren mit und ohne Zuwanderergeschichte gemeinsam mit dem Brasilianer und ehemaligen Pina-Bausch-Tänzer Geraldo Si aus Bewegungsimprovisation und eigenen Texten ein Stück als *work in progress* entwickelt. Geprobt wurde abwechselnd in dem beteiligten Jugend-, Soziokultur- und Internationalem Begegnungszentrum, wo auch zwischen Juni und Oktober 2007 die Aufführungen stattfanden. Thematisiert werden in der entstandenen Performance Respekt und Toleranz anderen gegenüber und ein harmonisches Zusammenleben und arbeiten.

www.geraldosi.de (Stand 03.12.07)

Senior/inn/en als Mitarbeiter/innen
Ehrenamtliche Arbeit ist in soziokulturellen Zentren schon immer von besonderer Bedeutung gewesen. Wünsche nach Selbstverwirklichung, Selbstorganisation und Selbstverwaltung sowie der Zusammenhang zwischen kultureller und politischer Tätigkeit standen von Anfang an im Fokus soziokultureller Zentren (Notz 2005, S. 153). Im Jahr 2004 standen 5.265 Menschen, die gegen Bezahlung tätig waren, 6.709 ehrenamtlich Tätigen gegenüber. Im Jahresvergleich stieg der Anteil der Ehrenamtlichen deutlich an. Im Jahr 2000 waren 48,1 % der Mitarbeiter/innen ehrenamtlich tätig, 2002 waren es schon 51,2 % und 2004 waren es 56 % (Bundesvereinigung soziokultureller Zentren 2005, S. 6). Der Anteil der unbefristet und befristet Beschäftigten ist hingegen deutlich rückläufig. Dabei sollen Ehrenamtliche nicht hauptamtlich Beschäftigte ersetzen. Ehrenamtlich Tätige verstehen sich keineswegs als Ersatz bei Sparmaßnahmen. Ehrenamtliche Arbeit gehört zur ursprünglichen Idee soziokultureller Zentren. „Eine vollständige Professionalisierung der Soziokultur würde das Ende des ursprünglichen Projektes ‚Soziokultur' bedeuten – anders als bei anderen kulturellen Einrichtungen." (Hippe 1999) Nachstehendes Beispiel verdeutlicht, wie Ehrenamtliche professionell unterstützt und auf die Arbeit vorbereitet werden können.

Mobile Kultur Assistenten

Workshop Hannover e.V., Zentrum für kreatives Gestalten

Der Verein Workshop Hannover bietet Kurse von Künstler/innen für Erwachsene an und veranstaltet soziokulturelle Projekte und Ausstellungen. Im Projekt „Mobile Kultur Assistenten" unterstützen ehrenamtliche Senior/inn/en ab 50 Jahren kreative Angebote in Schulen, Kindertagesstätten oder Seniorenheimen. Dabei werden sie durch professionelle Künstler/innen auf die Arbeit vorbereitet und begleitet. Das Programm wurde im Rahmen des bundesweiten Förderprogramms für generationenoffene Freiwilligendienste >kek< initiiert. Auf >kek< wird im Kapitel über Selbstorganisierte Aktivitäten genauer eingegangen.

www.workshop-ev.de (Stand: 03.12.07)

Betrachtet man die Altersstruktur der Mitarbeiter/innen, ist auffällig, dass außerhalb des Gastronomiebereichs v. a. 41- bis 60-Jährige in soziokulturellen Zentren tätig sind (48 %). Über-60-Jährige machen den kleinsten prozentualen Anteil aus (2 %). Die Tätigkeiten ohne die Gastronomie sind hier von besonderem Interesse, da kulturelle Bildungsangebote in den anderen Tätigkeitsfeldern organisiert werden. Der Gastronomie kommt für die Besucher/innen eine wichtige Rolle zu, auf die im Kapitel über Form und Inhalt der Angebote näher eingegangen wird.

Das Alter der Mitarbeiter/innen ist grundsätzlich sehr gemischt. Ohne den gastronomischen Betrieb sind sie jeweils zu 50 % unter bzw. über 40 Jahre alt.

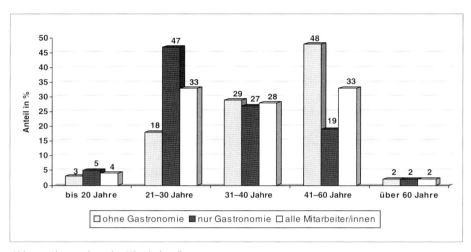

Abb. 4: Alterstruktur der Mitarbeiter/innen 2004
Quelle: Bundesvereinigung soziokultureller Zentren 2005, S. 11

Senior/inn/en als Besucher/innen
Der Großteil der Besucher/innen ist zwischen 21 und 40 Jahre alt (47 %). 29,2 % sind unter 20 Jahren, 23,8 % sind über 40 Jahre alt (vgl. Abb. 2). Der Anteil der Über-60-Jährigen an allen Besucher/inne/n ist relativ gering (5,4 %). Dahingegen sind die 41- bis 60-Jährigen an dritter Stelle der Besucher/innen zu nennen. Das zeigt, dass das Publikum der soziokulturellen Zentren aus den 1970er und 1980er Jahren zum einen mitgealtert ist, zum anderen haben die Zentren ihr Angebot aber auch auf jüngere Zielgruppen ausgerichtet und werden von diesen akzeptiert. Ältere, die in ihrer Jugend soziokulturelle Zentren besucht haben, sind daher in diesem Praxisfeld gut zu erreichen.

Foto: All you need is love, X.X.Y. Theater

Angebote soziokultureller Zentren sind auch für Senior/inn/en, deren Mobilität nachlässt, attraktiv und geeignet (Ziller 2006, S. 43). Der Anteil Hochaltriger ist nicht bekannt, doch ist dies nach Einschätzung einer von uns befragten Expertin eine wichtige Zielgruppe. Die Expertin berichtet, in soziokultureller Arbeit sei wichtig, dass Senior/inn/en in vertrauter Umgebung alt werden können und nicht gezwungen werden, Neues zu lernen, sondern sich eher auf das besinnen können, was sie früher hatten. So verpflichten viele Angebote für Senior/inn/en nicht zur regelmäßigen Teilnahme, sondern die älteren Menschen können abhängig von ihrer Befindlichkeit am jeweiligen Tag daran teilnehmen oder nicht. Eine Gruppe ausschließlich mit Hochaltrigen gibt es in der Einrichtung, in der die Befragte tätig ist, nicht. In den Senio-

Soziokulturelle Zentren

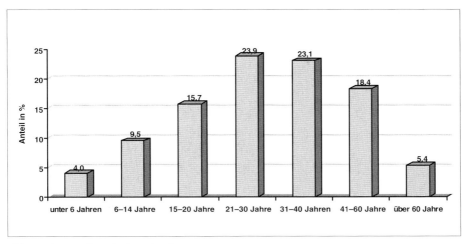

Abb. 5: Altersstruktur der Besucher/innen 2004
Quelle: Bundesvereinigung soziokultureller Zentren 2005, S. 19

rengruppen verschwimmen häufig die Rollen der Besucher/innen und ehrenamtlich Tätigen. An einem Ausflug nehmen z. B. Personen zwischen 55 und über 90 Jahren teil. Hier entstehen Selbsthilfe-Strukturen, die sich bei einer Alterstrennung nur schwer entwickeln würden.

3.3 Form und Inhalt der Angebote

Flohé stellt drei Charakteristika soziokultureller Zentren auf. Ein Zentrum kann sein:
>> Ort kultureller Produktion, künstlerischen Austausches,
>> Initiativenhaus, Treffpunkt,
>> ein besonderes Element des öffentlichen Raumes
   (Flohé 2006).

Foto: All you need is love, X.X.Y. Theater

Das bedeutet, das Zentrum als Ort bietet einerseits Raum für Proben und Produktionen, regt aber auch Austausch und Kommunikation an und trägt zur Belebung des öffentlichen Raums bei.

Soziokulturelle Zentren verstehen ihr Angebot als spartenübergreifend. So gibt es Angebote in allen künstlerischen Bereichen. Schwerpunkte liegen auf den Sparten Kino/Film (22,4 % der Veranstaltungen), Konzerte (16,9 %), Theater und Kabarett (9,2 %) sowie Diskoveranstaltungen (9,0 %). Weniger häufig sind Tanz- und Ballettveranstaltungen (2,5 %), Feste (2,4 %), Lesungen (2,1 %) und

Ausstellungen (1,5 %) (Bundesvereinigung soziokultureller Zentren 2005, S. 15). Nach Aussage der von uns befragten Expertin sind in fast allen Angeboten (außer bei den Diskotheken) der soziokulturellen Zentren Aspekte kultureller Bildung enthalten, z. B. durch eigene Aktivität oder anschließende Diskussionen. Formen der kulturellen Bildungsangebote, die für Ältere angeboten werden bzw. vorwiegend von Älteren wahrgenommen werden, sind in allen Kunstsparten vertreten: Töpfern, Malkurse, Theaterarbeit, Fotoarbeit, Lesungen, Medienarbeit etc. Es werden auch allgemeine Kulturtage organisiert.

Angebotsformen in soziokulturellen Zentren können unterschieden werden in:
>> Veranstaltungsangebote in den künstlerischen Sparten: Diskussionen, Tagungen, Vorträge;
>> kontinuierliche Angebote: Kurse/Workshops, Gruppentreffs und Beratungsangebote;
>> zielgruppenorientierte Arbeit und offene Angebote
   (ebd., S. 11).

Ergänzt werden diese Angebote durch einen gastronomischen Betrieb, der die angegebenen Angebote finanziell meist mitträgt. Gastronomie spielt in soziokulturellen Zentren eine bedeutende Rolle, da dort Raum für Begegnung und Kommunikation zur Verfügung gestellt wird, Informationen bereit liegen und die Atmosphäre des Hauses vermittelt wird. Kneipen oder Cafés dienen auch häufig als niederschwelliger Türöffner (Spieckermann 2005, S. 173).

Insgesamt gab es im Jahr 2004 25.276.685 Besuche in den genannten Angeboten. Davon fallen die meisten auf Veranstaltungen, wie Abbildung 6 zeigt.

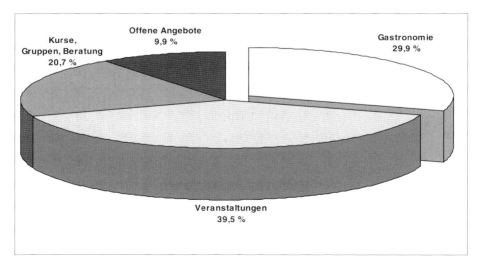

Abb. 6: Besuche nach den Bereichen 2004
Quelle: in Anlehnung Bundesvereinigung soziokultureller Zentren 2005, S. 12

Soziokulturelle Zentren

Zu offenen Angeboten zählen Freizeittreffs oder Computerräume, also Angebote, zu denen sich Besucher/innen nicht anmelden müssen und die nicht im Sinne eines Kurses von Woche zu Woche aufeinander aufbauen.

Eine weitere Angebotsform soziokultureller Zentren sind zielgruppenspezifische Angebote, Senior/inn/en stehen als Zielgruppe an vierter Stelle:

Zielgruppe	Anteil an zielgruppenorientierter Arbeit
Kinder	66,4 %
Jugendliche	64,8 %
Frauen	55,1 %
Senior/inn/en	32,4 %
Immigrant/inn/en	30,1 %
Männer	27,3 %
Behinderte	19,5 %
Sonstige	17,2 %

Tab. 13: Zielgruppenorientierte Angebote 2004
Quelle: nach Bundesvereinigung soziokultureller Zentren 2005, S. 15

Die meisten Angebote richten sich an Kinder und Jugendliche. 50 % der Einrichtungen sind „anerkannte Träger der freien Jugendhilfe", erfüllen also in erster Linie Anforderungen des Jugendhilfegesetzes (Bundesvereinigung soziokultureller Zentren 2005, S. 5). Das Bürgerhaus Wilhelmsburg bereitete eine verstärkte Zuwendung zu einer älteren Zielgruppe durch eine Umfrage vor.

Kultur50plus

Bürgerhaus Wilhelmsburg, Hamburg

Die Hälfte aller Senior/inn/en in Wilhelmsburg hat einen Migrationshintergrund. Seniorenangebote sind seit über 20 Jahren Bestandteil des Programms des Bürgerhauses. Obwohl die Angebote sehr gut besucht werden, zählen ältere Migrant/inn/en nur selten zu den Besucher/innen. Mit dem Projekt „Kultur50plus" will das Bürgerhaus spezifische Bedürfnisse dieser Zielgruppe herausarbeiten. Das Bürgerhaus Wilhelmsburg hat hierzu eine Umfrage durchgeführt und wird deren Ergebnisse in die Arbeit aufnehmen und umsetzen.

www.buewi.de (Stand 03.12.07)

Im Jahresvergleich zwischen 1998 und 2004 zeichnen sich folgende Trends ab:
>> Besucher/innen von Veranstaltungen nehmen kontinuierlich ab.
>> Kursangebote werden zunehmend besucht.
>> Die Besucheranzahl von offenen Angeboten schwankt ständig, insgesamt haben die Besuche zugenommen.
(Bundesvereinigung soziokultureller Zentren 2005, S. 13)

Nach Einschätzung einer von uns befragten Expertin sind soziokulturelle Zentren die Institution, in denen im Vergleich zu den anderen Praxisfeldern, die in der vorliegenden Studie untersucht werden, besonders konsequent in allen Altersgruppen selbstorganisierte kulturelle Angebote gefördert werden und in den Zentren eine „Heimat" finden. Bei der Betrachtung von kulturellen Bildungsangeboten für Senior/inn/en in diesem Zusammenhang ist daher die Gleichwertigkeit von formeller, informeller und nichtformeller Bildung Grundlage (Knoblich o.J.). Senior/inn/en bilden sich hier nicht nur durch Teilhabe an Kultur, durch konkrete, kulturpädagogische Bildungsangebote, sondern in großem Maße auch durch Selbstorganisation und Selbstverwaltung.

Weiterbildung
In vielen Bundesländern bieten die Landesarbeitsgemeinschaften (LAG) Weiterbildungen an (z. B. Nordrhein-Westfalen oder Sachsen). In Kooperation mit der Bundesakademie Wolfenbüttel bietet die niedersächsische Interessenvertretung der soziokulturellen Zentren und Vereine (LAGS) Fortbildungen und Beratung für Kulturschaffende zu Kulturmanagement an. Die Veranstaltungen sind auch für Kulturschaffende, die nicht in einem soziokulturellen Kontext arbeiten, konzipiert. Das Kulturbüro Rheinland-Pfalz der LAG Soziokultur und Kulturpädagogik e.V. veranstaltet in Kooperation mit der LAG der Kulturinitiativen und Soziokulturellen Zentren in Baden-Württemberg e.V., der LAG Soziokultur Bayern e.V. und mit dem Museum St. Ingebert/Saarland ein breites Programm von Kulturmanagement-Seminaren. Themen der Veranstaltungen sind Management, Finanzierung, Recht, Rhetorik, Verwaltung, Förderstrukturen u. v. m.

Größtenteils sind diese Weiterbildungsangebote auf die Institutionsform hin ausgerichtet. Auf kulturelle Bildungsarbeit mit Senior/inn/en wird hier nicht vorbereitet. Nachstehende Institution bietet als Beispiel Weiterbildungen an, die diese Arbeit unterstützen könnten.

> **Seniorenbildung Hamburg e.V.**
>
> Seniorenbildung Hamburg bietet stadtteilorientiert Bildungsangebote für Senior/inn/en an, hierunter auch Angebote kultureller Bildung. Der Verein gibt darüber hinaus Fortbildungen für die Arbeit mit Senior/inn/en, z. B. zu den Themen Grundlagen der Gerontologie oder Demenz.
>
> Seniorenbildung Hamburg ist Mitglied bei Weiterbildung Hamburg e.V., dem Paritätischen Landesverband Hamburg e.V. und dem Landesverband Soziokultur e.V.
>
> www.seniorenbildung-hamburg.de (Stand 03.12.07)

3.4 Entwicklungsperspektiven

Anpassung an gesellschaftliche Entwicklungen
Soziokulturelle Zentren sind auf Senior/inn/en – wie auf alle Altergruppen – bereits eingestellt. Handlungsbedarf besteht weniger bei den Einrichtungen selbst als beim Transfer der Erfahrungen und der Leistungen in den öffentlichen Raum. Soziokulturelle Zentren haben gute Erfahrungen mit der Arbeit mit verschiedenen Generationen und regen den Austausch zwischen diesen an.

Die Veränderungen, die durch den demografischen Wandel bedingt sind, erfordern jedoch eine ständige Anpassung der Zentren an die gesellschaftlichen Entwicklungen (Ziller 2006, S. 43). Diese werden sein:
>> Soziokulturelle Zentren können eine Heimat bieten, wenn traditionelle Familienstrukturen brüchiger werden, z. B. für kinderlose Senior/inn/en.
>> Soziokulturelle Zentren sollten durch Unterstützung der Minderheiten gegen gesellschaftliche Exklusion und Segregation vorgehen.
>> Soziokulturelle Zentren hatten ursprünglich einen politischen Anspruch. Aufgrund von Globalisierung ist es vielfach zu einer Schwächung politischer Akteure gekommen. Soziokulturelle Zentren sollten sich zukünftig wieder stärker politisch in die Gesellschaft einbringen.
>> Ethnische, schichtenbezogene, regionale, religiöse Konflikte werden immer mehr zunehmen. Soziokulturelle Zentren könnten hier verstärkt ihre Erfahrungen und Kompetenzen einsetzen.
>> Zunehmend werden benachteiligte Gruppen keinen Einstieg in die Wissensgesellschaft finden. Hier sollten soziokulturelle Zentren durch Beratung und Bildungsangebote tätig werden.
(ebd., S. 44)

Strukturen in einem Stadtteil haben sich über Jahrhunderte hinweg entwickelt. Diese Strukturen und Traditionen wirken bis heute fort. Senior/inn/en tragen diese Tradition mit. Zukünftig wird eine lebenslange Bindung an einen Stadtteil weniger werden, da die Mobilität der Menschen wächst. Dass Familien über Generationen an einem Ort leben, wird seltener. Die Aufgabe der Stadtteilarbeit ist hier, die Identifizierung mit dem Stadtteil zu unterstützen, indem die Bewohner/innen den Stadtteil z. B. auch optisch mitgestalten können. Hierbei müssen alle Generationen einbezogen werden.

Zunehmende Altersarmut
Eine von uns befragte Expertin bemerkt, dass schon heute zunehmend Senior/inn/en in die nachberufliche Lebensphase rücken, die gebrochene Erwerbsbiografien haben und relativ hoch qualifiziert sind. Aufgrund von langer Arbeitslosigkeit oder Migration können sie sich die gängigen kulturellen Angebote oder Weiterbildung zu den üblichen Marktpreisen trotz Gruppen- oder Seniorenermäßigung nicht leisten. Wichtig sei es daher, dass kulturelle Bildungsangebote nicht nur an die Mittelschicht gerichtet werden. Bestätigt wird diese Barriere durch das Zentrum für Kulturforschung (2008, S. 87), denn zu hohe Eintrittspreise sind der meist genannte Grund für Senior/inn/en, ein kulturelles Angebot nicht zu besuchen. Die offene Begegnungsarbeit der Soziokultur ist für Besucher/innen kostenlos. Kursangebote sind preiswert.

Ältere Migrant/inn/en
Die Gruppe älterer Migrant/inn/en wird zunehmen. Viele dieser Senior/inn/en verbringen den Sommer in ihrem Herkunftsland und kommen nur im Winter nach Deutschland. Erst bei Pflegebedürftigkeit bleiben ältere Migrant/inn/en häufig in Deutschland. Für Anbieter ist es schwierig, mit dieser Gruppe zu arbeiten, da diese Rahmenbedingungen in der klassischen Bildungsfinanzierung kaum berücksichtigt werden. Die Flexibilität der Finanzierung müsste hier erhöht werden. Eine von uns befragte Expertin rät, im Winter qualifizierte Gruppenangebote zu veranstalten, im Sommer hingegen eher informelle, offene Angebote anzubieten. Um die Bindung ans Haus zu erhalten, sei es wichtig, nach der Sommerpause auf die Leute zuzugehen, sie persönlich anzusprechen. Diese personal- und kostenintensive Arbeit kann die Zielgruppen jedoch nicht tragen. Hier ist eine stärkere finanzielle Unterstützung notwendig.

3.5 Gute Praxisbeispiele

Darstellende Kunst

All you need is love
X.X.Y. Theater, Wuppertal
„All you need is love" ist ein generationenübergreifendes, interkulturelles Performanceprojekt mit Laien und Profis zwischen 20 und 73 Jahren. Proben fanden statt in dem Jugend-, Soziokultur- und Internationalen Begegnungszentrum.
vgl. www.geraldosi.de (Stand 03.12.07)

Foto: All you need is love, X.X.Y. Theater

Spartenübergreifende Angebote

Mehrgenerationenhauses „Nachbarschatz"
Hamburg-Eimsbüttel
Unter dem Motto „nicht jede/r kann alles, aber alle gemeinsam können das, was wir wollen" treffen im Mehrgenerationenhaus Menschen jeden Alters, jeder sozialer Herkunft und unterschiedlicher Kulturen beim offenen Erzählcafé, beim Töpfern oder Spielenachmittagen aufeinander.
vgl. www.mueze-netz.de/HHEimsbuettel (Stand: 10.12.07)

Fortbildungen für ehrenamtliche Kräfte

Mobile Kultur Assistenten
Workshop Hannover e.V., Zentrum für kreatives Gestalten
Im Projekt „Mobile Kultur Assistenten" werden ehrenamtliche Senior/inn/en ab 50 Jahren auf die Durchführung kreativer Angebote in Schulen, Kindertagesstätten oder Seniorenheimen von professionellen Künstler/innen vorbereitet.
vgl. www.workshop-ev.de (Stand: 03.12.07)

Praxisforschungsprojekt

Kultur50plus
Bürgerhaus Wilhelmsburg, Hamburg
Mit dem Projekt „Kultur50plus" arbeitet das Bürgerhaus spezifische Bedürfnisse älterer Migrant/inn/en mit Hilfe einer Umfrage heraus und setzt die Ergebnisse in der Arbeit um.
vgl. www.buewi.de (Stand 03.12.07)

Fortbildungen

Seniorenbildung Hamburg e.V.
Seniorenbildung Hamburg bietet stadtteilorientiert Bildungsangebote für Senior/inn/en an, hierunter auch Angebote kultureller Bildung. Der Verein gibt darüber hinaus Fortbildungen für die Arbeit mit Senior/inn/en, z. B. zu den Themen Grundlagen der Gerontologie oder Demenz.
vgl. www.seniorenbildung-hamburg.de (Stand 03.12.07)

Weiterbildung „Kultur & Management"
Kulturbüro Rheinland-Pfalz der LAG Soziokultur
In Kooperation mit der LAG der Kulturinitiativen und Soziokulturellen Zentren in Baden-Württemberg e.V., der LAG Soziokultur Bayern e.V. und mit dem Museum St. Ingebert/Saarland wird ein breites Programm von Kulturmanagement-Seminarenangeboten angeboten. Themen der Veranstaltungen sind Management, Finanzierung, Recht, Rhetorik, Verwaltung, Förderstrukturen u. v. m.
vgl. www.kulturbuero-rlp.de (Stand: 16.01.08)

4. „Gott schickt nicht in Rente" – Kirchen als Anbieter kultureller Bildung

Abstract

Das Kapitel stellt die kirchliche Gemeinde- und Altenarbeit sowie die kirchliche Kulturarbeit vor und konzentriert sich hierbei auf die christlichen Hauptkirchen. Die Arbeit der Kirchen im Bereich der kulturellen Bildung Älterer ist auch deshalb von großem Interesse, weil ältere Menschen einen überproportional großen Anteil der deutschen Kirchenmitglieder stellen und deshalb von einigen Aktivitäten in diesem Bereich berichtet werden kann. Dies liegt nicht zuletzt daran, dass die Verbundenheit mit der Kirche mit zunehmendem Alter steigt, wie Kirchenmitgliedschaftsstudien zeigen. Ältere sind somit eine tragende Zielgruppe kirchlicher Gemeinde- und Altenarbeit sowie kirchlicher Kulturarbeit.

Kirchliche Gemeinde- und Altenarbeit
Altenbildung ist eine der drei Säulen der kirchlichen Altenarbeit und soll die alten Menschen unter anderem bei der Reflexion der eigenen Lebenssituation und bei der Gestaltung des eigenen Lebens unterstützen. Sie umfasst vier Bereiche: gesellige Altenbildung, initiierende und begleitende Altenbildung, zugehende Altenbildung sowie informierende und trainierende Altenbildung.
Kirchliche Aktivitäten im Bildungsbereich sind vor allem in der Gemeinde verortet. Über Gottesdienste und Amtshandlungen hinaus, findet das Gemeindeleben auch in einer Vielzahl von regelmäßigen Kreisen, Veranstaltungen und Seminaren statt. Musikdarbietungen spielen hier die größte Rolle.
Es existieren derzeit keine flächendeckenden Statistiken über kirchliche Bildungsangebote und eine derartige Erhebung durchzuführen, wäre sehr aufwendig. Problematisch ist hierbei zum Beispiel, dass man von keinem ausdrücklichen Bildungsbereich für Ältere sprechen kann, sondern in den meisten Fällen Menschen in verschiedenen Lebensaltern einander Generationen übergreifend begegnen.
Es werden anhand von Praxisbeispielen und eines Modellprogramms Formen der geselligen Altenbildung sowie der initiierenden und begleitenden Altenbildung aufgezeigt. Diese beiden Aufgabenbereiche sind von besonderem Interesse, da hier am ehesten kulturelle Bildungsprozesse zu finden sind.
Angesichts der Pluralisierung von Lebenslagen und der stetigen Individualisierung von Lebensläufen entstehen auch für die kirchliche Altenbildung neue Anforderungen. Bewährte Konzepte müssen ergänzt und verändert und das bereits breite Spektrum noch erweitert werden. Neue didaktische Erkenntnisse müssen Beachtung finden und neue Kooperationen gefunden werden. Die traditionelle Altenarbeit muss sich weiterentwickeln und die Bedürfnisse neuer Generationen Älterer beachten. Mitarbeiter/innen müssen professionalisiert werden. Eine weitere Anforderung liegt schließlich darin, kulturelle Bildung für Hochaltrige bereitzustellen; nicht nur deshalb sollte aufsuchender Altenbildung zukünftig eine besondere Rolle zukommen.

Kirchliche Kulturarbeit
Während sich die kirchliche Gemeindearbeit vor allem an praktizierende Mitglieder richtet, erreicht die kirchliche Kulturarbeit viele Menschen darüber hinaus. Angebote

sind meist nicht explizit als solche für Senior/inn/en ausgeschrieben. Sie bilden aber gerade für diese Gruppe eine viel genutzte Möglichkeit, sich kulturell zu engagieren. Kirchen sind neben Bund, Ländern und Gemeinden zentrale kulturpolitische Akteur/inn/e/n und pflegen dabei auch zeitgenössische Kunst in einem hohen Maße. Ehrenamt spielt hierbei eine entscheidende Rolle. Kulturelles Engagement gehört zum Selbstverständnis der Kirchen, auch wenn das Verhältnis zwischen Kunst und Religion durchaus ein spannungsvolles ist.

Es gibt zahlreiche Träger kirchlicher Kulturarbeit, sowohl kirchliche als auch kirchennahe Einrichtungen. Kirchliche Kulturarbeit und kulturelle Bildungsarbeit sind dabei eng miteinander verknüpft und finden in erster Linie in Kirchen sowie Räumen der Kirchengemeinden statt. Bibliotheken/Büchereien, Kunstmuseen sowie Kulturkirchen werden als Orte näher betrachtet.

Die Angebote kirchlicher Kulturarbeit sind in ihrem inhaltlichen und pädagogischen Profil stark vom kirchlichen Kontext geprägt. Es gibt dabei eine hohe institutionelle Vielfalt und eine hohe Pluralität inhaltlicher Angebote. Es werden Angebote in den Bereichen bildende Kunst, Musik, Buch und Literatur sowie Kirchenführungen betrachtet und Beispiele der guten Praxis genannt.

Der kirchlichen Kulturarbeit kommt eine hohe Bedeutung zu. So gibt es in der Regel ehren-, neben- oder sogar hauptamtliche Beauftragte für kulturelle Belange. Die pädagogische Arbeit im Kulturbereich profitiert von der Nähe zu Bildungswerken und -akademien. Es finden viele Maßnahmen zu Steigerung der Professionalität der in der Kulturarbeit Tätigen statt.

„There's no need to retire from God" – Churches as venues of cultural education

Abstract

This chapter presents the programs that parishes provide for seniors as well as the cultural work of the church, concentrating on the main Christian faiths. The work the churches do in the field of cultural education for seniors is of great interest because older people form a disproportionate share of German church members and we can thus report here on the activities they themselves are undertaking in this field. This is not least due to the fact that a feeling of connectedness with the church increases with age, as studies of church membership have shown. Seniors are hence a leading target group for the church's activities in the parish and with seniors, as well as in cultural work.

Parish and church-related senior activities
Senior education is one of the three pillars of the church's work with its older parishioners and is designed to support seniors in their reflections on their own living situation as well as to help them shape their lives in a meaningful way. Parochial senior education comprises four areas: educational activities involving socializing, initiatory and accompanying activities, outreach activities and informational and training activities.

Church activities in the field of education are usually centred in the parish. Apart from church services and official acts, parish life takes place in a number of regular circles, events and seminars. Music activities play a prominent role here.

There are no nationwide statistics currently available on church education programs, and conducting this type of survey would indeed be extremely difficult. Problematic, for example, is the fact that one cannot really speak of an educational realm expressly for older people, but that in most cases instead people of various ages take part in cross-generational activities.

Based on examples from actual practice and a model program, forms of sociable senior education as well as initiatory and accompanying senior education will be shown. These two areas of activity are of special interest because this is where cultural education processes are most likely to be found.

New demands are placed on senior education in the church by the pluralization of life circumstances and the ongoing individualization of lifestyles. The old tried-and-true concepts must be supplemented and modified, and what is already a broad spectrum must be expanded even further. New didactic findings must be brought to bear and new cooperation options found. Traditional work with older people must continue to evolve in order to respond to the needs of newer generations of senior citizens. Staff must acquire greater professionalism. Finally, an additional challenge is to provide cultural education for the aged, which is only one of the reasons why particular attention should be paid in future to outreach work.

Church cultural work
While parish work is addressed primarily to churchgoers, the cultural work of the church reaches many people on the outside as well. Offerings are usually not explicitly framed as being designed for senior citizens. However, they do form for this group in particular an opportunity for cultural engagement that many enjoy taking advantage of.

Next to the federal, state and municipal governments, churches are central cultural policy actors and thus devote a large portion of their energies to contemporary art. Voluntary work plays a decisive role here. Cultural engagement is part of the church's identity, even though the relationship between art and religion can often be a difficult one.

There are numerous sponsors for church cultural work: both ecclesiastical institutions and organizations closely involved with the church. Church cultural work and cultural education work are closely interconnected and take place primarily in the churches themselves as well as in parish facilities. We will take a closer look at libraries/bookshops, art museums and „culture churches" as venues where cultural education takes place.

The church's cultural programs are strongly moulded both in terms of content and pedagogical profile by the parochial context. There are a wide variety of institutional types and a high plurality of offers with regard to content. We will examine programs in the fields of fine arts, music, books and literature as well as church tours, and cite examples of best practice.

Church cultural work is extremely important. There are thus volunteers, part-time staff and even full-time staff in charge of cultural activities. Educational work in the cultural field profits from the church's close association with public educational institutions and academies. Many measures are undertaken to increase the professionalism of those involved in cultural work.

In diesem Kapitel wird die kirchliche Gemeinde- und Altenarbeit sowie die kirchliche Kulturarbeit vorgestellt. Dabei beschränken wir uns im Rahmen dieser Studie auf die christlichen Hauptkirchen, denen 63 % der in Deutschland lebenden Personen angehören.

Ausgeklammert bleiben die nicht-christlichen Religionsgemeinschaften, denen selbstverständlich eine große Bedeutung zukommt. Besonders das Judentum hat weit reichende Wirkungen auf unsere Kultur und in den jüdischen Gemeinden wird seit jeher ein reiches Kulturleben gepflegt. Als Folge der Glasnost und der deutschen Wiedervereinigung verzeichnet die jüdische Gemeinschaft einen steten Zustrom überwiegend russischsprachiger Zuwanderer/innen. Waren es 1989 insgesamt 30.000 Mitglieder in ca. 50 Gemeinden, so zählen die inzwischen 104 Gemeinden ca. 105.000 Mitglieder (Knobloch 2007, S. 2). Eine Wiederbelebung der jüdischen Gemeinden findet auch in kultureller Hinsicht statt. So wird z. B. mit dem seit 2004 bestehenden Kulturprogramm des Zentralrats der Juden in Deutschland sowohl den Mitgliedern der Jüdischen Gemeinden als auch anderen interessierten Menschen die unterschiedlichen Facetten jüdischer Kultur nahegebracht sowie der kulturelle Austausch zwischen den Gemeinden gefördert (ebd., S. 3).

Ebenso spielen die muslimischen Religionsgemeinschaften eine zunehmend wichtige Rolle. In den Moscheengemeinden wird eine Vielzahl kultureller Aktivitäten angeboten, die zum Ziel haben, die religiöse und heimatbezogene Identität zu bewahren sowie die eigene Kultur der Mehrheitsgesellschaft zugänglich zu machen. Es finden sich in den Moscheen folgende Angebote im kulturellen Bereich:
>> Bildung in Kunst und Musik (Chor, Musikinstrumente, Volkstanz),
>> folkloristische Erziehung und Darbietungen,
>> mystische (Sufi-)Musik,
>> gemeinsames Feiern von Festtagen,
>> Mal-, Gedicht- und Aufsatzwettbewerbe,
>> Bildungsreisen in Deutschland und Europa,
>> Kunstausstellungen, Theatervorstellungen.[22]

---

22 vgl. www.diyanet.org (Stand: 06.11.07) Internetplattform der DITIB (Türkisch-Islamische Union der Anstalt für Religion), dem bundesweiten Dachverband für die Koordinierung der religiösen, sozialen und kulturellen Tätigkeiten der angeschlossenen türkisch-islamischen Moscheengemeinden.

Kirchen als Anbieter kultureller Bildung 141

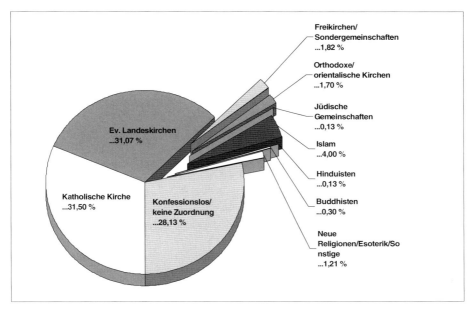

Abb. 7: Religionsgemeinschaften in Deutschland
       Bezugsjahr: 2004
       Angaben in Prozent. Teilweise Schätzungen
Quelle: REMID 2006, Religionswissenschaftlicher Medien- und Informationsdienst e.V.

Die Kirchenmitgliedschaftsstudien der evangelischen Kirche machen deutlich, dass die persönliche Verbundenheit mit der Kirche mit zunehmendem Alter stärker wird. Über acht Millionen Kirchenmitglieder sind 60 Jahre und älter und stellen somit knapp ein Drittel der Kirchenmitgliedschaft. Sie machen 55 % der Mitglieder aus, die angeben, jeden oder fast jeden Sonntag zur Kirche zu gehen. Ein weiterer Indikator für die Kirchenbindung stellt der persönliche Kontakt zur Pfarrerin oder zum Pfarrer dar: Die Über-60-Jährigen stellen 53 % der Mitglieder, für die dieser Kontakt wichtig bzw. sehr wichtig ist. Die Frage nach der Beteiligung am kirchlichen Leben (über den Gottesdienstbesuch hinaus) bejahen 50 % der Über-60-Jährigen, während dies nur für 37 % des gesamten Kirchenvolks zutrifft (Schulz 2006a, S. 17).[23]

---

23 In der vierten Kirchenmitgliedschaftsuntersuchung der Evangelischen Kirche in Deutschland (EKD) wurden auf Grundlage von Befragungen unter evangelischen Kirchenmitgliedern sechs Lebensstiltypen konstruiert. Ergebnis: Der hochkulturell-traditionelle Lebensstiltypus fühlt sich am engsten von allen mit der Kirche verbunden und wird am stärksten von kirchlichen Angeboten erreicht. Dieser Typus hat eine Affinität zu kirchlichen Veranstaltungen, die klassisch unter dem Begriff „Bildung" verortet werden (Vorträge, Seminare, Gesprächsgruppen) und sie werden gut durch traditionelle kirchliche Angebote im gehobenen kulturellen Bereich erreicht. Das Durchschnittsalter beträgt 63 Jahre. Der gesellig-traditionsorientierte Lebensstiltypus – Durchschnittsalter 65 Jahre – lehnt hochkulturelle Aktivitäten tendenziell ab. Auch diese Gruppe wird relativ gut von traditionellen ortsgemeindlichen Angeboten erreicht, aber Geselligkeit steht hier im Vordergrund (Pohl-Patalong 2007, S. 30).

Auch in der kirchlichen Bildungsarbeit sind die Älteren keine Randgruppe, sondern eine tragende Zielgruppe. Die Mehrheit der Teilnehmer/innen an Bildungsangeboten der Kirchen, der Gemeinden und der überregional wirkenden Bildungseinrichtungen sind älter als 50. Akademien erreichen noch am ehesten ein altersgemischtes Publikum, Gemeinden hingegen sind vor allem Anlaufpunkt für Ältere (Kade 2007, S. 130).

4.1 Kirchliche Gemeinde- und Altenarbeit

„Gott schickt nicht in Rente"

So lautet der Text auf einer viel begehrten Postkarte der EAfA (Evangelische Arbeitsgemeinschaft für Altenarbeit in der Evangelischen Kirche Deutschland). Im christlichen Weltbild soll der Mensch die Erde bebauen und bewahren. Dieser Auftrag kennt keine Altersgrenzen und keine Entpflichtung.

Die Altenbildung ist neben der Altenhilfe und der Altenseelsorge eine der drei Säulen kirchlicher Altenarbeit. Während die Altenhilfe die Älteren bei gesundheitlichen Beeinträchtigungen, psychischen und sozialen Problemen, wirtschaftlichen und anderen lebenspraktischen Notlagen unterstützt und die Altenseelsorge bei der „Bejahung, Deutung und Gestaltung des Lebens im Sinne des Glaubens" hilft (Klingenberger 2000, S. 197), kommt der Altenbildung die Aufgabe zu, „zur Wahrnehmung und zum Verständnis der eigenen Lebenssituation, zur angemessenen Gestaltung des eigenen Lebens und zum situationsgerechten Umgang mit den Fragen der Zeit" zu befähigen (ebd.).

Da ältere Menschen überproportional in der deutschen Kirchenmitgliedschaft vertreten sind und Kirchengemeinden einen niedrigschwelligen Zugang zu Bildungs- und Kulturangeboten bieten, widmen wir dem Praxisfeld „Kirchliche Gemeinde- und Altenarbeit" eine eigene Betrachtung. Dabei beschränken wir uns auf die Hauptkirchen Deutschlands, die katholische und die evangelische Kirche.

4.1.1 Orte kultureller Bildung

Dieses Kapitel beschäftigt sich mit einem Teilbereich der kirchlichen Aktivitäten im Bildungsbereich – mit der gemeindeorientierten (Alten-)Arbeit. Kulturelle Bildungsangebote in diesem Bereich sind zum einen in den Gemeinden verortet, so z. B. in einem der vielen Alten- bzw. Seniorenkreise oder in einem der vielen generationenübergreifenden Kirchenchöre. Zum anderen werden gemeinsame Besuche außerhalb der Gemeinden organisiert, z. B. in Museen, Theatern oder zu Sehenswürdigkeiten anderer Städte. Bildungsorte sind in diesen Fällen mehrheitlich Kulturorte.

Statistischen Erhebungen der evangelischen Kirche aus dem Jahr 2005 ist zu entnehmen, dass das Gemeindeleben neben den Gottesdienstbesuchen und den Amtshandlungen in einer Vielzahl von regelmäßigen Kreisen und Veranstaltungen stattfindet. Deutschlandweit existieren 127.000 Kreise, die von knapp 1,7 Millionen Erwachsenen besucht werden. Was die Beliebtheit der Angebote angeht, stehen die Kirchenchöre, einschließlich Singkreisen, mit 369.000 Teilnehmer/inne/n an erster Stelle. Ebenfalls auf großes Interesse stoßen die Alten- und Seniorenkreise mit 317.000 Teilnehmer/inne/n. Es folgen die Frauenkreise (264.000), Bibelkreise (129.000) und Posaunenchöre (98.000). Neben den ständigen Kreisen werden zahlreiche offene Veranstaltungen und Seminare angeboten, wobei Musikdarbietungen die größte Resonanz erfahren. 65.000 Veranstaltungen locken insgesamt sieben Millionen Menschen, darunter sehr viele Ältere, außerhalb der Gottesdienste in die Kirchen (Kirchenamt der EKD 2006, S. 17).

4.1.2 Form und Inhalt der Angebote

Flächendeckende Statistiken über die Bildungsangebote in kirchlicher Trägerschaft existieren nicht. Dies ist den Unterschieden in der formalen Organisation der konfessionellen Bildungsanbieter geschuldet, denn die Trägerstruktur umfasst die großen Bildungseinrichtungen, wie Bildungswerke, Akademien und einige GmbHs, ebenso wie die uns hier interessierenden Bildungsangebote der Pfarreien und Diözesen.

Mit Bezug auf den Bereich „Kulturelle Bildung für Ältere" bestätigte der von uns befragte Experte der katholischen Kirche, dass eine Erhebung der Angebotsformen regional abhängig und sehr aufwendig in der Durchführung wäre. Zudem gebe es keinen dezidierten Bildungsbereich „Kulturelle Bildung für Ältere", vielmehr werde ein intergenerationeller und integrativer Weg der Begegnung von Menschen in unterschiedlichen Lebensspannen verfolgt.

Nach Meinung des Kulturreferenten der Katholischen Deutschen Bischofskonferenz, Jakob Johannes Koch, wird in der Kulturpolitik das „unspektakuläre Engagement in der Breite" von Kirchenmitgliedern zu wenig wahrgenommen. Viele Millionen Christen seien täglich kulturell engagiert.[24] Die Kirchengemeinden und -kreise können dabei auf eine breite Palette unterstützender Angebote der kirchlichen Bildungsträger zurückgreifen.

Die kirchliche Altenarbeit/-bildung umfasst vier Aufgabenbereiche:
>> Gesellige Altenbildung,
>> initiierende und begleitende Altenbildung,
>> zugehende Altenbildung sowie
>> informierende und trainierende Altenbildung (Klingenberger 2000, S. 201).

Während es sich bei der geselligen Altenbildung um die traditionellen Angebotsformen handelt, ist die initiierende und begleitende Altenbildung Ausdruck eines Paradigmenwechsels in der offenen Altenarbeit. Ziel ist es, die Selbstorganisation und Selbsthilfe älterer Menschen zu stärken und ihnen so Möglichkeiten zur gesellschaftlichen Teilhabe

---

24 Äußerung auf einer Pressekonferenz am 24.08.06 anlässlich der Vorstellung der neuen Ausgabe von „politik und kultur", der Zeitung des Deutschen Kulturrates, deren Schwerpunkt in der September/Oktober-Ausgabe 2006 auf dem Themenkomplex „Kultur und Kirche" lag.

zu eröffnen. Unter zugehender Altenbildung ist eine aufsuchende Altenbildung zu verstehen – ein Bereich, in dem es noch deutlichen Entwicklungsbedarf gibt (siehe „Entwicklungsperspektiven" in diesem Kapitel). Auf die informierende und trainierende Altenbildung, die es seit den 1980er Jahren gibt und bei der die Autonomie und der Kompetenzerhalt der älteren Menschen im Mittelpunkt steht, soll an dieser Stelle nicht weiter eingegangen werden. Vielmehr interessiert hier aufgrund der Angebote mit kulturellen Bildungsanteilen der zentrale Bereich „gesellige Altenbildung" sowie der neuere Bereich der „initiierenden und begleitenden Altenbildung".

Gesellige Altenbildung
Hierzu zählen die traditionellen Formen des Altenclubs sowie Altennachmittage, aber auch Erzählcafés und Bildungsreisen bzw. ein- oder mehrtägige Exkursionen. Im Folgenden werden typische Beispiele für Aktivitäten mit kulturellem Themenschwerpunkt gegeben, für die eine Verknüpfung von Bildung und Geselligkeit charakteristisch ist.

Veranstaltungen aus gegebenem Anlass: der 400. Geburtstag von Paul Gerhardt
Im Jahr 2007 findet in fast allen evangelischen Altenclubs ein Programm zum 400. Geburtstag des berühmten Dichters und Theologen Paul Gerhardt statt. 137 seiner Gedichte sind erhalten, 27 davon stehen im Evangelischen Gesangbuch. In den Gruppen werden sowohl die Lieder gesunden als auch die historischen Zusammenhänge beleuchtet. Dabei spielen häufig auch Gespräche über die persönliche Bedeutung bestimmter Lieder eine wichtige Rolle. Exemplarisch soll im Folgenden eine Anregung für eine Gruppenarbeit zitiert werden, bei der es um die Beschäftigung mit einzelnen Gedichten geht[25]:
„Die Gedichte Paul Gerhardts gehören zu den bekanntesten und beliebtesten Liedertexten des Evangelischen Gesangbuches. Es ist wohl hauptsächlich sein Verdienst, dass im 17. Jahrhundert, in der Zeit des Barock, neben der weltlichen Lyrik gleichberechtigt die geistliche Lyrik als besondere Gedichtform in Erscheinung tritt. Durch die Beschäftigung mit einigen Texten in Kleingruppen wollen wir der Frage nachgehen, was Paul Gerhardt zu seiner Zeit beschäftigt hat und was uns heute noch an diesen Gedichten gefällt und gut tut."

Lesecafé
„Bei einer Tasse Kaffee oder Tee einer Erzählung lauschen, ein Buch vorgestellt bekommen, einen Schriftsteller durch seine Texte kennen lernen, miteinander über das Gehörte ins Gespräch kommen – das ist es, was wir Ihnen im Lesecafé ab jetzt regelmäßig einmal im Monat anbieten wollen. Eingeladen sind alle, die Zeit haben, die Freude an Sprache haben, die sich für Literatur interessieren oder die einfach einen schönen Nachmittag in anregender Gesellschaft verbringen wollen." So lautet die Ankündigung für ein Lesecafé in der katholischen Kirchengemeinde St. Michael in Stuttgart.[26]

---

25 Diese Anregung stammt vom Deutschen Verband evangelischer Büchereien.
http://p25359.typo3server.info/fileadmin/ user_upload/Material/Heidrun_Martini.doc (Stand: 06.11.07)
26 vgl. www.sanktmichael.de (Stand: 06.11.07)

Bildungsreisen und Ausflüge
Wallfahrten, Bildungsreisen und Tagesausflüge sind bei älteren Gemeindemitgliedern überaus beliebt. Diese Exkursionen werden entweder von den Gemeinden selbst oder von kirchlichen Bildungsinstitutionen organisiert.

Auf Elisabeths Spuren in Thüringen – dreitägige Kulturfahrt
Anlässlich des 800. Geburtsjahres der heiligen Elisabeth findet eine große Jubiläumsausstellung auf der Wartburg bei Eisenach statt. Neben dem Besuch der einmaligen Ausstellung mit vielen kostbaren Exponaten steht die Besichtigung der alten Städte Eisenach und Marburg mit der gotischen Elisabethkirche auf dem Programm.[27]

Initiierende und begleitende Altenbildung
Selbstständigen und ideenreichen Senior/inn/en wird hier die Möglichkeit eröffnet, sich selbst zu organisieren. Der gemeindeorientierten Altenbildung kommt die Aufgabe zu, für solche Gruppen die notwendigen Rahmenbedingungen zu schaffen und sie gegebenenfalls zu begleiten, so dass sie ihre Kompetenzen und Potenziale zum Nutzen Gleichaltriger, der Nachbarschaft oder der Gemeinde einbringen können. Alle oben genannten Angebote könnten ebenso in Eigenregie durchgeführt werden – vielerorts geschieht dies bereits.

Modellprogramm „Erfahrungswissen für Initiativen" (EFI)

Bundesministerium für Familie, Senioren, Frauen und Jugend

Wegweisend für die Unterstützung ehrenamtlichen Engagements älterer Menschen ist das Modellprogramm „Erfahrungswissen für Initiativen", das vom Bundesministerium für Familie, Senioren, Frauen und Jugend 2002 initiiert und bis 2006 in Kooperation mit zehn Bundesländern finanziert und durchgeführt wurde. Zu den regionalen Bildungsträgern, die das Programm in Kommunen und Kreisen realisierten, gehörten auch kirchliche Bildungsinstitutionen. Aufgrund des Erfolgs werden die Projekte vielerorts vom Bundesland weiter getragen und auf kommunaler Ebene fortgeführt. Das Modellprogramm verbindet die Bereitschaft zum Engagement, das reiche Erfahrungswissen und die vorhandenen Ressourcen der Beteiligten mit einer vorbereitenden und begleitenden Qualifizierung. Die zu *senior*Trainer/innen qualifizierten Älteren entwickeln eigene Initiativen, sie sind tätig als

„1. Beraterin oder Unterstützer – Ein *senior*Trainer unterstützt mit seinem Projekt die Integration eines Moscheevereins in der Stadt.

---

27 vgl. www.sanktmariakoenigin.de (Stand: 06.11.07)

> 2. Initiatoren von Projekten – Ein *senior*Trainer schafft mit seinem Projekt Kontakte zwischen Kunst und Schule. Er lädt in seiner Stadt Künstlerinnen und Künstler in eine Grundschule ein.
> 3. Wissensvermittlerinnen – Eine *senior*Trainer*in* hat einen Literaturkreis in den Räumen der örtlichen Stadtbücherei aufgebaut.
> 4. Anregerin und Vernetzer von bürgerschaftlichem Engagement – Ein *senior* Trainer organisiert und koordiniert Aktivitäten in einem Projekt, das Menschen ermutigt und unterstützt, eigene Vorhaben des bürgerschaftlichen Engagements aufzubauen" (EAfA 2006, S. 13).

www.efi-programm.de

Die Evangelische Arbeitsgemeinschaft für Altenarbeit in der EKD hat 2006 eine Broschüre herausgegeben, in der das EFI-Programm anhand von Erfahrungsberichten beschrieben und seine Bedeutung für Kirche und Diakonie aufgezeigt wird. Die Verantwortlichen in Kirche und Diakonie sowie die haupt- und ehrenamtlichen Mitarbeiter/innen werden ermutigt, das Programm als Vorbild für eigene Aktivitäten zu nehmen. Auf diese Weise würde der Paradigmenwechsel in Kirche, Diakonie und Verbänden auch in der Praxis vollzogen: „Alte Menschen werden nicht mehr nur als Objekt betreuenden Handelns gesehen, sondern als aktive Subjekte ihres eigenen Lebens" (EAfA 2006, S. 8).

4.1.3 Entwicklungsperspektiven

„Kirchenmitglieder haben nicht nur oberflächlich gesehen ganz unterschiedliche Erwartungen an ihre Kirche, sie haben sich in ihrer gesamten Lebensform, in ihren Einstellungen, in Interaktionsgewohnheiten und Lebensstilen ebenso ausdifferenziert wie die Gesellschaft insgesamt" (Schulz 2006b, S. 41). Dies ist ein Ergebnis der vierten EKD-Erhebung über die evangelische Kirche und ihre Mitglieder.

Angesichts dieser Pluralisierung von Lebenslagen und der stetigen Individualisierung der Lebensläufe ist auch in der kirchlichen Gemeindearbeit ein breites Spektrum von Altersbildungskonzepten notwendig. Bewährte Konzepte, wie die oben beschriebenen Angebote der geselligen Altenbildung, müssen durch neue Formen der initiierenden und begleitenden Altenbildung ergänzt werden.

> „Auch heute werden in einigen Bereichen der Altenarbeit noch die Arbeitsstile aus den 1970er und 1980er Jahren gepflegt und dies u. U. auf hohem professionellen Niveau. [...] Viele als antiquiert geltende Veranstaltungen sind den Interessenlagen der Zielgruppe, einer bestimmten lokalen Tradition oder der beruflichen Ausbildung der Praktiker geschuldet. Nicht immer passt das modernste Konzept zum Umfeld einer Einrichtung und den Bedingungen vor Ort" (Nittel 2007, S. 19).

Da sich die Altersbildung über die Jahrzehnte hinweg mit mehr oder weniger den gleichen Themen befasst, sieht Nittel einen Entwicklungsbedarf eher darin, „alternative didaktische Settings und Arrangements zu erfinden, neue Formen der Kooperation zwischen ehrenamtlichen Mitarbeitern, den Teilnehmern und den hauptberuflichen Pädagogen zu entwickeln" (ebd.).

Ähnlich wie Nittel argumentiert Klingenberger: Die traditionelle Altenarbeit müsse sich wandeln und weiterentwickeln, denn sie habe immer mehr mit Altengenerationen zu tun, die aufgrund ihrer Bildungsniveaus, ihrer Erfahrungen, Kompetenzen und Potenziale auch mit veränderten Ansprüchen und Erwartungen an die Kirche herantreten. Die künftige kirchliche Altenbildung müsse diesem Umstand Rechnung tragen. Klingenberger erachtet es als notwendig, sich von bestimmten Formen der Altenarbeit zu verabschieden; in der Altenarbeit Tätige müssen dazu vielfach Haltungen und Einstellungen ändern. Klingenberger nennt konkret folgende Punkte (Klingenberger 2000, S. 200):

>> *Abschied von dem Alten-Kaffee-Nachmittag als Hauptform gemeindlicher Altenarbeit:*
Neue Formen selbstbestimmter Altenarbeit müssen entwickelt werden. Klingenberger betont, dass der gesellige Kaffee-Nachmittag nicht abgeschafft werden soll, aber nur eine Form der Altenarbeit darstelle.
>> *Abschied von den „großen Zahlen":*
Selten werden Veranstaltungen 50 und mehr Besucher/innen haben. Stattdessen wird die Arbeit mit kleinen Gruppen die Regel werden.
>> *Abschied vom Selbstbild der Altenarbeiterin/des Altenarbeiters:*
Ältere und alte Menschen der Zukunft wollen nicht mehr „betüttelt" und „zwangsbeglückt" werden. Vielmehr stehen statt Betreuung die Moderation und das Ermöglichen von Aktivitäten im Mittelpunkt. Es wird künftig die Aufgabe sein, alten Menschen den Freiraum zu schaffen und zu gewähren, in denen sie ihre Freizeit selbstbestimmt gestalten können.

Selbstredend müssen die Mitarbeiter/innen, zu denen auch viele ehrenamtliche Gruppenleiter/innen gehören, durch Fortbildungen unterstützt werden. Eine pädagogische Professionalisierung wird durch die Kooperation mit den kirchlichen Bildungsträgern möglich, für die die Planung und Durchführung von Bildungsveranstaltungen zum Kerngeschäft gehören. Dass Vernetzungen ausdrücklich von offizieller Stelle gewünscht werden, soll am Beispiel der Föderation Evangelischer Kirchen in Mitteldeutschland gezeigt werden. In der im Jahr 2006 formulierten Bildungskonzeption ist zu lesen:

„Die sich verändernden gesellschaftlichen Strukturen fordern die kirchlichen Bildungsträger heraus, [...] die öffentlichen Bildungsangebote in Gemeinden und Einrichtungen zu fördern und zu begleiten. Die Kirchengemeinden und Kirchenkreise können dabei auf ein breites Spektrum unterstützender Angebote der kirchlichen Bildungsträger zurückgreifen. Diese Angebote sind seitens der Bildungsträger noch basisnäher zu konzipieren und anzubieten. Seitens der Kirchenkreise und Kirchengemeinden sind Erwartungen noch deutlicher zu formulieren und Angebote abzurufen" (Nagel 2006, S. 83).

Allgemein ist deutlich geworden, dass sich auch in der kirchlichen Gemeinde- und Altenarbeit der Trend hin zu einer vernetzten, nachfrageorientierten und selbst organisierten Altersbildung bemerkbar macht. Die Integration von bewährten Angeboten und neuen Konzepten in ein und derselben Einrichtung stellt noch für viele Kirchengemeinden eine Herausforderung für die Zukunft dar.

Eine weitere zukünftige Herausforderung wird von den Experten darin gesehen, kulturelle Bildung auch für die Hochaltrigen, d. h. Menschen ab ca. 80 Jahren, bereit zu stellen. Dies erfordert eine aufsuchende Altenbildung, d. h. nicht mehr mobile Menschen werden mit mobilen Bildungsangeboten aufgesucht. Die Organisation einer solchen aufsuchenden Bildungsarbeit bzw. die Schaffung günstiger Rahmenbedingungen für ein entsprechendes ehrenamtliches Engagement könnte insbesondere auch von den gemeindeorientierten kirchlichen Einrichtungen geleistet werden.

---

*mobil*Kultur

Freiwillig Engagierte in Kooperation mit dem Evangelischen Bildungswerk München e.V., der Münchner Volkshochschule – Seniorenbildung und dem Alten- und Servicezentrum Obermenzing

*mobil*Kultur ist Teil des Projektes „Kultur für alle! Menschen im dritten Lebensalter engagieren sich für eine nachhaltige Gesellschaft", das Möglichkeiten erkundet, wie Ältere sich engagieren können. Das Projekt besteht aus Fortbildungsanteilen, gemeinsamen Planungsworkshops sowie begleiteter Praxis.

*mobil*Kultur hat sich zu einem Engagementbereich entwickelt, bei dem die kulturelle Teilhabe alter und behinderter Menschen im Mittelpunkt steht. Kulturveranstaltungen werden durch die freiwillig Engagierten vor Ort, d. h. in Kirchengemeinden, Alten- und Servicezentren, Altenheimen etc., durchgeführt. Die freiwillig engagierten Frauen und Männer über 50 gestalten Literaturnachmittage und Filmtreffs, regen alte Menschen zum Erzählen von Erinnerungen an oder gehen gemeinsam ins Museum. Angeboten werden auch „Museum im Koffer"-Veranstaltungen. Die Engagierten halten keine Fachvorträge, sondern arbeiten mit Methoden, sich gemeinsam Kultur zu erschließen, kreativ und im Gespräch.

www.ebw-muenchen.de/index.php?id=444 (Stand: 06.11.07)

4.2 Kirchliche Kulturarbeit

Frau A., 61 Jahre alt, singt seit zehn Jahren im Kirchenchor. Herr W. (64 J.) hat eine Fortbildung zum Kirchenführer gemacht. Frau M. (75 J.) ist Mitglied eines Literaturkreises und arbeitet ehrenamtlich in der Gemeindebücherei. Herr T. (71 J.) besucht regelmäßig Veranstaltungen in der Kulturkirche seiner Stadt.

All dies sind Beispiele dafür, wie kulturelle Bildung im Rahmen kirchlicher Kulturarbeit aussehen kann. Die Angebote sind meist nicht dezidiert als Senioren-Angebote ausgeschrieben, werden aber sehr stark von Älteren frequentiert. Während von der im vorherigen Kapitel beschriebenen kirchlichen Gemeindearbeit in erster Linie praktizierende Mitglieder profitieren, erreicht die Kulturarbeit einen sehr viel weiteren Kreis von Menschen.

Die kirchliche Kulturarbeit verdient im Hinblick auf die kulturelle (Bildungs-)Beteiligung älterer Menschen auch aus einem anderen Grund verstärkte Aufmerksamkeit: Eine Vielzahl älterer Menschen führt ein kulturelles Ehrenamt aus und trägt dadurch zum Erhalt des Kulturangebots bei. Sie setzen sich aktiv mit Kunst und Kultur auseinander. Vor allem im ländlichen Raum stellt die Kulturarbeit der Kirchengemeinden eine der ganz wenigen Möglichkeiten dar, aktiv am kulturellen Leben teilzunehmen.

4.2.1 Kirche als Kulturförderer

Die Enquetekommission des Deutschen Bundestages „Kultur in Deutschland" gab 2005 beim Kulturwissenschaftler Matthias T. Vogt ein Gutachten zum „Beitrag der Kirchen und Religionsgemeinschaften zum kulturellen Leben in Deutschland" in Auftrag. Dessen Ergebnis lautet: Die Kirchen gehören angesichts ihrer Aufwendungen für Kultur zu den zentralen kulturpolitischen Akteur/inn/en Deutschlands, sie sind größte/r Kulturträger/in neben Bund, Ländern und Gemeinden. Nach Schätzungen betragen die Kulturfördermittel der Kirchen ca. 4,4 Milliarden Euro im Jahr, dafür werden ca. 20 % der Kirchensteuern und Vermögenserlöse von den Kirchen eingesetzt[28] (Zimmermann 2006, S. 3; Mussinghoff 2006, S. 4). Die Kirchen pflegen nicht nur ein 2000-jähriges Kulturerbe, sondern sind Förderer der zeitgenössischen Künste: Sie organisieren Ausstellungen und Kunstprojekte, vergeben Aufträge, loben Wettbewerbe aus, vergeben Stipendien für den Künstler-Nachwuchs sowie zahlreiche Kunst- und Kulturpreise (von Bülow 2006, S. 17; Koch 2006, S. 18).

Des Weiteren erbrachte das Gutachten den Nachweis, dass das Kultur-Engagement der Diözesen, Dekanate, Seelsorgeeinheiten, Ordensgemeinschaften, kirchlichen Vereine, Verbände und Akademien nicht nur den Kirchenmitgliedern, sondern der ganzen Bevölkerung zugute kommt. Dabei spielt auch das kulturelle Ehrenamt eine überaus wichtige Rolle. Durch den Einsatz Millionen Ehrenamtlicher ist es möglich, kulturelle Angebote kostenlos oder zu einem geringen Preis vorzuhalten. In der katholischen Kirche wird der darin enthaltene diakonische Aspekt programmatisch „Kulturdiakonie" genannt. Die Kulturdiakonie ist „neben der liturgischen und seelsorglichen Orientierung einer der Hauptcharaktere katholischer Kulturarbeit und zugleich ein praktiziertes Votum für milieuumfassende kulturelle Beteiligungsgerechtigkeit" (Mussinghoff 2006, S. 4).

---

28 Der Staat finanziert Kultur mit knapp acht Milliarden Euro, davon fallen 3,4 Milliarden Euro auf die Länder, 3,5 Milliarden Euro auf die Gemeinden.

4.2.2 Kultur und Kirche

> „Ohne den Dialog mit der Kultur der eigenen Gegenwart
> kann sich auch die Kultur des Glaubens nicht entfalten."
> Bischof Wolfgang Huber[29]

Kulturelles Engagement gehört seit ihren Anfängen zum Selbstverständnis der Kirchen. Was aber sind die Gründe für dieses kulturelle Engagement? Im Folgenden werden Vertreter der katholischen und der evangelischen Kirche zitiert. In der Argumentation stimmen die beiden Hauptkirchen überein: Als Teil der Kultur ihrer Zeit kommt die Kirche nicht aus ohne den Dialog und das Verstehen der Zeichen und Zeugnisse der sie umgebenden Kultur. Es ist von der Affinität der Kunst zur Religion und der Religion zur Kunst die Rede, wobei es sich hierbei durchaus auch um ein spannungsvolles Verhältnis handelt.

„Wenn die katholische Kirche sich kulturell und musisch-ästhetisch engagiert, dann deshalb, weil sie die Freiräume des Übernützlichen schützen und weiten will. Die katholische Kirche ist beidem verpflichtet: Dem Dienst an den Menschen und dem Dienst vor Gott. Gott lässt sich nicht verfügen wie irgendein ‚Ding in der Welt'. Wer glaubt, wird daher sensibel für alles, was seine kognitiven Alltagsvollzüge entgrenzt. Er überschreitet – lateinisch ‚transzendiert' – seine Egozentrik. Das verbindet den Glauben mit der Kunst: Glaube und Kunst gehen aus einer gesteigerten Aufmerksamkeit in der Wahrnehmung der Wirklichkeit hervor. So öffnen sie auch den Blick für jene Bereiche, die sonst leicht übersehen oder missachtet werden. Dazu gehören alle kulturellen Ausdrucksweisen, die Unbedingtheit, Authentizität und geistiges Ringen um letzte Fragen verkörpern" (Mussinghoff 2006, S. 4).

„Kirche und Kultur sind keineswegs deckungsgleich, haben sogar oft ein spannungsvolles Verhältnis zueinander, bei dem auch die Unterschiede deutlich werden. Kirche und Kultur gehören aber auch ganz untrennbar zusammen, wollen doch beide neue Perspektiven eröffnen, den Blick über Vordergründiges hinaus lenken, das Leben deuten [...]. Gerade weil die Kunst autonom ist und bleiben muss, kann sie der Kirche Impulse geben. Das gilt für die explizite künstlerische Beschäftigung mit religiösen Themen ebenso wie für eine scheinbar säkulare Kunst, die der Kirche doch durch ihre Beobachtung und Verarbeitung menschlicher wie gesellschaftlicher Phänomene eine Inspiration im Sinne einer ‚Fremdprophetie' sein kann" (Friedrich 2006, S. 4 f.).

Petra Bahr, Kulturbeauftragte der EKD, weist darauf hin, dass kulturelle Bildung auch religiöse Bildung braucht. Theologie versteht sie als Anstoß in den Debatten der Gegenwart, sie beteiligt sich an der Deutung der Welt und sie hilft, Bilder und Bücher zu erschließen:

---

29 zit. nach Neubert 2006, S. 10

„nicht nur vor einem Rembrandt hilft die zumindest rudimentäre Kenntnis von biblischen Geschichten. Auch die Gegenwartskunst spielt mit der Zeichenwelt des Christentums, manchmal ironisch gebrochen und manchmal mit gehöriger Lust am Tabubruch, aber selbst ärgerliche Tabubrüche versteht ja nur, wer die Zeichen noch lesen kann, gegen die er sich richtet" (Bahr 2007).

4.2.3 Träger und Orte kirchlicher Kulturarbeit

Träger kirchlicher Kulturarbeit sind Diözesen, Dekanate, Pfarreien, Ordensgemeinschaften, kirchliche Verbände, kirchliche bzw. kirchennahe Einrichtungen und Vereinigungen.

Kirchliche Kulturarbeit und kulturelle Bildungsarbeit sind eng mit einander verknüpft. Sie finden in erster Linie in *Kirchen und Räumen der Kirchengemeinden* (Beispiel: Kirchenführungen, Kirchenmusik), in Kulturkirchen (Kirchen mit besonderem kulturorientiertem Profil), in kirchlichen Büchereien und Museen statt.[30] Bei der Realisation der Kulturarbeit wird nicht selten mit den kirchlichen Bildungsträgern kooperiert. Bildungsinstitutionen der Kirchen als Träger der Erwachsenenbildung sowie ihrer Angebote im Bereich Kultur werden in einem gesonderten Kapitel (vgl. Kapitel 6.2) beschrieben.

Bibliotheken/Büchereien
Kirchliche öffentliche Büchereien sind in der Regel kleinere Einrichtungen, die im Nahraum ihrer Kund/inn/en in hohem Maße genutzt werden. Daneben unterhalten Kirchen auch Büchereien in Krankenhäusern und Heimen. Für die Kirchengemeinde als Träger von Büchereien sind diese Einrichtungen wichtig als öffentlich zugängliche Kommunikations- und Kulturorte. Veranstaltungen, insbesondere literarischen Gesprächskreisen, kommt ein besonderer Stellenwert zu (Pitsch 2006, S. 11).

Die drei Bibliotheksverbände (Deutscher Verband Evangelischer Büchereien sowie die katholischen Verbände St. Michaelsbund und Borromäusverein) und die mit ihnen zusammenwirkenden Büchereifachstellen in den Landeskirchen und Diözesen stellen das hauptamtliche Rückgrat der kirchlichen Büchereiarbeit dar. Die Büchereimitarbeiter/innen sind meist ehrenamtlich engagiert. Öffentliche Bibliotheken in kirchlicher Trägerschaft sehen es als Auftrag, einen Beitrag zu einer Beteiligungsgerechtigkeit zu leisten. Das bedeutet, möglichst allen Bevölkerungsgruppen einen niedrigschwelligen Zugang zu kulturellen Inhalten zu verschaffen, sie bei der Suche nach Inhalten zu beraten sowie diesen Men-

---

30 Kirchliche Kulturarbeit hat auch noch andere Träger und Orte, auf die im Rahmen dieser Studie nicht näher eingegangen werden kann. Zu diesen zählen zum Beispiel: der Deutsche Evangelische Kirchentag (DEKT) mit einem breiten Kulturprogramm findet seit 1949 im zweijährigen Rhythmus statt; der Arbeitskreis Kirche und Theater in der EKD veranstaltet seit 1991 im zweijährigen Rhythmus die Theatertage der Kirche; die Katholische Arbeitsgemeinschaft Spiel und Theater e.V. und Christliche Arbeitsgemeinschaft Tanz in Liturgie und Spiritualität e.V. (ökumenisch); Gemeinschaftswerk der Evangelischen Publizistik (GEP), Filmkulturelles Zentrum im GEP, es finden jährlich die Arnoldshainer Filmgespräche statt; internationales Netzwerk kirchliche Filmarbeit „Interfilm" u. a.

schen aus unterschiedlichen Alters- und Milieugruppen begleitend zur Seite stehen (vgl. www.borro.de, www.dveb.info sowie www.st-michaelsbund.de)[31].

Kirchliche öffentliche Büchereien – Statistik 2005			
Verbände	Büchereien	Benutzer/innen	(ehrenamtl.) Mitarbeiter/innen
Borromäusverein	2.720	824.579	23.540
St. Michaelsbund	1.154	558.681	11.540
Deutscher Verband Evangelischer Büchereien	938	208.123	5.632
Summe	4.812	1.591.383	40.712

Tab. 14: Kirchliche öffentliche Büchereien: Anzahl der Büchereien, Benutzer/innen und Mitarbeiter/innen
Quelle: Arbeitsgemeinschaft der kirchlichen Büchereiverbände Deutschlands; zit. nach Pitsch 2006, S. 11

Das kulturelle Engagement der Kirchen im Bereich Bibliothek und Literatur umfasst zudem die wissenschaftlichen Bibliotheken, die Kirchenarchive sowie die Vergabe diverser Preise (Buchpreise, Preise zur Nachwuchsförderung und zur Anerkennung von Lebenswerken).

Kunstmuseen
Es gibt in Deutschland 43 ausschließlich von der katholischen Kirche finanzierte Museen. Hinzu kommen noch mehr als 100 Museen mit konzeptioneller und/oder finanzieller Beteiligung der katholischen Kirche (Stadt-, Heimat-, Missions- und Ordensmuseen) (Koch 2006, S. 18).

Bis heute halten diese Kulturinstitutionen mehrheitlich am ursprünglichen Konzept fest, d. h. sie „konzentrieren sich auch bei der modernen und zeitgenössischen Kunst auf Werke aus dem kirchlichen Kontext. Der dezidiert christliche Gehalt und die Weiterführung bekannter Bildtraditionen stehen im Zentrum des Interesses" (Winnekes 2006, S. 9).

Den Blick auf die kulturellen Wurzeln Europas und sein christliches Erbe zu ermöglichen und gleichzeitig „die Zuwendung zum Heute" (Papst Johannes Paul II.[32]) zu gewährleisten wird als immer wichtiger werdende Aufgabe der kirchlichen Museen angesehen. Es soll also zum einen das kulturelle Erbe gepflegt und erschlossen werden, zum anderen aber auch eine Öffnung gegenüber zeitgenössischer Kunst praktiziert werden. Diese zeitgenössische Kunst muss weder kirchlich sein noch eine dezidiert christliche Ikonografie haben. Denkbar und gewünscht ist auch eine Bereicherung der Ausstellungen durch Aufführungen mit alter und neuer Musik, Literaturlesungen oder darstellende Kunst (ebd.).

---

31 Zu der Bedeutung der Bibliotheken in kirchlicher Trägerschaft siehe auch das Kapitel Kulturinstitutionen in diesem Band.
32 Eine Zuwendung zum Heute – „Aggiornamento" – forderte Papst Johannes Paul II. in seiner Münchener Ansprache an Künstler/innen und Publizist/inn/en im Jahr 1980.

Als Vorreiter für eine Umsetzung dieser Position kann die Kölner Kunststation St. Peter gelten, in der auch international beachtete Ausstellungen zeitgenössischer Kunst stattfinden und „in welcher der Jesuit Friedhelm Mennekes der Kunst und der Kirche schon manche anregende und konfliktträchtige Begegnung zugemutet hat" (ebd.).

Kunst-Station Sankt Peter Köln

1987 gründete der Jesuit Friedhelm Mennekes die Kunst-Station Sankt Peter als Zentrum für zeitgenössische Kunst und Musik. Auf hohem Niveau und in beispielhafter Offenheit macht die Kunst-Station Sankt Peter einen interkulturellen Austausch zwischen Religion, Kunst und Musik möglich. Gerade der neu gestaltete Sakralraum mit seinem Charakter der Leere bietet vielfältige Begegnungsmöglichkeiten für die in der Tendenz autonomen Kulturbereiche.

Friedhelm Mennekes plädiert für einen neuen Umgang mit der Kunst in der Kirche und formulierte hierzu sieben Grundsätze:

„1. Die Geschichte der christlichen Ikonografie als Illustration des Glaubens ist abgelaufen.
2. Nur die Leere kann dem Kunstwerk die Chance eröffnen, in den Raum hinein zu wirken.
3. Der Sinn neuer Kunst besteht in einer atmosphärischen Aufladung des sakralen Raums.
4. Neue Kunstwerke sollten nur zeitlich begrenzt in die Kirche Eingang finden (Georg Baselitz: *Bilder, die nicht neu sind, sieht man nicht!*).
5. Jedes neue Werk braucht die Vermittlung einer kritischen Auseinandersetzung.
6. Kunst und Glaube sollten sich gegenseitig in Frage stellen, eher robust als zimperlich.
7. Im erneuerten Sehen hat die Kunst ihr Ziel, nicht im Besitz eines oder mehrerer Werke"
(Mennekes 2007, S. 16 f.).

www.sankt-peter-koeln.de (Stand: 06.11.07)

Was die evangelische Kirche betrifft, so findet bildende Kunst ihren Ort vielfach in den neu entstehenden „Kulturkirchen".

Kulturkirchen
Die Kulturkirchen sind ein evangelisches Phänomen. Sie sind Ergebnis einer Profilschärfung und offensive Antwort auf die Krise der Kirche. Sinkende Gemeindemitgliederzahlen, Zuzug von Menschen anderer Kulturen und Religionen, ständig rückläufige Kirchensteuern – dies sind Probleme, mit denen sich sowohl die evangelische als

auch die katholische Kirche konfrontiert sehen und die die Frage aufwerfen, wie mit den nicht mehr ausgelasteten Kirchen, insbesondere in den Großstädten, umgegangen werden soll.

Während die katholische Kirche die Nutzung der Kirchenräume auf den rein liturgischen Vollzug beschränkt[33], ist nach evangelischem Verständnis Kult und Kultur, heilig und profan kein Gegensatz (Adolphsen 2006, S. 12). Vielmehr wird nach dem Grundsatz: „Nutzung ist die beste Form der Erhaltung" nach Möglichkeiten der Nutzungserweiterung gesucht. Diesem Grundsatz entsprechend ist im so genannten „Maulbronner Mandat" (2004) des Evangelischen Kirchbautags zu lesen: „Es gilt, Kirchengebäude als Chance für eine erweiterte und intensivere Nutzung anzusehen, sie für andere, insbesondere für kulturelle Veranstaltungen zu öffnen und für ihren Erhalt weitere (Mit-)Träger zu gewinnen (Kommunen, Vereine, Stiftungen, Verbände etc.)" (Evangelischer Kirchenbautag 2005).

Solche kulturellen Veranstaltungen können sein: Ausstellungen, Lesungen, Konzerte, Ballettvorführungen, Meisterfeiern, Seminare und Kongresse. Nichtsdestotrotz gilt weiterhin: „Was wie Kirche aussieht, muss auch wie Kirche sein!" (Adolphsen 2006, S. 12), d. h. auf die ursprüngliche Bestimmung des Raumes muss geachtet und eine Beliebigkeit in der Nutzung und Vermietung verhindert werden. Auf diese Weise kann vom öffentlichen Charakter, dem kulturellen Aspekt und der starken Symbolkraft dieser Orte profitiert werden (ebd.). Auch wenn die Kirche ein Ort der religiösen Andacht und der Gottesdienst der Kernauftrag der Gemeinde bleiben, tun sich viele Gemeinden mit der Öffnung der Kirchenräume als Kommunikations- und Veranstaltungsräume schwer.

Eine Neuorientierung der Gemeinden wird vor allem dort augenscheinlich, wo Kirchen ihr Profil schärfen, indem sie zu Jugend-, Diakonie-, City-[34] oder *Kulturkirchen* werden.

Kulturkirchen unterscheiden sich von den vielen örtlichen Initiativen durch ihren überregionalen Wirkungsradius. Es gibt eine Reihe von Kulturkirchen, so z. B. die St. Petri Kirche in Lübeck, die Hospitalkirche in Stuttgart, St. Reinoldi in Dortmund, St. Stephanie in Bremen, die Lutherkirche in Köln-Nippes, die St. Johanniskirche in Hamburg-Altona, die Marienkirche des Klosters Unser Lieben Frau in Magdeburg und St. Matthäus in Berlin.

---

33 Wenn Kirchen aufgegeben bzw. für anderweitige nicht-liturgische Nutzungen freigegeben werden, so spricht man von Profanierung. Eine aktuelle Umfrage der Deutschen Bischofskonferenz hat ergeben, dass vom derzeitigen Gebäudebestand von 24.500 Kirchen seit 1990 etwa 1,7 % ohne liturgische Nutzung verbleiben. Bis 2015 sind mit insgesamt 3 % zu rechnen, die von keiner Kirchengemeinde mehr genutzt werden (Mussinghoff 2006, S. 4).
34 Immer mehr deutsche, sowohl katholische als auch evangelische, Innenstadt-Kirchen arbeiten bewusst als „Citykirchen", die den ganzen Tag offen sind und vielfältige kulturelle Veranstaltungen bieten. Wegen ihrer zentralen Lage sind Citykirchen viel besuchte Räume des Dialogs zwischen Kirche und Kunst, Kultur oder Politik (von Bülow 2006, S. 18).

Die St. Matthäus Kirche in Berlin nimmt insofern eine Sonderstellung ein, als mit Gründung der Stiftung St. Matthäus (Kulturstiftung der Evangelischen Kirche Berlin-Brandenburg-Oberlausitz) eine Institution geschaffen wurde, die weitgehend unabhängig sein soll, „um den Dialog der Kirche mit den Künsten exemplarisch, dauerhaft und auf hohem Niveau zu führen" (Neubert 2006, S. 10).

4.2.4 Form und Inhalt der Angebote kultureller Bildung

„Die kirchliche Kulturarbeit zeichnet sich mithin durch eine institutionelle Vielfalt aus, der auch eine Pluralität der inhaltlichen Angebote entspricht. Sie erlaubt es, die Kulturarbeit von den Bedürfnissen der jeweiligen Adressaten her zu konzipieren und ermöglicht zugleich die Einbringung von historisch, soziokulturell und regional unterschiedlichen Erfahrungen" (Koch o.J.).

Im Folgenden soll exemplarisch dargestellt werden, welche Form und welchen Inhalt Angebote kultureller Bildung im Kontext kirchlicher Kulturarbeit haben können, sowie deutlich gemacht werden, dass diese Angebote in ihrem inhaltlichen und pädagogischen Profil stark vom kirchlichen Kontext geprägt sind. Es wurden Angebotsbeispiele gewählt, von denen wir laut Anbieter/inne/n wissen, dass sie zu einem hohen Prozentsatz von Menschen über 55 Jahren genutzt werden. Mit statistischen Daten kann diese Aussage nicht gestützt werden.

Angebote im Bereich Bildende Kunst
Die weiter oben erwähnte St. Matthäus Kirche bietet in ihrer Funktion als Kulturkirche eine Reihe von Angeboten der kulturellen Bildung an, deren Konzeption freilich auch durch ihre besondere örtliche Lage bestimmt wird. Die St. Matthäus Kirche ist umgeben von hochkarätigen Kulturinstitutionen, die gemeinsam das Berliner Kulturforum[35] bilden. Christhard-Georg Neubert, Direktor der Stiftung St. Matthäus, beschreibt das Programm der Stiftung als Versuch

> „das, was sich auf dem Berliner Kulturforum als herausfordernde Konstellation findet, zu einer gehaltvollen Auseinandersetzung von Theologie und Ästhetik umzuwandeln, die den Sinn des Unterscheidens zwischen den Sphären ebenso schärft, wie sie neue, aufregende Bezüge entdeckt. So steht das Programm zwangsläufig unter einer Spannung, die nicht ermäßigt werden kann, ohne dass auch die produktiven Energien verschwinden: nämlich Kirche und Kunst als wechselseitige Herausforderung zu begreifen" (Neubert 2006, S. 11).

Diese fruchtbare Auseinandersetzung zwischen Kirche und Kunst zeigt sich beispielsweise in der Veranstaltungsreihe „Christliche Bildbetrachtungen".

---

35 Das Kulturforum in der Nähe des Potsdamer Platzes umfasst: Neue Nationalgalerie, Gemäldegalerie, Kupferstichkabinett, Kunstbibliothek, Staatsbibliothek und Philharmonie.

> **Veranstaltungsreihe „Christliche Bildbetrachtungen"**
>
> Stiftung St. Matthäus in Kooperation mit der Gemäldegalerie der Staatlichen Museen zu Berlin
>
> Bei den Veranstaltungen geht es um eine Bilderschau aus verschiedenen Perspektiven: Ein Kunsthistoriker und ein Theologe bestreiten Themen der christlichen Ikonografie vor einem ausgewählten Bild in der Gemäldegalerie.
>
> www.stiftung-stmatthaeus.de (Stand: 06.11.07)

Auch im folgenden Beispiel, dem Projekt „artionale", geht es um den Dialog zwischen Kirche und Kunst. Und es geht um Kulturangebote, bei denen die Wechselwirkung von kirchlichen Räumen und künstlerischen Arbeiten erprobt werden soll, denn „Kunst verändert öffentliche Räume und wird umgekehrt durch vorhandene Raumqualitäten neu wahrgenommen" (von Gaffron 2007).

Allerdings bleibt es, so der Kurator des Projekts artionale 2007, Klaus von Gaffron, nicht bei einer architektonischen Auseinandersetzung. „Die Kunst in ihrer Eigenschaft, Fragen zu stellen, konfrontiert sich mit religiösen Gewissheiten und Fragestellungen. Beide Seiten profitieren jeweils von des anderen Sichtweise. Kunstwerke können sich der kirchlichen Vereinnahmung widersetzen und sind ein wichtiger Beitrag für offenes Sehen und Wahrnehmen" (ebd.).

Die Besucher/innen der artionale, darunter nach Aussagen der Veranstalter eine große Zahl älterer Menschen, werden ermutigt, sich aktiv mit Neuer Musik und Gegenwartskunst zu beschäftigen.

Kirchen als Anbieter kultureller Bildung

> *artionale – Tage für Neue Musik und Gegenwartskunst in Münchner Kirchen*
>
> Evangelisch-Lutherisches Dekanat in Kooperation mit evangelischen Kirchengemeinden
>
> Die artionale ist ein dekanatsweites Kunst- und Musikprojekt, das im Herbst 2007 zum vierten Mal stattfand. Unter dem Thema „leer stelle" präsentierten 14 Schau- und Hörplätze der evangelischen Kirche zeitgenössische Kunst und Musik. Vier Wochen lang wurden Skulpturen, Rauminstallationen, Bilder zum Thema „leer stellen" gezeigt, die durch den umgebenden sakralen Raum einen völlig neuen Kontext erhalten oder eigens dafür geschaffen wurden.
>
> Ein Beispiel aus dem Begleitprogramm der evangelischen Stadtakademie und dem evangelischen Bildungswerk:
> „Artionale Parcours – Wir besuchen gemeinsam einige besonders interessante Werke in den Gemeinden, diskutieren ihre Wirkung, knüpfen mit unseren eigenen Erfahrungen und Meinungen daran an. Das Seminar versteht sich auch als Einführung in Fragestellungen zeitgenössischer Kunst überhaupt (www.ebw-muenchen.de)"
>
> www.artionale.de (Stand : 06.11.07)

Angebote im Bereich Musik
Sowohl in den katholischen als auch evangelischen Kirchen gibt es eine beeindruckende Zahl von Chören: Es gibt 18.860 katholische Chöre und Musikgruppen mit 424.707 Laienmusiker/inne/n sowie 2.616 Instrumentalgruppen mit 24.287 Mitgliedern (Koch 2006, S. 18). In der evangelischen Kirche wurden 18.785 Kirchenchöre mit 369.691 Mitgliedern, 7.556 Posaunenchören mit 99.385 Mitgliedern und 8.488 sonstige Instrumentalkreise mit 60.315 Mitgliedern gezählt (von Bülow 2006, S. 17). Altersangaben zu

Kirchenchor, Protestantische Stadtkirche Annweiler
Foto: Frey

den Mitgliedern liegen uns nicht vor, jedoch ist davon auszugehen, dass ältere Menschen einen großen Teil der aktiven Teilnehmer/innen ausmachen.

Mit Bildungs- und Fortbildungsangeboten werden Kirchenmusiker/innen und Ehrenamtliche zur musikalischen Arbeit mit Gruppen befähigt. Eine Institution, die sich dieser Aufgabe in Niedersachsen annimmt, ist das Michaeliklos ter Hildesheim. Die Teilnehmer/innen haben die Möglichkeit, (neue) Methoden und Formen gottesdienstlicher und musikalischer Arbeit kennen zu lernen und einzuüben.

> „Neben liturgischen Werkstätten, Liedseminaren und theologischen wie musikwissen-schaftlichen Kursen steht zielgenaue Formbildung im Mittelpunkt: von der Stimmbildung über Orgelkurse und Dirigierkurse bis zur Einführung in historische Aufführungspraxis, von der Arbeit mit Kinderchören oder Jazz-Rock-Pop-Ensembles bis zur Einübung gestischer oder tänzerischer Ausdrucksformen hat alles seinen Platz" (Arnold 2006, S. 16).

Angebote im Bereich Buch und Literatur
Die Durchführung von Veranstaltungen ist ein wichtiger Bestandteil kirchlicher Büchereiarbeit.

Kirchliche öffentliche Büchereien - Statistik 2005		
Verbände	Büchereien	Veranstaltungen
Borromäusverein	2.720	30.124
St. Michaelsbund	1.154	11.670
Deutscher Verband Evangelischer Büchereien	938	8.641
Summe	**4.812**	**50.435**

Tab. 15: Kirchliche öffentliche Büchereien, Anzahl der Veranstaltungen
Quelle: Arbeitsgemeinschaft der kirchlichen Büchereiverbände Deutschlands; zit. nach Pitsch 2006, S. 11.

Bei diesen Veranstaltungen handelt es sich um Führungen durch die Büchereien, Lesenachmittage und -nächte für junge Leser/innen, spezielle Projekte für Kindergärten und Schulklassen, Ausstellungen, Präsentationen von Neuerwerbungen, um Autorenlesungen für Erwachsene, Literaturkreise usw. Ein Beispiel für einen Literaturkreis, an dem nach Auskunft der Bücherei vorwiegend ältere Menschen teilnehmen, wird im Folgenden vorgestellt.

> ***Erlesene Lebenswelten – Literarische Gesprächsabende***
>
> Katholische Öffentliche Bücherei St. Bonifatius, Frankfurt am Main
> Teil des Projekts Theologie und Literatur – „TheoLit" –, das von der Fachstelle für Büchereiarbeit in Limburg und dem Referat Theologische Erwachsenenbildung entwickelt wurde.
>
> Aus dem Ausschreibungstext:
> „An fünf Terminen wollen wir uns treffen, um über existentielle Fragen des Lebens zu sprechen, die wir in Büchern antreffen. [...] Ein Buch kann einen Blick in fremde Welten eröffnen, es gibt direkt oder indirekt Auskunft über die gesellschaftlichen Verhältnisse seiner Entstehungszeit und es ist ein Spiegel für die eigenen Befindlichkeiten, Werte und Erfahrungen. Jede Lektüre gleicht somit einer Entdeckungsreise auf verschiedenen Ebenen und kann von LeserIn zu LeserIn sehr unterschiedlich und vielfältig sein. Dadurch wird häufig der Wunsch nach Austausch mit anderen geweckt. Das Projekt ‚TheoLit' greift dies auf und bietet dazu Literaturgespräche unter fachlicher Leitung an. Wir beginnen mit dem Buch ‚Veronika beschließt zu sterben' von Paulo Coelho."
>
> www.koeb-ffm.de[36] (Stand: 06.11.07)

Ein weiteres Beispiel für eine Veranstaltung aus dem Bereich Literatur, bei der die Einbettung in einen kirchlichen Kontext deutlich die Wahl von Form und Inhalt beeinflusst, kommt aus München. Es ist zudem ein Beispiel für die Kooperation zwischen kirchlichen Bildungsträgern und Kirchengemeinden.

> ***Das Sagbare sagen – Sommerpredigten zur Lyrik***
>
> Evangelisches Bildungswerk München e.V. in Kooperation mit Münchner Kirchengemeinden
>
> Aus dem Ausschreibungstext:
> „In der ersten Jahreshälfte haben Menschen Gedichte eingereicht, die sie beschäftigt oder begleitet haben. Oder die sie ganz einfach lieben. Wir setzen diese Gedichte nun ins Zentrum von Gottesdiensten. Nehmen den fragenden, deutenden Faden der Texte auf und stellen sie vor theologischen Horizont. Das heißt: vorsichtiges Antwortgeben. Neues Fragen."
>
> www.ebw-muenchen.de/index.php?id=355 (Stand: 06.11.07)

---

36 Zum Projekt „TheoLit" vgl. www.lesen.bistumlimburg.de/index.php?_1=120909&_7=m_ 111819&_0= 14&sid=2c842be3acab0d59b682a394db6a006c (Stand: 06.11.07)

Kirchenführungen – ein Angebot aus dem Bereich der Kirchenpädagogik
Kirchenräume sind Ort, Gegenstand und Medium der Kirchenpädagogik. Mensch und Kirchenraum werden in Beziehung gebracht, dabei wird der Kirchenraum nicht nur sprachlich und visuell, sondern auch im Durchschreiten, Ertasten und Empfinden erschlossen. Kirchenpädagogik zeichnet sich daher durch seine methodische Vielfalt aus: Es stehen ästhetische, dramaturgische, körperbezogene, musikalische und meditative Vermittlungsansätze sowie klassische Methoden der Religionspädagogik zur Verfügung, die je nach Zielgruppe, Thema und örtlichen Rahmenbedingungen ausgewählt werden. Ziel der Kirchenpädagogik ist es, „Kirchenräume für Menschen [zu] öffnen und den Sinngehalt christlicher Kirchen mit Kopf, Herz und Hand [zu] erschließen und [zu] vermitteln, um so Inhalte des christlichen Glaubens bekannt zu machen und einen Zugang zu spirituellen Dimensionen zu ermöglichen" (Bundesverband Kirchenpädagogik e.V. 2002).

Das ursprüngliche Arbeitsfeld der Kirchenpädagog/inn/en ist die Bildungsarbeit mit Kindern und Jugendlichen, sie regt aber auch die gemeindepädagogische Arbeit mit Erwachsenen und die Arbeit mit „Touristen" an (ebd.).

Die hier beschriebenen Kirchenführungen unterscheiden sich von Führungen im Tourismusbereich durch ihr je eigenes pädagogisches und inhaltliches Profil. Konkret heißt das vor allem, dass die Menschen, die an Führungen teilnehmen, aktiv beteiligt werden sollen. Ihr Wissen und ihre Deutungspotenziale sollen wertgeschätzt werden, zur Sprache kommen und vertieft werden. Es sollen des Weiteren Glaubensinhalte vermittelt und Gespräche über die Glaubensfragen moderner Menschen angeregt werden. Die Vermittlung von Glaubensinhalten geschieht dabei nicht mehr nur auf der Ebene der Sprache. Es werden auch künstlerische und kreative Methoden angewendet, z. B. Experimentieren mit Klanginstallationen und Stimme. Um sich einen Kirchenraum mit den Dimensionen von Gesang, Gebet und Gottesdienst zu erschließen, wurde ein gregorianischer Gesang eines Vater Unsers an verschiedenen Orten der Kirche angestimmt (Rösener 2006, S. 57).

Kirchenführungen durch kirchenpädagogisch qualifizierte Kirchenführer/innen ist ein boomender Arbeitsbereich, was auch an der Zahl der an einer Fortbildung Interessierten abzulesen ist. Schätzungsweise durchliefen allein in den letzten fünf Jahren ca. 700 Personen im Raum der evangelischen Kirchen eine aufwendige Fortbildung (Dauer: zum Teil länger als zwölf Monate, mit 120 Unterrichtsstunden) (ebd.). Nach Aussage der von uns befragten Expert/inn/en sind sowohl die Kirchenführer/innen als auch die Teilnehmer/innen von Führungen zu einem großen Teil Menschen des dritten Lebensalters.

4.2.5 Entwicklungsperspektiven

Die Kirchen haben durch ihre Aktivitäten und Maßnahmen im kulturellen Bereich bewiesen, dass Kunst und Kultur eine sehr hohe Bedeutung beigemessen wird. Gerade in finanziell herausfordernden Zeiten wurden Zeichen gesetzt:

Die meisten der 23 Gliedkirchen der Evangelischen Kirche haben – zumeist neben- oder ehrenamtliche – Kunstbeauftragte ernannt, die die Kunst- und Kulturarbeit in der jeweiligen Landeskirche koordinieren. Anfang 2006 wurde ein Kulturbüro der EKD eröffnet und erstmalig eine hauptamtliche Kulturbeauftragte berufen (von Bülow 2006, S. 17). Ähnlich stellt es sich in den katholischen Kirchen dar: Heute unterhalten alle Bistumsverwaltungen hauptamtliche Fachstellen für die Belange der Kunst (Koch o.J.).

Von der Nähe zu den Bildungswerken und -akademien profitiert auch die pädagogische Arbeit im Kulturbereich. Die Qualität der ehrenamtlichen katholischen Kulturarbeit wird flächendeckend durch hauptamtlich geleitete Aus- und Weiterbildungsmaßnahmen flankiert. Sowohl die evangelische als auch die katholische Kirche ist um eine ausgewogene Balance zwischen Breiten- und Hochkultur sowie um die Schaffung kultureller Teilhabemöglichkeiten für alle bemüht.

Es zeigt sich, dass kirchliche Angebote am stärksten ältere Menschen erreichen. Die Frage, die sich für die Kirchen stellt, ist daher eher, wie auch jüngere sowie kirchenferne Menschen für die Angebote der Kirche interessiert werden können.

4.3 Gute Praxisbeispiele

Modellprogramm „Erfahrungswissen für Initiativen" (EFI)
Vom Bundesministerium für Familie, Senioren, Frauen und Jugend 2002 initiiert und bis 2006 in Kooperation mit zehn Bundesländern finanziert und durchgeführt. Aufgrund des Erfolgs werden die Projekte vielerorts vom Bundesland weiter getragen und auf kommunaler Ebene fortgeführt. Zu den Bildungsträgern gehörten auch viele kirchliche Bildungsinstitutionen. Das Modellprogramm verbindet die Bereitschaft zum Engagement, das reiche Erfahrungswissen und die vorhandenen Ressourcen der Beteiligten mit einer vorbereitenden und begleitenden Qualifizierung. Die Älteren entwickeln eigene Initiativen.
vgl. www.efi-programm.de (Stand: 06.11.07)

mobil*Kultur*
Freiwillig Engagierte in Kooperation mit dem Evangelischen Bildungswerk München e.V., der Münchner Volkshochschule und dem Alten- und Servicezentrum Obermenzing Alten und behinderten Menschen soll durch mobile Kulturangebote eine kulturelle Teilhabe ermöglicht werden. Das Projekt besteht aus Fortbildungsanteilen, gemeinsamen Planungsworkshops sowie begleiteter Praxis.
vgl. www.ebw-muenchen.de/index.php?id=444 (Stand: 06.11.07)

Kunst-Station Sankt Peter Köln
1987 vom Jesuiten Friedhelm Mennekes gegründetes Zentrum für zeitgenössische Kunst und Musik.
vgl. www.sankt-peter-koeln.de (Stand: 06.11.07)
Veranstaltungsreihe „Christliche Bildbetrachtungen"
Stiftung St. Matthäus in Kooperation mit der Gemäldegalerie der Staatlichen Museen zu Berlin
vgl. www.stiftung-stmatthaeus.de (Stand: 06.11.07)

artionale – Tage für Neue Musik und Gegenwartskunst in Münchner Kirchen
Evangelisch-Lutherisches Dekanat in Kooperation mit evangelischen Kirchengemeinden, mit Begleitprogramm.
vgl. www.artionale.de (Stand: 06.11.07)

Erlesene Lebenswelten – Literarische Gesprächsabende
Katholische Öffentliche Bücherei St. Bonifatius, Frankfurt am Main
Teil des Projekts Theologie und Literatur („TheoLit"), das von der Fachstelle für Büchereiarbeit in Limburg und dem Referat Theologische Erwachsenenbildung entwickelt wurde.
vgl. www.koeb-ffm.de
vgl. www.lesen.bistumlimburg.de/index.php?_1=120909&_7=m_111819&_0=14&sid= 2c842be3acab0d59b682a394db6a006c (Stand: 06.11.07)

Das Sagbare sagen – Sommerpredigten zur Lyrik
Evangelisches Bildungswerk München e.V. in Kooperation mit Münchner Kirchengemeinden
Selbst verfasste Gedichte werden ins Zentrum von Gottesdiensten gestellt.
vgl. www.ebw-muenchen.de/index.php?id=355 (Stand: 06.11.07)

Migrantenselbstorganisationen/Migrationsarbeit 163

5. Zwischen Heimat und Fremde – Integration durch kulturelle Bildung: Die Rolle der Migrantenselbstorganisationen und Einrichtungen der Migrationsarbeit

Abstract

Migration ist neben der Alterung der Bevölkerung ein zentraler Aspekt des demografischen Wandels, der die Gruppe der älteren Migrant/inn/en – die in der Gesamtbevölkerung am stärksten wachsende Gruppe – zunehmend in den Fokus von Politik und Forschung rücken lässt. Über die kulturellen Interessen älterer Migrant/inn/en ist bisher wenig bekannt, fest steht aber, dass diese vermutlich so heterogen wie die Gruppe selbst sind. Kultur spielt bei der Integration von Migrant/inn/en eine entscheidende Rolle, da über sie kultureller Austausch stattfinden kann und sie einen Weg zur Verständigung verschiedener Bevölkerungsgruppen darstellt. (Ältere) Migrant/inn/en werden bisher als Zielgruppe kaum angesprochen. Die klassischen kulturellen Institutionen und Infrastrukturen wie auch kommunale Kulturplanung sind auf den wachsenden Anteil von Migrant/inn/en nur unzureichend vorbereitet, was eine stärkere interkulturelle Orientierung notwendig macht.

Der Ausländeranteil in der Gesamtbevölkerung Deutschlands betrug 2005 mehr als acht Prozent. Fast 20 %dieser Gruppe war älter als 55 Jahre, die meisten stammen aus den so genannten ehemaligen Anwerbestaaten. Es gilt als gewiss, dass die Zahl der in Deutschland lebenden älteren Migrant/inn/en weiter zunehmen wird. Man kann davon ausgehen, dass ältere Migrant/inn/en besonders von gesundheitlichen Beeinträchtigungen betroffen sind und einen hohen Hilfebedarf haben. Die wirtschaftliche Situation dieser Gruppe ist im Vergleich zu den deutschen Gleichaltrigen deutlich schlechter und das Armutsrisiko ist erhöht. Neben dem Verbleib in Deutschland leben viele ältere Migrant/inn/en eine Pendelmigration, d. h. sie pendeln zwischen Deutschland und ihrem Herkunftsland. Die Deutschkenntnisse älterer Migrant/inn/en bewegen sich häufig auf einem mittleren bis sehr niedrigem Niveau. Sie verfügen häufiger als Deutsche über keinen Schulabschluss und keine abgeschlossene Berufsausbildung.

Trotz der geschilderten Umstände kann man davon ausgehen, dass die Mehrheit der älteren Migrant/inn/en ihren Lebensmittelpunkt auf Dauer in Deutschland hat und ihren Lebensabend hier verbringen wird. Die Partizipation am kulturellen und gesellschaftlichen Leben scheint aber durch den schlechteren Gesundheitszustand, schlechtere wirtschaftliche Verhältnisse, schlechte Deutschkenntnisse etc. erschwert.

Es wird der Frage nachgegangen, in welcher Form sich ältere Migrant/inn/en kulturell beteiligen. Hierbei muss in solche Angebote unterschieden werden, die sich explizit an Migrant/inn/en richten und solchen die ihnen prinzipiell offen stehen. Ein besonderes Augenmerk liegt auf den Orten, die schon seit langem Anlaufstellen für Migrant/inn/en sind und deren Angebote auch in Bezug auf Kultur und kulturelle Bildung häufig frequentiert werden. Kulturarbeit und kulturelle Bildung mit älteren Migrant/inn/en macht allerdings nur einen kleinen Teil am gesamten Angebotsspektrum der in der Migrations- und Kulturarbeit tätigen Träger aus. Wohlfahrtsverbände und vor allem Migrantenselbstorganisationen werden im Besonderen betrachtet. Letztere werden bezogen auf ihre Zielgruppenorientierung, ihre Arbeitsschwerpunkte und Themen genauer untersucht. Beispiele der guten Praxis werden vorgestellt.

Kulturinstitutionen müssen sich interkulturell stärker öffnen und sich mit ihren Angeboten auf diese neue Zielgruppe einstellen. Hier sind Anpassungen und Innovationen notwendig. Da der Kultur ein großes integratives Potenzial zugeschrieben wird, wird für dieses Handlungsfeld auch ein sehr hoher Entwicklungs- und Unterstützungsbedarf gesehen. Zur Förderung kultureller Beteiligung in der Gruppe der älteren Migrant/inn/en werden verschiedene Maßnahmen vorgeschlagen. Gleichzeitig wird ein hoher Forschungsbedarf angemeldet. Dies gilt für die Gruppe der Migrant/inn/en generell und für ältere Migrant/inn/en im Besonderen. Die Entwicklung neuer Bildungskonzepte für die Arbeit mit dieser Zielgruppe wird für notwendig erachtet. Es besteht ein hoher Weiterbildungsbedarf für die im Feld Tätigen.

Caught between homeland and new home – Integration through cultural education: The role of immigrant self-help organizations and institutions for immigration work

Abstract

Along with the aging population, immigration is another central aspect of demographic change, increasingly putting the group of older immigrants – the most rapidly growing group in the population – in the sights of politics and research. Little is known today about the cultural interests of older immigrants, but what can be stated with certainty is these interests are presumably just as heterogeneous as the group itself. Culture plays a vital role in the integration of immigrants since it provides an environment for cultural exchange and a pathway toward understanding between various groups of the population. (Older) immigrants have heretofore hardly been addressed as a discrete target group. The classical cultural institutions and infrastructures as well as municipal cultural planners are ill prepared to accommodate the growing proportion of immigrants in the population, a situation that will necessitate a stronger cross-cultural orientation.

The ratio of foreigners in Germany's overall population was more than eight percent as of 2005. Almost 20 percent of persons in this group were older than 55, with most of them coming from the so-called former „recruitment countries" where guest workers were actively recruited in the 1950s and 60s. We thus know for sure that the number of older immigrants living in Germany will continue to rise. We can assume that older immigrants will be affected to a greater extent by health problems and will have a great need of assistance. Compared to their German-born peers, the economic standing of this group is significantly lower and the risk of poverty higher. In addition to those who reside permanently in Germany, there are many older immigrants who commute regularly between Germany and their homeland. German language skills amongst older immigrants are often at an intermediate to very low level. They tend more frequently than Germans not to have completed school or vocational training.

Despite the circumstances described here, however, one can assume that the majority of older immigrants have made Germany their permanent home and will be spending their retirement years here. Due to what is in general their poorer state of health, worse economic status and low level of German language skills, etc., members of this group have greater difficulties participating in cultural and social life.

The question will be pursued of what form cultural participation by older immigrants might take. One must distinguish here between offerings explicitly addressed to immigrants and programs that are in principle open to anyone. Special attention will be paid to places that have long since become centres for immigrants, where cultural and cultural education offerings are particularly well attended. Cultural work and cultural education with older immigrants accounts however for only a small portion of the entire range of activities offered by the institutions active in immigration and cultural work. A closer look will be taken especially at charitable associations and immigrant self-help organizations. The latter will be examined in terms of their target-group orientation, the focuses of their work and the topics they address. Examples of good practice will be presented.

Cultural institutions must open themselves up more to cross-cultural currents and adapt their offerings to this new target group. Adjustments and innovations are called for in this respect. Since a pronounced integrative potential can be attributed to cultural activities, there is consequently a great need for further development and support here. Various measures will be suggested for fostering cultural participation by the group of older immigrants. At the same time, we ascertain the need for much more research in this field. This applies to the group of immigrants in general and older immigrants in particular. The development of new educational concepts for working with this target group is deemed necessary. There is a great need for advanced training for those involved in this field.

> „Wir (Sozialarbeiter, Lehrer, Seelsorger etc., die mit den ersten Migranten zusammenarbeiten, die inzwischen das Rentenalter erreicht haben) haben begriffen, dass wir hier in der ersten Generation von Migranten ungeahnte Potenziale haben, die aufgrund einer unzureichenden Bildung in früheren Lebensphasen nicht zur Entfaltung kommen konnten. Und jetzt, wo sie nicht mehr täglich acht Stunden arbeiten müssen, sondern viel Freizeit haben, können wir mit diesen Menschen eine Form von Bildung ansiedeln, die gut angenommen wird. Kulturelle Bildung hat sich hierbei als besonders ergiebig erwiesen. Diese Menschen – die meisten sind nur fünf oder weniger Jahre zur Schule gegangen – haben nicht nur wenige Jahre eine Schule besucht, sondern sie haben sehr häufig sehr negative Erfahrungen mit Schule gemacht. Deshalb sind Formen der kulturellen Bildung eher dazu geeignet Selbstpräsentation und Lernen zu ermöglichen als herkömmliche Lernformen. Und kulturelle Bildung hat ausgezeichnet bei verschiedenen Projekten funktioniert, die andere Kollegen und ich in den vergangenen 30 Jahren geleitet bzw. in denen wir involviert waren."
>
> Dr. José Sánchez-Otero, Leiter des Projektes Adentro
in der Modellphase 1994–1997[37], im Expertengespräch

Migration und Alterung der Bevölkerung – dies sind zwei zentrale Aspekte des demografischen Wandels, die die Gruppe der älteren Migrant/inn/en auch zunehmend in den Fokus von Politik und Forschung rücken lässt.

Foto: Conny Groot

Aus der zunehmend zahlenmäßigen Bedeutung dieser Bevölkerungsgruppe – sie stellen die in der Gesamtbevölkerung am stärksten wachsende Gruppe dar – wird häufig die Notwendigkeit gezielter sozialpolitischer Maßnahmen und Planungen für ältere Migrant/inn/en abgeleitet (Zeman 2005, S. 6). Auffällig ist jedoch, dass die Diskussion um neue Anpassungsanforderungen meist im Kontext des Altenhilfesystems geführt wird, wie etwa unter dem Stichwort interkulturelle Öffnung des Gesundheitswesens und kultursensible Altenhilfe. Andere Aspekte bleiben bisher weitgehend ausgeblendet.

Über die kulturellen Interessen von älteren Menschen mit Migrationsgeschichte ist bisher sehr wenig bekannt. Fest steht jedoch, dass diese Bevölkerungsgruppe aufgrund ihrer Heterogenität, d. h. je nach kulturellem und religiösem Hintergrund, je nach Bildung, Einkommen und Gesundheitszustand ebenso unterschiedliche Kulturbedürfnisse aufweisen wird (MGFFI NRW 2007b, S. 18).

---

37 Dieses Projekt ist als gutes Praxisbeispiel weiter unten beschrieben.

Das Augenmerk verstärkt auf die Zielgruppe der Migrant/inn/en – alten wie jungen – zu richten, bietet sich für die kulturellen Institutionen allein aus wirtschaftlichen Gründen an, wenn sie ihre Besucherzahlen halten wollen. Gleichzeitig spielt Kultur bei der Integration von Migrant/inn/en eine wichtige Rolle, denn der kulturelle Austausch und das gemeinsame Schaffen und Erleben von Kultur wird als einer der wirkungsvollsten Wege zur Verständigung unterschiedlicher Bevölkerungsgruppen angesehen. Da kulturelle Bildung Kreativität, Ausdrucks- und Gestaltungsfähigkeit im Zusammenleben mit anderen ermöglicht und fördert, nimmt sie für den interkulturellen Dialog einen wichtigen Platz ein. Angemerkt sei an dieser Stelle, dass mit kultureller Teilhabe allein die Integration von Migrant/inn/en in die Gesellschaft natürlich nicht zu erreichen ist, vielmehr umfasst sie auch eine ökonomische, soziale und politische Dimension.

Im Hinblick auf kulturelle Teilhabe ist aber nach wie vor festzustellen, dass die klassischen kulturellen Institutionen und Infrastrukturen wie auch die kommunale Kulturplanung auf den wachsenden Anteil von Menschen mit Migrationshintergrund unzureichend vorbereitet sind. Eine stärkere interkulturelle Orientierung ist daher dringend notwendig.

Eine sekundäranalytische, auf empirisches Material zurückgreifende Studie zum Thema „Kulturelle Bildung von Migrant/inn/en", zusätzlich mit dem Fokus auf die Gruppe der älteren Migrant/inn/en, ist angesichts der Datenlage zum jetzigen Zeitpunkt nicht zu leisten.

Im Rahmen der zweiten Welle des Alterssurveys von 2002 (dritte Welle in Vorbereitung) wurde erstmals versucht, die in Deutschland lebenden 40- bis 85-jährigen Nicht-Deutschen in eine umfassende Untersuchung der „zweiten Lebenshälfte" einzubeziehen. Vor allem aufgrund der relativ kleinen Ausländerstichprobe ist es jedoch nicht möglich, ein umfassendes und durchgängig scharfes Bild der älteren Migrant/inn/en zu zeichnen. Die Expertise „Ältere Migranten in Deutschland", die im Jahr 2005 für das Bundesamt für Flüchtlinge und Migration erarbeitet wurde, will hier Abhilfe schaffen. Aus dieser Expertise haben wir wichtige Daten und wertvolle Hinweise bezüglich der Lebenslage der älteren Migrant/inn/en gewonnen. Doch auch hier gilt: Kultur und Alter ist kein Untersuchungsgegenstand.

5.1   *Demografische Struktur und Lebenssituation im Alter*

> „Die Lebenssituation im Alter ist immer auch biographisch bedingt. Das gilt für jeden. Migrantenbiographien können jedoch spezifische Belastungen mit sich bringen, deren Folgen im Alter kumulieren." (Zeman 2005, S. 36)

Im Folgenden soll knapp auf die Altersstruktur der ausländischen Bevölkerung sowie auf einige wichtige Dimensionen der Lebenssituation dieser Bevölkerungsgruppe eingegangen werden. Mit einigen Thesen zu älteren Migrant/inn/en als Kulturnutzer/innen und Teilnehmer/innen kultureller Bildung schließt das Kapitel.

Alter der ausländischen Bevölkerung

Unter Ausländer/inn/en versteht der Mikrozensus 2005 zugewanderte Ausländer/innen der ersten Generation sowie in Deutschland geborene Ausländer/innen der zweiten und dritten Generation. Eingebürgerte Personen und Aussiedler/innen sind demnach nicht in der unten aufgeführten Statistik enthalten, obwohl sie Menschen mit Migrationshintergrund sind.[38]

Der Ausländeranteil an der Gesamtbevölkerung betrug 2005 8,2 %, das sind – wie Tabelle 16 zu entnehmen ist – 6,7 Mio. Personen. 17 % der in Deutschland lebenden Ausländer waren am 31.12.2005 in den uns interessierenden Altersgruppen, d. h. älter als 55 Jahre. Bezogen auf die gesamte Bevölkerung konstatierte das Statistische Bundesamt Ende 2005, dass der Altersaufbau sich weiter in Richtung der älteren Generation verschoben hat. Insbesondere stieg die Zahl der Senior/inn/en, die mindestens 60 Jahre alt waren. Hatte diese Zahl 1990 noch 16,3 Mio. betragen, so gehörten im Jahr 2005 dieser Altersgruppe 20,5 Millionen Personen an, das heißt 25 % der Bevölkerung. Wie Tabelle 16 zeigt, sind 11 % der ausländischen Bevölkerung über 60 Jahre alt. Die Gruppe der Ausländer/innen in Deutschland ist somit vergleichsweise jung.

Ausländische Bevölkerung	Altersgruppen				
	Insgesamt	jünger als 55 J.	55–59 J.	60–64 J.	65 J. und älter
in Tausend	6.756	5.603	412	299	442
in %	100	83	6	4,5	6,5
			17		

Tab. 16: Ausländische Bevölkerung nach Altersgruppen im Jahr 2005
        Altersgruppen
Quelle: BAMF 2005; Basisdaten: Statistisches Bundesamt, Ausländerzentralregister

Es gilt als gewiss, dass die Zahl der in Deutschland lebenden älteren Migrant/inn/en weiter zunehmen wird. Das Deutsche Zentrum für Altersfragen geht davon aus, dass die Zahl der in Deutschland lebenden Migrant/inn/en über 60 Jahre bis 2010 auf 1,3 Millionen und bis 2030 auf 1,9 Millionen ansteigen wird (vgl. Forschungsgesellschaft für Gerontologie/Stiftung Zentrum für Türkeistudien 2006, S. 6). Vorhersagen über Fluk-

---

38 Auf die problematische Datenlage geht Zeman in seiner Expertise für das Bundesamt für Flüchtlinge und Migration ein. „Die Melderegister wie auch das Ausländerzentralregister basieren nicht auf einem Migrationskonzept, sondern auf dem ‚Ausländerkonzept', welches angesichts der zunehmenden Zahl der Einbürgerungen und der Personen, die die deutsche Staatsbürgerschaft durch Geburt in Deutschland erwerben, sowie der hohen Zahl an Spätaussiedlern nur bedingt Aussagen über die Migrantenbevölkerung im engeren Sinne erlaubt (vgl. Haug,2005, S. 3)." Aber selbst die Bestandsdaten stellen aufgrund der mangelnden Datenqualität der Register (fehlende An- und Abmeldungen, lückenhafte Erfassung und Weiterleitung, fehlende Aktualisierung etc.) eher Tendenzwerte dar (Zeman 2005, S. 6 f.).

tuationen durch Zu- und Abwanderungen und Einbürgerungen lassen sich allerdings nur schwer treffen, daher können Prognosen auch nur mit Vorbehalt ausgesprochen werden.

Die meisten Ausländer/innen über 60 Jahren kommen aus den ehemaligen Anwerbestaaten, relativ wenige ältere Menschen sind der Gruppe der afrikanischen oder asiatischen Ausländer/innen zuzuordnen.[39]

Lebenssituation im Alter

Einige zentrale Dimensionen der Lebenssituation älterer Migrant/inn/en sollen im Folgenden kurz dargestellt werden. Inwieweit diese in Bezug auf das Thema kulturelle Bildung relevant sein könnten, wird im Anschluss reflektiert.

Gesundheit
Die Möglichkeiten sein Leben aktiv zu gestalten werden im Alter sehr stark von der gesundheitlichen Situation bestimmt. Empirisch gesicherte repräsentative Untersuchungen zum Gesundheitszustand älterer Migrant/inn/en existieren bislang nicht. Auf der Grundlage der verfügbaren Studien kann jedoch auf eine besondere Betroffenheit älterer Migranten durch gesundheitliche Beeinträchtigungen und einen hohen Hilfebedarf geschlossen werden (z. B. Freie und Hansestadt Hamburg 1998, MFJFG NRW 2000). „Dies wird vor allem auch auf Lebenslagefaktoren wie geringes Einkommen, geringes formales Bildungsniveau und schlechte Wohnbedingungen zurückgeführt, die in ihrer Kumulation zu erhöhter Morbidität und Mortalität beitragen" (Zeman 2005, S. 36).

Die meisten Migrant/inn/en der ersten Generation haben ein mit vielen Gesundheitsrisiken verbundenes Arbeitsleben hinter sich (Akkord- und Schichtarbeit, körperlich schwere Arbeit, Lärm- und Hitzebelastung, Umgang mit toxischen Stoffen, statt Erholungspausen dauerhaft Überstunden etc.). Die psychische Gesundheit ist ein weiterer Aspekt: „Die Bedingungen der Migration und des Lebens in der Fremde, die biographischen Brüche und kulturellen Ambivalenzen waren selbst häufig eine Quelle von Stress, dessen gesundheitsbelastende Auswirkungen sich im Alter als Krankheit manifestieren. Das Krankheitsspektrum älterer MigrantInnen spiegelt zum einen die arbeitsbedingten körperlichen Belastungen wieder, zum anderen Somatisierungstendenzen bei psychischen Störungen und Erkrankungen" (ebd.).

Einkommen
Rentenzahlungen sind sowohl die wichtigste als auch häufig die einzige Einkommensquelle für ältere Migrant/inn/en. Da der Rentenbezug von der Erwerbsbiografie

---

39 „60 Jahre und älter waren im Jahr 2003 19,8 % aller Ausländer aus Spanien, 16 % aus Kroatien, 15,5 % aus Griechenland, 12,1 % aus Italien, 10,8 % aus Serbien und Montenegro, je 10,2 % aus Portugal und der Türkei und 9,1 % aus Bosnien-Herzegowina. Jedoch hatten nur 4,4 % aus Afrika und 4,2 % aus Asien dieses Alter erreicht (Beauftragte der Bundesregierung für Migration, Flüchtlinge und Integration 2005, S. 88).

abhängt und Migrant/inn/en i. d. R. eine geringere Beitragshöhe und -dauer[40] vorweisen können, haben sie generell niedrigere Rentenanwartschaften als Deutsche.

So wurden im Sozioökonomischen Panel deutlich höhere Armutsrisikoquoten für Ausländer/innen ab 60 Jahren als für Deutsche der gleichen Altersgruppe ermittelt. Während das Armutsrisiko bei Deutschen 9,7 % beträgt, liegt dieses für Ausländer/innen bei 32,1 Prozent.

Wie Tabelle 17 zu entnehmen ist, gibt es innerhalb der Bevölkerungsgruppe der älteren Migrant/inn/en nochmals große Einkommensunterschiede.

	Deutsche	Türkei und Ex-Jugoslawien	EU-Anwerbestaaten	Aussiedler/inn/en
Durchschnittseinkommen[1]	1.470,20	816,20	1.190,70	1.043,70
Armutsrisikoquote[2]	9,7 %	35,5 %	22,7 %	25,7 %

Tab. 17: Haushaltsdurchschnittseinkommen und Armutsrisikoquote der Deutschen und Ausländer/innen ausgewählter Staaten ab 60 Jahre im Jahr 2003
[1] Äquivalenzgewichtetes monatliches Netto-Einkommen des Haushalts
(Gesamtheit aller Einkommensarten)
[2] Die Armutsrisikoschwelle von 60 Prozent
Quelle: SOEP Deutsches Institut für Wirtschaftsforschung 2003, zit. nach Zeman 2005, S. 31.

Pendelmigration
Obwohl das Migrationsziel der Arbeitsmigrant/inn/en der 1960er und 1970er Jahre ein besseres Leben in der Heimat war und somit eine spätere Rückkehr geplant war, entscheiden sich die meisten für den Verbleib in Deutschland oder für eine Pendelmigration. Gründe hierfür sind vor allem die familiären Bindungen, eine bessere gesundheitliche Versorgung in Deutschland und eine Entfremdung von der Heimat. Das Pendeln, das durch den doppelten Bezug zum Herkunfts- und Aufnahmeland motiviert ist, kann als pragmatischer Umgang mit den Ressourcen in beiden Ländern interpretiert werden. Beispielsweise verfügen ältere Migrant/inn/en im Herkunftsland nicht selten über bessere Wohnbedingungen als in Deutschland, die relativ niedrigen Renten stellen beim Transfer ins Herkunftsland ein wesentlich höheres Einkommen dar als in Deutschland. Das Pendeln ist eine Form aktiver Altersgestaltung, die erhebliche organisatorische Kompetenzen erfordert (vgl. Dietzel-Papakyriakou 2004 u. a., zit. nach Zeman 2005, S. 74).

---

40 Die geringere Beitragshöhe und -dauer ist Folge geringerer Qualifikation, schlechter bezahlter Tätigkeiten bzw. Folge eines im Vergleich zu deutschen Arbeitnehmer/inn/en späten Einstiegs in die Versicherungspflicht und eines unvollständigen Versicherungsverlaufs z. B. durch Arbeitslosigkeit oder zwischenzeitliche Rückkehr.

Bildungsstand/Deutschkenntnisse
Durch die Ausländerstichprobe im Alterssurvey 2002 konnten Daten über den Bildungsstand der 40- bis 85-jährigen Ausländer/innen gewonnen werden. Der Vergleich mit den gleichaltrigen Deutschen hat teilweise große Unterschiede im Bildungsniveau ergeben. Während die deutschen Befragten zu 99 % angaben, die Pflichtschule oder eine weiterführende Schule mit einem Abschluss beendet zu haben, gilt dies nur für 80 % der ausländischen Befragten (gar kein Schulbesuch: 6 %; Schulbesuch ohne Abschluss: 15 %). Innerhalb der ausländischen Bezugsgruppe gibt es jedoch wiederum große Unterschiede. So verfügen zum Beispiel Menschen aus den GUS-Staaten häufig über höhere Schulabschlüsse, während Türk/inn/en sehr viel häufiger gar keinen Schulabschluss vorweisen können. So hat die Stiftung Zentrum für Türkeistudien im Rahmen der achten Mehrthemenbefragung (2006) – bezogen auf in NRW lebende Frauen und Männer türkischer Herkunft – ermittelt, dass 55,9 % der Männer, die 60 Jahre und älter sind, sowie 50,0 % der Frauen dieser Altersgruppe nur die Grundschule oder keine Schule besucht haben (Stiftung Zentrum für Türkeistudien 2007, S. 58). Der Alterssurvey 2002 hat zudem ergeben, dass 85,3 % der Deutschen über eine abgeschlossene Berufsausbildung verfügen (68 % nicht-akademische Ausbildung/ 17,3 % Studium), aber nur 62,6 % der Ausländer/innen (57,5 % nicht-akademische Ausbildung/5,1 % Studium) (zit. nach Zeman 2005, S. 28).

Die Deutschkenntnisse der ehemaligen „Gastarbeiter/innen" bewegen sich trotz langer Aufenthaltsdauer bei den meisten eher auf mittlerem bis sehr niedrigem Niveau. Die häufig geringe Schulbildung dieser Bevölkerungsgruppe wurde bereits angesprochen, zudem ist die erste Generation der Migrant/inn/en erst im Erwachsenenalter nach Deutschland gekommen. Wegen der vermeintlich kurzen Aufenthaltsdauer und dem niedrigen Beschäftigungsniveau als ungelernte Arbeiter/innen wurde weder von Seiten der Migrant/inn/en noch von Seiten der Mehrheitsbevölkerung auf den Spracherwerb Wert gelegt. Eine systematische Sprachförderung blieb daher aus, was sich auch in den Ergebnissen der Mehrthemenbefragung widerspiegelt (Stiftung Zentrum für Türkeistudien 2007, S. 61 f.).

Befragt nach der subjektiven Einschätzung der Sprachkenntnisse (bezogen auf die Fertigkeit Verstehen) gaben die Migrant/inn/en türkischer Herkunft, die der Altersgruppe 60 Jahre und älter angehören, folgende Antworten:
>> sehr gute/gute Deutschkenntnisse: 27,6 %,
>> mittelmäßige Deutschkenntnisse: 46,7 %,
>> schlechte/sehr schlechte Deutschkenntnisse: 25,7 % (vgl. ebd., S. 64).

Schlussfolgerungen
Die Mehrheit der älteren Migrant/inn/en hat vermutlich – trotz weiter bestehender Rückkehrwünsche und transnationaler Mobilität – ihren Lebensmittelpunkt auf Dauer in Deutschland und wird ihren Lebensabend hier verbringen (Zeman 2005, S. 11).

Die Möglichkeiten für eine aktive Lebensgestaltung werden durch das verfügbare Einkommen und den Gesundheitszustand mitbestimmt. Die wirtschaftliche Situation der älteren Migrant/inn/en ist im Vergleich zu den deutschen Gleichaltrigen deutlich schlechter. Auch wenn keine gesicherten Daten zur Gesundheitssituation der älteren Migrant/inn/en vorliegen, ist auch hier von überdurchschnittlichen Beeinträchtigungen auszugehen.

Der geringe Bildungsstand und die unzureichenden Deutschkenntnisse der älteren Migrant/inn/en erschweren zusätzlich eine Partizipation am kulturellen und gesellschaftlichen Leben. Wie Keuchel belegt hat, besteht ein starker Zusammenhang zwischen (Schul)Bildungsniveau und dem Interesse am Kulturgeschehen (Keuchel/Zentrum für Kulturforschung 2003, S. 97). Wird neben dem Bildungsgrad die kulturelle Herkunft hinzugezogen, wird deutlich, dass der Einfluss des Herkunftslandes eher sekundär ist und vor allem die Schulbildung das Kulturinteresse beeinflusst (ebd., S. 144).

Kann aus den bisherigen Ausführungen geschlossen werden, dass ältere Migrant/inn/en sich nicht als Kulturnutzer/innen und Teilnehmer/innen kultureller Bildung eignen? Sprechen zu viele Hindernisse gegen eine Teilhabe dieser bildungsfernen Bevölkerungsgruppe an Kulturangeboten? Zur Beantwortung dieser Fragen soll die Defizitsicht verlassen werden. Stattdessen sollen einige Aspekte aufgeführt werden, die für ein größeres Engagement in puncto kultureller Beteiligung älterer Migrant/inn/en sprechen:
>> Ebenso wie bei den einheimischen Senior/inn/en handelt es sich bei den älteren Migrant/inn/en um eine sehr heterogene Bevölkerungsgruppe. Es fehlen nach wie vor grundlegende empirisch belegte Daten zur kulturellen Bildung älterer Migrant/inn/en. Im KulturBarometer 50+ des Zentrums für Kulturforschung (2008) wurde die Gruppe der älteren Migrant/inn/en zwar berücksichtigt, jedoch mit einer relativ kleinen Fallzahl und nicht mit einem gesonderten Fokus auf kulturelle Bildung, sondern auf das kulturelle Verhalten im Allgemeinen.
>> Die Tatsache, dass ältere Migrant/inn/en von Seiten der deutschen Kultur- und Bildungseinrichtungen bisher wenig beachtet und kaum systematisch in die Angebotsentwicklung einbezogen wurden, heißt nicht, dass diese keinerlei Vorerfahrung mit Kulturangeboten haben. Vielmehr spricht viel dafür, dass Kultur, häufig in Form von Heimat-Kulturpflege und als Anlass für geselliges Beisammensein, immer wichtiger Bestandteil des Lebens war.
>> Die in zentralen Dimensionen vorliegenden Defizite müssen bei einer realistischen Planung von Angebots- und Beteiligungsformen berücksichtigt werden. Sie dürfen jedoch nicht so sehr in den Vordergrund rücken, dass darüber die besonderen Potenziale, die Migrant/inn/en durch ihre Migrationserfahrung und ihren doppelten Bezug zu Heimat- und Aufnahmeland haben, vergessen werden. Das kulturelle Leben der (älteren) Migrant/inn/en muss stärker in das Gesichtsfeld der deutschen Öffentlichkeit gerückt werden. Von kultureller Vielfalt profitieren alle.
>> Aus Beispielen kultureller Aktivitäten älterer Migrant/inn/en und älterer Einheimischer wissen wir, dass Kunst und Kultur und die dort möglichen ganzheitlichen, sinnlichen Ausdrucksformen eine hervorragende Möglichkeit sind, eigene – auch schmerzliche, konflikthafte – Erfahrungen auszudrücken und mitzuteilen. Hier

liegt die besondere Chance, Kunst und Kultur für Prozesse der Integration und Verständigung zu nutzen.
>> Die Tatsache, dass viele Migrant/inn/en im Alter einen Teil des Jahres in Deutschland und einen Teil in ihrem Herkunftsland verbringen, muss bei der Entwicklung von Bildungsangeboten für diese Zielgruppe mit bedacht werden. Da nach den Erfahrungen vieler Anbieter ältere Migrant/inn/en nicht bereit sind, solche Angebote finanziell ausschließlich selbst zu tragen, wird es grundsätzlichen Subventionierungsbedarf geben.

5.2 Orte und Träger kultureller Bildung

Mit Verweis auf die Ergebnisse der Arbeitsgruppe Kultur, die im Rahmen des Nationalen Integrationsplans (Böhmer 2007) gebildet wurde, konstatiert Maria Böhmer, Beauftragte der Bundesregierung für Migration, Flüchtlinge und Integration, dass Daten zum Kulturverhalten speziell von Migrant/inn/en bisher nicht vorliegen. „Die Frage, ob und in welchem Maße Migranten eigentlich welche Kultureinrichtungen und Angebote nutzen, lässt sich für viele Kultursparten und Institutionen kaum oder gar nicht beantworten. Feststellen lässt sich jedoch, dass Migranten bisher kaum als Zielgruppen angesprochen werden" (ebd., S. 2).

Foto: Conny Groot

Grundsätzlich muss unterschieden werden zwischen Angeboten der kulturellen Bildung, die sich dezidiert an Migrant/inn/en richten und an Orten stattfinden, die diesen gut bekannt sind, und solchen Angeboten, die prinzipiell allen offen stehen und von „deutschen" Institutionen durchgeführt werden. Diese letztgenannten Angebote können auch ausdrücklich eine interkulturelle Zielsetzung haben. Es ergeben sich somit Schnittstellen zu anderen in diesem Band beschriebenen Praxisfeldern. In diesem Kapitel liegt ein besonderes Augenmerk auf den Orten, die schon seit langem Anlaufstelle für Menschen mit Migrationshintergrund sind und deren Angebote, so die Aussage von Expert/inn/en, auch in Bezug auf Kultur und kulturelle Bildung häufig frequentiert werden. Diese sind v. a.:
>> Migrantenselbstorganisationen,
>> Wohlfahrtsverbände,
>> kirchliche Einrichtungen sowie
>> soziokulturelle Einrichtungen.

Soweit es nicht um voll integrierte ältere Migrant/inn/en geht, die ganz selbstverständlich am sozialen, kulturellen, politischen und Arbeitsleben der Aufnahmegesellschaft teilgenommen haben bzw. teilnehmen, sind für *ältere* Migrant/inn/en unserer Einschätzung nach vor allem die Migrantenselbstorganisationen, Wohlfahrtsverbände und kirchlichen Einrichtungen relevant.

Migrantenselbstorganisationen

> „Migrantenorganisationen sind sehr wichtig. Einmal zur Alltagsbewältigung, denn sie bieten so etwas wie praktische Sozialarbeit an. Sie tradieren aber auch die Kultur, vor allem die Sprache, dieser Menschen an die im Zuwanderungsland aufwachsenden Generationen weiter. Insofern sind Migrantenorganisationen de facto kulturelle Institutionen. Und sie tragen dazu bei, dass das, was sich so mehr oder weniger ungeplant in den verschiedenen Communities entwickelt, verständlich und vermittelbar wird für die Aufnahmegesellschaft. Migrantenorganisationen sind tatsächlich so etwas wie tragende Säulen von Kultur. So wie die verschiedenen ethnischen Gruppierungen hier sind und sich zusammenfinden, ‚verlebendigen' sie das, was sie mitbringen an Sprache, an Sitten, Alltagsbewußtsein, Tanz und Musik."
>
> Dr. José Sánchez-Otero, Leiter des Projektes Adentro
> in der Modellphase 1994–1997, im Expertengespräch

Migrantenselbstorganisationen (MSO) sind informelle (z. B. Initiativgruppen) oder formalisierte (z. B. Vereine) freiwillige Zusammenschlüsse von Migrant/inn/en, um bestimmte gemeinsame eigene Ziele zu verfolgen. Sie nehmen als Orte für kulturelle Bildung eine Schlüsselstellung ein. Es zeichnet sie eine große Nähe zu den Mitgliedern der Communities aus. Dies macht eine bedarfsgerechte Angebotsplanung möglich. Zum anderen fungieren sie aufgrund ihrer hohen Akzeptanz oft als Vermittler und Türöffner, so auch bei der Realisation interkultureller Kultur- und Bildungsangebote in anderen institutionellen Kontexten. Es lässt sich feststellen, dass erfolgreiche Projekte im Handlungsfeld Kultur, wie z. B. multikulturelle Seniorenbüros, Begegnungszentren oder Modellprojekte sowie kommunale Ansätze zur Schaffung integrationsfördernder Strukturen auf die Mitwirkung von und Zusammenarbeit mit MSO zurückzuführen sind (MGFFI NRW 2007b, S. 18). Trotz der geringen Fallzahl älterer Migrant/inn/en im KulturBarometer 50+ (Zentrum für Kulturforschung 2008, S. 34 f.), wird in dieser Untersuchung bestätigt, dass sich die kulturelle Aktivität älterer Migrant/inn/en vorwiegend in Organisationsstrukturen vollziehen, in denen die Kultur des Heimatlandes thematisiert werden.

Die Selbstorganisationen von Migrant/inn/en zeichnen sich durch große Pluralität aus. Der Großteil der MSO sind eingetragene Vereine. Unterschiede zeigen sich neben der Zusammensetzung[41] und Größe der Mitgliedschaft v. a. in der Zielgruppenorien-

---

41 MSO können in herkunftshomogene und herkunftsheterogene Zusammenschlüsse unterschieden werden. Mitglieder einer herkunftshomogenen Organisation kommen aus einem einzigen Land, einer einzigen Region oder Stadt oder einer bestimmten religiösen oder ethnischen Gruppe. Herkunftsheterogene Organisationen werden von Ausländer/inn/en unterschiedlicher Nationalität, eventuell

tierung, den Arbeitsschwerpunkten, in der unterschiedlich ausgeprägten Orientierung am Herkunftsland oder der Aufnahmegesellschaft[42] sowie in der Beziehung zu deutschen Organisationen in Form von Arbeitskontakten oder Mitgliedschaften in Wohlfahrtsverbänden, Gewerkschaften, Sportvereinen, Kirchen und Parteien (MASSKS NRW 1999, S. 2 f., S. 77 f.).

Die eigenethnische Organisation erfolgt selektiv und zwar vor allem in den Bereichen, in denen es keine alternativen Angebote in deutschen Organisationen gibt. Es handelt sich hierbei in erster Linie um die Bereiche Religion und Herkunftskultur (Halm/Sauer 2005, S. 39).

Wohlfahrtsverbände und Kirchliche Einrichtungen

Die Tradition der Betreuung von Ausländer/inne/n durch die Wohlfahrtsverbände wurde mit der Massenanwerbung ausländischer Arbeitskräfte in den 1950er und 1960er Jahren fortgesetzt[43], ohne jedoch gesetzlich geregelt worden zu sein. Durch informelle Gespräche zwischen Vertretern des Staates und der Verbände wurden die Migrant/inn/en nach ihrer Konfessionszugehörigkeit auf die Caritas, Diakonie und AWO „verteilt":
>> Caritas: Italiener/innen, Spanier/innen, Portugies/inn/en, teilweise Jugoslaw/inn/en,
>> Diakonie: Griech/inn/en, teilweise Jugoslaw/inn/en,
>> AWO: Türk/inn/en, Jugoslaw/inn/en, Marokkaner/innen, Tunesier/innen.

Die Verbände übernahmen die Betreuung wie auch die Advokatenfunktion. Die Betroffenen wurden bei der Artikulation und der Lösung ihrer Probleme durch die Verbände in den ersten Jahrzehnten weitgehend ausgeschlossen, da eine institutionalisierte demokratisch legitimierte Interessenvertretung fehlte. Dieses Defizit und solche bei den Betreuungsangeboten deutscher Wohlfahrtsverbände führten ab den 1960er Jahren zur Gründung von MSO. Zwischen den MSO und den Wohlfahrtsverbänden bestanden und bestehen jedoch weiterhin Verbindungen. So sind viele MSO Vollmitglied oder kooperatives Mitglied bei einem der Wohlfahrtsverbände (DRK, Caritas, Diakonie, AWO, Paritätischer).

Nach einer Umstrukturierung der Migrationsberatung sind heute alle Wohlfahrtsverbände für alle Migrantengruppen zuständig. Für viele Migrant/inn/en der ersten Ge-

---

auch unter Beteiligung von Deutschen, getragen. Nur bei einer Dominanz nichtdeutscher Mitglieder sollten solche Organisationen als MSO bezeichnet werden (vgl. MASSKS NRW 1999, S. 2).
42 Nur ein sehr kleiner Teil der Selbstorganisationen beurteilt die eigenen Aktivitäten als eher heimatbezogen (3 %). Etwa 33 % der Organisationen gibt an, sich schwerpunktmäßig am Zuwanderungsland zu orientieren. Der größte Teil der Organisationen (64 %) aber spricht von einer beidseitigen Orientierung, das heißt sie befürworten ein Konzept der Integration unter Wahrung der kulturellen Identität (MASSKS NRW 1999, S. 59, S. 115).
43 Bilaterale Anwerbevereinbarungen: mit Italien 1955, mit Spanien und Griechenland 1960, mit der Türkei 1961, mit Marokko 1963, mit Portugal 1964, mit Tunesien 1965, mit ehem. Jugoslawien 1968. Anwerbestopp war 1973.

neration sind jedoch die über die Jahre entstandenen Bindungen zu den muttersprachlichen Sozialberater/innen ausschlaggebend für die Wahl „ihres" Wohlfahrtsverbandes.

> *„Die Migranten, die aus dem katholischen Raum kamen, also Italiener, Portugiesen, Spanier, ebenso die orthodoxen Glaubens, sind von Anfang an von Geistlichen ihrer eigenen Nationalität betreut und begleitet worden. Und diese Geistlichen sind natürlich aufgrund ihrer höheren formellen Bildung in der Regel kultursensible Menschen und auch Kulturträger. Und ihre Sensibilität für die spezifischen Bedürfnisse der Menschen, für die sie verantwortlich sind, auch für die Kulturbedürfnisse und Bildungsbedürfnisse, hat dazu geführt, dass sie bereits Anfang der 1960er Jahre, als die ersten Migranten nach Deutschland zuwanderten, für Angebote im Bereich der Bildung und der Kultur gesorgt haben. Beispielhaft sind in diesem Zusammenhang die spanischen Seelsorger mit der Gründung der Spanischen Weiterbildungsakademie Mitte der achtziger Jahre."*
> Dr. José Sánchez-Otero, Leiter des Projektes Adentro
> in der Modellphase 1994–1997, im Expertengespräch

Als Kooperationspartner und Vermittler bei der Realisierung kultureller Aktivitäten fungieren noch andere Akteure. Welche diese sind, variiert von Bundesland zu Bundesland und von Stadt zu Stadt. Es kann sich dabei z. B. um engagierte Personen bzw. Stellen in der Kulturverwaltung handeln, um Künstlerbörsen, um Privatpersonen. Akteure, die in jedem Bundesland existieren und kommunal agieren, sind die Ausländerbeiräte (mancherorts auch Migrations- oder Integrationsräte genannt). Sie arbeiten häufig – bedingt auch durch personelle Überschneidungen – eng mit den Migrantenselbstorganisationen zusammen, z. B. in Form gemeinsamer Veranstaltungen, Projekte oder Arbeitskreise.

Die zunehmende Vernetzung zwischen den verschiedenen Akteur/inn/en zugunsten einer bedarfsorientierten Angebotsentwicklung und besseren Implementierung interkultureller Kultur- und Bildungsangebote ist positiv zu bewerten und sollte auch weiter vorangetrieben werden. Eine Bestandsaufnahme zu kulturellen Bildungsangeboten für Ältere in Deutschland gewinnt durch diesen Umstand natürlich noch an Komplexität.

5.3 *Angebotsstruktur und Beteiligungsumfang*

Ausländische Senior/inn/en stehen nur selten im Fokus der Forschung. Vorwiegend handelt es sich dann um Auftragsforschung und um die Frage nach den Erfordernissen zukünftiger Altenhilfeplanung.

Kulturarbeit und kulturelle Bildung mit älteren Migrant/inn/en macht nur einen kleinen Anteil am gesamten Angebotsspektrum der in der Migrations- oder Kulturarbeit tätigen Träger aus. Das gleiche gilt für die Migrantenselbstorganisationen.

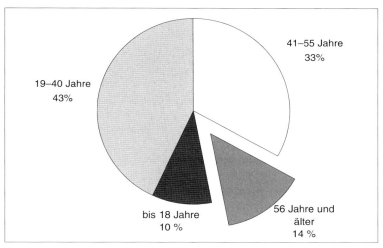

Abb. 8: Altersstruktur der Mitglieder der MSO in NRW
Quelle: MASSKS NRW 1999, S. 34/Studie Thränhard (bezieht sich auf alle Selbstorganisationen mit Ausnahme der türkischen, kurdischen, bosnischen und maghrebinischen)

Da Migrantenselbstorganisationen wichtige Kultur- und Lernorte für (ältere) Migrant/inn/en sind und Migrantenselbstorganisationen Untersuchungsgegenstand eines breit angelegten Forschungsvorhaben waren, möchten wir uns mit Hilfe der vorliegenden Daten dem Thema „Kulturelle Bildung von älteren Migrant/inn/en" zumindest annähern.

Das Institut für Politikwissenschaft der Westfälischen Wilhelms-Universität Münster und das Zentrum für Türkeistudien in Essen haben 1999 eine wissenschaftliche Bestandsaufnahme der Selbstorganisationen von Migrant/inn/en in Nordrhein-Westfalen durchgeführt. Es handelt sich bei dieser Studie um die bisher einzige Vollerhebung in einem großen Bundesland.[44]

Die Studie liefert Daten zu Altersstruktur, Zielgruppenorientierung und Arbeitsschwerpunkten in den MSO, die von uns im Hinblick auf das Thema Kultur und Alter ausgewertet wurden. Diese Daten beziehen sich zwar nur auf das Bundesland NRW, das aufgrund seines hohen Migrantenanteils und seiner langen Migrationsgeschichte eine hohe Organisationsdichte aufweist, eignen sich aber unseres Erachtens für eine exemplarische Darstellung der MSO bundesweit.

Alle größeren angeworbenen Migrantengruppen hatten in den 1970er Jahren ihr eigenes Organisationswesen etabliert, das, abhängig von der ethnischen Herkunft, eine

---

[44] Das Zentrum für Türkeistudien beschäftigt sich mit den selbstorganisierten Migrant/inn/en türkischer, kurdischer, bosnischer und maghrebinischer Herkunft in NRW, die Universität Münster mit allen übrigen MSO.

charakteristische Organisationsgeschichte und -struktur aufweist (MASSKS NRW 1999, S. 15). Viele Vereine bestehen seit über 30 Jahren, viele sind hinzugekommen, so dass im Jahr 1999 allein in NRW rund 2.400 MSO ermittelt wurden. Mitglied einer solchen Organisation sind schätzungsweise 17 % aller in NRW lebenden Migrant/inn/en (ebd., S. 32). Es ist davon auszugehen, dass die Zahl derer, die Angebote in diesen Organisationen in Anspruch nehmen, die Zahl der Vereinsmitglieder deutlich übersteigt.

Während ein Großteil der afrikanischen Organisationen besonders viele junge Mitglieder hat (93 % unter 41 Jahre), zeichnen sich die MSO europäischer Herkunft durch eine vergleichsweise ältere Mitgliedschaft aus.

Zielgruppenorientierung
Auf die Frage nach der Zielgruppenorientierung gaben 27 % der durch die Universität Münster befragten Selbstorganisationen an, dass sie auch Angebote für Senior/inn/en vorhalten.

Die Zielgruppe der Mädchen/Frauen sowie die Zielgruppe der Jugendlichen stellen hier die wichtigsten Zielgruppen dar, sie werden von 49 % bzw. 46 % der Organisationen mit deren Angeboten angesprochen. Auch Angebote für Kinder nehmen einen wichtigen Stellenwert ein (41 %). Mit einem gewissen Abstand werden Ratsuchende (30 %) und Jungen/Männer (29 %) als Zielgruppen genannt.[45]

Verteilt man die einzelnen Angebotsnennungen auf die verschiedenen Zielgruppen, so ergibt sich folgendes Bild (siehe Abb. 9)

Die meisten Angebote für Senior/inn/en beziehen sich auf den Begegnungsbereich. „Viele Zusammenschlüsse organisieren offene Seniorentreffs, was wohl als Reaktion auf starke Isolationstendenzen gerade bei älteren Einwanderern zu bewerten ist. Im Begegnungsbereich liegen auch die genannten Freizeitangebote wie Chöre, Filmgruppen, Ausflüge, Kochabende, Besuche von Senioren anderer Vereine oder die Pflege von Nachbarschaftskontakten. Weiterhin werden zu einem großen Teil Informationsveranstaltungen durchgeführt, die Orientierungsmöglichkeiten für die Zukunft bieten sollen" (MASSKS NRW 1999, S. 56). Angebote wie Chöre und Filmgruppen, die hier unter „Begegnung" subsummiert werden, könnten unseres Erachtens auch dem Arbeitsbereich „Kultur" zugeordnet werden.

Die Zielgruppe der Senior/inn/en wird in der Angebotsstruktur der MSO wohl weiter an Bedeutung zunehmen. Zwei Gründe sind hierfür ausschlaggebend: Zum einen wird

---

45 Die Befragung durch das Zentrum für Türkeistudien hat sehr viel höhere Werte ergeben, auch wenn die Rangordnung nahezu gleich ist. An erster Stelle stehen jedoch nicht Mädchen/Frauen, sondern Jugendliche. 80,9 % der Organisationen geben an, sich um diese Zielgruppe zu kümmern. Nach den Mädchen/Frauen (74 %) stehen an dritter Stelle Angebote für Kinder (72 %). Ratsuchende werden von 59,5 % der Organisationen als Zielgruppe genannt. Den fünften Platz in der Rangordnung nimmt die Zielgruppe der Senior/inn/en ein (53,9 %) (MASSKS NRW 1999, S. 114).

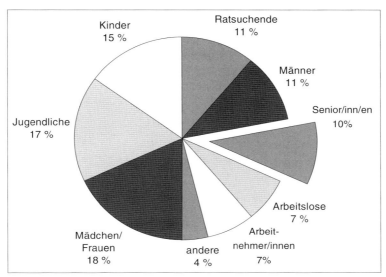

Abb. 9: Anteil aller Angebotsnennungen nach Zielgruppenorientierung der MSO in NRW
Quelle: MASSKS NRW 1999/Studie Thränhard (bezieht sich auf alle Selbstorganisationen mit Ausnahme der türkischen, kurdischen, bosnischen und maghrebinischen)

der Bedarf an Angeboten aufgrund der veränderten demografischen Struktur, die sich durch eine Zunahme auch älterer Migrant/inn/en auszeichnet, zunehmen. Zum anderen ist die bundesdeutsche Gesellschaft bislang schlecht auf dieses Phänomen vorbereitet, eine Ausrichtung der Angebote für die Zielgruppe der älteren Migrant/inn/en muss erst noch erfolgen.

Arbeitsschwerpunkte
Befragt nach den Arbeitsschwerpunkten gaben 68 % der von der Universität Münster abgedeckten MSO an, mindestens vier Arbeitsschwerpunkte zu haben. Nur 3 % sind ausschließlich in einem Arbeitsgebiet engagiert. Wie der nachfolgenden Tabelle zu entnehmen ist, bieten 90 % der Organisationen Angebote im Bereich Kultur an.[46]

Das Angebot im kulturellen Bereich ist breit gefächert (MASSKS NRW 1999, S. 45). Auf die konkrete Ausgestaltung der Angebote wird im nächsten Kapitel näher eingegangen.

Wie der folgenden Tabelle zu entnehmen ist, geben 59 % der Organisationen an, Bildungsangebote durchzuführen. Hierunter fallen auch Kurse zur Vermittlung kreativer

---

46 Auch das Zentrum für Türkeistudien hat die Arbeitsschwerpunkte abgefragt. Die vorgegebenen Antwortkategorien unterscheiden sich jedoch von denen der Universität Münster, auch gibt es Unterschiede im methodischen Vorgehen. Daher werden hier beispielhaft die Ergebnisse der Universität Münster aufgeführt. Festzuhalten bleibt aber, dass auch in den Organisationen türkischer Herkunft Kultur als Arbeitsschwerpunkt an erster Stelle (73,4 %) steht und Religion mit 52 % einen deutlich höheren Stellenwert einnimmt (MASSKS NRW 1999, S. 114 f.).

Arbeitsgebiet	% von allen Organisationen
Kultur	90
Begegnung	86
Integration	67
Beratung	62
Bildung	59
Betreuung	52

Arbeitsgebiet	% von allen Organisationen
Sport	41
Politik	26
Gesundheit	23
Religion	21
Sonstiges	17

Tab. 18: Arbeitsschwerpunkte von MSO
Quelle: MASSKS NRW 1999, S. 44

Fähigkeiten. Des Weiteren werden Informationsveranstaltungen, Veranstaltungen zur schulischen und beruflichen Bildung, Organisation muttersprachlichen Unterrichts sowie Hausaufgaben- und Nachhilfe genannt. Kurse für Erwachsene umfassen außerdem Deutsch- und Alphabetisierungskurse sowie Sprach- und EDV-Kurse (ebd., S. 48 f.).

Aussagen darüber, in welchem Ausmaß die kulturellen (Bildungs-)angebote durch ältere Migrant/inn/en genutzt werden, können auf der Grundlage der vorhandenen Studien nicht getroffen werden, da entweder die themengebundenen Arbeitsschwerpunkte oder die zielgruppenspezifische Angebotsorientierung abgefragt wurden.

5.4 Themen kultureller Bildungsangebote

Die Befragung der MSO hat ergeben, dass im Bereich Kultur eine Vielzahl von Angeboten stattfinden (MASSKS NRW 1999, S. 45). Ob es sich dabei um kulturelle Bildung handelt oder nicht, lässt sich nicht immer eindeutig beantworten. Für viele Aktivitäten lässt sich diese Frage zweifelsfrei mit „ja" beantworten – etwa dann, wenn sich Menschen in Tanzgruppen, Chören, Theaterkreisen und Poeten-Cafés engagieren oder an Mal-, Foto- und Liederwettbewerben teilnehmen. Auch der Auf- und Ausbau muttersprachlicher Bibliotheken kann kulturelle Bildung unterstützen.

Der Besuch von Konzerten, Lesungen, Rezitationen und Ausstellungen fällt unter kulturelle Bildung, wenn dabei kulturelles Wissen angeeignet wird. Bei anderen Angebotsnennungen wären Hintergrundinformationen notwendig, um zu einer Einschätzung in der Frage „Kulturelle Bildung – ja oder nein" zu kommen. Dies ist zum Beispiel bei Angeboten wie „Bastelnachmittage" oder „Durchführung eines indonesischen Nachtbazars" der Fall.

Vor allem bei Kulturabenden und Feiern traditioneller Festtage, die einen ganz wichtigen Bestandteil im Angebotsspektrum der MSO ausmachen, ist ein genauer Blick auf das konkrete Angebot und die Menschen, die dieses Angebot nutzen, notwendig.

Findet beim Feiern des indischen Onam-Festes oder des portugiesischen Kastanienfestes kulturelle Bildung statt? Wie verhält es sich bei einem Kulturabend, zu dem ein Künstler aus dem Heimatland eingeladen wird und hier lebende Migrant/inn/en einen folkloristisches Tanz darbieten? Übernehmen die Teilnehmer/innen einen aktiven Part bei der Veranstaltung, haben sie zum Beispiel ein Lied, Gedicht oder Tanz einstudiert? Oder ist ihre Rolle die des rezipierenden Zuschauers und Zuhörers? Für die/den eine/n oder andere/n Besucher/in spielen sich die kulturellen Inhalte vielleicht sogar nur ganz am Rande ab, sie sind vielmehr Anlass für ein Zusammenkommen mit anderen Menschen.

Wenn kulturelle Veranstaltungen von Deutschen und Migrant/inn/en besucht werden, erhält Kulturarbeit auch eine kultur-integrative Komponente, über Kultur entstehen Kontakt- und Begegnungsmöglichkeiten, die interkulturelles Lernen anregen.

Bei aller Unterschiedlichkeit der Angebote und Vielfältigkeit der Zielsetzungen lässt sich festhalten, dass in den MSO ein großer Erfahrungsschatz vorliegt: Insbesondere Erfahrungen in der Teilnehmergewinnung und in der Durchführung niedrigschwelliger Angebote. (Kultur-)Pädagogische Kompetenzen liegen mal mehr, mal weniger vor, da die Vereinsarbeit in den wenigsten Fällen durch hauptamtliche Mitarbeiter/innen getragen wird und auch nur begrenzte oder keine Mittel für Honorarkräfte zur Verfügung stehen.

Die Erfahrungen der MSO gilt es zu nutzen, ebenso wie den guten Zugang, den sie zu älteren Menschen haben. Wenn eine Professionalisierung der kulturpädagogischen Arbeit stattfinden würde, könnten sich die MSO als Orte kultureller Bildung etablieren.

In welcher Form findet kulturelle Bildung für ältere Migrant/inn/en an anderen Orten statt? Diese Frage soll exemplarisch anhand von drei Praxisbeispielen beantwortet werden:

Die „Interkulturelle Begegnungs- und Beratungsstätte für Senioren" ist ein besonders gut gelungenes Projekt interkultureller Seniorenarbeit, realisiert von einem Wohlfahrtsverband. Gleichzeitig kann anhand dieses Beispiels aufgezeigt werden, welche Aktivitäten typischerweise im Bereich Senior/inn/en – auch als Teil des Regelangebots – stattfinden und in welcher Form Kulturangebote integriert werden.

Der „Interkulturelle Monat in Erlangen" ist eine sehr groß angelegte Veranstaltung, die vom Ausländerbeirat der Stadt in Zusammenarbeit mit einer Vielzahl von Partner/inne/n durchgeführt wird. Es gibt deutschlandweit auch zahlreiche kleinere interkulturelle Stadtteilfeste, die die gleiche Zielrichtung haben. Diese Veranstaltungen, ob groß oder klein, sind besonders gut geeignet, alle Generationen einzubeziehen. Ältere Menschen können sich sowohl aktiv im Kulturprogramm engagieren als auch die Rolle der Zuschauer/innen und Zuhörer/innen einnehmen.

Foto: Conny Groot

Das Projekt „Mit Koffern voller Träume ..." ist eines von vielen Beispielen für biografisch orientierte Bildungsarbeit mit älteren Migrant/inn/en. Laut Schweppe (2000) geht die Gestaltung und erfolgreiche Bewältigung der Lebensphase Alter mit dem Bedürfnis der Menschen einher, die bisherige Lebensgeschichte als Einheit zu erfahren, die nicht in Einzelteile zerfällt und die in seinem Sinnzusammenhang eine positive Bilanzierung zulässt. Der Wunsch nach einem roten Faden in der Biografie, der Wunsch, mit sich und seinem Leben „ins Reine" zu kommen und unbewältigte Konflikte zu verarbeiten, erfordert die Fähigkeit, zurückliegende Ereignisse und Lebenserfahrungen gegebenenfalls neu zu bewerten und in andere Sinnzusammenhänge zu stellen.

In der offenen Altenarbeit ist das biografische Arbeiten im Rahmen von Erzählcafés weit verbreitet. Es gibt aber auch viele Projektformen, in denen die gesprächsorientierte Methode durch dokumentationsorientierte Methoden ergänzt wird, so dass konkrete „Andenken" gestaltet oder Erinnerungen und Erzählungen zusammengetragen und präsentiert werden, z. B. in Form von Ausstellungen, Lesungen, Theaterstücken oder wie in diesem Beispiel in Form eines Buches. Zur Methode der Biografiearbeit und des Erinnerungslernen siehe z. B. Osborne u. a. (1997) und Weingandt (2001).

Interkulturelle Begegnungs- und Beratungsstätte für Senioren

Arbeiterwohlfahrt Kreisverband Hannover Stadt e.V.

Der Treffpunkt für Senior/inn/en liegt in einem Stadtteil mit hohem Migrantenanteil. Es ist eine offene Einrichtung, die von älteren Migrant/inn/en aus der Türkei, den GUS-Staaten, dem ehemaligen Jugoslawien, Tunesien und einer kurdischen Gruppe besucht wird. Auch deutsche Senioren/inn/en gehören zu den Besucher/inne/n. Die Begegnungsstätte profitiert von ihrer engen Verbindung zum Beratungszentrum für Migrant/inn/en des Trägers. Ein weiterer Bezugspunkt ist die gesamte offene Seniorenarbeit des Trägerverbandes. Das Know-how der Begegnungsstätte wird in die Diskussion über eine kultursensible Altenhilfe und die kritische Überprüfung eigener Konzepte eingebracht.

Die inhaltlichen Schwerpunkte ergeben sich aus den Interessen und Wünschen der Besucher/innen und den Kompetenzen der Gruppenleitungen. Einen relativ großen Raum nehmen Informationsveranstaltungen zu verschiedenen Themen wie „Dienste der Altenhilfe vor Ort", „Pflegeversicherung" etc. ein. Diese werden ergänzt durch Beratungsangebote und die Weitervermittlung an Regeldienste und professionelle Hilfsangebote.

Darüber hinaus treffen sich die Gruppen regelmäßig zum Kaffee und Tee trinken, zum Diskutieren aktueller Themen, zum Schach- oder Kartenspielen. Großen Anklang finden auch die Angebote mit kulturellem Schwerpunkt. So treffen sich in wöchentlichem Rhythmus die russische Chorgruppe, die ukrainische Musikgruppe oder die russisch-türkische Malgruppe. Die Ergebnisse der Arbeit dieser Gruppen werden im Haus ausgestellt oder bei den hausinternen Festen präsentiert. Kultur steht auch bei den Exkursionen zu Museen, Sehenswürdigkeiten etc. im Mittelpunkt.

Das Projekt verfolgt das Ziel, aus einer multikulturellen Nutzung einer Seniorenbegegnungsstätte auch einen Ort interkultureller Begegnung zu entwickeln. Hierzu werden Selbsthilfepotenziale älterer Migrant/inn/en gezielt angeregt und eigenständige Gruppenaktivitäten unterstützt.

Zusammengeführt werden die Aktivitäten in regelmäßigen „Leitungstreffen", bei denen auch gemeinsame Projekte geplant werden. Dies sind zum einen die alljährlich stattfindenden Sommer- und Jahresabschlussfeste sowie einmalige Projekte wie beispielsweise die Ausstellung „Spuren in Hannover", in der die einzelnen Migrantengruppen ihre persönlichen Migrationsgeschichten darstellen und darüber in einen Dialog miteinander treten.

www.awo-hannover.de/awo-site/mig/1_4.php (Stand: 06.11.2007)

„Interkultureller Monat" in Erlangen

Koordination: Ausländerbeirat der Stadt Erlangen

Partner: Eine Vielzahl von Vereinen, Initiativen, Einrichtungen, Kirchengemeinden sowie Religionsgemeinschaften

Im Jahr 2007 findet zum 21. Mal der Interkulturelle Monat statt. Die Vielfalt der beteiligten Veranstalter spiegelt sich in der Breite des Angebots wider. In über 80 Veranstaltungen kann sich die Erlanger Bevölkerung ein Bild von der kulturellen Vielfalt ihrer Stadt machen. In zahlreichen Vorträgen werden Persönlichkeiten wie Maria Callas oder der erste Nobelpreisträger Asiens, Rabindranath Tagore, sowie Länder und ihre Kulturen wie Tadschikistan/Usbekistan, Kamerun oder Malta vorgestellt. Auch Künstler wie die Sängerin Abibou Sawadogo aus Burkina Faso oder die Malerin Jamile do Carmo aus Brasilien vermitteln in ihren Werken einen Eindruck von ihrem Zuhause. Im Rahmen der Literaturreihe des Ausländerbeirats „In der Ferne geschrieben, hier gelesen" präsentieren zudem Exil-Schriftsteller/innen ihre Bücher.

Mit verschiedenen Musik- und Tanzveranstaltungen, Kochvorführungen sowie interaktiven Theatervorstellungen werden die Besucher/innen zum Mitmachen angeregt.

www.erlangen.de/Portaldata/1/Resources/080_stadtverwaltung/dokumente/broschueren/13Abei_interkultureller_monat_programm.pdf (Stand: 20.12.2007)

„Mit Koffern voller Träume ..."

Koordination: Amt für multikulturelle Angelegenheiten Frankfurt am Main
Partner: Arbeiterwohlfahrt, Caritasverband, Deutsches Rotes Kreuz, Evangelischer Regionalverband, Internationales Familienzentrum, Kroatische Kulturgesellschaft e.V., bosnischer Sport- und Kulturverein Sarajewo e.V., Frauengruppe des Portugiesischen Kulturzentrums e.V., Spanischer Kulturkreis e.V.

Viele Senioren/inn/en nichtdeutscher Herkunft, die zu der ersten Generation der Arbeitsmigrant/inn/en zählen, leben seit mehreren Jahrzehnten in Frankfurt, haben sich aber selbst noch nie zu ihrer früheren und gegenwärtigen Situation öffentlich geäußert. So entstand die Idee eines gemeinsamen Projekts zur Geschichte der Arbeitsmigration, getragen durch eine Sammlung erzählter biografischer Geschichten und präsentiert durch eine gemeinsame Publikation.

Die Konzeption wurde, unter Federführung des Amtes für multikulturelle Angelegenheiten, von den Mitarbeiter/inne/n der Vereine und Verbände erarbeitet, die sich meist schon seit vielen Jahren regelmäßig mit den Senior/inn/en treffen und selbst einen Migrationshintergrund haben. In den einzelnen Gruppen beschäftigten sich die älteren Menschen italienischer, spanischer, portugiesischer, griechischer, marokkanischer, türkischer, bosnischer und kroatischer Herkunft mehrere Monate mit ihrer individuellen Einwanderungsgeschichte. Es wurden Gruppengespräche oder Einzelinterviews geführt, alte Fotos, Dokumente und Erinnerungsstücke mitgebracht, und schließlich Erzählungen oder Gedichte verfasst.

Entstanden ist eine sorgfältig komponierte Sammlung von Interviews, literarischen Texten und Gedichten, die die Leser/innen auf sehr lebendige Weise an den Erinnerungen der Arbeitsmigrant/inn/en teilhaben lassen.

Amt für multikulturelle Angelegenheiten Frankfurt am Main 2004

5.5 Entwicklungsperspektiven

Die Notwendigkeit interkultureller Öffnung

Die bereits an anderer Stelle zitierte Beauftragte der Bundesregierung für Migration, Flüchtlinge und Integration, Maria Böhmer, betont die Notwendigkeit der interkulturellen Öffnung von Kulturinstitutionen und bezieht sich auf die Kulturpolitische Gesellschaft, die unter dem Projekttitel „Kulturorte als Lernorte interkultureller Kompetenz" „sehr treffend auf den Punkt gebracht [hat], vor welcher Aufgabe die Kulturinstitutionen im Integrationsprozess stehen. Alle Kulturinstitutionen – Museen wie Theater, Bibliotheken wie soziokulturelle Zentren – müssen sich mit ihren Angeboten auf neue Zielgruppen einstellen, müssen die Nachfrage junger Menschen (und ohne) Migrationshintergrund aktivieren, müssen neue Kooperationsformen mit Bildungseinrichtungen finden und sich in Stadtteilarbeit einbinden, müssen neue Medien nutzen, niedrigschwellige Zugänge ermöglichen und die interkulturelle Kompetenz ihres Personals gezielt entwickeln" (Böhmer 2007, S. 2).

Foto: Conny Groot

Die Flüchtlinge im Ruhestand

Schauspiel Essen

„Die Flüchtlinge im Ruhestand" sind Menschen zwischen 17 und 65 Jahren aus Bosnien, Burma, Deutschland, Indien, Kongo, Ruanda und Russland, die das Altwerden in ihrer fremden Heimat Ruhrgebiet erforschen. Auf der Suche nach einem besseren Leben verließen sie ihre Heimat, riskierten ihr Leben, flüchteten vor Krieg, Völkermord und Unterdrückung. Doch das Leben ist nicht zentral von Dramatik gekennzeichnet, sondern auch durch eine durch Warten erzwungene Ruhe. Die Flüchtlinge reflektieren ihre Erfahrungen und Neuanfänge.

www.theater-essen.de/asp/gesamt_einzelstuecke.asp?idperform=1532&sparte=3 (Stand: 11.02.08)

Ältere Migrant/inn/en werden hier nur implizit mitgedacht. Eine Initiative des Ministeriums für Generationen, Familie, Frauen und Integration in Nordrhein-Westfalen beschäftigte sich, im Kontext der Seniorenwirtschaft speziell mit dieser Zielgruppe. In Expertengesprächen, an denen auch das Institut für Bildung und Kultur teilnahm, wurden „Handlungsempfehlungen 2007–2010 zur Erschließung der Seniorenwirtschaft für ältere Menschen mit Zuwanderungsgeschichte" (MGFFI 2007b) erarbeitet. Festgehalten wurde, dass bestehende Angebote und Dienstleistungen der Seniorenwirtschaft ältere Migrant/inn/en momentan noch nicht erreichen und daher Anpassungen und Innovationen notwendig sind. Die Handlungsfelder, auf die man sich bezieht, sind: Wohnen und haushaltsnahe Dienstleistungen, Kultur, Tourismus und Neue Medien sowie Gesundheit und Bewegung. Da der Kultur ein großes integratives Potenzial zugeschrieben wird, wird für dieses Handlungsfeld auch ein sehr hoher Entwicklungs- und Unterstützungsbedarf gesehen.

Gelungene Projekte, wie zum Beispiel die multikulturellen Seniorenbüros und Begegnungszentren oder das später als gutes Praxisbeispiel beschriebene Pilotprojekt „Adentro", sind richtungsweisend. Allgemein aber gilt für Angebote der Aufnahmegesellschaft, und hier insbesondere für die so genannte Hochkultur, dass sie auf wenig Resonanz stoßen.

Zur Förderung kultureller Beteiligung schlägt die Expertengruppe verschiedene Maßnahmen vor. Mit der Formulierung dieser Maßnahmen verlässt man die Defizitsicht, bei der die geringe Rezeption des normalen deutschen Kulturangebots auf mangelnde Sprachkenntnisse, das damit zusammenhängende Informationsdefizit und Fremdheitsgefühl, geringeres Einkommen und geringerer Bildungsstand zurückgeführt wird, und setzt an einem anderen Punkt an: der interkulturellen Öffnung von Kulturwirtschaft und von Institutionen der Aufnahmegesellschaft.

Die von der Expertengruppe vorgeschlagenen Maßnahmen wurden durch das Institut für Bildung und Kultur im Rahmen einer Stellungnahme ergänzt und konkretisiert. Die einzelnen genannten Punkte werden im Folgenden aufgeführt.

Sensibilisierung der Kulturwirtschaft
>> Für die Bedürfnisse (älterer) Menschen mit Migrationshintergrund; diese Sensibilisierung könnte erfolgen durch Erfahrungsaustausch, gute Praxisbeispiele, Imagekampagnen, Qualifikation von Personen aus Migrantenselbstorganisationen zu Scouts und Experten, die die Kulturwirtschaft über die Bedürfnisse der Zielgruppe informieren;
>> für eine stärkere interkulturelle Öffnung von Programmen und publikumsorientierten Angeboten.

Öffnung der Hochkultur
Bessere Vermittlung, Heranführung und Abbau von Barrieren und Schwellenängsten durch:

>> Kooperation mit vorhandenen Netzwerken aus dem Bereich der Wohlfahrtspflege, der ausländischen Kulturinstitute, der Migrantenorganisationen;
>> Zielgruppenorientierte Angebote der Kulturvermittlung;
>> Qualifizierung der Kulturpädagog/inn/en für interkulturelle Vermittlungsangebote;
>> Sensibilisierung der Anbieter von Hochkultur für die Bedürfnisse der Zielgruppe;
>> Zusammenarbeit mit Wirtschaftsunternehmen/Arbeitgeber/inne/n, eine große Anzahl von Arbeitnehmer/inne/n mit Zuwanderungshintergrund haben (z. B. Sponsoring von Eintrittskarten);
>> verbilligte Eintrittskartenkontingente für Veranstaltungen der Hochkultur, die z. B. über städtische Seniorenbeiräte verteilt werden;
>> Ansprechpartner/innen für die Zielgruppe in den Einrichtungen der Hochkultur und muttersprachliche Hilfestellungen;
>> Tage der offenen Tür speziell für die Zielgruppe, beworben über Unternehmen und Migrantenorganisationen.

Bessere Integration durch stärkere Öffnung der Soziokultur
>> Öffnung der Soziokultur für die unterschiedlichen Communities;
>> bessere Integration der selbstorganisierten Kulturangebote von Gruppierungen mit Zuwanderungsgeschichte in die Arbeit der soziokulturellen Zentren.

Senioren-Medien-Migration-Integration-Partizipation

Modellprojekt im Bürgermedienzentrum Bennohaus, Münster

Das Bürgerhaus Bennohaus ist eine soziokulturelle und medienpädagogische, generationenübergreifende, offene Einrichtung. Ziel des Projektes war eine Integration und Partizipation ausländischer Senior/inn/en, die über Neue Medien ihre kulturelle Identität entdecken und darstellen. Das Projekt bestand aus vielen Teilprojekten, z.B. Computer-Kurse, Kurse und Mitgestaltung im Bereich Radio, Schnitt und Kamera-Kurse im Bereich Fernsehen, Angebote für Multiplikatoren. Verstärkt fand eine Zusammenarbeit mit Vereinen und dem Ausländerbeirat statt.

www.senioren-migranten.de (Stand: 11.02.08)

Entwicklung neuer Formen interkultureller sowie kulturspezifischer Angebote
>> Erschließung der Industriekultur – Ausbildung zu freiwilligen Kulturvermittler/inne/n (durch Keyworkprojekte); ehemalige Arbeitnehmer/innen der einstiegen Industriebetriebe könnte man so stärker an „ihrem" kulturellen Industrieerbe teilhaben lassen, damit sie als Botschafter/innen der Industriekultur in ihrer Altersgruppe und ihrem familiären Umfeld wirken und das Denkmal auch für andere lebendig machen;
>> mobile und interkulturelle Angebote für hochaltrige Migrant/inn/en in Pflegeheimen.

Die interkulturelle Öffnung beruht somit auf den folgenden Eckpfeilern:
1. Institutionelle Veränderungen/Organisationsentwicklung,
2. Personalentwicklung,
3. Verbesserte Orientierung an der Zielgruppe sowie
4. Vernetzung mit anderen Einrichtungen der Migrationsarbeit bzw. Einrichtungen, die an ähnlichen Aufgabenstellungen arbeiten.

Diese Eckpfeiler stimmen überein mit den von Fischer formulierten Meilensteinen für eine interkulturellen Öffnung der Eltern- und Familienbildung für Zuwandererfamilien in NRW. Ebenso wie im Bereich Eltern- und Familienbildung gilt für den Kulturbereich, dass die Existenz eines kommunalen Integrationskonzepts eine interkulturelle Öffnung befördert. Eine interkulturelle Öffnung schließt zudem konsequenterweise die Beschäftigung von Menschen mit Migrationshintergrund als hauptamtliche, nebenamtliche und ehrenamtliche Mitarbeiter/innen mit ein (MGFFI NRW 2007a, S. 102).

Forschungsbedarf
Verbesserung der Datenlage
Die interkulturelle Öffnung der Kulturinstitutionen „setzt die Kenntnis über die vielfältigen kulturellen Interessen der in einer Gesellschaft lebenden Menschen voraus. Gesicherte Erkenntnisse über Art und Umfang dieser Interessen sind noch unzureichend vorhanden" (Deutscher Kulturrat 2007, S. 8). Der Deutsche Kulturrat fordert Bund, Länder und Kommunen daher auf, interkulturelle Bildung als gesamtgesellschaftliche Querschnittsaufgabe ernst zu nehmen und durch entsprechende Untersuchungen die Basis politischer Entscheidungen und praktischen Handelns zu verbessern (ebd.).

Was in Bezug auf das Kulturverhalten der Menschen mit Migrationshintergrund gilt, dass nämlich fundiertes Wissen weitgehend fehlt, gilt in besonderer Weise in Bezug auf kulturelle Bildungsangebote für ältere Migrant/inn/en. Auch wenn es hier „nur" um einen bislang noch kleinen Teil der Bevölkerung geht, ist dringender Forschungsbedarf angezeigt. Abgesehen davon, dass dieser Teil der Bevölkerung stark anwächst und Defizite in der Versorgungslage bald noch mehr ins Bewusstsein treten werden, hat ein von uns befragter Experte weitere Gründe ins Feld geführt, die eine intensive Beschäftigung mit dieser Zielgruppe gebieten:
1. Kulturelle Teilhabe ist ein Menschenrecht. Daher muss in der Kulturarbeit bei der Integration der so genannten bildungsfernen Gruppen, seien dies Migrant/inn/en oder nicht, besondere Anstrengungen unternommen werden.
2. Kultur kann, so zeigt die Erfahrung, ein gutes Vehikel sein, um Lernprozesse bei älteren Migrant/inn/en anzuregen.

Neue Bildungskonzepte
Es sind neue Bildungskonzepte für die Arbeit mit älteren Migrant/inn/en notwendig, die verschiedene Konzepte miteinander verbinden. Dies sind:
>> Konzepte aus der Geragogik,
>> Konzepte aus der Kulturpädagogik,

>> Lernkonzepte für bildungsferne Gruppen,
>> Konzepte interkulturellen Lernens sowie
>> Konzepte aus der Sozialpädagogik / Sozialarbeit.

Weiterbildungsbedarf
Die interkulturelle Öffnung der Kulturinstitutionen setzt entsprechende Maßnahmen der Personalentwicklung voraus. Ein gutes Beispiel hierfür stellt das Qualifizierungsprogramm „Management der Künste und Kulturen im interkulturellen Dialog"[47] dar, das in Nordrhein-Westfalen startet und sich an Kulturmanager/innen in kommunalen und freien Kulturinstitutionen richtet und Themen wie Kultursponsoring, Kulturmarketing, Projektmanagement und interkulturelle Öffentlichkeitsarbeit umfasst.

Des Weiteren besteht Weiterbildungsbedarf in den Migrantenselbstorganisationen, die, wie gezeigt werden konnte, eine Schlüsselstellung in der (kulturellen) Bildungsarbeit mit (älteren) Migrant/inn/en einnehmen.

Migrantenselbstorganisationen werden in der öffentlichen und wissenschaftlichen Diskussion kontrovers beurteilt: Dem Vorwurf der Herausbildung und Verfestigung einer Parallelgesellschaft steht die Betonung ihrer Vermittlerrolle und Dienstleistungsfunktionen gegenüber. Jungk plädiert daher für eine Aufgabe der Diskussion um Integration und Segregation zu Gunsten „der Frage nach Potenzial und Auswirkungen bürgerschaftlichen Engagements in Selbstorganisationen [...], [die] als Pressure-Group zum Abbau sozialer und ökonomischer, sich ethnisch ausprägender Ungleichheit" beitragen können (Jungk 2001, S. 14).

Ein gutes Praxisbeispiel für die Qualifizierung von Multiplikator/inn/en zur Förderung des bürgerschaftlichen Engagements von älteren Menschen mit Migrationshintergrund wird im Folgenden vorgestellt.

Adentro – Spanisch sprechende Senioren mischen sich ein

Modellprojekt zur Ausbildung Spanisch sprechender Multiplikator/inn/en (ab 1994)
(seit 1998: „Adelante" Netzwerk Spanisch sprechender Seniorinnen und Senioren in NRW e.V.)

Träger: Spanische Weiterbildungsakademie e.V. (AEF)
           Bund der Spanischen Elternvereine in der BRD e.V.
           Deutsches Rotes Kreuz (DRK)

Zielgruppe des Projekts sind Spanisch sprechende Senior/inn/en, v. a. Arbeitsmigrant/inn/en der ersten Einwanderergeneration. Die Projektorte liegen in Nord-

---

47 ein gemeinsames Projekt des Düsseldorfer Instituts für soziale Dialoge – DISO, der Exile Kulturkoordination und dem Praxisinstitut Bremen im Auftrag der Kulturabteilung der Staatskanzlei des Landes Nordrhein-Westfalen

rhein-Westfalen, ein Transfer der Projektideen und -erfahrungen hat allerdings sowohl in anderen Bundesländern als auch in anderen europäischen Ländern statt gefunden. Wesentlicher Baustein des Projekts sind die regelmäßigen Fortbildungsseminare der ehrenamtlichen Multiplikator/inn/en. Ihnen liegt ein spezielles didaktisches Programm zugrunde.
Mit den Seminaren sollen folgende Ziele erreicht werden:
>> Entwicklung und Stärkung der Persönlichkeit,
>> Befähigung zum Ehrenamt und zur Selbstorganisation,
>> Vermittlung von Know-how in der Vereins- und Netzwerkarbeit,
>> Befähigung zur Organisation sozio-kultureller Aktivitäten,
>> Befähigung zur Beratung in seniorenpolitischen und -rechtlichen Fragen sowie
>> Befähigung zu politischer Teilhabe auf v. a. kommunaler Ebene und zur Lobby-Arbeit.
Die selbstständige Organisation von sozio-kulturellen Aktivitäten beinhaltet die Gruppenleitungstätigkeit in den Ortsverbänden der Multiplikator/inn/en, z. B. die Leitung eines Mal- oder Tanzkurses. Langfristig soll durch das Projekt die Lebenssituation von Spanisch sprechenden Menschen, die ihren letzten Lebensabschnitt in Deutschland verbringen, verbessert werden.

www.isab-institut.de/upload/projekte/01_b_engagement/0_3_1_6_Migranten/ PDF/Adelante.pdf (Stand: 20.12.2007)

5.6 Gute Praxisbeispiele

Interkulturelle Begegnungs- und Beratungsstätte für Senioren
Arbeiterwohlfahrt Kreisverband Hannover Stadt e.V.
Aus der multikulturellen Nutzung einer Seniorenbegegnungsstätte soll sich ein Ort interkultureller Begegnung entwickeln.
vgl. www.awo-hannover.de/awo-site/mig/1_4.php (Stand: 06.11.2007)

„Interkultureller Monat" in Erlangen
Koordination: Ausländerbeirat der Stadt Erlangen
Partner: Eine Vielzahl von Vereinen, Initiativen, Einrichtungen, Kirchengemeinden sowie Religionsgemeinschaften
vgl. www.erlangen.de/Portaldata/1/Resources/080_stadtverwaltung/dokumente/ broschueren/13Abei_interkultureller_monat_programm.pdf (Stand: 20.12.2007)

„Mit Koffern voller Träume ..."
Koordination: Amt für multikulturelle Angelegenheiten Frankfurt am Main
Buchprojekt mit Interviews, literarischen Texten und Gedichten, die die Leser/innen auf sehr lebendige Weise an den Erinnerungen der Arbeitsmigrant/inn/en teilhaben lassen. Das Buch wurde 2004 herausgegeben vom Amt für multikulturelle Angelegenheiten Frankfurt am Main.
vgl. www.stadt-frankfurt.de/amka

Die Flüchtlinge im Ruhestand
Schauspiel Essen
Projekt mit Menschen zwischen 17 und 65 Jahren aus Bosnien, Burma, Deutschland, Indien, Kongo, Ruanda und Russland, die das Altwerden in ihrer fremden Heimat Ruhrgebiet erforschen.
vgl. www.theater-essen.de/asp/gesamt_einzelstuecke.asp?idperform=1532&sparte=3 (Stand: 11.02.08)

Senioren-Medien-Migration-Integration-Partizipation
Modellprojekt im Bürgermedienzentrum Bennohaus, Münster
Projekt zur Integration und Partizipation ausländischer Senior/inn/en über Neue Medien
vgl. www.senioren-migranten.de (Stand: 11.02.08)

Adentro – Spanisch sprechende Senioren mischen sich ein
Modellprojekt zur Ausbildung Spanisch sprechender Multiplikator/inn/en (ab 1994), seit 1998: „Adelante" Netzwerk Spanisch sprechender Seniorinnen und Senioren in NRW e.V.
vgl. www.isab-institut.de/upload/projekte/01_b_engagement/0_3_1_6_Migranten/ PDF/ Adelante.pdf (Stand: 20.12.2007)

6. Lebenslanges Lernen nicht nur bis zur Rente – Einrichtungen der Erwachsenenbildung

Abstract

Erwachsenenbildung ist ein eigenständiger Bildungsbereich, der neben der Schul-, Berufs- und Hochschulbildung als vierte Säule im Bildungssystem gilt. Sie legt den Schwerpunkt auf allgemeine, politische und kulturelle Bildung, wobei die Grenzen fließend sind.

Das Erwachsenenbildungssystem in Deutschland ist nicht systematisch gestaltet oder geordnet, es finden sich Einrichtungen völlig unterschiedlicher Zielrichtung, Rechtsform und Arbeitsweise. Rechtlich ist die Erwachsenenbildung nach den Weiterbildungsgesetzen der Länder geregelt, allerdings nicht staatlich organisiert.

Kulturelle Bildung stellt einen Eckpfeiler der Erwachsenenbildung dar, hat aber durch die derzeitige Orientierung an arbeitsmarktbezogenen Aspekten bei der Förderung von Erwachsenenbildung in vielen Bundsländern einen schweren Stand. Eine solche Orientierung bei der Förderpraxis greift zu kurz. Es besteht eine Diskrepanz zwischen der allgemeinen Wertschätzung der Leistungen von kultureller Bildung und ihrem aktuellen Status, der sich in einer abnehmenden Zahl von Bildungsangeboten widerspiegelt.

Das Kapitel betrachtet die kulturelle Erwachsenenbildung in Volkshochschulen, kirchlichen Erwachsenenbildungseinrichtungen, Universitäten (Seniorenstudium) und Seniorenakademien, da diese Träger bzw. Bildungsorte im Feld der Erwachsenenbildung (für Ältere) eine dominante Rolle spielen.

Volkshochschulen

Volkshochschulen verstehen sich als öffentliche Dienstleistungszentren, die ein flächendeckendes Weiterbildungsangebot für alle an Weiterbildung interessierten Bürger/innen in der Kommune gewährleisten. Sie sind überwiegend in kommunalen Strukturen verankert und legen ein breites, vielseitiges und erschwingliches Angebot vor. Sie erfüllen eine integrative Funktion mit der Einbindung von Menschen verschiedener Generationen.

Etwa drei Viertel der Teilnehmerschaft der Volkshochschulen sind Frauen. In der Gruppe der Älteren werden vor allem die 50- bis 64-Jährigen erreicht.

Angebote umfassen inhaltlich das gesamte Spektrum von Weiterbildung, die allerdings schwerpunktmäßig weniger beruflich als eher allgemein ist.

Von jeher umfasst die Angebotspalette der Volkshochschulen auch Angebote der kulturellen Bildung. Diese werden als integratives Element von Allgemeinbildung verstanden und sollen Menschen in deren Persönlichkeitsentwicklung sowie die sozialen, kommunikativen und kreativen Kompetenzen stärken. Fast alle Angebote des Programmbereichs „Kultur – Gestalten", der die Angebote kultureller Bildung umfasst, finden in Kursform statt. Die Entwicklung des Gesamtangebots hat sich in den letzten Jahren zu Ungunsten der kulturellen Bildung verschoben.

Es werden sowohl altershomogene wie -heterogene Veranstaltungen durchgeführt; die große Mehrheit der Älteren sucht das reguläre Bildungsangebot in altersgemischten Gruppen auf. Ein wichtiges Lernfeld stellen Angebote dar, die soziales Engagement anregen, dieses vorbereiten und moderieren oder mit Fortbildungen begleiten.

Für die Volkshochschulen liegt im demografischen Wandel eine der zentralen Herausforderungen der Zukunft. Zum einen müssen junge Menschen langfristig an die Institution gebunden werden, zum anderen wird zukünftig ein Großteil der Teilnehmer/innen über 50 Jahre alt sein. Dies macht die Entwicklung neuer, nachfrageorientierter Formate notwendig. Den Volkshochschulen könnte eine zentrale Aufgabe für die Reintegration älterer Menschen in die Gesellschaft zukommen. Kooperationen und Vernetzung werden im Bereich der kulturellen Bildung in Zukunft an Bedeutung gewinnen. Diese spielt auch bei der Einbindung von Hochaltrigen eine entscheidende Rolle. Angesichts der Arbeit, die von den Volkshochschulen geleistet wird, wird besonders deutlich: Kulturelle Bildung muss politisch und finanziell gestärkt werden.

Kirchliche Erwachsenenbildungseinrichtungen
Die Geschichte der kirchlichen Erwachsenenbildung wird durch eine bis in die Gegenwart reichende Diskussion um deren Legitimation begleitet. Die Kirchen sehen sich als gleichberechtigte Partner im Gesamtfeld der Erwachsenenbildung. Bessere Möglichkeiten sinnvollen Lebens, Erweiterung der Fähigkeiten zu verantwortlichem Handeln und Partizipation an allen gesellschaftlich relevanten Entscheidungsprozessen sind wichtige Zielsetzungen. Darüber hinaus geht es darum, Grundfragen christlichen Glaubens aus katholischer bzw. evangelischer Identität heraus zu reflektieren.
Die evangelische Erwachsenenbildung ist nach Landeskirchen organisiert und in der Deutschen Evangelischen Arbeitsgemeinschaft für Erwachsenenbildung e.V. (DEAE) zusammengeschlossen, die als bildungspolitischer Dachverband fungiert. Neben den evangelischen Heimvolkshochschulen sind v. a. die Akademien, Bildungsstätten und Bildungswerke die wichtigsten Institutionalformen. Die wichtigsten Träger der katholischen Erwachsenenbildung sind (Erz-)Bistümer, Verbände sowie Institutionen (etwa katholische Akademien, Familienbildungsstätten u. a.). Diese sind in der Katholischen Bundesarbeitsgemeinschaft für Erwachsenenbildung (KBE) zusammengeschlossen.
Als anerkannter öffentlicher Träger wird die kirchliche Erwachsenenbildung neben kirchlichen Mitteln und Teilnahmebeiträgen auch durch öffentliche Mittel finanziert. Seit den 1970er Jahren haben sich die Kirchen zu den zweitwichtigsten Anbietern entwickelt.
Einige Einrichtungen haben ein stark ausgeprägtes Profil als Anbieter von Veranstaltungen mit spirituellen oder theologischen Mehrwert entwickelt. Viele Einrichtungen decken jedoch ein breites Themenspektrum ab. Grundsätzlich werden von der kirchlichen Erwachsenenbildung alle inhaltlichen Bereiche der Weiterbildung berücksichtigt. Sowohl bei den Mitgliedern der DEAE als auch bei denen der KBE haben Angebote des Programmbereichs „Kultur – Gestalten" einen hohen Stellenwert. Kulturelle Bildung findet aber nicht nur dort, sondern auch in anderen Themenbereichen statt. Ältere sind eine tragende Zielgruppe der kirchlichen Bildungsarbeit. Die kirchliche Erwachsenenbildung versteht sich als Impulsgeber für das ehrenamtliche Engagement älterer Menschen und für Angebote, die den Dialog zwischen den Generationen verbessern sollen.
Sowohl katholische als auch evangelische Erwachsenenbildungseinrichtungen sind seit einigen Jahren mit zum Teil beträchtlichen Rückgängen bei den kirchlichen und öffentlichen Zuschüssen konfrontiert.

Seniorenstudium
Einige deutsche Universitäten halten Studienangebote für Senior/inn/en bereit. Es gibt verschiedene Organisationsformen für ein Seniorenstudium. Diese reichen von der Öffnung ausgewählter Lehrveranstaltungen, über ein eigens für die Altstudent/inn/en zusammengestelltes Programm mit Vorlesungen und Seminaren, das auch eine pädagogische Begleitung vorsieht und mit einem Zertifikat abgeschlossen werden kann, bis zu eigenen an die Hochschulen angegliederten Universitäten des Dritten Lebensalters in Form von Vereinen. Zudem bieten einige Hochschulen Sommerakademien an.
Im Durchschnitt verfügen ca. 40 % der älteren Student/inn/en über ein Abitur. Auf diese Zugangsvoraussetzung wurde verzichtet, da sich in den Anfängen vor allem solchen Menschen für ein Seniorenstudium interessierten, die einen Nachholbedarf verspürten, da sie keine weiterführende Schulausbildung oder ein Studium absolvieren konnten. Inzwischen handelt es sich bei den Altstudent/inn/en um „junge Alte" mit einem Durchschnittsalter von 63 Jahren, die über eine bessere Vorbildung und Gesundheit als frühere Kohorten verfügen und sich durch ein bereits sehr hohes Maß an Kompetenzen auszeichnen.
Die kulturelle Erwachsenenbildung spielt an deutschen Hochschulen eine untergeordnete Rolle. Große Bedeutung haben die Hochschulen aufgrund ihrer Forschungstätigkeit für die Wissenserweiterung zu der Lebensphase Alter, für die Entwicklung und Durchführung innovativer Bildungsprogramme für ältere Erwachsene sowie neuer Formen des bürgerschaftlichen Engagements.

Seniorenakademien
In der außeruniversitären Bildung hat sich seit den 1990er Jahren die neue Form der Seniorenakademien durchgesetzt. Die meisten Seniorenakademien sind selbstorganisiert entstanden und werden maßgeblich durch Ehrenamtliche getragen. Gerne nehmen die Älteren die Möglichkeit zur Eigeninitiative wahr und bieten selbst Veranstaltungen zu wissenschaftlichen Themen an.
Die meisten Besucher/innen der Akademien verfügen über akademische Vorbildung oder Abschlüsse. Der Besuch einer Seniorenakademie ist häufig motiviert durch ein persönliches, biografisches, zunächst individuelles Bildungsinteresse sowie dem Bedürfnis, mit Gleichgesinnten zu lernen, zu diskutieren und persönliche Kontakte zu erweitern. In der Regel ist ein hoher Lern- und Bildungsanspruch vorherrschend.
Es ist schwierig, „typische" Inhalte der Seniorenakademien zu bestimmen. Der Großteil der Einrichtungen bietet ein breites Themenspektrum an, ist für aktuelle Trends offen und reagiert auf die Nachfrage der Teilnehmer/innen. Die Angebote im Bereich Kunst und Kultur rangieren weit oben auf der Beliebtheitsskala.

Lifelong learning beyond retirement – Adult education institutions

Abstract

Adult education is an educational field in its own right, which unites schooling, vocational training and higher education as the fourth pillar of the educational system. It places emphasis on general, political and cultural education, although the boundaries are fluid.

The adult education system in Germany is not set up or organized according to any particular system; it encompasses institutions with completely divergent objectives, legal forms and working methods. Legally speaking, adult education is regulated by the further education laws of each state; however, it is not state-organized.

Cultural education is one of the pillars of adult education, but currently has a weak standing in many states due to efforts being concentrated on grooming people for the labour market. This type of funding orientation is shortsighted. There is a discrepancy between the general appreciation for the achievements of cultural education and its current status – a discrepancy that is reflected in the dwindling number of educational offerings.

This chapter looks at cultural education for adults at adult education centres (*Volkshochschulen*), church-run adult education centres, universities (senior studies) and senior academies since these are the institutions or places of education that play a dominant role in adult education for seniors.

Adult Education Centres (Volkshochschulen)
Volkshochschulen see themselves as public service centres offering a comprehensive range of educational courses for all interested citizens in the community. Most of them are anchored in municipal structures and offer a wide, diversified and affordable range of courses. They fulfil an integrative function by bringing together people of various generations.

About three quarters of participants at *Volkshochschulen* are women. In the seniors group, people aged 50 to 64 take advantage most frequently of the courses offered. Courses cover the entire spectrum of further education, but with more of a general than vocational focus.

The *Volkshochschulen* have always included cultural education offerings. These are regarded as an integrative element of general education designed to strengthen personal development as well as social, communication and creative skills. Almost all of the offerings in the program area „Culture – Creativity", which comprises the cultural education offerings, take place in the form of courses. The development of the overall offerings has shifted in recent years away from cultural education.

Events are offered both for specific age groups and for cross-generational groups; the great majority of seniors participate in regular courses for mixed age groups. One of the important fields of learning is made up of courses that encourage social engagement and prepare people to take an active role while supervising them or accompanying them with ongoing training.

Demographic change is one of the central challenges the *Volkshochschulen* will face in the future. While it is important to secure young people's loyalty to the institution in the long term, the fact is that most of the participants will in future be over 50 years of age. This makes it necessary to develop new formats oriented around current demand. The *Volkshochschulen* could play a central role in the reintegration of senior citizens into society. Cooperation and networking in the field of cultural education will be taking on added importance in future. This also pertains to integrating those of advanced age. In view of the valuable work that the *Volkshochschulen* do, it is plain to see that cultural education must be strengthened both politically and financially.

Church-run adult education centres
The history of adult education by the church has been accompanied up to the present day by a discussion as to its legitimacy. The churches regard themselves as partners on equal terms in the overall field of adult education. Important objectives are highlighting better options for leading a meaningful life, expanding peoples' ability to act responsibly, and encouraging participation in all socially relevant decision-making processes. Beyond these concrete goals, the fundamental questions of the Christian faith arising from Catholic or Protestant identity are reflected upon.
Protestant adult education is organized by the state churches and amalgamated under the aegis of the German Protestant Association for Adult Education (*Deutsche Evangelische Arbeitsgemeinschaft für Erwachsenenbildung e.V.* – DEAE), which acts as an umbrella association for educational policy. In addition to the Protestant *Heimvolkshochschulen* (residential adult education colleges), the most important institutional forms here are academies and church-run educational institutions known as *Bildungsstätten* and *Bildungswerke*. The most important sponsors of Catholic adult education offerings are the (arch)bishoprics, associations and institutions (such as the Catholic academies, family education centres, etc.). These are combined under the Catholic Federal Working Group for Adult Education (*Katholische Bundesarbeitsgemeinschaft für Erwachsenenbildung* – KBE).
As a recognized public institution, church-run adult education is financed not only through church finances and course fees, but also through public means. Since the 1970s the churches have developed into the second most important provider of adult education.
Some facilities have built a distinctive profile as providers of events with spiritual or theological added value. But many of the institutions also cover a broad spectrum of themes. In general, church-run adult education encompasses all continuing education themes. Among both members of the DEAE and the KBE, offerings in the program area of „Culture – Creativity" are given high priority. Cultural education does not take place only there, however, but also in other topic areas.
Older people are a major target group for the educational work of the church. Church-run adult education sees itself as a promoter of volunteer commitment on the part of senior citizens and of offerings to improve the dialogue between the generations.
Both Catholic and Protestant adult education institutions have been confronted for several years with in some cases substantial cutbacks in church and public subsidies.

Senior studies
Some of the German universities offer courses of study designed for senior citizens. These senior studies programs are organized in various ways, ranging from opening up selected courses to older students, to a program of lectures and seminars put

together specifically with the needs of the older student in mind. This course of study is accompanied pedagogically just like that for the younger generation and culminates in the awarding of a certificate. Another alternative is provided by Universities of the Third Age in the form of associations affiliated with the universities. Some universities also offer summer academies.

An average of 40 percent of older students have an *Abitur*, a school-leaving certificate that makes them eligible for higher education. However, this secondary-school degree is not required for senior studies since in the early days
those participating in these programs usually felt a need to go back and complete the schooling or studies they never managed back when they were young. Today the senior students are usually „young seniors" with an average age of 63 who have a better educational background and state of health than earlier cohorts and already exhibit a high level of skills.

Cultural adult education plays more of a subordinate role at German universities. The great significance of the universities can be found in their research activity directed toward expanding our state of knowledge of the latter phase of life, as well as in their development and execution of innovative educational programs for older adults and in their pioneering of new forms of civic engagement.

Senior Academies
Senior academies have proliferated since the 1990s as a new form of non-university educational institution. Most of the senior academies are self-organized and are supported largely by volunteers. The seniors gladly seize the initiative themselves and offer events on scholarly themes.

Most of those attending the academies have an academic background or degrees. Attending a senior academy is often motivated by personal, biographical and in the first instance individual interest in education as well as the need to join like-minded peers in learning, discussing and forging personal contacts. A higher level of learning and education usually prevails here than at other adult education institutions.

It is difficult to characterize the „typical" contents of senior academy offerings. Most of these institutions cover a wide range of themes, are open to contemporary trends and respond to the demands of participants. Offerings in the area of art and culture top the popularity scale.

Einrichtungen der Erwachsenenbildung

Wir beschäftigen uns im folgenden Kapitel mit der Erwachsenenbildung (EB), die den Schwerpunkt auf die allgemeine, politische und kulturelle Bildung legt, wobei die Grenzen zwischen diesen Bereichen fließend sind. Die Erwachsenenbildung bzw. Weiterbildung (WB) ist ein eigenständiger Bildungsbereich, der neben der Schul-, Berufs- und Hochschulausbildung als vierte Säule im Bildungssystem gilt. Weiterbildung umfasst neben der Erwachsenenbildung im engeren Sinne auch die berufliche und betriebliche Weiterbildung, Fortbildung und Umschulung (Nuissl/Pehl 2000, S. 52 f.). Der Begriff Weiterbildung wurde 1970 vom Deutschen Bildungsrat geprägt und als „Fortsetzung oder Wiederaufnahme organisierten Lernens nach Abschluss einer unterschiedlich ausgedehnten ersten Bildungsphase" (Deutscher Bildungsrat 1970) definiert. Weiterbildung und Erwachsenenbildung wird häufig, vor allem auch in internationaler Zusammenarbeit („adult education"), synonym verwendet.

Das EB- bzw. WB-System in Deutschland ist nicht systematisch gestaltet oder geordnet, es finden sich Einrichtungen völlig unterschiedlicher Zielrichtung, Rechtsform und Arbeitsweise.

> „Die institutionelle Struktur der EB/WB ist heterogen, unübersichtlich und differenziert. Es gibt kein einheitliches Raster, um die Institutionen darzustellen. Nach dem obersten Grundsatz der Pluralität haben die ideologischen Wurzeln, organisatorischen Bindungen und institutionellen Voraussetzungen der Einrichtungen nach wie vor eine große Bedeutung" (Nuissl 2001, S. 87 f.).

Es gibt vier große institutionelle Bereiche der EB/WB: Betriebliche Bildung, kommunale EB (VHS), gewerkschaftliche Bildung, konfessionelle EB. Weitere Träger und Einrichtungen, die weniger verbreitet und durchstrukturiert sind, sind Hochschulen, Heimvolkshochschulen, Einrichtungen der ländlichen EB, Stiftungen, Kammern, staatliche Einrichtungen wie Lehrerfortbildungsinstitute und spezielle Bildungsvereinigungen wie „Arbeit und Leben" (ebd., S. 88).

Trotz föderativer Bildungshoheit der Bundesländer sind die EB/WB-Strukturen in den einzelnen Ländern Deutschlands relativ ähnlich, dies gilt auch für die neuen Bundesländer.[48] Die wichtigsten gesetzlichen Regelungen sind die Weiterbildungsgesetze der Länder, dennoch ist die EB/WB nicht staatlich organisiert. Von der öffentlichen Finanzierung her ist die EB/WB der im Vergleich zu den Schulen, Hochschulen und der außerschulischen Jugendbildung am schlechtesten ausgestattete Bildungsbereich (ebd., S. 87 f.).

---

48 „Die in der DDR entstandenen WB-Strukturen sind nur wenige Jahre nach der deutschen Einigung weitgehend verschwunden. Der Übergang volkseigener Betriebe in private Verantwortung, das Verkümmern ideologieorientierter Bildungsorganisationen wie der URANIA, das Auftreten einer Vielzahl kommerzieller Bildungseinrichtungen und die rasche Umstrukturierung der VHS nach westlichem Modell haben die WB-Landschaft in den neuen Ländern vollständig verändert. Von Akzentunterschieden bei Angebot und Teilnahme abgesehen kann bereits heute eine große Annäherung der WB/EB in den neuen Ländern an diejenige der ehemaligen Bundesrepublik Deutschland festgestellt werden" (Nuissl/Pehl 2000, S. 15).

Welche Relevanz Einrichtungen der EB/WB für Menschen im Hinblick auf eine nachberufliche Betätigung haben, geht aus einer von der Bertelsmann Stiftung in Auftrag gegebenen Befragung von 1.000 abhängig beschäftigten Erwerbstätigen hervor.

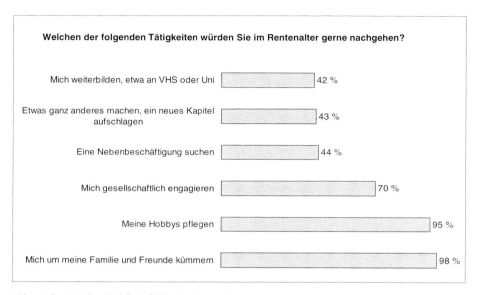

Abb. 10: Gewünschte Tätigkeitsfelder im Rentenalter
Quelle: Bertelsmann Stiftung 2006, S. 10

Die Volkshochschulen (VHS) ebenso wie viele andere Einrichtungen der Erwachsenenbildung bieten mit ihren Programmen zahlreiche Möglichkeiten an, die genannten Wünsche nach Betätigung im Bereich Hobby und Weiterbildung oder auch im Bereich der kulturellen Erwachsenenbildung tatsächlich umzusetzen. Auch der Wunsch, sich ehrenamtlich zu engagieren, kann mit Hilfe eines VHS-Kurses konkrete Gestalt annehmen.

Kulturelle Erwachsenenbildung – „Grundversorgung" oder „Luxusangebot"?
Kulturelle Bildung stellt einen Eckpfeiler der Erwachsenenbildung dar, hat aber durch die derzeitige Orientierung an arbeitsmarktbezogenen Aspekten bei der Förderung von Erwachsenenbildung in vielen Bundsländern einen schweren Stand. Eine solche Orientierung bei der Förderpraxis greift nach Stang eindeutig zu kurz, wenn man sich gesellschaftliche Herausforderungen wie den demografischen Wandel, die Forderung nach lebenslangem Lernen für alle und dem Ruf der Wirtschaft nach Förderung von Schlüsselkompetenzen vor Augen führt (Stang 2006, S. 1).

Auf die Diskrepanz zwischen der allgemeinen Wertschätzung der Leistungen von kultureller Bildung einerseits und ihrem aktuellen Status, der sich in einer abnehmenden Zahl von Bildungsangeboten widerspiegelt, andererseits, weist auch die Enquete-Kommission „Kultur in Deutschland" hin.

„Schlüsselqualifikationen wie Kreativität, Flexibilität und Kommunikationsfähigkeit werden immer wieder genannt, wenn es um die unerlässlichen Voraussetzungen für die Konkurrenzfähigkeit Deutschlands im internationalen Wettbewerb geht. Dass diese *soft skills* v. a. durch kulturelle Bildung vermittelt werden, findet landläufige Zustimmung. [...] Ein Beleg für diese Akzeptanz ist die Tatsache, dass Inhalte und Methoden der kulturellen Bildung zunehmend Einzug in Managementseminare und die berufliche Bildung halten. Dennoch verliert die kulturelle Erwachsenenbildung in der Bildungsdiskussion zunehmend an Boden. Der Status der kulturellen Bildung scheint in den letzten Jahren bei der Neuformulierung von Weiterbildungsgesetzen tendenziell abgeschwächt worden zu sein. Erwachsenenbildung wird zunehmend als berufliche Weiterqualifizierung begriffen. Kulturelle Erwachsenenbildung dagegen wird vielfach als eine weitgehend folgenlose Freizeitbeschäftigung angesehen" (Deutscher Bundestag 2005, S. 276).

Im Rahmen dieser Studie wird die kulturelle Erwachsenenbildung in
>> Volkshochschulen,
>> kirchlichen Erwachsenenbildungseinrichtungen,
>> Universitäten (Seniorenstudium) und
>> Seniorenakademien
näher betrachtet.

Aus mehreren Gründen spielen diese Träger bzw. Bildungsorte im Feld der Erwachsenenbildung (für Ältere) eine dominante Rolle:
>> Laut Enquete-Kommission „Kultur in Deutschland" findet kulturelle Erwachsenenbildung v. a. in Weiterbildungseinrichtungen wie VHS, aber auch kirchlichen Erwachsenenbildungseinrichtungen statt (Deutscher Bundestag 2005, S. 275).
>> Volkshochschulen und Kirchen haben einen guten Zugang zu älteren Menschen. So hat eine im Jahr 1999 von Schröder/Gilberg durchgeführte Befragung von Menschen zwischen 50 und 75 Jahren ergeben, dass im Bereich der nicht-beruflichen Bildung die VHS die wichtigste (26 % der zwischen 1996 und 1999 besuchten Veranstaltungen), Kirche und kirchliche Träger die zweitwichtigste Anlaufstelle (14 %) sind (Schröder/Gilberg 2005, S. 77).
>> Die Volkshochschulen verfügen über ausgezeichnetes Datenmaterial. Mit der jährlichen VHS-Statistik, die für das Jahr 2006 zum 45. Mal vorliegt (Reichart/Huntemann 2006), steht die einzige Datenbasis für den Bereich Erwachsenenbildung zur Verfügung, die es erlaubt, längerfristige Entwicklungen im Angebot und der Nutzung für einen Bereich im Detail zu betrachten.
>> Kulturelle Bildung für Ältere in Universitäten macht nur ein kleines, aber wichtiges Segment aus. „Von Bedeutung sind Seniorenuniversitäten insbesondere wegen der auf die Bildung im Alter bezogenen Forschungspraxis, die ohne die Seniorenuniversitäten nicht existieren würde" (Kade 2007, S. 98).
>> Die Seniorenakademien erfahren v. a. wegen ihrer hohen Nachfrageorientierung und ihrer Möglichkeiten zur aktiven Mitgestaltung der Bildungsprozesse großen Zulauf, ihnen wird ein großes innovatives Potenzial zugeschrieben.

6.1 Volkshochschulen

6.1.1 Kurzportrait der Volkshochschulen

Dem eigenen Selbstverständnis nach sind Volkshochschulen öffentliche Dienstleistungszentren, die ein flächendeckendes Weiterbildungsangebot für alle an Weiterbildung interessierten Bürger/innen in der Kommune zu gewährleisten haben. Die VHS sind weitgehend in den Strukturen der Kommunen (Gemeinden und Landkreise) verankert. Um eine möglichst weitgehende Chancengleichheit auf dem Gebiet der Weiterbildung zu gewährleisten, legt die VHS ein breites, vielseitiges und für Jede/n erschwingliches Angebot vor, mit dem sie den verschiedensten Bedürfnissen und Voraussetzungen entgegenzukommen versucht. Die VHS sieht sich durch die öffentlichen Zuschüsse verpflichtet, jenseits von Marktgängigkeit allen Bürger/inne/n diejenigen Weiterbildungsmöglichkeiten zu bieten, die für ein verständiges Mitdenken und Mitwirken im demokratischen Gemeinwesen notwendig sind (Dohmen 1999, S. 457).

> „Was die VHS nach ihrem eigenen Selbstverständnis vor allem von anderen Weiterbildungseinrichtungen unterscheidet, ist ihre integrative Funktion im Sinne der gesellschaftlichen und sozialen Einbindung von Menschen aus verschiedenen Kulturen, Religionen, Parteien, aber auch aus verschiedenen Berufsgruppen, Bildungsschichten, Einkommensklassen usw. in die Weiterbildungs-Kommunikation und in das demokratische Gemeinwesen" (ebd.).

Ergänzt werden muss hier auch die integrative Funktion der VHS im Sinne der sozialen Einbindung von Menschen verschiedener Generationen.

Ihr didaktisches Grundprinzip ist die „Teilnehmerorientierung", d. h. die Ausrichtung auf die Weiterbildungsinteressen und -bedürfnisse der Menschen und das Bereitstellen von angemessenen Möglichkeiten zur Entfaltung ihrer geistigen, personalen und kommunikativen Potenziale. Die VHS versucht auch mit niedrigschwelligen Angeboten neue Teilnehmer/innen zu gewinnen, und Weiterbildungsbedürfnisse zu wecken – besonders wenn dies im öffentlichen Interesse liegt (ebd.).

Die VHS der alten und neuen Bundesländern sind jeweils in Landesverbänden zusammengeschlossen. Die 16 Landesverbände bilden zusammen den Deutschen Volkshochschul-Verband (DVV). Seit den 1990er Jahren konzentrieren sich die Bemühungen auf den Ausbau der VHS zu leistungsfähigen Weiterbildungs-Dienstleistungszentren, die sich durch Rahmenbedingungen und Angebot auch gegen die Konkurrenz einer wachsenden Zahl privater Anbieter behaupten kann (ebd., S. 456). Der Rückgang der kommunalen Zuschüsse sowie der Zuschüsse der Länder muss durch andere Einnahmen wie SGB-Mittel, Bundes- und EU-Mittel, insbesondere aber durch Teilnahmegebühren[49], ausgeglichen werden (Reichart/Huntemann 2006, S. 7).

---

49 Die Teilnahmegebühren machten in 2006 39,4 % der Gesamtfinanzierung der deutschen VHS aus.

Der Volkshochschulstatistik für das Jahr 2006 (Reichart/Huntemann 2006) sind folgende Eckdaten zu entnehmen: Es gab in Deutschland 2006 insgesamt 974 VHS mit 2.880 Außenstellen. Rund 64 % dieser VHS sind kommunale Einrichtungen, d. h. ihre Träger sind Stadtstaaten, Gemeinden, Kreise oder Zweckverbände mehrerer Gemeinden. 33,5 % der VHS sind eingetragene Vereine, die restlichen VHS sind GmbHs oder in sonstiger privater Trägerschaft.

In diesen 974 VHS fanden 2006 rund 648.000 Veranstaltungen mit 14,9 Millionen Unterrichtsstunden und 8,9 Millionen Belegungen statt. Frauen machen gewöhnlich etwa drei Viertel der Teilnehmerschaft aus, so auch 2006, wo der Anteil der Frauen an den Belegungen bei 73,8 % lag.

Unter der uns interessierenden Fragestellung nach Bildungsangeboten für Ältere sei noch auf die Entwicklungen der Altersstruktur hingewiesen, die Reichart/Huntemann folgendermaßen zusammenfassen:

„Die bisher beobachtete Verschiebung bei den Kursen und Lehrgängen in der *Altersstruktur* hin zu Teilnehmer/innen höheren Alters setzt sich der Tendenz nach fort. Eine Ausnahme bilden die unter 18-Jährigen, deren Anteil von 6,3 % auf 6,7 % in 2006 gewachsen ist. Der Anteil der Belegungen der Alterskategorien bis einschließlich 49 Jahre ging dagegen zurück. Der Anteil der Belegungen zwischen 50 und 64 Jahren stagniert, während der Anteil der über 65-Jährigen weiter wächst (+1,0 Prozentpunkte)" (ebd., S. 7).

6.1.2 Volkshochschulen – Orte kultureller Bildung/Bildungsorte für Ältere
Die Angebote der VHS umfassen inhaltlich das gesamte Spektrum von Weiterbildung, wobei diese schwerpunktmäßig weniger beruflich als eher allgemein ist.[50] Der Programmbereich Sprachen ist der mit Abstand größte Programmbereich. „Kultur – Gestalten" gehört mit 11,3 % zu den „mittleren" Programmbereichen[51], steht aber hier nach dem Programmbereich „Gesundheit" (17,8 %) und „Arbeit – Beruf" (15,7 %) an dritter Stelle. Zu den „kleineren" Programmbereichen mit weniger als zehn % zählen „Grundbildung – Schulabschlüsse" (9,4 %) sowie „Politik – Gesellschaft – Umwelt" (4,4 %).

---

50 Der Anteil der Angebote zur beruflichen Weiterbildung ist schwer exakt zu ermitteln, da z. B. die Teilnahme an Fremdsprachenkursen vielfach auch beruflichen Zwecken dient. Allgemein streben die VHS im beruflichen Bereich eine breite Berufs-Grundbildung an, die sich besonders auf die Entwicklung vielseitig nutzbarer Kompetenzen und so genannter Schlüsselkompetenzen konzentriert (Dohmen 1999, S. 457). Die Umsetzung dieses Ziels legt eine Verknüpfung von beruflicher, allgemeiner bzw. kultureller Weiterbildung nahe.

51 Der Programmbereich „Kultur – Gestalten" ist in den verschiedenen Bundesländern unterschiedlich stark ausgebaut, so gehört er in den neuen Bundesländern, aber auch in Nordrhein-Westfalen und Niedersachsen zu den „kleineren" Programmbereichen, während der Stadtstaat Hamburg mit 20,9 % einen Spitzenwert aufweist.

	1994	2006
Politik – Gesellschaft – Umwelt	818.125 5,6 %	652.527 4,4 %
Kultur – Gestalten	2.286.270 15,8 %	1.676.623 11,3 %
Gesundheit	2.176.144 15,1 %	2.651.498 17,8 %
Sprachen	5.387.303 37,3 %	6.160.137 41,4 %
Arbeit – Beruf	2.454.650 17 %	2.342.569 15,7 %
Grundbildung – Schulabschlüsse	1.325.769 9,2 %	1.391.377 9,4 %
Insgesamt	14.448.261 100 %	14.874.731 100 %

Tab. 19: Unterrichtsstunden der Programmbereiche und Anteile am Gesamtangebot der Volkshochschulen 2006
Quelle: in Anlehnung an Reichart/Huntemann 2006, Stang 2006

Betrachtet man die Entwicklung des Gesamtangebots der VHS, so wird deutlich, dass sich die Anteile in den letzten Jahren zu Ungunsten der kulturellen Bildung verschoben haben. Stang resümiert nach seiner Analyse der Entwicklung des Programmbereichs „Kultur – Gestalten",

„dass der Bereich der Kulturellen Bildung in den Volkshochschulen nach wie vor eine wichtige Bedeutung hat, auch wenn er insgesamt deutlich Anteile am Gesamtangebot verloren hat. In Anbetracht der Rahmenbedingungen für Kulturelle Erwachsenenbildung, die in der Bildungsdiskussion zunehmend an Boden gegenüber arbeitsmarktbezogenen Bildungsangeboten verliert, und der zunehmenden Ausdifferenzierung des Anbieterspektrums im Bereich Kulturelle Bildung durch private Initiativen, Kultureinrichtungen und andere öffentlich geförderte Bildungsinstitutionen (vgl. Stang u. a. 2003, S. 10) kann deren Positionierung bei den VHS nach wie vor als solide bezeichnet werden" (Stang 2005, S. 147).

Was für die gesamte VHS gilt, gilt auch für den Programmbereich „Kultur – Gestalten": Die Teilnehmerschaft ist frauendominiert. Im Programmbereich „Kultur – Gestalten" liegt der Frauenanteil mit 78,7 % sogar etwas über dem Durchschnitt von 73,8 %.

	Frauen in %
Politik – Gesellschaft – Umwelt	66,8
Kultur – Gestalten	78,7
Gesundheit	83,9
Sprachen	68,2
Arbeit – Beruf	62,2
Grundbildung – Schulabschlüsse	51,0
Insgesamt	73,8

Tab. 20: Anteil Frauen in Kursen nach Programmbereichen 2006
Quelle: in Anlehnung an Reichart/Huntemann 2006

Auch unter den älteren Teilnehmer/inne/n dominieren laut Kade die Frauen, so konstatiert sie: „Altersbildung ist in den Volkshochschulen Frauenbildung" (Kade 2000, S. 175).

> „Wer kommt, sind vorwiegend die älteren Frauen, die in der Mehrheit allein leben und Sozialintegration durch Bildung suchen. Die im Alter singularisierten Frauen setzen vermehrt nach dem Berufsende oder nach dem Auszug der Kinder und nach dem Wegfall von Familienaufgaben früher entwickelte Bildungsinteressen fort, suchen nach neuen Kontakten in der Außenwelt und nach neuen Betätigungsfeldern [...] Männer sind im Alter – im Unterschied zu ihrer überproportionalen Teilnahme an Weiterbildung im Berufsleben – bildungsabstinent. Im Unterschied zu den alternden Frauen versiegt die Weiterbildungsbereitschaft der Männer nach dem Berufsende, nachdem der Sach- und Zweckbezug des zu Lernenden, Aufstiegs- und Gratifikationschancen und soziale Anerkennung für Weiterbildung entfallen [...] Lediglich Bildungsangebote mit einem deutlichen Sachbezug werden auch von den älteren Männern nachgefragt, z. B. im Bereich neuer Medien (ebd.)."

Die Altersstruktur der Teilnehmer/innen des Programmbereichs „Kultur – Gestalten" hat sich – mit Ausnahme der Unter-18-Jährigen – in der Tendenz entwickelt wie die Altersstruktur insgesamt, d. h. es ist eine Verschiebung hin zu Teilnehmer/innen höheren Alters zu beobachten (vgl. Tab 21, folgende Seite).

Es sind vor allem die „jungen Alten" zwischen 50 und 64 Jahren, die von den VHS erreicht werden. Aber auch der Anteil der Älteren über 65 hat in den letzten Jahren in beachtlichem Maße zugenommen. Am beliebtesten sind bei den Teilnehmer/innen ab 50 Jahren Angebote im Programmbereich „Gesundheit". An zweiter Stelle steht der Programmbereich „Kultur – Gestalten". Der Anteil der Teilnehmer/innen ab 50 Jahren liegt dort mit 33,9 % etwas höher als der Anteil dieser Altersgruppen am Gesamtangebot der VHS (33,1 %).

	1987	2003	2006
Unter 18 Jahre	8,6 % (7,1 %)	11,2 % (6,3 %)	11,7 % (6,7 %)
18–24 Jahre	14 % (18,6 %)	7 % (8,5 %)	6,2 % (8,2 %)
25–34 Jahre	29,2 % (29,3 %)	20 % (21,9 %)	15,9 % (18,6 %)
35–49 Jahre	30,9 % (29,7 %)	32,1 % (33,5 %)	32,4 % (33,4 %)
50–64 Jahre	12,5 % (11,2 %)	20,6 % (21,2 %)	22,1 % (21,7 %)
65 Jahre und älter	4,7 % (4 %)	9,1 % (8,5 %)	11,8 % (11,4 %)

Tab. 21: Altersstruktur der Teilnehmer/innen im Programmbereich „Kultur – Gestalten" (Altersstruktur des Gesamtangebots) 2006
Quelle: in Anlehnung an Reichart/Huntemann 2006, Stang 2005

	50–64 J.	65 J. und älter
Politik – Gesellschaft – Umwelt	20,6 %	14,8 %
Kultur – Gestalten	22,1 %	11,8 %
Gesundheit	23,6 %	11,9 %
Sprachen	21,1 %	10,6 %
Arbeit – Beruf	20,9 %	10,6 %
Grundbildung – Schulabschlüsse	3,5 %	2,3 %
Insgesamt	21,7 %	11,4 %

Tab. 22: Anteil Teilnehmer/innen 50 Jahre und älter nach Programmbereichen 2006
Quelle: in Anlehnung an Reichart/Huntemann 2006

6.1.3 Inhalt und Form der Angebote

Von jeher umfasst die Angebotspalette der VHS auch Angebote der kulturellen Bildung. Bis 1998 war dieser Bereich in zwei Stoffgebiete („Kunst"/„Künstlerisches, handwerkliches Arbeiten") getrennt. Im Bereich „Kunst" stand die Reflexion über Kunst und Kultur im Vordergrund, z. B. in Form von Vorträgen und Museumsführungen. Im Bereich „Künstlerisches, handwerkliches Arbeiten"[52] wurde kreativ-künstlerisch gearbeitet, z. B. in Mal- und Zeichenkursen. Der Anteil der vornehmlich rezeptiven und theoriebezogenen Angebote im Bereich „Kunst" am Gesamtangebot war hierbei immer deutlich geringer als der Anteil des Bereichs „Künstlerisches, handwerkliches Arbeiten". 1998 wurden diese beiden Stoffgebiete zu dem Programmbereich „Kultur – Gestalten" zusammengefasst (Stang 2005, S. 144).

---

52 Bis 1977: „Manuelles und musisches Arbeiten".

Foto: Elke Müller, Dritter Frühling e.V.

Das Verständnis von kultureller Bildung an den VHS soll hier am Beispiel der bayerischen Volkshochschulen wiedergegeben werden, demnach wird kulturelle Bildung verstanden als

„integratives Element von Allgemeinbildung, das unter anderem die Aufgabe hat, Menschen in ihrer Persönlichkeitsentwicklung zu unterstützen sowie deren soziale, kommunikative und kreative Fähigkeiten zu stärken. Die Förderung kultureller und ästhetischer Bildungsprozesse steht dabei im Mittelpunkt, wobei dem kommunikativen Aspekt eine wichtige Rolle zukommt" (Bayerischer Volkshochschulverband[53]).

In der nachfolgenden Tabelle sind die Kurse des Programmbereichs „Kultur – Gestalten" und Unterrichtsstunden nach Fachgebieten aufgeführt. Angebote, in denen es um produktives kreatives, künstlerisches oder handwerkliches Arbeiten geht, machen das Gros der Unterrichtsstunden aus. An erster Stelle stehen hier die Kurse im Fachgebiet Malen/Zeichnen/Drucktechniken.

	Kurse	Unterrichtsstunden
Fachgebietsübergreifende/sonstige Kurse	4,7 %	4,2 %
Literatur/Theater	4,6 %	4,0 %
Theaterarbeit/Sprecherziehung	2,1 %	2,7 %
Kunst/Kulturgeschichte	3,2 %	1,9 %
Bildende Kunst	3,6 %	2,0 %
Malen/Zeichnen/Drucktechniken	20,9 %	25,3 %
Plastisches Gestalten	9,0 %	9,4 %
Musik	1,7 %	1,6 %
Musikalische Praxis	12,8 %	14,4 %
Tanz	15,8 %	14,8 %
Medien	0,7 %	0,5 %
Medienpraxis	2,9 %	2,9 %
Werken	7,6 %	5,6 %
Textiles Gestalten	5,0 %	4,2 %
Textilkunde/Mode/Nähen	5,4 %	6,4 %
Insgesamt	100 % (91.394)	100 % (1.662.733)

Tab. 23: Kurse/Unterrichtsstunden nach Fachgebieten im Programmbereich „Kultur – Gestalten" 2006
Quelle: in Anlehnung an Reichart/Huntemann 2006

---

53 vgl. www.bvv.newsfactory.de/index.php?pageid=44&pub=6&na_id=92 (Stand: 03.12.07)

Über die Angebotsformen gibt Tabelle 23 Auskunft. Im Programmbereich „Kultur – Gestalten" finden 94,6 % der Unterrichtsstunden in Kursform statt. Um auf die unterschiedlichen Bedürfnisse der Teilnehmer/innen einzugehen, werden Kurse tagsüber oder am Abend, einmal oder mehrmals in der Woche, als Intensivkurse (ganztätig, am Wochenende, während einer Woche, z. B. als Bildungsurlaub) oder langfristige Lehrgänge angeboten.

Auftrags- und Vertragsmaßnahmen, die aus Kooperationen vor allem mit der Arbeitsagentur oder mit Unternehmen und Betrieben hervorgehen, spielen mit 0,8 % im Programmbereich „Kultur – Gestalten" eine geringfügige Rolle.

Einzelveranstaltungen, z. B. Vorträge und Führungen, machen lediglich 2,1 % der Gesamtunterrichtsstunden aus. Allerdings steht der Programmbereich „Kultur – Gestalten" mit 23,4 % aller an der VHS stattfindenden Einzelveranstaltungen an zweiter Stelle hinter „Politik – Gesellschaft – Umwelt" (45,6 %).

Ähnlich verhält es sich bei den Studienfahrten und -reisen. Im Programmbereich „Kultur – Gestalten" ist der Anteil der Studienfahrten und -reisen am gesamten Unterrichtsvolumen mit 2,6 % gering, betrachtet man aber die insgesamt an VHS stattfindenden Studienfahrten und -reisen, so nimmt auch hier der Programmbereich „Kultur – Gestalten" den zweiten Platz hinter dem Bereich „Politik – Gesellschaft – Umwelt" ein (38,6 % Studienfahrten/39,1 % Studienreisen im Programmbereich „Kultur – Gestalten"; 57,7 % Studienfahrten/52,5 % Studienreisen im Bereich „Politik – Gesellschaft – Umwelt").

	2006
(Offene) Kurse	94,6 %
Auftrags-/Vertragsmaßnahmen	0,8 %
Einzelveranstaltungen	2,1 %
Studienfahrten/-reisen	2,6 %
Insgesamt	100 %

Tab. 24: Struktur der Gesamtunterrichtsstunden im Programmbereich „Kultur – Gestalten"
Quelle: in Anlehnung an Reichart/Huntemann 2006

Wie aus der Untersuchung von Schröder/Gilberg (2005, S. 220 f.) bekannt, sind Studienfahrten/-reisen bei älteren Menschen sehr beliebt.[54] Es lohnt sich daher für die VHS, diese Angebotsform bei der Weiterentwicklung des Programmangebots für die Zielgruppe der Älteren im Blick zu behalten.

---

54 Eine im Sommer 1999 durchgeführte telefonische Befragung von 1.991 Personen im Alter von 50 bis 75 Jahren ergab, dass Besichtigungen von Städten, Ländern oder Baudenkmälern 18 % der in den letzten drei Jahren besuchten Bildungsmaßnahmen ausmachen und somit Spitzenreiter unter den genannten Veranstaltungen sind. Veranstaltungen zu Gesellschaft, Geschichte oder Politik sowie solche zu Technik, Computer und Naturwissenschaft werden auch gerne besucht (jeweils 11 %) (Schröder/Gilberg 2005, S. 220).

Die in der obigen Tabelle nicht aufgeführten Ausstellungen der VHS in 2006 verdienen Erwähnung, da mit 70,4 % der größte Teil dieser vom Programmbereich „Kultur – Gestalten" getragen wurden (Reichart/Huntemann 2006, S. 54).

16,2 % aller an den VHS durchgeführten Kurse sind Kurse für „besondere Adressaten" wie z. B. ältere Menschen, Analphabeten, Arbeitslose, Ausländer/innen, Menschen mit Behinderung sowie Frauen.

Kurse für ältere Menschen werden vor allem in den Programmbereichen „Sprachen" und „Arbeit – Beruf" angeboten. Im letztgenannten Programmbereich sind die Computerkurse und andere Kurse zu den Neuen Medien verortet. Auch Gesundheits- und Sportkurse werden vielfach für den Adressatenkreis der älteren Menschen zugeschnitten. „Kultur – Gestalten" ist hingegen ein Programmbereich, in dem einer generationenübergreifenden Kursarbeit der Vorzug gegeben wird.

	Kurse für ältere Menschen
Politik – Gesellschaft – Umwelt	8,1 %
Kultur – Gestalten	7,8 %
Gesundheit	22,9 %
Sprachen	30,5 %
Arbeit – Beruf	30,5 %
Grundbildung – Schulabschlüsse	0,2 %
Insgesamt	100 %

Tab. 25: Kurse für ältere Menschen als besondere Adressaten nach Programmbereichen 2006
Quelle: in Anlehnung an Reichart/Huntemann 2006

Angebote werden dann explizit für Ältere gemacht, wenn größere Unterschiede zwischen jungen und älteren Teilnehmer/innen bezüglich Vorkenntnissen, Lernmotivationen, -tempo, bedürfnissen etc. zu erwarten sind; im Programmbereich „Kultur – Gestalten" hingegen werden altersheterogene Gruppen seltener als inhomogen eingeschätzt bzw. sind Unterschiede seltener auf das Alter zurückzuführen.

Diese Einschätzung lässt sich mit den Ergebnissen der Untersuchung von Schröder/Gilberg untermauern, die sich allerdings nicht speziell auf die VHS als Träger und Kursort beziehen. Die Entscheidung, ob das Lernen in altershomogenen oder altersheterogenen Gruppen stattfinden soll, hängt prinzipiell stark von den Zielsetzungen und Inhalten des jeweils konkreten Angebotes ab. So wurde auf die Frage, ob man eine Veranstaltung aus einem reichhaltigen thematischen Angebot eher im Kreise Gleichaltriger oder in gemischtaltrigen Gruppen besuchen möchte, vor allem der Wunsch nach Seniorenveranstaltungen bei Aspekten des Alterns, Sportangeboten sowie Technik- bzw. Computerseminaren ausgesprochen (Schröder/Gilberg 2006, S. 27). Auch bei Sprachkursen liegt häufig der Wunsch nach altershomogenen Kursen vor, da somit „dem Lerninteresse der stärker unter Verwertungsdruck und ergebnisorientiert lernenden Jüngeren wie dem entgegengesetzten Interesse Älterer an einem Lernen in Muße und mit Vergnügen entsprochen" wird (Kade 2000, S. 176).

Die große Mehrheit der Älteren jedoch, so das Ergebnis der Befragung durch Schröder/Gilberg, sucht das reguläre Bildungsangebot in altersheterogenen Gruppen auf. Wenn Seniorenveranstaltungen besucht werden, dann eher von Personen ab Mitte 60 (Schröder/Gilberg 2006, S. 27). Auch Kade stellt mit Bezug auf die VHS fest: „Der weitaus größte Anteil der älteren Teilnehmer an VHS-Angeboten zieht eine Teilnahme an *altersgemischten* Lerngruppen im regulären Angebot der Volkshochschulen den altershomogenen *Zielgruppenangeboten für Ältere* vor [...] von den Zielgruppenangeboten (werden) vorwiegend die über 65jährigen angesprochen" (Kade 2000, S. 176).

Eine Auswertung von 96 Programmheften der Volkshochschulen in Baden-Württemberg aus dem Halbjahr 01/2006 (Bihusch 2007) hat ergeben, dass im Bereich „Kultur – Gestalten" explizite Kursausschreibungen für Ältere eher selten sind.

> „Die Ansprache an Ältere geschieht hier stattdessen eher implizit: über die Veranstaltungszeit (Vormittag/früher Nachmittag; Sonntag), über die Themen (zu einem Kurs ‚Deutsche Balladen' werden sich mehr ältere Menschen anmelden als zu einem Kurs ‚Comics zeichnen'); ebenso werden Ältere implizit angesprochen, indem beispielsweise dem Bedürfnis nach Austausch Rechnung getragen wird (‚bei einer Tasse Kaffee' o. Ä.)" (Bihusch 2007, S. 21).

Es gibt dennoch eine Reihe von VHS, die Sonderrubriken mit Veranstaltungen für ältere Menschen in ihre Programme aufgenommen haben oder sogar eigens Programmhefte für Ältere zusammengestellt haben, wie etwa die Münchner Volkshochschule, aus der das folgende Beispiel für einen Ausschreibungstext stammt.

VHS München: Schreibstudio Römerstraße

Aus dem Ausschreibungstext:
„Ob Sie Erinnerungen oder Erdachtes zu Papier bringen wollen, ob Sie sich in einem Tagebuch oder in Gedichten ausdrücken möchten, ja selbst, wenn Sie bisher noch keine Zeile geschrieben haben – in diesem Schreibstudio können Sie einmal Schreibende/r unter Schreibenden sein. Ungewohnte Wege zum Schreiben finden, spielerisch Neues erproben, Einfälle kommen lassen und mit ihnen besser umgehen lernen, persönlichen Stil entstehen lassen, Erfahrungen austauschen, sicherer werden in der Beurteilung eigener Texte – das sind die Ziele, die wir auf vergnügliche Weise ansteuern wollen."

Münchner Volkshochschule. Bildung für Ältere. Programm Herbst/Winter 2007/2008, S. 68

www.mvhs.de (Stand: 09.12.07)

Einen anderen Weg geht die VHS Hamburg: Unter dem Motto „iPod® trifft Plattenspieler – Lernen bewegt Generationen" wird das generationenübergreifende Lernen zum Themenschwerpunkt des Programms 2007/2008. Das Programm enthält eine Vielzahl von Veranstaltungen in den Bereichen „Kultur", „Video/Fotografie/Multimedia", „Gesellschaft und Politik" sowie „Gesundheit und Umwelt".

> **VHS Hamburg: iPod® trifft Plattenspieler – Lernen bewegt Generationen**
>
> Aus dem Ausschreibungstext:
> „Älterwerden ist ein lebenslanger und faszinierender Prozess. Erwarten Sie das Unerwartete: Wenn Generationen gemeinsam lernen, sind Überraschungen nicht ausgeschlossen. Zum Beispiel, wenn – wie im letzten Jahr – im Theaterkurs die Improvisation einer japanischen Liebesszene gefragt ist. Die 21-jährige Anna Gesewsky staunte nicht schlecht, als die 65-jährige Marlies Lubig in einer Phantasiesprache loslegte und sich der gesamte Kurs nach wenigen Minuten vor Lachen krümmte. „Ich fand es toll, was sie sich traut. Das macht Mut. Auch Mut, anders auf Ältere zuzugehen", sagt die Studentin. Die Rentnerin wiederum schätzt an der Jüngeren „ihre Freiheit, Gefühle auszudrücken". Beide erlebten die Begegnung mit der Lebenswelt einer anderen Generation als unerwartete Bereicherung. Auch Familien können bei uns etwas erleben: Eltern und Kinder können sich gemeinsam sportlichen und spaßigen Herausforderungen stellen, Enkel und Großeltern eine schöne Zeit miteinander verbringen. Vielleicht bei einer Schatzsuche im Gelände, mit Hilfe elektronischer Positionsanzeiger. Oder mit den neuen Inline-Skates an den Füßen. Oder mit den Händen im Bienenkorb. Aufregend, nicht wahr? Gemeinsame Zeit beflügelt die Generationen. Probieren Sie es einfach mal aus."
>
> Hamburger Volkshochschule – Programm Herbstsemester 2007
>
> www.vhs-hamburg.de/news/aktuelles/generationen.cfm (Stand: 03.12.07)

Ein Beispiel für Angebote, in denen nicht organisierte Bildungsprozesse im Vordergrund stehen, sondern der offene Treffpunkt-Charakter entscheidend ist, wird im Folgenden beschrieben. Nach Angabe der Veranstalter haben sich auf die unten zitierte Ausschreibung auf Anhieb 27 Teilnehmer/innen gemeldet. Anklang findet dieses Angebot vermutlich vor allem aus zweierlei Gründen: Zum einen wird dem Wunsch nach Selbstbestimmung, Eigeninitiative und geringer zeitlicher Beanspruchung entsprochen; zum anderen wird durch den institutionellen Rahmen und durch die Regelmäßigkeit des Angebots (auch an Feiertagen und in den Ferien) das Bedürfnis nach verlässlichen sozialen Kontakten erfüllt.

> **VHS Heilbronn: VHS-Einser-Club „60 plus". Der Treff für gemeinsame Freizeitgestaltung**
>
> Aus dem Ausschreibungstext:
> „Sie wünschen sich mehr Kontakte zu anderen Menschen, mit denen Sie gemeinsam etwas unternehmen können? Sie sind Single – aus Überzeugung oder vorübergehend – und wollen z. B. einen Teil Ihrer Freizeit mit anderen zusammen verbringen, wollen Kino-, Theaterbesuche oder Ausflüge planen, aktuelle Themen diskutieren, Spaß haben? Im VHS-Einser-Club finden Sie Menschen in gleicher Lebenssituation und mit demselben Interesse [...] Der VHS-Einser-Club ist ein Club mit Eigeninitiative: Die VHS organisiert den Club, die Mitglieder organisieren ihre gemeinsame Freizeitaktivitäten. [...] Warten Sie nicht darauf, dass sich irgendwann, irgendwie durch irgendwen Ihre Lebenssituation ändert und interessant gestaltet. Werden Sie aktiv und gestalten Sie selbst!"
> Freitags, 15:00 Uhr, 14-täglich (auch an Feiertagen und während der Ferien)
>
> Volkshochschule Heilbronn – Programm Herbstsemester 2007
>
> www.vhs-heilbronn.de/prog/PDF/web_1.pdf (Stand: 03.12.07)

Ein wichtiges Lernfeld stellen Angebote dar, die soziales Engagement anregen, dieses vorbereiten und moderieren oder mit Fortbildungen begleiten. Sehr gut lässt sich soziales Engagement mit dem Bereich Kultur verknüpfen, wie das nachfolgende Beispiel aus der VHS Berlin zeigt. Es wird hier auf eine ehrenamtliche Tätigkeit vorbereitet indem gemeinsam konkrete Einsatzmöglichkeiten gesucht werden. Kade bemängelt, dass vorhandene Produktivitätspotenziale Älterer in der Altersbildung häufig aufgrund fehlender Anwendungsgelegenheiten ins Leere laufen (Kade 2000, S. 180). Dem wird bei diesem Beispiel entgegengewirkt.

> **VHS Berlin: Abenteuer Vorlesen**
>
> In Kooperation mit „Deutschland liest vor e.V."
>
> Aus dem Ausschreibungstext:
> „Sie lesen gern vor? Oder haben immer mal wieder überlegt, ob das etwas für Sie sein könnte? Dann ist dieser Praxis-Workshop genau das Richtige für Sie. Er gibt Ihnen einen ersten Einblick in die verschiedenen Aspekte des Vorlesens. Dieses Seminar richtet sich in erster Linie an Menschen, die Kindern vorlesen wollen: in der Schule, privat, in Bibliotheken oder Gemeindezentren. Als ehrenamtliches Engagement, als Bestandteil von Feiern, Veranstaltungen etc. Willkommen sind auch alle anderen am Thema Interessierten. Anhand konkreter Geschichten trainieren

> Sie Vorlesemethoden und den spielerischen Umgang mit Büchern. Was bedeutet eigentlich ‚Gutes Vorlesen'? Wie wähle ich passende Geschichten aus und wie bereite ich Texte vor? Sie experimentieren mit verschiedenen Ausdrucksmöglichkeiten, wie Stimme, Mimik und Bewegung. Es besteht außerdem die Möglichkeit, mit anderen Interessierten eine gemeinsame Vorlesegruppe zu gründen. Das Seminar wird finanziert durch den Sponsor UPS Foundation unseres Kooperationspartners ‚Deutschland liest vor e.V.' und kann daher entgeltfrei angeboten werden."
>
> Berliner Volkshochschule – Programm Herbstsemester 2007
> www.vhsit.berlin.de/VHSKURSE/BusinessPages/CourseDetail.aspx?id=143074
> (Stand: 09.12.07)

6.1.4 Entwicklungsperspektiven
Qualitätsvolle Angeboten für Ältere
Für die VHS liegt im demografischen Wandel eine der zentralen Herausforderungen der Zukunft. Zum einen werden bereits heute Strategien tatkräftig umgesetzt, um junge Menschen langfristig als Teilnehmer/innen an die VHS zu binden (Programm „Junge Volkshochschule"). Zum anderen weisen die Entwicklungen in der Altersstruktur der Teilnehmer/innen in der VHS darauf hin, dass Menschen ab 50 Jahren in Zukunft einen großen Teil der Teilnehmerschaft stellen werden. Es gilt daher, den steigenden Bedarf der älteren Generationen verstärkt in den Blick zu nehmen. Strategien müssen hier zum Teil noch entwickelt werden. Je größer der Anteil der älteren Teilnehmer/innen wird, desto wichtiger wird – angesichts der zunehmenden Individualisierung der Lebensstile – auch eine Ausdifferenzierung von Zielgruppenangeboten für Ältere. So konstatiert Kade z. B. ein Bildungsgefälle zwischen den älteren Vorkriegskohorten und den bereits mehrheitlich über einen mittleren und höheren Bildungsabschluss verfügenden jüngeren Kriegs- und Nachkriegskohorten (Kade 2000, S. 177).

Volkshochschulen – soziale Orte mit Mittler- und Brückenfunktion
Auf Probleme der Altersbildung an VHS weist Kade hin. Diese resultieren aus der
>> Diskrepanz zwischen Bedürfnis nach dauerhaften Vergemeinschaftungsformen und den kurzfristigen Veranstaltungen des Kurssystems;
>> Diskrepanz zwischen Interesse an generationenübergreifendem Austausch und mangelnden Ideen für Alterssegregation überwindende Lernveranstaltungen;
>> Diskrepanz zwischen produktivem Potenzial Älterer und mangelnden praktischen Anwendungs- und Verwendungsgelegenheiten (ebd., S. 180 f.).

Die weiter oben geschilderten Praxisbeispiele können durchaus als Maßnahmen gewertet werden, mit denen auf die von Kade genannte Problematik reagiert wird. Diese Aktivitäten müssen fortgesetzt und intensiviert werden:
>> Es müssen Formate (Clubs, Treffpunkte) angeboten werden, mit denen dem Bedürfnis Älterer nach Zugehörigkeit und verlässlichem sozialem Austausch entsprochen wird;

>> der zu beobachtende Trend hin zu intergenerationellen Angeboten muss verstärkt aufgegriffen werden, besonders im kulturellen Bereich sind hier bereits viele gute Ideen umgesetzt worden;
>> da der Bedarf an Vorbereitungs- und Begleitseminaren für am Ehrenamt Interessierte bzw. ehrenamtlich Aktive groß ist, könnte hier das Angebot sicher ausgeweitet werden.

Kade weist den VHS eine zentrale Aufgabe für die Reintegration älterer Menschen in die Gesellschaft zu, da sie in besonderer Weise geeignet sind, die Suche nach neuen Sozialformen für das Alter, nach neuen Modellen der Partizipation und Sozialintegration unter Individualisierungsbedingungen zu unterstützen (ebd., S. 181).

> „Volkshochschulen sind häufig der letzte soziale Ort, an dem Ältere noch einen Zugang zu Bildung, Ansprechpartner für gemeinsame Unternehmungen und Handlungspraxen, Resonanz und ein Forum für den Austausch mit Gleichaltrigen oder mit der anderen Generation finden. [...] Diese [Vergemeinschaftungsformen Älterer, IBK] können nicht mehr die heute zerfallenden naturwüchsig gewachsenen Solidarmilieus in Familie und Beruf ersetzen. Doch können sie ‚latente Milieus' Gleichgesinnter, die unter Bedingungen der Mobilität und Singularisierung im Alter nur schwer zusammenfinden, Interessengruppen zusammenbringen und dabei thematisch wie organisatorisch eine Mittler- und Brückenfunktion als sozialer Ort übernehmen" (ebd.).

Wie aus der VHS Hamburg bekannt, fallen ideenreiche Programme zur intergenerationellen Bildung auf fruchtbaren Boden. Die Alterszusammensetzung der Veranstaltungen im Programmbereich „Kultur – Gestalten" sind ein Indiz dafür, dass insbesondere Angebote der kulturellen Bildung geeignet sind, Generationen zusammenzuführen.

Kooperation und Vernetzung
Die Erschließung neuer Lernorte (z. B. Exkursion des Malkurses in den Botanischen Garten und die Glyptothek, Besuche von Künstlerateliers, „Blick hinter die Kulissen" in Theater und Oper) gehört schon seit längerem zum „Tagesgeschäft" der VHS. Nach Stang werden Kooperationen und Vernetzung im Bereich der kulturellen Bildung in Zukunft an Bedeutung zunehmen.

> „je stärker auch die Kultureinrichtungen als Anbieter im Bereich der Kulturellen Bildung auftreten, desto wichtiger wird es werden, gemeinsam eine Strategie zu entwickeln, wenn man die Kulturelle Bildung insgesamt nicht schwächen will. [...] Hier werden in Zukunft Kooperations- und Vernetzungsmodelle benötigt, die Synergieeffekte schaffen und der Kulturellen Bildung zu einer besseren Profilierung verhelfen" (Stang 2005, S. 148).

Eine Kooperation und Vernetzung spielt auch bei der Einbindung von Hochaltrigen in die Erwachsenenbildung eine wichtige Rolle. In Kooperation mit Trägern der Altenarbeit müssen Modelle der „zugehenden Bildungsarbeit" entwickelt werden. Die Bildungsabstinenz der Hochaltrigen, so Kade, sei nicht auf einen Mangel an Bildungsinteressen zurückzuführen. Vielmehr beschränken sich die Bildungsaktivitäten mit zunehmendem Alter auf informelle Bildung, die ihren Platz im Nahraum und schließlich im häuslichen Bereich hat (Kade 2000, S. 177 f.).

Bildungspolitischer Handlungsbedarf
Kulturelle Erwachsenenbildung, so auch die Forderung der Enquete-Kommission „Kultur in Deutschland", muss politisch und finanziell gestärkt und deshalb weiterhin in den Weiterbildungsgesetzen berücksichtigt werden (Deutscher Bundestag 2005, S. 275 f.).

Wichtige Argumente hierfür wurden in diesem Kapitel aufgezeigt: kulturelle (Erwachsenen-) Bildung fördert mit ihrem ganzheitlichen Ansatz Schlüsselqualifikationen und eine langfristige Kompetenzerweiterung. Den sozialen, kreativen und kommunikativen Potenzialen der kulturellen Bildung kommen angesichts der gesellschaftlichen Entwicklungen, wie z. B. dem demografischen Wandel, eine wichtige Bedeutung zu. Insbesondere die Chancen für einen intergenerationellen Dialog dürfen hier nicht verpasst werden.

Die Infrastruktur der kulturellen Erwachsenenbildung wird von der Enquete-Kommission als verbesserungswürdig beurteilt; ihr stehe ein großer Bedarf an kultureller Erwachsenenbildung gegenüber, der das vorhandene Angebot übersteige. Prozesse selbstgesteuerten Lernens sowie lebenswelt- und identitätsorientierter Bildung werden mehr denn je nachgefragt. Gleichwohl fehlten oftmals die (finanziellen) Mittel (ebd.).

6.2 Kirchliche Erwachsenenbildungseinrichtungen

> „Gerade weil sie nicht kurzfristigen Zielen restlos dienstbar gemacht werden kann, ist die Religion ein entscheidendes Moment einer Erwachsenenbildung, die ihr Engagement und ihre Inhalte nicht nur aus der Vernunft des Tages bezieht." (Claus Urban)[55]

Die Kirchen sehen die Erwachsenenbildung in kirchlichen Einrichtungen als unverzichtbaren Teil des pluralen Weiterbildungssystems an, weil diese innerhalb eines bestimmten Werte- und Normenhorizontes geschieht und durch die Aufnahme religiöser Themen die Bildung vor bloß pragmatischer Anpassung an die so genannten Erfordernisse der gegenwärtigen technischen-sozialen Welt schützt (Heinz 1999, S. 465).

Die Geschichte der kirchlichen EB wird durch eine bis in die Gegenwart reichende Diskussion um ihre Legitimation begleitet.[56] 1985 wurden von der Deutschen Evan-

---

55 zit. nach Lange, 2001, S. 41
56 Ein Gutachten des Deutschen Ausschusses für das Erziehungs- und Bildungswesen „Zur Situation und Aufgabe der Deutschen Erwachsenenbildung" (Deutscher Ausschuss für das Erziehungs- und

gelischen Arbeitsgemeinschaft für Erwachsenenbildung e.V. (DEAE) und der Katholischen Bundesarbeitsgemeinschaft für Erwachsenenbildung (KBE) ein gemeinsames Papier („Die Erwachsenenbildung der Kirchen") erarbeitet. Darin haben die Kirchen deutlich gemacht, dass sie sich als gleichberechtigte Partner im Gesamtfeld der EB mit einem genuinen, öffentlich anerkannten Bildungsbeitrag zur Lösung der großen Lebens- und Sachprobleme im gesellschaftlichen und politischen Raum verstehen (ebd., S. 464).

Daher sollten die Schwerpunkte der kirchlichen EB auf der allgemeinen und politischen Bildung liegen, die auf bessere Möglichkeiten sinnvollen Lebens, auf Erweiterung der Fähigkeiten zu verantwortlichem Handeln und auf Partizipation an allen gesellschaftlich relevanten Entscheidungsprozessen abzielen (ebd., S. 465).

Aber selbstverständlich geht es in der kirchlichen EB auch darum, Grundfragen christlichen Glaubens aus katholischer bzw. evangelischer Identität heraus zu reflektieren, sich als Plattform für das innerkirchliche Gespräch anzubieten sowie Impulse für eine zukunftsfähige Theologie[57] zu geben (vgl. Katholische Landesarbeitsgemeinschaft Erwachsenenbildung 2004).

Bezugspunkt für die aktuelle Diskussion über die Aufgaben der kirchlichen EB ist auf katholischer Seite die „Hirschberger Erklärung" der KBE von 1992, in der der gesellschaftliche Aspekt noch einmal hervorgehoben wird: Dialogfähigkeit, Demokratiefähigkeit und Streitkultur werden als zentrale Ziele von EB genannt (KBE 1992, S. 5)[58]. Für die evangelische EB ist das von der Evangelischen Kirche Deutschland (EKD) 1997 verabschiedete Papier „Orientierung in zunehmender Orientierungslosigkeit" von Bedeutung, in dem der kirchlichen EB „als Orientierungsmedium in der Pluralität von Lebensstilen und Wertorientierungen" eine zunehmend wichtige Rolle zugeschrieben wird (zit. nach Heinz 1999, S. 465).

Bildungswesen 1960) aus dem Jahr 1960 kann als Beginn einer öffentlich geführten Debatte gesehen werden. In diesem Gutachten wurde zwischen „freier" und „gebundener" EB unterschieden. Da diese Unterscheidung implizierte, dass die kirchliche EB nicht öffentlich sei und nur einen kirchenintern Charakter habe, lehnten die Kirchen dieses Gutachten ab. Insbesondere der Verdacht, die kirchliche EB betreibe Seelsorge und Glaubensverkündigung im engeren Sinn, war es, der eine öffentliche Anerkennung von Seiten staatlicher Organe problematisch erscheinen ließ. Die Auseinandersetzung mit diesen Bedenken und die Klarstellung der eigenen Position fanden ihren Niederschlag in Grundsatzpapieren beider Kirchen.
Für die katholische EB sind die Empfehlungen der Gemeinsamen Synode der Bistümer in der BRD (1971–1975) wegweisend geworden und stellen auch heute noch einen Orientierungsrahmen dar (Gemeinsame Synode der Bistümer der Bundesrepublik Deutschland 1976). Ein bedeutsames Papier für die evangelische EB ist mit dem Titel „Erwachsenenbildung als Aufgabe der Evangelischen Kirche" 1983 von der Kammer für Bildung und Erziehung der Evangelischen Kirche in Deutschland (EKD) verfasst worden (Kammer der Evangelischen Kirche Deutschlands für Bildung und Erziehung 1983).

57 Eine zukunftsfähige Theologie setzt eine Auseinandersetzung mit den Schwierigkeiten mit traditionellen theologischen Topoi voraus.
58 Eine Aktualisierung der „Hirschberger Erklärung" fand in Form einer Erklärung der KBE-Mitgliederversammlung im Jahr 2000 statt (www.kbe-bonn.de/fileadmin/Redaktion/PDF/Dokumente_zu_EB/Hirschberg_2000.pdf, Stand 12.12.07).

6.2.1 Trägerstruktur
Die evangelische EB ist nach Landeskirchen organisiert und in der DEAE zusammengeschlossen, die als bildungspolitischer Dachverband fungiert. Neben den evangelischen Heimvolkshochschulen sind v. a. die Akademien, Bildungsstätten und Bildungswerke die wichtigsten Institutionalformen evangelischer EB (Seiverth 2001, S. 107). Die wichtigsten Träger der katholischen EB sind die (Erz-)Bistümer (über Bischöfliche Beauftragte der EB und in diözesanen, regionalen und gemeindlichen Bildungswerken), Verbände sowie Institutionen (etwa katholische Akademien, Familienbildungsstätten u. a.). Diese sind in der KBE zusammengeschlossen (Wittrahm 2001, S. 172 f.).

Das Deutsche Institut für Erwachsenenbildung (DIE), das seit 1962 die Volkshochschulstatistik erstellt, sammelt seit 2002 auch Daten der anderen bundesweit arbeitenden Weiterbildungsorganisationen, darunter DEAE und KBE, mit dem Ziel eine kontinuierliche Weiterbildungsstatistik auf- bzw. auszubauen und die Datenlage im Bereich der organisierten Weiterbildung nachhaltig zu verbessern (vgl. Weiland/Ambos 2007).[59]

Als anerkannter öffentlicher Träger der EB wird die kirchliche EB neben kirchlichen Mitteln und Teilnahmebeiträgen auch durch öffentliche Mittel finanziert.[60] Seit den 1970er Jahren haben sich die Kirchen zu den zweitwichtigsten Anbietern entwickelt: Die Zahl der evangelischen Einrichtungen wird 2005 auf 481 geschätzt, die katholischen Einrichtungen auf 627. Die Zahl der kirchlichen Einrichtungen übersteigt somit die Zahl der Volkshochschulen. Wie Tabelle 19 zu entnehmen ist, werden in den 978 Volkshochschulen jedoch ein Vielfaches an Unterrichtsstunden durchgeführt (VHS: rund 14,5 Millionen Unterrichtsstunden; DEAE und KBE: 2,3 Millionen Unterrichtsstunden).

Im Unterschied zu den VHS ist die Erstellung einer „institutionellen Landkarte" der kirchlichen EB sehr schwierig. Während VHS als kommunale WB-Einrichtungen eindeutig einem politischen Gebiet zuordenbar und zudem Mitglied eines Landesverbands sind, zeichnet sich die kirchliche EB durch ihr komplex verwobenes Gefüge aus. Da nicht alle Funktionen auf derselben Ebene angesiedelt sind, müssen die für die Statistik notwendigen Finanzierungs-, Personal- und Veranstaltungsdaten für ein und dieselbe Einrichtung teilweise an mehreren Orten abgefragt werden. In der in 2005 zum vierten Mal erstellten Verbundstatistik konnten immerhin 377 der insgesamt 481 katholischen Einrichtungen und 383 der 627 evangelischen Einrichtungen in die Auswertung aufgenommen werden (ebd.).

---

59 Neben DVV, DEAE und KBE gehören noch der Arbeitskreis deutscher Bildungsstätten (AdB) mit 98 Einrichtungen und der Bundesarbeitskreis Arbeit und Leben (BAK AL) mit 141 Einrichtungen (Bezugsjahr: 2005) dem Verbund an.
60 DEAE: Anteile von öffentlichen Mitteln: 74,4 % Länder (WBG u. a.), 21,9 % Kommunen, 0,8 % EU, 2,7 % Bund, 0,2 % SGB III; KBE: Anteile von öffentlichen Mitteln: 57,3 % Länder, 27,6 % SGB III, 8,2 % Kommunen, 4,1 % Bund, 2,8 % EU- u. internationale Mittel. 45,6 % der insgesamt verausgabten öffentlichen Mittel sind Mittel ausschließlich für den DVV (Weiland/Ambos 2007)

6.2.2 Themenbereiche der kirchlichen (kulturellen) Bildungsarbeit
Das Selbstverständnis der kirchlichen EB findet in der Programmplanung seinen Niederschlag.

> „Wie überall in der Kirche kommen wir wieder stärker auf die Frage zurück, was unsere Kernkompetenz als kirchlicher Bildungsträger ist, die Kompetenz, bei der die Gesellschaft sich etwas von uns erwartet. Das können fast alle Themen sein, doch müssen sie so aufbereitet sein, dass sie einen gewissen spirituellen oder theologischen Mehrwert haben" (Höcht-Stöhr 2006, S. 55).

Es gibt eine Reihe von Einrichtungen, die tatsächlich ein stark ausgeprägtes Profil als Anbieter von Veranstaltungen mit dem von Höcht-Stöhr beschriebenen spirituellen oder theologischen Mehrwert entwickelt haben, also z. B. solche Angebote, in denen Sinn- und Orientierungsfragen im Bereich zwischen Psychologie, Philosophie und Spiritualität, Kommunikations- und Beziehungsfragen, zukunftsfähige Theologie, theologische Kulturhermeneutik oder der interreligiöse Dialog im Mittelpunkt stehen. Viele Einrichtungen jedoch decken ein breites Spektrum an Themen ab.

Mit welchen Themenbereichen sich die kirchliche EB im Besonderen beschäftigt, welchen Stellenwert der Programmbereich „Kultur – Gestalten" hat und ob es auffällige Unterschiede zum Angebot der VHS gibt – dies sind Fragen, die mit Hilfe der vom DIE erstellten Weiterbildungsstatistik im Verbund beantwortet werden können, da diese Finanzierungs-, Personal- und Veranstaltungsdaten enthält. Nicht enthalten sind Daten zur Teilnehmerstruktur, so dass keine Aussagen über die Beteiligung älterer Menschen an Veranstaltungen der kirchlichen EB getroffen werden können.

Nach Kade sind Ältere keine Randgruppe, sondern eine tragende Zielgruppe der kirchlichen Bildungsarbeit (Kade 2007, S. 130). Diese Feststellung deckt sich mit den Aussagen der von uns befragten Expert/inn/en und Bildungsanbieter.

Wie in Tabelle 26 ersichtlich, werden von der kirchlichen EB grundsätzlich alle inhaltlichen Bereiche der Weiterbildung berücksichtigt. Sowohl bei den Mitgliedern der DEAE als auch bei denen der KBE stehen Angebote im Themenbereich „Familie – Gender – Generationen" an erster Stelle.[61] Welcher Themenbereich den zweiten Platz einnimmt, hängt davon ab, ob man die Zahl der Veranstaltungen oder das Unterrichtsstundenvolumen betrachtet. Geht man von den Unterrichtsstunden aus, so ist bei den evangelischen Einrichtungen „Kultur – Gestalten" der zweitstärkste Programmbereich, gefolgt vom Gesundheitsbereich. Bei den katholischen Einrichtungen ist die Rangfolge umgekehrt, auf Platz zwei steht der Bereich „Gesundheit", auf Platz drei der Bereich „Kultur – Gestalten". Interessant ist die Tatsache, dass der Themenbereich Religion in Bezug auf die Unterrichtsstunden lediglich einen mittleren Platz im Gesamtangebot einnimmt. Vergleicht man die Aktivitäten der kirchlichen Träger mit denen der VHS, so fällt auf, dass sich jeweils Domänen herausgebildet haben. Sprachkurse sind Sache der VHS, während der

---

61 Angebote im Eltern-Kind-Bereich spielen hier eine besonders große Rolle.

Bereich „Familie" vor allem eine Domäne der kirchlichen Einrichtungen ist. Gesundheitskurse sind stark nachgefragt und sind daher im Programm aller Anbieter vorhanden.

Es kann zusammengefasst werden: Die kirchliche EB hat alles andere als einen kircheninternen Charakter, die theologische EB nimmt vielleicht einen besonderen, aber keinen dominanten Platz im Angebotsspektrum der kirchlichen Träger ein – auch hier bestimmt die Nachfrage das Angebot. Als These formuliert: Religion mag für das Selbstverständnis der Hauptamtlichen eine wichtige Rolle spielen, für den größeren Teil der Teilnehmerschaft ist vermutlich die Qualität der Angebote und nicht der Kirchenbezug ausschlaggebend für die Buchung einer Veranstaltung.

	DEAE		KBE		DVV	
	Veranst.	U.-Std.	Veranst.	U.-Std.	Veranst.	U.-Std.
Politik – Gesellschaft	5,5 %	4,6 %	11,3 %	5,1 %	3,9 %	2,3 %
Familie – Gender – Generationen	34,8 %	45,4 %	31,8 %	38,6 %	2,7 %	1,7 %
Religion – Ethik	18,9 %	12,3 %	17,9 %	9,0 %	0,3 %	0,1 %
Umwelt	0,2 %	0,3 %	0,1 %	0,2 %	2,0 %	0,6 %
Kultur – Gestalten	19,0 %	14,1 %	15,4 %	11,9 %	17,4 %	12,1 %
Gesundheit	15,2 %	13,8 %	14,9 %	14,2 %	28,8 %	18,0 %
Sprachen	1,4 %	3,4 %	2,8 %	8,7 %	30,0 %	40,3 %
Arbeit – Beruf	2,7 %	3,3 %	5,5 %	10,2 %	13,2 %	16,0 %
Grundbildung – Schulabschlüsse	2,3 %	2,8 %	0,3 %	2,2 %	1,7 %	8,8 %
insgesamt	100 % (57.217)	100% (1.068.074)	100 % (103.824)	100 % (1.261.709)	100 % (558.524)	100 % (14.461.842)

Tab. 26: Anteil der Veranstaltungen und Unterrichtsstunden in Themenbereichen nach Trägern in 2005
Quelle: nach Weiland/Ambos 2007

Kulturelle Bildungsangebote
„Kultur – Gestalten" ist ein gut besuchter Programmbereich in der kirchlichen EB. Kulturelle Bildung findet aber nicht nur dort, sondern auch in anderen Themenbereichen statt. Im Themenbereich „Religion – Ethik" z. B. sind Angebote zu finden, die Grenzfragen zwischen Religion und Philosophie, Geschichte, Politik, Kunst, Literatur u. a. m. berühren und eine fächerübergreifende Sichtweise nahe legen. Die folgenden Beispiele für Veranstaltungstitel lassen eine thematische Verschränkung

von Religion, Kultur und (Kunst-)Geschichte vermuten: „Die Zehn Gebote für die ungelehrten Leut' – Der Dekalog in der Graphik des späten Mittelalters und der frühen Neuzeit" oder: „Das religiöse und dichterische Selbstverständnis der Annette von Droste-Hülshoff".

Zu nennen sind hier auch die Angebote zur theologischen Kulturhermeneutik, bei denen es um die Hebung des Schatzes an religiösen Thematiken in Bildender Kunst, Literatur, Film und Musik geht, z. B. „TheologInnen im Dialog mit Kunsthistorikerinnen vor Bildern im Schloss Wilhelmshöhe: Lot und seine Töchter von J. Tintoretto".

Auch bestimmte Angebote aus dem Themenbereich „Gesundheit" stellen wahrscheinlich Grenzfälle dar, so könnte z. B. ein Flamenco-Tanzkurs nach unserer Definition ebenso der kulturellen Bildung zugeordnet werden. Im Folgenden werden Angebote beschrieben, von denen wir wissen, dass sie vorwiegend von älteren Menschen besucht wurden bzw. werden.

Literatur an Ort und Stelle

Evangelisches Bildungswerk Bremen, Bremer Volkshochschule und Bildungswerk der Katholiken Bremen
„Was ‚Literatur an Ort und Stelle' von gängigen Studienreisen unterscheidet, ist die Unterbringung in Tagungshäusern (nach Möglichkeit solchen in kirchlicher Trägerschaft), die Begrenzung des touristischen Anteils auf wenige thematisch präzise Exkursionen und die intensive Arbeit an den Texten. Statt Besichtigungshektik schätzen die Teilnehmenden ein Sich-Zeit-Nehmen für geschichtliches und literarisches Hintergrundwissen, für genauere Lektüre und anregende Gespräche über das Gelesene und Erlebte" (Hinz 2006).

Aus dem Ausschreibungstext:
Adalbert Stifter im Böhmerwald
„Der Böhmerwald prägte Leben und Schreiben Stifters, dem die deutsche Literatur die sanftesten, sorgfältigsten, packendsten Landschaftsbeschreibungen verdankt. Kloster Schlägl am Fuß des Plöckensteins, Schauplatz der Erzählung ‚Hochwald', ist der Ausgangspunkt, um mit Stifter die umgebende Natur und die Landschaft der menschlichen Seele zu entdecken."

www.literaturhaus-bremen.de/site/literaturorte/uebersicht.html?organisation=307 (Stand: 12.12.07)

Nach Aussage der Veranstalter sind 90 % der Teilnehmer/innen der Veranstaltungsreihe „Literatur an Ort und Stelle" zwischen 55 und 75 Jahre alt. Auch wenn in der Praxis Veranstaltungen häufig Anklang vor allem bei älteren Teilnehmer/inne/n finden, sind die Bildungskonzepte für die Arbeit mit Senior/inn/en weniger auf ziel-

gruppenspezifische als vielmehr auf das generationenübergreifende und intergenerationelle Lernen abgestellt.
Beispielhaft sei hier aus dem Bildungskonzept der evangelischen Kirchen in Mitteldeutschland zitiert:

> „Menschen in der nachberuflichen Lebensphase sind einerseits auf der Suche nach sinnvollen Aufgaben und nach neuen Formen der Lebensbewältigung, und haben andererseits viel weiterzugeben. Speziell für Seniorinnen und Senioren sind generationenübergreifende Angebote von Bedeutung, die sie mit jüngeren Generationen in Verbindung halten. Durch Angebote intergenerationeller bzw. generationsübergreifender Bildung und Begegnung werden ältere Menschen bei ihrer Lebensbewältigung unterstützt und zur Teilhabe an Kirche und Gesellschaft befähigt" (Nagel 2006, S. 85).

Folgerichtig versteht sich die kirchliche EB als Impulsgeber für das ehrenamtliche Engagement älterer Menschen und für Angebote, die den Dialog zwischen den Generationen verbessern sollen. Die Zahl entsprechender Angebote ist groß, an dieser Stelle seien zwei Fortbildungsprojekte des Evangelischen Bildungswerks München genannt, bei denen soziales Engagement mit kulturellen Aktivitäten verknüpft wird: Im „Zeitschreiber"-Projekt schreiben Ältere biografische Texte und lassen sich im Rahmen von Lesungen u. a. von Migrant/inn/en und jungen Leuten befragen, in „Szenenwechsel" steht die Theaterarbeit im Mittelpunkt.

SzenenWechsel

„SzenenWechsel – ein intergeneratives Theaterprojekt für Menschen mit Lust am Spiel, die sich gleichzeitig für ältere Menschen engagieren wollen.

Die Idee entstand durch Teilnehmer/innen zweier Fortbildungsprojekte für bürgerschaftliches Engagement Älterer (Seniorenbegleitung und Kulturführerschein): Eine Gruppe Ehrenamtlicher erarbeitet kleine Szenen, die sich mit Lebensthemen Älterer und mit Fragen zum Verhältnis von Jung und Alt beschäftigen. Diese Szenen werden unter Anleitung einstudiert und in Seniorenheimen und Alten- und Servicezentren aufgeführt. An jede Aufführung schließt sich ein Gespräch mit dem Publikum an. Ziel des Projekts ist es, im Theaterspiel mit alten Menschen über die Inhalte selbst erarbeiteter Szenen ins Gespräch zu kommen, sie über diesen unterhaltsamen Weg zur Auseinandersetzung mit eigenen Lebensthemen anzuregen und den intergenerativen Austausch zu fördern" (Bauer-Wolfram 2006, S. 57).

www.ebw-muenchen.de/index.php?id=53&tx_seminars_pi1[showUid]=54 (Stand: 12.12.07)

6.2.3 Entwicklungsperspektiven

Sowohl die katholischen als auch evangelischen EB-Einrichtungen sind seit einigen Jahren mit zum Teil beträchtlichen Rückgängen bei den kirchlichen und öffentlichen Zuschüssen konfrontiert. Trotz einer über dreißigjährigen staatlichen Förderung konnte sich, so Meueler, die kirchliche EB innerkirchlich nicht als unbestrittene Kernaufgabe etablieren, so dass angesichts der aktuellen finanziellen Haushaltslage durchaus kontrovers über die Verteilung der Mittel diskutiert wird. Jede katholische Diözese bzw. evangelische Landeskirche steht vor der Entscheidung, ob sie das Arbeitsfeld EB als wichtig für das institutionelle Selbstkonzept einstuft oder ob es anderen Arbeitszweigen wie Gottesdienst und Diakonie gegenüber als randständig und entbehrlich erklärt werden soll (Meueler 2002).

Zweifelsohne spielt die kirchliche EB aus verschiedenen Gründen eine wichtige Rolle. Zum einen ist sie, wie die Verbundstatistik zeigt, eine wichtige Anlaufstelle für Menschen, die sich weiterbilden wollen. Sie ist zudem ein wichtiger Anbieter für Fortbildungskurse für ehrenamtliche und professionelle Multiplikator/inn/en. Wie in den Kapiteln über die kirchliche Gemeinde- und Altenarbeit sowie über die kirchliche Kulturarbeit deutlich wird, gibt es zahlreiche Kooperationsmöglichkeiten im kirchlichen Umfeld, die vielerorts auch intensiv genutzt werden. Die kirchliche EB fungiert des Weiteren vielerorts als Forum und Moderatorin für den fachlichen Austausch zwischen (kirchlichen) Akteur/inn/en aus der Sozial-, Alten- und Bildungsarbeit. Als Partnerin in Netzwerken ist die kirchliche EB an der Weiterentwicklung kirchlicher Kernangebote beteiligt.

So ist beispielsweise das Evangelische Zentrum für Innovative Seniorenarbeit aus der Kooperation zwischen dem Evangelischen Erwachsenenbildungswerk Nordrhein, der Evangelischen Kirche im Rheinland und seinem Diakonischen Werk entstanden. Das Zentrum versteht sich als Forum für die interdisziplinäre Zusammenarbeit und für den Austausch von Akteur/inn/en der Seniorenarbeit und beschäftigt sich mit Modellentwicklung und -transfer, Beratung sowie Qualitätsentwicklung. Inhaltliche Schwerpunkte liegen in der Förderung von Selbstorganisation und Selbsthilfe, der Förderung des Miteinanders von Hauptamtlichen und freiwilligen Mitarbeiter/innen, in dem Aufbau von Vernetzungs- und Kooperationsstrukturen und in der Öffnung der Kirchengemeinden für neue Gruppen und Themen. Zahlreiche innovative Projekte wie Kultur auf Rädern, Kulturführerschein, KeyWork u. a. m. sind aus der Netzwerkarbeit hervorgegangen.[62] Das Zentrum für innovative Seniorenarbeit ist somit eine Institution, die Entwicklungsperspektiven aufzeigt.

---

62 vgl. www.zentrum.evangelische-seniorenarbeit.de (Stand: 12.12.07)

> **Kulturführerschein®**
>
> Die Diakonie in Düsseldorf hat das Programm als Marke schützen lassen, in Kooperation mit der Projektwerkstatt für innovative Seniorenarbeit (Evangelisches Erwachsenenbildungswerk Nordrhein e.V.) wird der Kulturführerschein® kontinuierlich weiterentwickelt. Das Schulungsprogramm Kulturführerschein® wird in enger Zusammenarbeit mit den Kultureinrichtungen in Düsseldorf (Schauspielhaus, Stadtmuseum, Kunstsammlung NRW, Theatermuseum, museum kunst palast) realisiert.
>
> Das Schulungsprogramm erstreckt sich über einen Zeitraum von ca. zwölf Monaten. Es umfasst sieben Seminarveranstaltungen und sechs Praxistage. In der Theoriephase werden – auf kreative Art und Weise – allgemeine Einführungen in unterschiedliche Kulturbereiche vermittelt (Malerei, Musik, Theater, Film, Fotografie, Tanz), die durch Exkursionen in Kultureinrichtungen und Vorträge professioneller Kräfte vertieft werden. In der Praxisphase haben die Kursteilnehmer/innen die Aufgabe, allein oder in kleinen Gruppen Kulturveranstaltungen zu planen, umzusetzen und zu dokumentieren. Nach Abschluss der Fortbildung erhalten die Teilnehmer/innen den Kulturführerschein®. Teilnehmer/innen des Multiplikatorenprogramms erhalten zusätzlich ein Zertifikat, das sie berechtigt, Inhalt und Methoden des Fortbildungsprogramms weiter zu vermitteln.
>
> www.ekir.de/eeb-nordrhein/pisa/ (Stand: 12.12.07)

6.3 Seniorenstudium

Erste Impulse für die wissenschaftliche Weiterbildung älterer Menschen gingen vor allem von Frankreich aus, wo 1973 in Toulouse die erste Seniorenuniversität gegründet wurde. Die Entwicklung in Deutschland setzte mit Verzögerung ein, da es hier – im Unterschied zu den europäischen Nachbarn – bereits ein gut ausgebautes Weiterbildungssystem mit Bildungsmöglichkeiten auch für Ältere gab. Der Bedarf an wissenschaftlicher Weiterbildung konnte aber ganz offensichtlich durch die bereits bestehenden Einrichtungen nicht gedeckt werden, denn auch in Deutschland hatten bis 1984 ca. 25 Hochschulen Studienangebote für Ältere entwickelt und eingerichtet (Kaiser 1997, S. 7 ff.).

Über die Sinnhaftigkeit, Notwendigkeit und den Nutzen eines Studiums im Alter wird seit dessen Anfängen diskutiert. So stand auf dem 1. Internationalen Workshop „Öffnung der Universitäten für ältere Erwachsene" im Jahr 1979 an der Universität Oldenburg die Frage im Mittelpunkt, „ob denn die Universität in ihrer heutigen Struktur, gekennzeichnet durch Berufsorientierung, Spezialisierung und Massenabfertigung, überhaupt geeignet sei, Bildungsangebote zu unterbreiten, die den Bedürfnissen älterer Erwachsener gerecht werden" (ebd., S. 8).

Besonders Rosenmayr bezweifelte dies, da für ihn das Ziel der Altenbildung darin bestehen sollte, eine Selbst- und Sinnfindung durch biografische Selbstreflexion zu unterstützen. Den Hochschulen falle aber durchaus eine sehr wichtige Rolle in Bezug auf die Bildung älterer Menschen zu: Sie geben Impulse nach außen, indem sie gerontologische Forschungsergebnisse an die Praxis weitergeben und Personen qualifizieren, die in der Altenbildung tätig werden (Rosenmayr 1980 nach Kaiser 1997).

Kritische Stimmen findet man selbstverständlich nicht nur in der innerfachlichen Diskussion – es gab und gibt Kritiker/innen des Seniorenstudiums, die Bildung vor allem unter dem Aspekt der Qualifikation, der ökonomischen Verwertbarkeit und damit in Hinblick auf die Frage nach der Rentabilität der Investition betrachten. Die Begründungen für die Sinnhaftigkeit, Notwendigkeit und den Nutzen eines Studiums im Alter sind auf der anderen Seite zahlreich: Erhalt geistiger Flexibilität, Förderung von Urteils- und Handlungsfähigkeit in einer verwissenschaftlichten Welt, Teilhabe am sozialen und politischen Leben, Orientierung für die Lebensgestaltung im Alter, Identitätsförderung, Anregung intergenerationeller Kommunikation und nicht zuletzt Kompensation entgangener Bildungschancen und das Recht auf Bildung für alle (ebd., S. 28 ff.).

In den Anfängen interessierten sich für ein Seniorenstudium in erster Linie Menschen, die einen Nachholbedarf verspürten, weil sie aufgrund der Kriegsereignisse oder – v. a. bei Frauen – aus familiären Gründen keine weiterführende Schulausbildung und kein Studium absolvieren konnten (Stadelhofer 2000, S. 306). Folgerichtig verzichtete man auf das Abitur als Zugangsvoraussetzung.[63] Im Durchschnitt verfügen ca. 40 % der älteren Student/inn/en über Abitur (Wallraven 2000, S. 187).

Inzwischen handelt es sich bei den Altstudent/inn/en um „Junge Alte" mit einem Durchschnittsalter von 63 Jahren, die über eine bessere Vorbildung und Gesundheit als frühere Kohorten verfügen und sich durch ein bereits sehr hohes Maß an Kompetenzen auszeichnen (ebd.; Stadelhofer, S. 306).

Die Organisation und Sicherstellung der wissenschaftlichen Weiterbildung Älterer an Hochschulen wird auf bildungspolitischer Ebene von der Bundesarbeitsgemeinschaft Wissenschaftliche Weiterbildung für Ältere (BAG WiWA) unterstützt, der derzeit 53 Universitäten und private Hochschulen angehören.

Es gibt verschiedene Organisationsformen für ein Seniorenstudium. Diese reichen von der Öffnung ausgewählter Lehrveranstaltungen, über ein eigens für die Altstudent/inn/en zusammengestelltes Programm mit Vorlesungen und Seminaren, das auch eine pädagogische Begleitung vorsieht und mit einem Zertifikat abgeschlossen werden kann, bis zu eigenen an die Hochschulen angegliederten Universitäten des Dritten Lebensalters in Form von Vereinen. Zudem bieten einige Hochschulen Sommerakademien an.

---

63 Eine Ausnahme stellt die Universität in München dar.

Die kulturelle EB spielt an deutschen Hochschulen eine geringe Rolle (Deutscher Bundestag 2007, S. 402). Programmschwerpunkte im Seniorenstudium sind generell geisteswissenschaftliche Studienangebote wie Philosophie, Geschichte, Kunstgeschichte, Pädagogik (Kade 2007, S. 96). Wenn kulturelle Bildung stattfindet, dann steht die Reflexion über Kunst und Kultur im Vordergrund.

Im folgenden Beispiel aus dem breiten Programm der Universität Köln wird eine Seniorenveranstaltung beschrieben, die auf interessante Weise die Beschäftigung mit Kunst(geschichte) mit dem Thema des Alter(n)s verknüpft. An der Universität Köln haben Senior/inn/en die Möglichkeit, das allgemeine Angebot zu nutzen (Vorlesungen, nach Abstimmung mit Dozent/inn/en auch Übungen und Seminare). Darüber hinaus gibt es Arbeitskreise und Projektgruppen, die für die älteren Student/inn/en konzipiert sind.

Seniorenstudium an der Universität zu Köln

Arbeitskreis 3: „Alte Meister" und „Junge Wilde"
Künstler des 14. bis 18. Jahrhunderts und die „Neuen Wilden" der 1980er Jahre

Erläuterung: „Die im Titel des Arbeitskreises angesprochene Gegenüberstellung markiert Einschätzungen malerischer Bildwerke auf einer kunsthistorischen Entwicklungslinie. Sie verleitet zu der Frage, ob denn die Alten Meister in ihrer Jugend auch ‚wilde Kerle' waren? Und [...] ob aus der ‚wilden' Kunst der Jungen [...] die abgeklärte Meisterschaft der alten Künstler entstehe. Ausgehend von dieser Fragestellung, wird sich der Arbeitskreis mit den unterschiedlichen Aspekten des künstlerischen Alterswerks befassen. Sie begegnen uns in Auffassungen, in denen die Kreativität der Künstler im Alter als Steigerung oder Reduktion; Kontinuität oder Abbruch gesehen wird. Dieser Entgegensetzung entspricht dann auch die Vorstellung vom Alterswerk als Opus Finitum einerseits und dem Fragment andererseits. An Bild-Beispielen von alter Kunst (z. B. Tintoretto 16. Jh.), Kunst des 20. Jhs. (z. B. Lovis Corinth) und gegenwärtiger Kunst (z. B. Roman Opalka) wollen wir herausfinden, in welchen Diskurs die Einschätzung des jeweiligen Alterswerks eingebettet ist."

Aus dem Programm für das Wintersemester 2006/2007
www.uni-koeln.de/zentral/senioren/archiv.html#2006/2007 (Stand: 12.12.07)

Das Statistische Bundesamt ermittelte 17.700 Menschen über 60 Jahre, die im Wintersemester 2006/2007 an deutschen Hochschulen als Gasthörer/innen gemeldet waren. Auch wenn eine Zunahme von 57 % bei dieser Altersgruppe in den letzten zehn Jahren zu verzeichnen ist (Statistisches Bundesamt 2007), handelt es sich beim Seniorenstudium nur um ein kleines Segment der institutionalisierten Bildung im Alter.

Große Bedeutung haben die Hochschulen aufgrund ihrer Forschungstätigkeit für die Wissenserweiterung zu der Lebensphase Alter, für die Entwicklung und Durchführung innovativer Bildungsprogramme für ältere Erwachsene sowie neuer Formen des bürgerschaftlichen Engagements (Veelken 2000, S. 185).

Ein prominentes Beispiel für eine Universität, die neue Konzepte und adäquate Lernmethoden für das Lernen im dritten Lebensalter entwickelt, erprobt und wissenschaftlich begleitet, ist die Universität Ulm. Das im Jahr 1994 zu diesem Zweck gegründete Zentrum für Allgemeine Wissenschaftliche Weiterbildung (ZAWiW) will mit seinem Bildungsprogramm an den Interessen und Weiterbildungsbedürfnissen der Student/inn/en ansetzen und deren Eigentätigkeit stärken. Grundlage des Bildungsprogramms ist die Erkenntnis, dass ältere Erwachsene besonders gut lernen, wenn an vorhandene Wissensbestände und Erfahrungen angeknüpft und das Lernen mit anderen gemeinsam erfolgt. Die Philosophie lautet:

> „Weg von den tradierten rezeptiven Lernformen, hin zu Lernformen, Methoden und Lernorten, die sich als ‚Ermöglichungsräume' verstehen, die dem/der Lernenden ‚Raum' geben, eigene Erfahrungen, Fähigkeiten und Fertigkeiten in den Lernprozess einzubringen und mit anderen gemeinsam Ziele, Inhalte und Methoden des Lernens weitgehend selbst zu bestimmen. Gefragt sind Methoden, die Bekanntes mit Neugier nach Neuem verbinden, wo nicht das Ziel das Entscheidende ist, sondern der gemeinsame Weg" (Stadelhofer 2006, S. 30).

Vor diesem Hintergrund sind die von ZAWiW initiierten Arbeitskreise „Forschendes Lernen" zu sehen, die auch als neues Feld bürgerschaftlichen Engagements angesehen werden.

„Forschendes Lernen" am ZAWiW (Universität Ulm)

„Forschendes Lernen" älterer Erwachsener realisiert sich durch Mitwirkung in Arbeitskreisen. Derzeit bestehen 15 Arbeitskreise zu selbstgewählten Themen in den Bereichen Naturwissenschaft, Medizin, Geistes-, Sozial- und Wirtschaftswissenschaften sowie Informatik. Z. B. werden im Arbeitskreis „Zeitzeugenarbeit" lokalhistorische Ereignisse recherchiert, aufbereitet und dokumentiert, bei einigen Arbeitskreisen konzentriert sich das forschende Lernen auf die Konzipierung und Erprobung neuer Methoden im Alt-Jung-Dialog. Begleitet werden die Arbeitskreise von Wissenschaftler/inne/n. Ihre Aufgaben sind die eines Lernmoderators/einer Lernmoderatorin. Die Ergebnisse werden veröffentlicht und öffentlich diskutiert. Dies stellt einen Gewinn für die Gesellschaft dar, weil häufig Themen aufgegriffen werden, denen bisherige Forschung keine Beachtung geschenkt hat.

www.zawiw.de (Stand: 12.12.07)

6.4 Seniorenakademien

In der außeruniversitären Bildung hat sich in den letzten Jahren die neue Form der Seniorenakademien durchgesetzt. Die meisten Seniorenakademien sind selbstorganisiert entstanden und werden maßgeblich durch Ehrenamtliche getragen. Dies betrifft in unterschiedlichem Maße die Leitung der Einrichtung, die allgemeine Organisation und verwaltungstechnische Abwicklung sowie die pädagogische Arbeit (Sommer u. a. 2004, S. 166).

Gerne nehmen die Älteren die Möglichkeit zur Eigeninitiative wahr und bieten selbst Vorträge, Gesprächskreise, Seminare und Workshops zu wissenschaftlichen Themen an. Die meisten Besucher/innen der Akademien verfügen über akademische Vorbildung oder Abschlüsse. Der Besuch einer Seniorenakademie ist häufig motiviert durch ein persönliches, biografisches, zunächst individuelles Bildungsinteresse sowie dem Bedürfnis, innerhalb einer Akademie mit Gleichgesinnten zu lernen, zu diskutieren und persönliche Kontakte zu erweitern (Schnücker 2000, S. 192). In der Regel ist ein hoher Lern- und Bildungsanspruch vorherrschend, gleichzeitig zählt die Vermeidung von Lernstress zu den allgemein praktizierten Regeln und der Gruppenzusammenhalt hat vielfach oberste Priorität (Sommer u. a. 2004, S. 175).

Seniorenakademien stoßen allerdings auch auf Kritik. Nach Eierdanz sind Seniorenakademien nichts anderes als Volkshochschulen für Ältere, die jedoch den schwerwiegenden Nachteil haben, dass in ihnen die Abschottung der Älteren gegenüber den jüngeren Generationen institutionalisiert werde (Eierdanz 1997, zit. nach Schnücker 2000, S. 193). Pfaff gibt zu bedenken, dass altershomogene Gruppen in jedem Lebenszusammenhang die Gefahr bergen, durch Gleichförmigkeit und „Ghettoisierung" Lernprozesse zu verhindern, statt sie zu fördern (Pfaff 1998, zit. nach Schnücker 2000, S. 193).

Die Teilnehmerzahlen belegen jedoch die Attraktivität der Seniorenakademien bei Älteren. Nach Sommer sind Seniorenakademien „Seismographen neuer Entwicklungsprozesse in der Altersbildung und institutionelle Trendsetter im Feld [...] Sie können als Ausdruck und Form einer neuen Alter(n)skultur gelten" (zit. nach Fauss 2007, S. 105).

Sommer u. a. haben im Rahmen des Forschungsprojekts „Bildung im Alter" zwischen 1998 und 2000 eine Bestandsaufnahme der außeruniversitären Bildung älterer Menschen in Deutschland durchgeführt. Aufgrund des innovativen Charakters der Seniorenakademien wurden diese durch Fallstudien eingehend beleuchtet (vgl. Sommer u. a. 2004).

Bei der Recherche nach Seniorenakademien wurden 38 Einrichtungen in Deutschland ermittelt. Der überwiegende Teil nennt sich „Seniorenakademie" bzw. trägt diesen Begriff im Titel. Manche Einrichtungen bezeichnen sich als „Akademien der zweiten Lebenshälfte", vereinzelt auch als Altenakademien. Einige wenige Einrichtungen vermeiden das zielgruppenspezifische Etikett (z. B. Trude-Unruh-Akademie, Wuppertal; Friedrich-Spee-Akademie, Düsseldorf).

Wenn eine Seniorenakademie nicht unabhängig, sondern als Teil einer übergeordneten Institution agiert, ist dies in manchen Fällen auch in deren Titel ersichtlich (z. B. Seniorenakademie an der FH, Cottbus; VHS-Seniorenakademie, Völklingen; Seniorenakademie der Volkssolidarität, Neubrandenburg). Meist handelt es sich bei den Seniorenakademien um feste institutionalisierte Einrichtungen, mancherorts auch um ein separates Zielgruppenangebot eines Bildungsträgers.

Obwohl die Bezeichnung „Seniorenakademie" nicht immer unproblematisch ist, da sie erfahrungsgemäß die „jungen Alten" eher abschreckt, entscheiden sich die meisten Einrichtungen bewusst für diesen Titel, da es sich dabei, „in jedweder Form und Abwandlung – um einen anscheinend trendgerechten und wohlklingenden Namen [handelt], der auch bei Zuwendungsgebern ein sogenannter Türöffner sein kann" (ebd., S. 170).

Jenseits der Namensgebung ist es äußerst schwierig, Seniorenakademien gemeinsam zu beschreiben – zu groß ist die Bandbreite der existierenden Einrichtungen und Angebote.

> „Auffällige Unterschiede oder feine Nuancen lassen sich sowohl hinsichtlich der Konzepte, Inhalte und Formen des Angebotes als auch bezüglich der Teilnehmenden, Tätigen und Organisationsstrukturen beobachten. Einzig auf die Differenzen fixiert, bliebe als kleinster gemeinsamer Nenner der Seniorenakademien eigentlich nur die triviale Aussage, dass vorzugsweise Bildung für ältere Menschen offeriert wird" (ebd., S. 171).

Über Besucher/innen der Seniorenakademien ist recht wenig bekannt, da Teilnehmerbefragungen kaum durchgeführt werden. So können auch keine Angaben zur Teilnehmerzahl gemacht werden. Sommer u. a. halten aber fest, „dass alle untersuchten Akademieangebote überwiegend ausgelastet sind und im Rahmen der jeweiligen lokalen Bedingungen fast immer das profilierteste Bildungsprogramm für Senioren offerieren" (ebd., S. 174). Welcher Interessentenkreis von den Akademien angesprochen wird, hängt in erster Linie mit der Trägerschaft, dem inhaltlichen Profil und eventuell den regionalen Besonderheiten zusammen. Der Frauenanteil wird auf 75 bis 90 % geschätzt (ebd., S. 173).

Es ist schwierig, „typische" Inhalte der Seniorenakademien zu bestimmen. Der Großteil der Einrichtungen bietet ein breites Themenspektrum an, ist für aktuelle Trends offen und reagiert auf die Nachfrage der Teilnehmer/innen (ebd., S. 174). Einige Einrichtungen zeichnen sich durch eine thematisch eindeutige Ausrichtung aus, bei einem Teil dieser Einrichtungen geschieht dies zum Zwecke der Profilbildung, bei anderen ist dies der Einflussnahme durch Trägereinrichtung oder Förderer geschuldet.

Die Befragung der Seniorenakademien hat ergeben, dass der Bereich „Gesellschaft, Geschichte, Politik" von 26 Akademien (von insgesamt 30 befragten) angeboten wird und somit an erster Stelle steht. Es folgt der Angebotskomplex „Kunst, Musik, Konzerte, Museen" und an dritter Stelle der Bereich „Gesundheit, Ernährung" (ebd., S. 95).

An dieser Stelle sollen anhand zweier Beispiele die Aktivitäten von Seniorenakademien im Bereich kulturelle Bildung beschrieben werden. Es handelt sich hierbei um Einrichtungen mit dezidiert kultureller Ausrichtung: die Malakademie Köln und die Dresdner Seniorenakademie Wissenschaft und Kunst.

Malakademie Köln

Die Malakademie Köln richtet sich an Menschen „reifen Alters". Sie wurde vor 20 Jahren gegründet.

„Zum Studium an der Malakademie ist nicht das Abitur erforderlich, sondern nur die persönliche Freude und Motivation an Kunst, Kunstgeschichte und Philosophie. Anfänger und Fortgeschrittene sind nach altem akademischen Grundsatz in den Ateliers vereint. Sensibilisierung im Sehen und deren Umsetzung auf die gegebenen Bildflächen sind Schwerpunkte. Eingebunden in den pädagogischen Prozess sind Wahrnehmungen von der Natur, Kompositionslehre, Perspektive und Anatomie. Die Beteiligung an Akademieausstellungen wird angeboten. An Meisterschüler werden auch Einzelausstellungen vermittelt."

www.malakademie-koeln.de (Stand: 12.12.07)

Dresdner Seniorenakademie Wissenschaft und Kunst

Die Akademie wurde auf Initiative des Deutschen Hygiene-Museums unter Mitwirkung der Technischen Universität Dresden und unter Einbeziehung einer Vielzahl von Hochschulen, Museen, Bibliotheken und anderer öffentlichen Einrichtungen der Stadt Dresden 1994 gegründet.

Günstige Semestergebühren von derzeit 30 Euro pro Semester machen auch einkommensschwächeren Bürger/inne/n die Teilnahme an den Bildungsangeboten möglich. Hörer/innen pro Semester: ca. 850.
Zu den Angeboten gehören akademische Kolloquien sowie Gesprächs- und Arbeitskreise, in denen über Themen aus Technik, Wissenschaft und Gesellschaft

sowie über die Dresdner Theater-, Musik- und Kunstgeschichte gesprochen wird. Es bieten sich auch Möglichkeiten der Mitwirkung an einer Schreibwerkstatt, einem Zeitzeugenkabinett oder der Gruppe Experiment-Theater mit eigenen Inszenierungen und selbst erarbeiteten Stücken. Des Weiteren werden archäologische Nachmittage und Führungen durch Museen und Bibliotheken durchgeführt. Das Schauspielhaus lädt zur Diskussion mit Hauptdarsteller/inne/n und Regisseur/inn/en zu aktuellen Aufführungen ein, das musikgeschichtliche Akademieprogramm wird durch Konzerte ergänzt. Durch die Kooperation mit der Technischen Universität und der Hochschule für Bildende Künste können auch akademische Vorlesungen besucht werden.

www.tu-dresden.de/senior (Stand: 12.12.07)

6.5 Gute Praxisbeispiele

VHS München: Schreibstudio Römerstraße
Eines der Kreativangebote der Münchner Volkshochschule für Ältere.
vgl. www.mvhs.de (Stand: 09.12.07)

VHS Hamburg: iPod® trifft Plattenspieler – Lernen bewegt Generationen
„Älterwerden ist ein lebenslanger und faszinierender Prozess. Erwarten Sie das Unerwartete: Wenn Generationen gemeinsam lernen, sind Überraschungen nicht ausgeschlossen..."
vgl. www.vhs-hamburg.de/news/aktuelles/generationen.cfm (Stand: 03.12.07)

VHS Heilbronn: VHS-Einser-Club „60 plus"
Ein Treff für gemeinsame Freizeit-gestaltung
vgl. www.vhs-heilbronn.de/prog/PDF/web_1.pdf (Stand: 03.12.07)

VHS Berlin: Abenteuer Vorlesen
In Kooperation mit „Deutschland liest vor e.V."
Praxis-Workshop für Menschen, die Kindern im Rahmen einer ehrenamtlichen Tätigkeit vorlesen wollen: in der Schule, privat, in Bibliotheken oder Gemeindezentren.
vgl. www.vhsit.berlin.de/VHSKURSE/BusinessPages/CourseDetail.aspx?id=143074 (Stand: 09.12.07)

Literatur an Ort und Stelle
Evangelisches Bildungswerk Bremen, Bremer Volkshochschule und Bildungswerk der Katholiken Bremen
Studienreisen an für die Literatur wichtige Schauplätze und intensive Beschäftigung mit ausgewählten Texten.
vgl. www.literaturhaus-bremen.de/site/literaturorte/uebersicht.html?organisation=307 (Stand: 12.12.07)

SzenenWechsel
Intergeneratives Theaterprojekt. Es findet eine Beschäftigung mit Lebensthemen Älterer und mit Fragen zum Verhältnis von Jung und Alt statt. Die erarbeiteten Szenen werden in Seniorenheimen und Altenzentren aufgeführt.
vgl. www.ebw-muenchen.de/index.php?id=53&tx_seminars_pi1[showUid]=54 (Stand: 12.12.07)

Kulturführerschein®
Diakonie Düsseldorf, Projektwerkstatt für innovative Seniorenarbeit (Evangelisches Erwachsenenbildungswerk Nordrhein e.V.)
Schulungsprogramm, das in unterschiedliche Kulturbereiche einführt, Kultureinrichtungen vor Ort im Rahmen von Exkursionen vorstellt und in Praxismodulen die Teilnehmer/innen befähigt, allein oder in kleinen Gruppen Kulturveranstaltungen zu planen und umzusetzen.
vgl. www.ekir.de/eeb-nordrhein/pisa/ (Stand: 12.12.07)

Seniorenstudium an der Universität zu Köln
Breites Angebot, z. B. Arbeitskreis „Alte Meister" und „Junge Wilde", eine Veranstaltung, die die Beschäftigung mit Kunst(geschichte) mit dem Thema des Alter(n)s verknüpft.
vgl. www.uni-koeln.de/zentral/senioren/archiv.html#2006/2007 (Stand: 12.12.07)

„Forschendes Lernen" am ZAWiW (Universität Ulm)
Arbeitskreise zu selbstgewählten Themen, z. B. werden im Arbeitskreis „Zeitzeugenarbeit" lokalhistorische Ereignisse recherchiert, aufbereitet und dokumentiert, bei einigen Arbeitskreisen konzentriert sich das forschende Lernen auf die Konzipierung und Erprobung neuer Methoden im Alt-Jung-Dialog.
vgl. www.zawiw.de (Stand: 12.12.07)

Malakademie Köln
Die vor 20 Jahren gegründete Malakademie Köln richtet sich an Menschen „reifen Alters".
Den Schüler/innen können sich an Akademieausstellungen beteiligen, Meisterschülern werden auch Einzelausstellungen vermittelt.
vgl. www.malakademie-koeln.de (Stand: 12.12.07)

Dresdner Seniorenakademie Wissenschaft und Kunst
Breites Angebot, u. a. wissenschaftliche Arbeitskreise zu Themen aus der Dresdner Theater-, Musik- und Kunstgeschichte, Schreibwerkstätten, experimentelle Theatergruppen, Treffen mit Schauspielern und Regisseuren am Schauspielhaus etc.
vgl. www.tu-dresden.de/senior (Stand: 12.12.07)

7. Kunst und Kultur in Eigenregie – Selbstorganisierte Aktivitäten

Abstract

Selbstorganisierte Aktivitäten sind für den Kulturbereich von großer Bedeutung. Es gibt bereits Ansätze, diese Tätigkeiten institutionell zu verankern und zu vernetzen. Solche Tätigkeiten werden aktiv und eigenverantwortlich durchgeführt und finden außerhalb von Familie und Beruf statt. Sie bilden einen Teilbereich der Ehrenamtlichkeit und werden mit anderen Interessierten in einer Gruppe realisiert. In einigen Fällen geschieht dies angeschlossen an Institutionen. Die Motivation kann sein, etwas für sich, wie auch etwas für andere tun zu wollen. Auf Selbstorganisation bezogene Bildungsangebote haben für Senior/inn/en eine hohe Relevanz.
Über freiwilliges Engagement im Allgemeinen liegen mehr Erkenntnisse vor als über Selbstorganisation im Besonderen. Auch gibt es kaum Auswertungen, die sich sowohl auf Senior/inn/en als auch speziell auf den kulturellen Bereich beziehen. Es können aber aus vorhandenen Daten Querschnittsdaten herausgefiltert werden. Darüber hinaus können indirekt Rückschlüsse auf den Bereich der kulturellen Bildung gezogen werden. Die Bestandsaufnahme selbstorganisierter Aktivitäten fällt schwer, da sich viele Selbstorganisierte nicht mit anderen zusammengeschlossen haben oder an eine Institution angeschlossen sind. Andersherum sind viele Einrichtungen auf diese Aktivitäten angewiesen, werden teilweise sogar nur durch diese Arbeit erhalten. Dies trifft gerade auch für die Gruppe der Senior/inn/en zu. Vereine sind die wichtigste Organisationsform des freiwilligen Engagements. Dies gilt auch für Ältere. Kirchen sowie andere religiöse Einrichtungen spielen für selbstorganisierte Aktivitäten von Senior/inn/en eine große Rolle. Die Vernetzung von Selbstorganisierten ist ausbaufähig und den Aktiven ein Bedürfnis. Es gibt vereinzelt Qualifizierungsangebote für diesen Bereich, die zunehmend relevanter werden.
In der Altersbildung stellt Selbstorganisation eine aktuelle Entwicklungstendenz dar. Ältere sind häufig Initiatoren von Bildungsarbeit für ihre Altersgruppe. Aufgaben und Tätigkeitsfelder sind sehr unterschiedlich und ziehen sich durch alle Bereiche, am häufigsten werden Veranstaltungen organisiert und durchgeführt. Im Kulturbereich bezieht sich das freiwillige Engagement an erster Stelle auf Chöre und Gesangsgruppen. Selbstorganisierte Tätigkeiten sind häufig generationenübergreifend bzw. alters-unspezifisch. Die allgemeine Bildungsnachfrage korreliert positiv mit der Ausübung eines Ehrenamtes. Ehrenamtlich aktive Ältere nehmen doppelt so häufig an allgemeinen Bildungsangeboten teil als solche, die in solcher Weise nicht aktiv sind. Dies ist besonders unter dem Aspekt des lebenslangen Lernens von hoher Relevanz. Besondere Aufmerksamkeit wird Seniorenakademien geschenkt – einer relativ neuen Institutionsform.
Es gibt ein hohes Engagementpotenzial in Deutschland – gerade in der Gruppe der Älteren. Dieses könnte von Kulturinstitutionen noch besser genutzt werden. Ältere mit der Bereitschaft zum Engagement müssen erreicht und motiviert werden. Institutionen müssen sich noch mehr für die Zielgruppe der (potenziell) engagierten Älteren öffnen. Auf die Wünsche der Engagierten (Wunsch nach Anerkennung etc.) sollte noch stärker eingegangen werden. Fortbildungen für Ehrenamtliche – bisher, speziell im Bereich Kultur und Musik, nur vereinzelt vorhanden – müssen ausgeweitet werden. Darüber hinaus muss hauptamtliches Personal für den Umgang mit engagierten Älteren geschult werden. Es bestehen Bedarfe an Information, Beratung und Öffentlichkeitsarbeit in diesem Feld und der Wunsch nach Vernetzung und Kooperation der Aktiven. Benachteiligte Gruppen müssen stärker in die Lage versetzt werden, an Selbstorganisation zu partizipieren, generationenübergreifendes Lernen muss stärker gefördert werden.
Unter einem gesonderten Punkt werden Beispiele der guten Praxis im Bereich selbstorganisierter Aktivitäten vorgestellt.

Do it yourself art and culture – Self-organized activities

Abstract

Self-organized activities are of major importance in the cultural field. Efforts are already being made to anchor these activities institutionally and to network them amongst one another. Such activities are carried out actively and under the organizers' own responsibility and take place outside family and working life. They form a sub-area of volunteer work and are conducted with other interested people in a group. In some cases there is an affiliation with an institution. The motivation might be to do something good for oneself or to do something good for others. Self-organized education is highly relevant for seniors.

We have more information available about volunteerism in general than about self-organization in particular. What's more, there are hardly any analyses of this area that focus specifically on seniors and the cultural field. However, cross-section data can be filtered out from existing data sources. In addition, indirect inferences can be made for the area of cultural education.

Taking stock of the current state of self-organized activities is a difficult undertaking because many organizers have not joined forces with others or sought institutional affiliation. Conversely, many institutions depend on these activities, and in some cases are kept going only through such work. This applies especially to the seniors group. Clubs are the key organizational form for volunteer engagement. This is the case for older people as well. Churches and other religious institutions play a major role for self-organized activities. Self-organizers feel a need to network to a greater extent with others active in this field. There are isolated qualification programs in this area that are becoming increasingly relevant.

In adult education for the older set, self-organization represents a key contemporary trend. Older people are often the initiators of educational work for their age group. Tasks and areas of activity vary widely and cover all fields – with activities usually taking the form of one-off events. In the cultural realm, volunteer involvement can most often be found in choirs and singing groups. Self-organized activities are frequently cross-generational, not designed for any particular age group.

The general demand for education correlates positively with volunteer work. Older people who volunteer take part twice as often in general educational offerings as those who are not active in this arena. This has a high level of relevance in particular as regards lifelong learning. Special attention is paid in this chapter to senior academies – a relatively new institutional form.

There is high engagement potential in Germany – particularly in the group of older citizens. This could be taken advantage of more fully by cultural institutions, which should reach out and motivate seniors to get involved. Institutions must open themselves up even more to the target group of active and potentially active seniors. The desires of those who do get involved (a desire for recognition, etc.) should be acknowledged more effectively. Advanced training for volunteers – only available sporadically to date, especially in the area of culture and music – must be expanded. In addition, full-time personnel must be trained in how to respond to the needs of active seniors. There is a need for more information, consulting and public relations work in this field and for networking and cooperation amongst active seniors. Disadvantaged groups must be given opportunities to participate in self-organization, and cross-generational learning promoted more vigorously.

A special section will be devoted to citing examples of good practice in the field of self-organized activities.

Einmal im Monat treffen sich beim „Blauen Montag" im Düsseldorfer Schauspielhaus ältere Theaterinteressierte, um über aktuelle Aufführungen mit Regisseur/inn/en, Schauspieler/innen oder Dramaturg/inn/en zu diskutieren. Diese Treffen werden von den Interessierten selbst organisiert. So haben sie die Möglichkeit, ihre eigenen Wünsche einzubringen. Das Schauspielhaus stellt dabei lediglich die Räume zur Verfügung. Die Diskussionsrunden sind ein gutes Beispiel dafür, wie Ältere in Eigenregie ihre Interessen am Kulturleben ihrer Stadt verwirklichen. Das Angebot des Schauspielhauses wird hierdurch ergänzt.

Selbstorganisierte Aktivitäten sind für den Kulturbereich von großer Bedeutung. Inzwischen gibt es erste Ansätze, diese Tätigkeiten institutionell zu verankern und zu vernetzen. Nachstehend wird untersucht, inwiefern dies relevant für kulturelle Bildungsangebote für Senior/inn/en ist.

Definition des Begriffs „Selbstorganisation"

Über die Begriffsverwendung besteht in der Literatur keine Einigkeit. Häufig werden auch Begriffe wie bürgerschaftliches Engagement, Selbsthilfe oder Freiwilligenarbeit verwendet. Es werden hier jeweils etwas andere Akzente gesetzt, je nach dem ob der Fokus auf „Arbeit", „(soziales) Engagement", „Hilfe" oder „Unterstützung" zum Beispiel im Gesundheitsbereich oder das „Amt" und somit die Funktion gesetzt wird. Letztendlich umschreiben die Begriffe eine Tätigkeit außerhalb der Familie oder des Berufs, in der Verantwortung in Gruppierungen, Initiativen, Organisationen oder Institutionen übernommen wird (von Rosenbladt 2001, S. 16 f.). Selbstorganisierte Tätigkeiten sind ein Teilbereich von ehrenamtlichen Tätigkeiten. Der Begriff der Selbstorganisation betont, dass die Tätigkeiten aktiv und eigenverantwortlich durchgeführt werden. Es handelt sich um gemeinsame Aktivitäten, die mit anderen Interessierten in einer Gruppe realisiert werden. Eine Gemeinnützigkeit ist im Gegensatz zu einem Ehrenamt nicht zwingend erforderlich. Beim bürgerschaftlichen Engagement steht im Vordergrund, „etwas für andere tun zu wollen", bei Selbstorganisationen kann die Motivation auch sein, „etwas für sich selbst" tun zu wollen. Nicht alle Selbstorganisationen sind an Institutionen angeschlossen. Hier wird den Aktiven aber oft Raum geboten.

Foto: Sabine Schuberth, Dritter Frühling e.V.

Bei Bildungsangeboten für Ältere kann sich die Selbstorganisation auf verschiedene Komponenten beziehen. Menge und Ausprägung entscheiden über den Grad der Selbstorganisation. In Anlehnung an Sommer u. a. (2004, S. 85) gibt es fünf Kriterien der Selbstorganisation eines Bildungsangebots durch Senior/inn/en:
1. Haben Senior/inn/en das Bildungsangebot initiiert und/oder organisiert?
2. Ist das Angebot selbstorganisierten Ursprungs?
3. Leiten/Führen Senior/inn/en selbst Bildungsveranstaltungen durch?
4. Entscheiden Senior/inn/en über Themen und Inhalte?
5. Welche methodischen Aspekte prägen das Angebot (Selbstorganisation, Selbsthilfe, Aktivierung, Teilnehmerbezug etc.)?

Als vollständig selbstorganisiert bezeichnen Sommer u. a. ein Angebot, wenn die Fragen 1, 3 und 4 bejaht werden und in Frage 5 eine Prägung des Angebots durch Selbstorganisation zum Ausdruck kommt. Über den Grad der Selbstorganisation kann entschieden werden, je nach dem wie viele der Kriterien auf das Angebot zutreffen.

Zugrundeliegendes Datenmaterial

Über freiwilliges Engagement im Allgemeinen liegen mehr Erkenntnisse als über Selbstorganisationen im Besonderen vor – nicht zuletzt aufgrund der bundesweiten repräsentativen Trenderhebung zu Ehrenamt, Freiwilligenarbeit und bürgerschaftlichem Engagement, besser bekannt als der Freiwilligensurvey, der 1999 und 2004 durch das Meinungsforschungsinstitut TNS Infratest Sozialforschung durchgeführt und vom Bundesministerium für Familie, Senioren, Frauen und Jugend (BMFSFJ) gefördert wurde. 2004 wurden 15.000 telefonische Interviews mit Menschen ab 14 Jahren zur Erfassung und Untersuchung des freiwilligen Engagements der Bevölkerung geführt (vgl. BMFSFJ 2005a). Zum Freiwilligensurvey liegen mittlerweile verschiedene Sonderauswertungen vor. So gibt es Sonderauswertungen zum freiwilligen Engagement älterer Menschen (vgl. Brendgens/Braun 2001a, Brendgens/Braun 2001b, Gensicke 2005a, Gensicke 2005b, von Rosenbladt 2001) und altersunspezifisch zum Engagementbereich „Kultur und Musik" (vgl. Geiss 2007). In letztgenannter Sonderauswertung lautet ein Kapitel zwar „Freiwilliges Engagement älterer Menschen im Bereich ‚Kultur und Musik'", doch trifft dieses hauptsächlich Aussagen zu Beteiligung, Zunahme und Engagement engagierter Älterer in allen Bereichen. Es werden lediglich knappe Aussagen zum Kulturbereich gemacht.

Aus diesen Sonderauswertungen können Querschnittsdaten herausgefiltert werden. Durch die Befragung der Bevölkerung ab 14 Jahren zu ihrem Engagement in insgesamt 14 Engagementbereichen wurden 2004 jedoch nur 231 Personen über 55 Jahre, die im Bereich Kultur und Musik engagiert sind, befragt (207 im Jahr 1999). Ein Vergleich des dritten und vierten Lebensalters oder der Bundesländer ist aufgrund dieser Datenlage nicht sinnvoll.

Weiteres wichtiges Datenmaterial liefert das Forschungsprojekt „Bildung im Alter", das durch das BMFSFJ (2004) gefördert wurde. „Bildung im Alter" bestand aus zwei

Komponenten: einer nachfrageorientierten und einer angebotsorientierten Studie. Das infas Institut erhob die nachfrageorientierte Sichtweise (vgl. Schröder/Gilberg 2005a), die Forschungsgruppe „Altern und Lebenslauf" der Freien Universität Berlin übernahm die angebotsorientierte Studie (vgl. Sommer u. a. 2004). Die Studie diente der Bestandsaufnahme der außeruniversitären Bildung Älterer. Im nachfrageorientierten Teil wurde sekundäranalytisch der Alters-Survey ausgewertet, um Aussagen über die Teilnahme älterer Menschen an Bildungsangeboten zu machen. Zusätzlich wurden 2.000 Senior/inn/en zwischen 50 und 75 Jahren durch computergestützte Telefoninterviews zu ihrer Bildungsbeteiligung, zu Interessen, Motiven und Barrieren befragt. Die Angebotsseite wurde untersucht, indem 150 Gemeinden repräsentativ ausgewählt wurden, um dort die Anbieter von Bildung für Ältere zu identifizieren. Im Anschluss wurden zehn Seniorenakademien ausgewählt, um Fallstudien zu betreiben.

Weitere Erkenntnisse liefert die Untersuchung „Selbstorganisation älterer Menschen", gefördert durch das BMFSFJ (2007), die das bürgerschaftliche Engagement Älterer untersucht und Ideen sowie Best-Practice-Beispiele zur Übertragung nennt. Einige dieser Beispiele beziehen sich auf den kulturellen Bereich.

Der fünfte Altenbericht (BMFSFJ 2005b) beschreibt die Potenziale des Alters, untersucht wie diese besser genutzt werden könnten und gibt hierfür Empfehlungen an Politik und Gesellschaft.

Des Weiteren ist eine kleinere regionale Befragung aus München von Interesse, bei der die ersten drei Jahrgänge des Kulturführschein® zu ihrem Engagement befragt wurden (Sautter 2007).

Grundsätzlich sind in Studien zum freiwilligen Engagement mehr Informationen über das Engagement Älterer im Allgemeinen sowie in den Bereichen Gesundheit, Sport und Soziales zu finden. Größtenteils können nur indirekt Rückschlüsse auf die kulturelle Bildung gezogen oder Trends formuliert werden. Es ist jeweils zu prüfen, ob diese Rückschlüsse zulässig sind. Dabei ist die ehrenamtliche Arbeit für den kulturellen Sektor eine ganz entscheidende und tragende Säule. Viele Kulturinstitutionen sind auf diese Weise entstanden und viele der Einrichtungen könnten ohne diese Arbeit nicht aufrechterhalten werden (Notz 2005, S. 149). Differenziertere Erkenntnisse über die Engagementbereitschaft Älterer im Kulturbereich wären wertvoll, um das Angebot der Institutionen zu erweitern, aufrecht zu erhalten und die Älteren besser einbinden zu können.

Auf Selbstorganisation bezogene Bildungsangebote haben für Senior/inn/en eine große Relevanz. Etwa 12 % der durch das infas Institut befragten Senior/inn/en haben seit ihrem 50. Lebensjahr an einer Bildungsveranstaltung zur Vorbereitung auf ein Ehrenamt teilgenommen. Dies wird als „Indiz für die bildungsmobilisierende Wirkung des Bürgerengagements" gedeutet (BMFSFJ 2004, S. 13 f.).

7.1 Organisationsformen und Bildungsorte

Trägerschaft/Organisationsformen

Viele Selbstorganisierte sind nicht mit anderen zusammengeschlossen oder an eine Institution angeschlossen, was eine Bestandsaufnahme dieser Angebote sehr schwierig macht. So gibt es zum Beispiel viele Musikgruppen oder Literaturgruppen, die selbstorganisiert sind und ihre Treffen selbst vereinbaren und gestalten. Eine Befragung in München ergab, dass dort 21 % freiwillig Engagierter keine institutionelle Anbindung haben (Sautter 2007, S. 57). Die Enquete-Kommission „Zukunft des Bürgerschaftlichen Engagements" des deutschen Bundestages spricht von etwa 13 Prozent, doch prognostiziert sie eine zunehmende Bedeutung dieser informellen Strukturen (Deutscher Bundestag 2002, S. 49).

Foto: Elke Müller, Dritter Frühling e.V.

Andere Selbstorganisierte sind an Institutionen angeschlossen, z. B. an soziokulturelle Zentren, Nachbarschaftsheime oder Museen. Viele Einrichtungen sind auf diese Aktivitäten angewiesen. Ein Beispiel dafür sind die Museen, in denen Ältere vielfältige Aufgaben übernehmen – von der Aufsicht des Museums über die Öffentlichkeitsarbeit bis hin zur Leitung. Der Anteil Älterer in den Besuchsstatistiken von Museen ist hoch. Der prozentuale Anteil Älterer unter der Gruppe der in Museen tätigen Freiwilligen ist sogar noch höher (Liebelt 2006, S. 77). Die Angebote werden hierdurch nicht nur mengenmäßig ausgeweitet, sondern dieses Engagement bereichert die Angebote der Museen durch die Lebenserfahrung, die soziale und berufliche Kompetenz der Älteren (ebd.).

Die Trägerschaft ehrenamtlicher Arbeit kann unterschieden werden in:
>> Vereine, Angebote und Zusammenschlüsse, die weitgehend von ehrenamtlichen Aktiven getragen und geleitet werden (z. B. Laienchöre, Musikvereine);
>> kulturelle Einrichtungen und Projekte in freier Trägerschaft, häufig sind dies auch eingetragene Vereine (e.V.), Zweck ist nicht die Aktivität der Mitglieder, sondern Angebote werden für andere gemacht (z. B. Jugendkunstschulen, soziokulturelle Zentren);
>> kommunal und staatlich getragene Kultureinrichtungen (z. B. Theater, Bibliotheken, Museen);
>> Initiativ- und Projektgruppen ohne Bezug zu einer kommunalen oder freien Einrichtung, die zeitlich befristet sind (z. B. Kulturfeste, Musikfestivals);
>> gemischte Trägerschaften von öffentlicher Verwaltung und privatem Verein (z. B. wenn eine Kultureinrichtung von Schließung bedroht ist und durch Bürger/innen ehrenamtlich weitergeführt wird, häufig im Bibliothekswesen);
>> Freiwilligenagenturen und Ehrenamtsbüros (z. B. Seniorenbüros) (Wagner 2000, S. 37 ff.).

Vereine sind generell die wichtigste Organisationsform des freiwilligen Engagements. Auch für Ältere trifft dies zu, wie der Freiwilligensurvey bestätigt. Die Angaben in Tabelle 27 beziehen sich jedoch nicht ausschließlich auf den Kulturbereich.

Organisationsform der freiwilligen Tätigkeit	46–65 Jahre		66 Jahre +	
	1999	2004	1999	2004
Verein	40	43	44	36
Verband	10	8	6	11
Gewerkschaft	3	3	2	0
Partei	6	4	4	2
Kirche oder rel. Einrichtungen	14	13	19	25
Selbsthilfegruppe	3	2	0	2
Initiative oder Projekt	3	3	4	4
Sonstige selbstorganisierte Gruppe	5	5	7	6
Staatliche oder kommunale Einrichtung	10	12	5	8
Private Einrichtung, Stiftung	3	4	5	3
Sonstiges	3	3	4	3

Tab. 27: Organisationsformen, in denen sich die freiwilligen Tätigkeiten vollziehen (nach Alter)
Quelle: in Anlehnung an Gensicke 2005a, S. 129

Die Kirche oder andere religiöse Einrichtungen sind ebenfalls ein Kristallisationspunkt für freiwilliges Engagement. Im Jahr 2004 waren die Über-66-Jährigen fast doppelt so häufig wie die 46- bis 65-Jährigen in der Kirche oder in anderen religiösen Einrichtungen freiwillig tätig. Im Zeitvergleich scheint diese Tendenz sogar zuzunehmen. Bei den Über-70-Jährigen spielt die Kirche nach den Erkenntnissen des Kultur-Barometers 50+ eine noch bedeutendere Rolle als nach den Erkenntnissen des Freiwilligensurveys (Zentrum für Kulturforschung 2008, S. 116). Der Verein scheint für die Gruppe der Über-66-Jährigen im Zeitvergleich weniger wichtig zu werden.

Die hohe Bedeutung des Vereins trifft insbesondere auch für den Engagementbereich „Kultur und Musik" zu (Gensicke 2005a, S. 31). Im Vereinswesen steht die Kultur nach dem Sport an zweiter Stelle. Jedoch ist hier keine Altersverteilung bekannt.

Organisationsform der freiwilligen Tätigkeit	Kultur	
	1999	2004
Verein	61	64
Verband	4	4
Gewerkschaft	0	0
Partei	1	0
Kirche oder rel. Einrichtungen	5	7
Selbsthilfegruppe	2	0
Initiative oder Projekt	7	4
Sonstige selbstorganisierte Gruppe	9	9
Staatliche oder kommunale Einrichtung	7	6
Private Einrichtung, Stiftung	3	4
Sonstiges	1	2

Tab. 28: Organisationsformen, in der sich die freiwilligen Tätigkeiten vollziehen (im Engagementbereich Kultur)
Quelle: in Anlehnung an Gensicke 2005a, S. 126

Die anderen Organisationsformen werden im Vergleich zu Vereinen viel seltener gewählt. Interessant wäre in diesem Zusammenhang eine empirische Studie zum kulturellen Engagement Älterer im kirchlichen Kontext sowie die Fragestellung, ob die Kirche im Lebensverlauf als Engagementfeld zunimmt.

Ein besonderes Konzept der Freiwilligenarbeit und des Empowerments für Ältere im Kulturbereich ist „Keywork". Keyworker sind
„freiwillige Mitarbeiter und Mitarbeiterinnen im Überschneidungsbereich von Kultur- und Sozialarbeit. Vertraut mit sozialem *und* kulturellen Arbeitsfeldern wirken sie als Vermittlungspersonen zwischen den Bereichen. Sie schaffen Zugänge, öffnen Türen." (Knopp/Nell 2007a, S. 12, Herv. i. Orig.)

Keyworker initiieren und organisieren Veranstaltungen und Projekte, sie begleiten Menschen zu Kulturangeboten, führen „Kulturferne" an kulturelle Veranstaltungen heran, unterstützen hauptamtlich Tätige bei der Gestaltung der Angebote etc. Vor allem Menschen, die aus der Erwerbstätigkeit ausgestiegen sind, werden häufig zu solchen „Schlüsselfiguren", die eine Brücke für Ältere zwischen Sozial- und Kulturarbeit schlagen können (ebd., S. 12 f.). Keyworker engagieren sich für Gleichaltrige, aber auch für Kinder, Jugendliche oder Erwachsene. So kommt es häufig auch zu generationenübergreifenden Ansätzen. Es existieren auch Keywork-Projekte für spezielle Zielgruppen, z. B. benachteiligte Kinder und Jugendliche oder Demenzkranke.

Nach Einschätzung der von uns befragten Expertin aus dem Bereich Selbstorganisation ist die Vernetzung von Selbstorganisierten weiter ausbaufähig und ein Bedürfnis der Aktiven. Beispiele der Vernetzung sind das bundesweite Modellprogramm „Erfahrungswissen für Initiativen" (EFI) und die ZWAR Zentralstelle NRW. Beide bündeln und unterstützen selbstorganisierte Gruppen mit kulturellen Inhalten.

Die ZWAR Zentralstelle NRW hat zum Ziel, bürgerschaftliches Engagement zu fördern, eine aktivierende soziale Arbeit mit Älteren und soziale Netzwerke Älterer zu gründen. In den Beratungs- und Qualifizierungsangeboten vernetzen die ZWAR-Gruppen ältere aktive Menschen, Träger und Institutionen, die mit Älteren arbeiten.

Im bundesweiten EFI-Programm steht neben der Qualifizierung zu *senior*Trainer*innen* die Vernetzung der Akteure im Fokus. Die Bildung von Netzwerken trägt zu einem Erfahrungs- und Wissenstransfer bei.

Kommunale Engagementkontexte
In der Untersuchung „Selbstorganisation älterer Menschen" beschreibt das BMFSFJ (2007, S. 6) kommunale Engagementkontexte. Dabei wird unterschieden zwischen Angeboten der Kommune, die selbstorganisiert durch Ältere aufrecht erhalten werden und sonst nicht weiter bestehen könnten („Übergänge"), und solchen, welche die kommunale Angebotspalette durch selbstorganisierte Elemente erweitern („Ausweitungen"). Hierbei handelt es sich also um zusätzliche Angebote. Bei den Übergängen liegt der Schwerpunkt der Beteiligung Älterer im Kulturbereich, dem Freizeitbereich und den (Senioren-)Treffs. Bei den Ausweitungen sind die Schwerpunkte nicht sehr fokussiert, sondern breiter gestreut (BMFSFJ 2007, S. 7). Sie beinhalten zusätzlich zu den genannten Bereichen auch Beratungs- und Hilfsangebote. Thematisch steht sowohl bei den Übergängen freiwilliger kommunaler Leistungen als auch bei den Ausweitungen der kommunalen Angebotspalette der Bereich „Kultur und Bildung" an erster Stelle (ebd., S. 21).

Regionale Unterschiede/Besonderheiten
Bei den Trägerschaften gibt es einige regionale Unterschiede. Kommunal und staatlich getragene Kultureinrichtungen werden in den Städten meist von Hauptamtlichen geleitet. Auf dem Land hingegen werden sie häufig ehrenamtlich geleitet, obwohl sie in kommunaler Trägerschaft sind (Wagner 2000, S. 38).

In Ostdeutschland ist die Volkssolidarität, die seit DDR-Zeiten existiert, für Ältere eine bedeutende Organisation für die kulturelle Bildung (vgl. www.volkssolidaritaet.de). Die Volkssolidarität (heute Mitglied im Paritätischen Wohlfahrtsverband) ist eine Hilfsorganisation, die sich für ältere Menschen engagiert. Viele der selbstorganisierten Interessengruppen finden sich dort, z. B. ältere Frauen, die Busfahrten zu Theaterveranstaltungen organisieren. Auch Kulturbund und Kulturring sind für diejenigen, die in der DDR gelebt haben oder aufgewachsen sind, auch heute noch wichtige Institutionen. Der Kulturbund ist ein Verein kulturell aktiver Bürger/innen, die ihren Interessen gemeinsam nachgehen möchten (vgl. www.kulturbund.de). Viele der Mitglieder sind über 55 Jahre alt. In Interessengemeinschaften, Clubs, Kulturvereinen u. a. sind sie aktiv, sei es im Literaturbereich, in der Musik, der bildenden Kunst, im Theater o. ä. Der Kulturring ist in vielen Städten ein gemeinnütziger Kultur- und Kunstverein, in dem ein Bereich die Seniorenarbeit ist. Hier gibt es z. B. Cafés, in denen Bildungsveranstaltungen in unterschiedlichen Kunstsparten stattfinden, Musikveranstaltungen, Filmabende, Singkreise, Medienarbeit, Fahrten zu Ausstellungen oder Kulturevents u. v. m.

7.2 Beteiligungsumfang und Beteiligungsformen

Beteiligungsumfang
In den feldübergreifenden Interviews mit den Expert/inn/en der kulturellen Bildung wurde die Vermutung ausgesprochen, dass immer mehr Ältere daran interessiert seien, selbst kulturell aktiv zu werden und bereits jetzt selbstorganisierte Angebotsformen im Bereich der kulturellen Bildung für Ältere sehr häufig sind.

Im Folgenden soll diese These an den vorhandenen statistischen Daten überprüft werden. Dabei muss festgehalten werden, dass in den Studien, auf die sich der Text nachfolgend bezieht, meist nicht von „kultureller Bildung" gesprochen wird, sondern von „Kultur" oder von einzelnen Kunstsparten. Da wir aber davon ausgehen, dass bei selbstorganisierten Tätigkeiten die Handlungsfähigkeiten erweitert werden, die Gesellschaft ein Stück mitgestaltet wird und eine Form von Persönlichkeitsentwicklung stattfindet, handelt es sich hierbei um Formen „kultureller Bildung" nach der in Kapitel „Kultur – Bildung – Alter" aufgestellten Definition.

Viele ältere Menschen werden selbstbestimmt und eigenverantwortlich aktiv oder organisieren kulturelle Bildungsangebote für andere. Ehrenamtlich tätige Ältere sind häufig die Initiatoren von Bildungsangeboten für Ältere in einer Institution (Sommer u. a. 2004, S. 85). Sommer u. a. (ebd., S. 48 f.) zeigen auf, dass Selbstorganisation generell eine aktuelle Entwicklungstendenz in der Altersbildung darstellt.

> „Die Selbstorganisation gehört – u. a. neben Produktivität, Teilnehmer- sowie Lebensweltbezug – zu den als innovativ bezeichneten Maximen der Bildungsarbeit mit älteren Menschen. Betreuung, Animation und Geselligkeit werden hingegen den eher konventionellen Zielsetzungen zugeschlagen." (ebd., S. 85)

Die Studie „Weiterbildung Älterer im demographischen Wandel" ergab, dass gut ein Viertel der 50- bis 75-Jährigen eine ehrenamtliche Tätigkeit ausübt. Mehr als die Hälfte dieser Befragten hat in seinem Leben bereits Erfahrungen mit ehrenamtlichen Tätigkeiten gemacht (Schröder/Gilberg 2005a, S. 57 ff.). In zwei Drittel der Institutionen, die allgemeine Bildungsangebote für Ältere bereithalten, werden Ehrenamtliche eingesetzt. Ein Fünftel dieser Einrichtungen wird ausschließlich durch ehrenamtliche Arbeit unterhalten. Sommer u. a. vermuten, dass viele der Einrichtungen auf ehrenamtliche Arbeiten angewiesen sind (Sommer u. a. 2004, S. 83).

Grundsätzlich nahm im Zeitraum der Untersuchung des Freiwilligensurvey zwischen 1999 und 2004 das freiwillige Engagement Älterer zu. Vor allem diese Gruppe war im Zeitvergleich des Freiwilligensurvey für den Zuwachs im Engagementbereich „Kultur und Musik" verantwortlich. In den jüngeren Altersgruppen blieb das Engagement fast konstant (Geiss 2007, S. 6).

Jahr	Altersgruppen		
	46–54 Jahre	55–64 Jahre	65+
1999	5,3	5,8	3,8
2004	6,1	7,5	4,8

Tab. 29: Freiwilliges Engagement im Bereich Kultur und Musik
Quelle: nach Geiss 2007, S. 6

Den Trend zur Zunahme des ehrenamtlichen Engagements bei Älteren bestätigen auch der Alters-Survey[64] von 1996 und 2002 und die Zeitbudgeterhebungen 2001/02 des Statistischen Bundesamtes. Vermutlich aufgrund anderer Definitionen, Untersuchungszeiträume und Erhebungsinstrumente unterscheiden sich zwar die Prozentwerte, doch bei allen drei Untersuchungen ist eine Zunahme zu verzeichnen (vgl. ausführlicher BMFSFJ 2005b, S. 353 ff.). Erst in höherem Alter nimmt das Engagement ab. Eine differenzierte Untersuchung des Engagementbereichs Kultur ist hier jedoch nicht zu finden.

Zunehmend sind Senior/inn/en ab 60 Jahren nicht nur gemeinschaftlich aktiv, sondern übernehmen auch Aufgaben des freiwilligen Engagements (Gensicke 2005b, S. 313). Unter gemeinschaftlicher Aktivität wird im Freiwilligensurvey verstanden, dass die Bürger/innen sich in Gruppen, Vereinen, Organisationen und Einrichtungen beteiligen, sich jedoch nicht engagieren. So ist das Musizieren in einer Musikgruppe eine gemeinschaftliche Aktivität. Die Leitung eines Satzes der Trompeten, also die Ausübung einer Funktion, kann dagegen als freiwilliges Engagement bezeichnet werden. Gemeinschaftliche Aktivität kann als Voraussetzung für freiwilliges Engagement betrachtet werden.

Die Aufnahme neuer freiwilliger Tätigkeiten stagnierte im erhobenen Zeitraum generell in der Bevölkerung. In der Gruppe der 60- bis 69-Jährigen hat der Anteil der in den letzten fünf Jahren neu aufgenommenen Tätigkeiten hingegen um 13 % zugenommen (ebd., S. 315).

---

64 Der Alters-Survey ist eine repräsentative Befragung von Menschen in der zweiten Lebenshälfte zu ihrer Lebenssituation. Die erste Befragungswelle (1996) wurde von der Forschungsgruppe Altern und Lebenslauf (Berlin) und der Forschungsgruppe Psychogerontologie der Katholischen Universität Nijmegen durchgeführt (vgl. Kohli/Künemund 2005). Die zweite Befragungswelle (2002) erhob das Deutsche Zentrum für Altersfragen (Berlin) (vgl. Tesch-Römer u. a. 2006). Die dritte Befragungswelle ist derzeit in Vorbereitung und wird 2008 durchgeführt werden.

Für die Beendigung des freiwilligen Engagements (nicht ausschließlich auf den Kulturbereich bezogen) werden von den Über-60-Jährigen an erster Stelle „gesundheitliche Gründe" (West 34 %/Ost 28 %), an zweiter Stelle „familiäre Gründe" (West 27 %/ Ost 16 %), an dritter Stelle „berufliche Gründe" (West 21 %/Ost 24 %) gefolgt von „Umzug" (West 20 %/Ost 13 %) und „Tätigkeit zeitlich begrenzt" (West 14 %/ Ost 16 %) genannt.

Beteiligungsumfang von Migrant/inn/en
Der Freiwilligensurvey 2004 hat ergeben, dass Migrant/inn/en zu 23 % freiwillig engagiert sind (Geiss/Gensicke 2005, S. 369). Dieser Wert ist nach allem, was bisher aus anderen Studien bekannt ist, eher hoch angesetzt.[65] Dies liegt daran, dass mit dem Freiwilligensurvey aufgrund der Art der Befragung (deutschsprachige Telefoninterviews) vorrangig besser integrierte Migrant/inn/en erfasst wurden. Im Vergleich hierzu beträgt die Engagementquote bei Nicht-Migrant/inn/en 37 %.

Migrant/inn/en über 65 Jahren sind in geringerem Maße freiwillig engagiert (19 %). „Dieses im Vergleich zu jüngeren Befragten niedrigere Engagementniveau war allerdings auch bei älteren Nicht-Migrant/inn/en zu beobachten (27 %) und ist hauptsächlich auf die eingeschränkten Möglichkeiten für freiwilliges Engagement im fortgeschrittenen Alter zurückzuführen" (ebd., S. 375).

Ein interessantes Ergebnis des Freiwilligensurveys ist, dass die Aufenthaltsdauer Einfluss auf die Engagementquote hat: Je länger Migrant/inn/en in Deutschland leben, desto größer ist der Anteil freiwillig Engagierter. Am höchsten ist der Anteil Engagierter, die bis 1970 nach Deutschland einreisten (30 % Engagementquote), hauptsächlich aus den Gastarbeiterländern Italien, Spanien und Griechenland (ebd., S. 371).

In Tabelle 30 sind die wichtigsten Bereiche aufgeführt, in denen Migrant/inn/en und im Vergleich hierzu Nicht-Migrant/inn/en freiwillig engagiert sind. Der Bereich „Kultur und Musik" nimmt den dritten Platz ein. Es gibt noch weitere, weniger wichtige Engagementbereiche, wie z. B. Politik/Interessenvertretung, die berufliche Interessenvertretung, den Umwelt- und Tierschutz, die Jugendarbeit und Bildung etc. In welchen Aktivitätsbereichen speziell ältere Migrant/inn/en engagiert sind, ist nicht bekannt.

---

65 Das Zentrum für Türkeistudien hat, in Anlehnung an das Konzept des Freiwilligensurveys, bei der Befragung von 1.500 Personen ein zweisprachiges Design angewandt, um das freiwillige Engagement von türkeistämmigen Migrant/inn/en abzubilden. Diese Studie ermittelte mit 64 % eine hohe Zahl gemeinschaftlich aktiver Personen. Freiwillig engagiert zu sein, gaben allerdings nur 10 % der Befragten an. Das Sozio-ökonomische Panel (SOEP), das ebenfalls mit Fragebögen in der Muttersprache der Interviewpartner/innen arbeitete, ermittelte für die großen Migrantengruppen eine Engagementquote zwischen 10 und 12 % (Geiss/Gensicke 2005, S. 348).

Aktivitätsbereich	Migrant/inn/en	Nicht-Migrant/inn/en
Sport und Bewegung	9,5 %	4,5 %
Kindergarten und Schule	4,5 %	9 %
Kultur und Musik	4 %	3 %
Freizeit und Geselligkeit	3,5 %	2,5 %
Sozialer Bereich	3 %	4,5 %
Kirche und Religion	2 %	5,5 %

Tab. 30: Engagement in verschiedenen Engagementbereichen von Migrant/inn/en und Nicht-Migrant/inn/en
Quelle: in Anlehnung an Geiss/Gensicke 2005, S. 377

Zeitlicher Umfang des Engagements
Jüngere und ältere freiwillig Engagierte investieren etwa denselben Zeitaufwand in ihre Tätigkeit. Der Unterschied liegt vor allem in den Tageszeiten. Ältere sind eher vormittags oder am Nachmittag eines Werktages tätig, 25- bis 59-Jährige eher abends oder nachts (Gensicke 2005b, S. 334 f.). Freiwillige Tätigkeiten im Kulturbereich werden allerdings altersunspezifisch zu 51 % abends oder nachts und zu 36 % am Wochenende ausgeübt (Geiss 2007, S. 47). Hier wäre interessant, ob sich durch den Themenbereich eine Verschiebung des Engagements Älterer in diese Zeiten ergibt.

Die Über-60-Jährigen engagieren sich durchschnittlich 21,5 Stunden pro Monat, die 50- bis 59-Jährigen rund 17 Stunden pro Monat (Brendgens/Braun 2001a, S. 159). Das bedeutet mit zunehmendem Alter sind die Senior/inn/en auch länger aktiv. Im Kulturbereich findet das Engagement im Durchschnitt ein- bis zweimal pro Woche statt (Geiss 2007, S. 45).

Soziodemografie der engagierten Älteren
Ehrenamtliches Engagement wird doppelt so häufig von Erwerbstätigen als von Altersrentner/inne/n und Pensionär/inn/en ausgeübt (Kohli/Künemund 2005, S. 299). Generell sind laut Freiwilligensurvey mehr ältere Männer als ältere Frauen im Bereich Kultur und Musik engagiert. Nur 37 % der 50- bis 59-Jährigen und 33 % der Über-60-Jährigen, die sich freiwillig engagieren, sind weiblich. Des Weiteren verfügen die engagierten 50- bis 59-Jährigen eher über einen höheren Bildungsabschluss, bei den Über-60-Jährigen ist dieses soziodemografische Merkmal ausgeglichener, wie Tabelle 31 detaillierter veranschaulicht.

Engagement-bereich	Alter	Geschlecht		Bildung		
		Männer	Frauen	Hauptschul-abschluss	Mittlere Reife/ Fachhochschul-reife	Abitur/ Hoch-schulstudium
Kultur und Musik	50–59 Jahre	63 %	37 %	26 %	33 %	41 %
	60 und älter	67 %	33 %	36 %	31 %	33 %

Tab. 31: Soziodemografie engagierter Senior/inn/en im Engagementbereich Kultur und Musik
Quelle: Auszug aus Brendgens/Braun 2001b, S. 254

Diese Daten stimmen mit den Erfahrungen des Instituts für Bildung und Kultur nicht ganz überein. Im Projekt MehrKultur55plus konnte beobachtet werden, dass im Kulturbereich mehr Frauen als Männer engagiert sind (vgl. www.ibk-kultur.de/senioren). Möglicherweise liegen die Gründe für diese Differenz in der Definition des Bereiches „Kultur und Musik" des Freiwilligensurveys. Die Befragten ordneten ihre Tätigkeiten eigenständig den Engagementbereichen zu. Grobe Fehler wurden zwar korrigiert, dennoch ist die Zuordnung, welche Aktivitäten zu diesem Engagementbereich zählen, subjektiv. Eine Auflistung, welche Tätigkeiten unter dem Bereich „Kultur und Musik" geführt werden, liegt nicht vor und müsste gesondert aus dem Datensatz des Freiwilligensurvey herausgefiltert werden.

In der Kindheit älterer Personen war häufig ein höherer Schulabschluss nicht nötig bzw. möglich. So sind die Bildungsabschlüsse, die mit dem Engagement Älterer im Kulturbereich korrelieren, nicht mit den heutigen Abschlüssen zu vergleichen, doch es ist auffällig, dass im Bereich „Kultur und Musik" im Vergleich zu den anderen Engagementbereichen sowohl die 50- bis 59-Jährigen als auch die Über-60-Jährigen häufiger Abitur haben oder über ein Hochschulstudium verfügen.

Aufgabenbereiche und Tätigkeitsfelder
Die Aufgabenbereiche und Tätigkeitsfelder Ehrenamtlicher sind in den Institutionen sehr unterschiedlich. Sie sind im Vorstand tätig, helfen mit bei Vorbereitung und Durchführung von Veranstaltungen, bei Lobbyarbeit, Spendensammlung, im Fundraising-Bereich, betreuen Künstler/innen, führen kulturpädagogische Aktivitäten wie Führungen durch u. v. m. (Wagner/Blumenreich 2004, S. 20 f.). Im Freiwilligensurvey wurde dargestellt, welchen Hauptinhalt die freiwillige Tätigkeit im Alter am häufigsten hat. Am häufigsten übernehmen alle drei Altersgruppen (50 bis 59 Jahre/60 bis 69 Jahre/über 70 Jahre) die Organisation und Durchführung von Veranstaltung (48 %/45 %/38 %). An zweiter Stelle stehen persönliche Hilfeleistungen (28 %/31 %/29 %). Die dritthäufigste Tätigkeit sind „praktische Arbeiten, die erledigt werden müssen" (35 %/34 %/29 %). Die Unterschiede dieser drei Altersgruppen sind minimal. Die Über-70-Jährigen sind in den drei häufigsten Tätigkeiten etwas weniger aktiv.

Selbstorganisierte Aktivitäten

Dies wird aber kompensiert, indem sie engagierter bei der Organisation und Durchführung von Hilfsprojekten, bei der Mittelbeschaffung für Projekte und bei der Vernetzungsarbeit sind (Brendgens/Braun 2001b, S. 274 ff.).

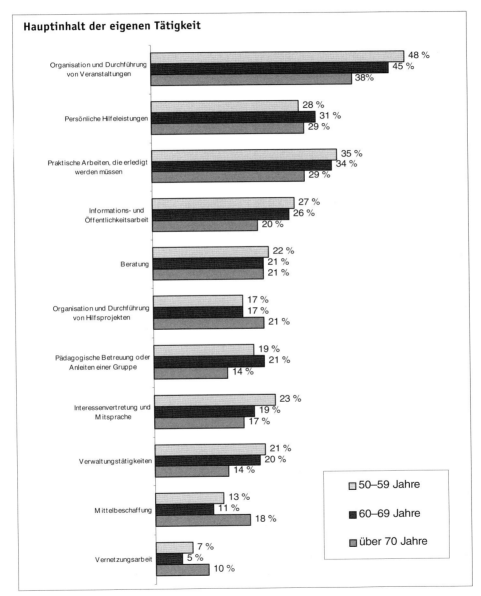

Abb. 11: Leistungen der freiwillig engagierten Senior/inn/en (n=14.922)
Die Daten wurden erhoben durch ISAB-Institut Köln, 4/2000, Freiwilligensurvey 1999
Quelle: in Anlehnung an Brendgens/Braun 2001b, S. 275

Im Engagementbereich Kultur und Musik sind die häufigsten Aufgaben der Senior/inn/en Organisation von Veranstaltungen (19 %), Vernetzungsarbeit (17 %), Verwaltung (18 %) und Anderes (17 %) (ebd., S. 279).

7.3 Lern- und Bildungsformen

Das Interesse an Kunst, Musik, Konzerten, Museen, Literatur, Theater und künstlerischem Gestalten ist bei älteren ehrenamtlich Tätigen im Vergleich zu denjenigen, die kein Ehrenamt ausüben, größer (Schröder/Gilberg 2005a, S. 107).

Unter dem Gesichtspunkt des lebenslangen Lernens ist dieser Aspekt besonders relevant, da eine allgemeine Bildungsnachfrage mit der Ausübung eines Ehrenamtes korreliert. Ehrenamtlich aktive ältere Menschen nehmen doppelt so oft an allgemeinen Bildungsangeboten teil wie Senior/inn/en, die in diesem Bereich nicht aktiv sind (BMFSFJ 2004, S. 13 ff.).

> „Ältere Personen mit ehrenamtlichem Engagement haben eine rund doppelt so hohe Wahrscheinlichkeit, an Vorträgen und Bildungsreisen teilzunehmen, wie die nicht Engagierten. Auch die Teilhabe am sozialen Leben – gemessen in der eher passiven Form als Interesse am öffentlichen Leben in der Gemeinde bzw. Stadt oder in der aktiven Form einer Mitgliedschaft in einem Verein, einem Verband oder einer entsprechenden Organisation des öffentlichen Lebens – erhöhen die Wahrscheinlichkeit, dass die Person auch Bildungsveranstaltungen besucht." (Schröder/Gilbert 2005b, S. 218)

Bildungsinhalte

Tätigkeiten im Engagementbereich Kultur und Musik werden in erster Linie in Chören und Gesangsgruppen praktiziert, an zweiter Stelle stehen Kunst allgemein, Theater, Heimat- und Brauchtumspflege, seltener ist man in der Kultur- und Musikförderung, Tanz, Karneval, Malerei/Grafik/Foto, Literatur und internationalem Austausch aktiv (Geiss 2007, S. 13).

Eine Altersverteilung liegt bei diesen Inhalten nicht vor. Die selbstorganisierten Angebote Älterer im Kulturbereich reichen von Kulturreisen, Biografiearbeit, Folkloretanz, Heimatkultur, Internetangeboten bis hin zur Organisation von Akademien.

Besondere Aufmerksamkeit verdienen die Seniorenakademien in diesem Zusammenhang (zu Seniorenakademien vgl. auch ausführlich das

Foto: Sabine Schuberth, Dritter Frühling e.V.

Selbstorganisierte Aktivitäten

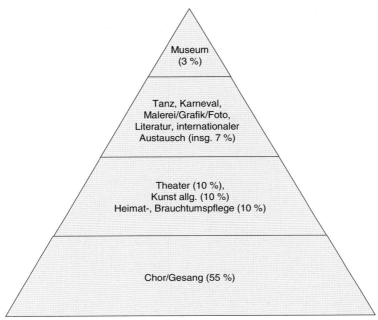

Abb. 12: Vielfältige Tätigkeiten im Bereich „Kultur und Musik"
Bevölkerung ab 14 Jahren, Angaben in Prozent
Quelle: nach Geiss 2007, S. 13

Kapitel über Einrichtungen der Erwachsenenbildung). Seniorenakademien sind relativ neue Institution. Sie bestehen zum großen Teil erst seit den 1990er Jahren. Viele wurden ehrenamtlich geschaffen. Auch heute noch werden die Angebote in diesen Institutionen vorrangig durch Ältere selbst organisiert (BMFSFJ 2004, S. 21 ff.). Hier liegt das „innovative Potenzial dieses Angebotstyps": „Es geht nicht nur um konsumierende Teilnahme, sondern um aktive Partizipation und die Erschließung neuer Tätigkeitsfelder." (ebd., S. 22) Der hohe Anteil ehrenamtlicher Arbeit Älterer und selbstorganisierter Tätigkeiten zeigt eine große Teilnehmerorientierung dieser Institutionen (Sommer u. a. 2004, S. 96). Kulturelle Bildung nimmt hier im Angebotskomplex Kunst, Musik, Konzerte und Museen den zweiten Rang nach Gesellschaft, Geschichte und Politik ein (ebd., S. 95).

Zielgruppen der Selbstorganisation
Häufig besteht nach Aussage der von uns befragten Expertin aus dem Feld Selbstorganisation bei selbstorganisierten Tätigkeiten Interesse an generationenübergreifender Arbeit. Ältere ehrenamtlich engagierte Menschen organisieren, planen, entwickeln oder realisieren nicht nur kulturelle Bildungsangebote für Gleichaltrige, sondern auch für Jüngere. Oft sind die Angebote altersunspezifisch. Der Freiwilligensurvey bestätigt, dass freiwillig Engagierte über 60 Jahre zu 12 % auf Kinder und Jugendliche und zu 26 % auf Ältere ausgerichtet sind. Über-70-Jährige engagieren sich zu 34 % für ältere Menschen. Dennoch ist der Großteil älterer Engagierter auf keinen

speziellen Personenkreis ausgerichtet (Gensicke 2005b, S. 336 f.). Auch im Kulturbereich ist generell der Großteil des Engagements nicht auf eine spezielle Altersgruppe ausgerichtet. „Das heißt, Engagierte verstehen ‚Kultur und Musik' als generationsübergreifende Aufgabe" (Geiss 2007, S. 16). Vermutlich ist daher der Großteil des Engagements Älterer im Kulturbereich auch nicht auf eine spezielle Zielgruppe ausgerichtet.

Qualifizierungsmodelle/Freiwilligenprogramme
Da ehrenamtlich engagierte Menschen für viele Institutionen zunehmend interessant werden, wurden bereits verschiedene Freiwilligenprogramme entwickelt, z. B. der „Senior Experten Service" für pensionierte Fachleute. Ziel ist es hierbei, dass Senior Experten ihr Berufs- und Erfahrungswissen ehrenamtlich an Schüler/innen, an unerfahrenere Berufstätige oder im Ausland weitergeben.

Im bundesweiten Modellprogramm „>kek< – Kultur, Engagement, Kompetenz" wurde eine Fortbildungsreihe mit der Akademie für Ehrenamtlichkeit Deutschland entwickelt. Das Programm erprobt generationenoffene Freiwilligendienste. Vor allem Erwachsene und im Besonderen Senior/inn/en sollen hierbei für das bürgerschaftliche Engagement im Kulturbereich gewonnen werden, kulturelle Einrichtungen sollen zu „Engagement-Zentren" werden. Die Fortbildungsreihe für die Partner/innen soll die Qualität der Ehrenamtlichkeit steigern. Inhalte sind Grundlagen der Freiwilligen-Koordination, Organisationsentwicklung des bürgerschaftlichen Engagements und Bildungskonzeptionen für generationenoffene Freiwilligendienste.

Im Rahmen des EFI-Programms[66] existieren Qualifizierungsprogramme zum/zur *„seniorTrainerin"*. Dieses Konzept wird von einigen Freiwilligenbüros, Seniorenbüros und Selbsthilfekontaktstellen angeboten. Die Bildungsbereitschaft und -nachfrage nimmt insbesondere bei den jüngeren Älteren zu. Braun u. a. (2004) stellen die Forderung auf, Weiterbildungskurse für *seniorTrainerinnen* in die Angebote von Weiterbildungseinrichtungen aufzunehmen. Hier sollen sie „die Chance erhalten, sich mit der Weitergabe ihres Erfahrungswissens auseinander zu setzen, und die ihren Fähigkeiten und Interessen gerecht werdenden Rollen zu finden" (ebd., S. 225). 8 % der *seniorTrainerinnen* bezeichnen Kultur, Musik und Theater als wichtigen Engagementbereich (ebd., S. 14), etwa ein Drittel möchte zukünftig im Engagementbereich „Kultur, Musik, Bildungsarbeit" arbeiten (ebd., S. 61). Hier liegt also ein großes Potenzial, was von Anbietern kultureller Bildung stärker ausgeschöpft werden könnte.

Notz (2005) fordert, dass die Fortbildungen zu *seniorTrainerinnen* weiterentwickelt werden. Arbeiter/innen nahmen bislang nur zu 2 % an den Kursen des EFI-Programms teil, Migrant/inn/en sogar nur zu einem Prozent. Dabei sind in selbstorganisierten Gruppen Menschen mit Migrationshintergrund sehr häufig (vgl. Kapitel über Migrantenselbstorganisationen und Einrichtungen der Migrationsarbeit). Sich hier auch auf

---

66 Das EFI-Programm wird als gutes Praxisbeispiel auch im Kapitel „Kirchen als Anbieter kultureller Bildung" ausführlicher beschrieben.

andere Schichten und Kulturen Älterer einzustellen, wird zukünftig von großer Bedeutung sein (ebd., S. 168).

Bei dem Fortbildungsprogramm Kulturführerschein® der Düsseldorfer Werkstatt für innovative Seniorenarbeit lernen Ältere viele Kulturangebote ihrer Region kennen, besuchen diese, erhalten Hintergrundinformationen etc. Nach Abschluss der Fortbildung, die ca. ein Jahr dauert, berechtigt das Zertifikat, erlernte Inhalte und Methoden weiter zu vermitteln. Inhaber/innen des Kulturführerschein® werden dazu eingesetzt, selbstorganisiert mit Gleichgesinnten eine Kulturveranstaltung zu besuchen, andere Kulturinteressierte zu vermitteln, zu begleiten und zu informieren (vgl. ausführlicher Nell/Frank 2007). Aus dem Kulturführerschein® sind mittlerweile eine Reihe von selbstorganisierten kulturellen Projekten von und für Senior/inn/en entstanden, wie z. B. Kultur auf Rädern, die großen Anklang finden. Der Kulturführerschein® ist so erfolgreich, dass er nun auch in Bayern durch das Evangelische Bildungswerk München an die regionalen Bedingungen angepasst und etabliert wurde.

Eine Sonderstellung nehmen Künstler/innen, Kulturpädagog/inn/en oder andere Fachleute ein, die nach dem Eintritt in den Ruhestand weiterhin ehrenamtlich in ihrem Feld tätig sind. Auch diese Menschen benötigen kooperationsbereite Kulturinstitutionen, aber auch Weiterbildung z. B. über Versicherungsfragen oder zum generationenübergreifenden Arbeiten.

7.4 Entwicklungsperspektiven

Öffnung der Kulturinstitute für engagierte Ältere
Freiwilliges Engagement liegt im Trend. Das Engagement der Älteren nahm im Kulturbereich im Zeitvergleich des Freiwilligensurvey zu (Geiss 2007, S. 6). Viele der Engagierten sind bereit, ihr Engagement noch auszuweiten. Dieses Engagementpotenzial könnte von den Kulturinstitutionen besser genutzt werden. Es sollte versucht werden, die Älteren, die zu einem Engagement bereit wären, zu erreichen und zu motivieren, um Angebote aufrecht zu erhalten oder das Angebot zu erweitern. Institutionen sollten angeregt werden, sich noch mehr für die Zielgruppe der (potenziell) engagierten Älteren zu öffnen.

Wünsche der aktiven Älteren
Die älteren Aktiven haben Wünsche an die Organisationen und den Staat und sehen folgenden Verbesserungsbedarf:

Wünsche bei Ab-60-Jährigen in allen Engagementbereichen…	
… an die Organisationen	… an den Staat/die Öffentlichkeit
>> Mehr Finanzmittel für bestimmte Projekte, >> Bereitstellung von Räumen, Sachmitteln etc., >> bessere Weiterbildungsmöglichkeiten, >> fachliche Unterstützung, >> bessere Anerkennung der Freiwilligen durch Hauptamtliche, >> unbürokratische Kostenerstattung, >> bessere finanzielle Vergütung für die Freiwilligen.	>> Bessere Information über Möglichkeiten des freiwilligen Engagements, >> mehr Anerkennung durch Berichte in Presse und Medien, >> bessere steuerliche Absetzbarkeit der Unkosten, >> bessere steuerliche Absetzbarkeit der Aufwandsentschädigungen, >> bessere Absicherung durch Haftpflicht-/Unfallversicherung, >> Anerkennung als berufliches Praktikum, >> mehr öffentliche Anerkennung, z. B. durch Ehrungen.

Tab. 32: Verbesserungsbedarf der Rahmenbedingungen des Engagements älterer Menschen
Quelle: nach Gensicke 2005b, S. 339 und S. 342

Im Kulturbereich sehen die Wünsche altersunspezifisch sehr ähnlich aus (Geiss 2007, S. 58). Daher ist davon auszugehen, dass eine Untersuchung zu den spezifischen Wünschen aktiver Älterer im Kulturbereich zu ähnlichen Erkenntnissen kommen würde.

Qualifizierungsbedarf der Ehrenamtlichen
Fortbildungen für ehrenamtliches Engagement (nicht nur auf den kulturellen Sektor bezogen) werden bislang noch selten angeboten. Am ehesten werden diese durch Bildungsträger angeboten, die ein Eigeninteresse an ehrenamtlicher Arbeit haben. Bei 20 % der Angebote sind Kirchen die Träger, bei 19 % ist der Träger einer der Sozialverbände, 15 % werden von Parteien/Gewerkschaften angeboten und 12 % durch Vereine. Die Volkshochschule als klassischer Anbieter von Erwachsenenbildung bleibt mit 7 % eher im Hinterfeld (Kade 2007, S. 114).

Im Vergleich zu anderen Engagementbereichen gibt es speziell im Bereich „Kultur und Musik" sehr wenig Weiterbildungsangebote (Geiss 2007, S. 6).

An der großen Resonanz auf die Qualifizierungsangeboten wie z. B. *senior*Trainer*innen* kann man sehen, dass es hier einen großen Bedarf gibt. Wie beliebt Fortbildungsangebote für freiwilliges Engagement sind, ergab auch eine Untersuchung in München (Sautter 2007, S. 69). Viele ältere Menschen haben den Wunsch, sich zu engagieren, aber wissen nicht wie. Sie haben das Bedürfnis nach einer Grundqualifikation. Anderen fehlt der letzte ermutigende Anstoß zum Engagement. Eine Fortbildung könnte einen Anreiz darstellen (Deutscher Bundestag 2002, S. 133 f.). „Deshalb kommt Erwachsenenbildung als Impulsgeber für bürgerschaftliches Engagement ein hoher Stellenwert zu" (Sautter 2007, S. 69).

Der Bedarf nach Fortbildungsangeboten für Ehrenamtliche wird auch ausdrücklich geäußert, um neue Konzepte und Methoden in den Seniorenakademiealltag zu integrieren (BMFSFJ 2004, S. 23).

Von Menschen, die im Bereich „Kultur und Musik" engagiert sind, wird laut Sonderauswertung des Freiwilligensurvey vor allem gefordert, dass sie mit Menschen gut umgehen können (56 %). Weitere Anforderungen sind hohe Einsatzbereitschaft (56 %), Organisationstalent (41 %), Fachwissen (34 %), Belastbarkeit (27 %), Führungsqualitäten (25 %), Selbstlosigkeit (17 %) und schließlich, dass sie mit Behörden gut umgehen können (16 %) (Geiss 2007, S. 49). An diesen Anforderungen könnten sich Weiterbildungsangebote für Engagierte im Kulturbereich orientieren.

Qualifizierungsbedarf der Hauptamtlichen/Management der Freiwilligenarbeit
In der Literatur wird betont, dass es nicht ausreiche, nur die Ehrenamtlichen weiterzubilden. Dieser Prozess muss vorbereitet und entsprechend begleitet werden, indem auch hauptamtliche Mitarbeiter/innen für die Zusammenarbeit mit Ehrenamtlichen weitergebildet werden (Olejniczak 2006, S. 109). Kulturinstitutionen sind an diesen interessiert, um ihr Angebot erweitern und unterstützen zu können. Oft sind sie aber auch überfordert, da sie nicht damit rechnen, dass engagierte Ältere aufgrund ihrer Erfahrung häufig extrem selbstbewusst sind, teils professionelle Erfahrungen einbringen können und sich z. B. auch planerisch einbringen wollen. Das Miteinander von Haupt- und Ehrenamtlichen wird zu thematisieren sein: Wie können Ältere das bestehende Angebot ergänzen und unterstützen? Welche Rollen können sie übernehmen? Wie kann eine sinnvolle Rollenverteilung zwischen Hauptamtlichen und Freiwilligen im Kulturbereich aussehen? Bislang existieren nur sehr wenig Weiterbildungsangebote im Engagementbereich Kultur (Geiss 2007, S. 6). Diese Kurse könnten durch Weiterbildungseinrichtungen angeboten werden.

Der Deutsche Museumsbund e.V. hat sich beispielsweise dieser Problematik verstärkt zugewandt. Seit 2005 existiert eine Arbeitsgruppe „Bürgerschaftliches Engagement im Museum", die sich mit dem Management der Freiwilligenarbeit im Museumskontext beschäftigt (Liebelt 2006, S. 86).

Ehrenamtliche gewinnen: Bedarf an Informationen, Beratung und Öffentlichkeitsarbeit
Bessere Informations- und Beratungsangebote über Möglichkeiten des ehrenamtlichen Engagements auf kommunaler und überregionaler Ebene sollten für Ältere im Kulturbereich verfügbar gemacht werden, um Interessierte zu gewinnen, Erfahrungen auszutauschen und Arbeitsweisen weiter zu entwickeln.

Informations- und Kontaktstellen für freiwilliges Engagement, wie z. B. Selbsthilfezentren, Seniorenberatungsstellen, Freiwilligenagenturen, Freiwilligendienste, Seniorenbüros, generationenübergreifende Freiwilligendienste, Ehrenamtsbüros etc., sind in den letzten Jahren vielerorts entstanden – im Jahr 2000 waren es schon über 100 (Wagner 2000, S. 38). Diese Informationsstellen hatten ursprünglich meist soziale, gemeinschaftliche Ziele, vermitteln heute aber häufig auch im Kulturbereich. Die Kontaktstellen sind bei den Über-60-Jährigen wesentlich bekannter als bei der Bevölkerung bis 59 Jahre. Die Kontaktquote ist bei der Gruppe der Über-60-Jährigen zwischen 1999 und 2004 von sieben Prozent auf zehn Prozent gestiegen und damit vergleichsweise hoch im Vergleich zur jüngeren Bevölkerung. Es handelt sich hier um einen ausbaufähigen Bereich, denn das Interesse an diesen Informations- und Kontaktstellen ist v. a. bei den 60- bis 69-Jährigen groß (Gensicke 2005b, S. 345 f.). Neben dem Ausbau wäre auch eine Koordinierung der Kontaktstellen sinnvoll.

Ein Instrument zur Bekanntmachung und Werbung für ehrenamtliches Engagement sind Ausschreibungen von Ehrenamtspreisen in vielen Städten, z. B. in Köln, Berlin, Stuttgart oder im Landkreis Esslingen. Aktuell läuft in Nordrhein-Westfalen die Vergabe des Robert-Jungk-Preises 2007 für Bürgerengagement. Dabei lautet eine Kategorie „Kultur und Bildung im Alter". Da viele Kulturinstitutionen auf ehrenamtliches Engagement angewiesen sind, könnte durch solche Ausschreibungen speziell auf den Kulturbereich aufmerksam gemacht werden. Kampagnen wie „Die Gesellschafter" oder die Projektförderung der Körber-Stiftung im Bereich „Bürgerengagement" werben für gesellschaftliches Engagement. Wenn dies im Kulturbereich weiter ausgebaut wird, kann das vielfältige Potenzial Älterer, die zu ehrenamtlichem Engagement bereit sind, besser ausgeschöpft werden. Kulturinstitutionen könnten dadurch gestärkt und unterstützt werden.

Bedarf nach Vernetzung und Kooperation
Viele selbstorganisierte Ältere sind keiner Institution angeschlossen. Sie erhoffen sich von überregionalen Netzwerken und Kooperationen Anregungen und Ideen für neue Aktivitäten und Angebote (BMFSFJ 2004, S. 23). Bestehende Vernetzungen befassen sich häufig allgemein mit bürgerschaftlichem Engagement, in denen kulturelle Aktivitäten zu finden sind. Interessant wäre für kulturaktive Ältere eine intensivere Austauschplattform für die Besonderheiten des Engagements im Kulturbereich.

Der Bedarf nach einem Erfahrungs- und Wissenstransfer zwischen den Einrichtungen, in denen Raum für Selbstorganisation und freiwilliges Engagement gegeben wird, wurde in dem von uns geführten Interview mit einer Mitarbeiterin des EFI-Programms deutlich geäußert.

Partizipation benachteiligter Gruppen
Bislang sind Ältere mit höherem Bildungsabschluss eher motiviert und in der Lage sich selbst zu organisieren als solche mit niedrigerem Bildungsabschluss (Brendgens/ Braun 2001b, S. 254). Auch Erfahrungen aus den Fortbildungen zu *senior*Trainer*innen* zeigen, dass Migrant/inn/en oder Arbeiter/innen kaum partizipieren (Notz 2005,

Foto: Elke Müller, Dritter Frühling e.V.

S. 168). Projekte wie das Keywork-Programm haben Möglichkeiten aufgezeigt, wie auch bisher nicht erreichte Zielgruppen angesprochen werden können. Vermehrt sollten Projekte wie z. B. das Bund-Länder-Programm „Stadtteile mit besonderem Entwicklungsbedarf – die soziale Stadt" auch bildungsungewohnte bzw. sozial benachteiligte Menschen anregen. So könnte auch die Entwicklung und Verbreitung von Angeboten für nicht mobile Ältere weiterentwickelt und ausgeweitet werden.

Entwicklung neuer, attraktiver Lernorte kultureller Bildung
Das Interesse Älterer an einem Engagement im Kulturbereich ist groß. Ein Drittel der *senior*Trainer*innen* möchte zukünftig im Engagementbereich „Kultur, Musik, Bildungsarbeit" eine Tätigkeit finden (Braun u. a. 2004, S. 61). Dennoch werden viele Interessierte nicht erreicht oder angesprochen. Kulturangebote könnten noch stärker im lebensweltlichen Umfeld und sozialen Institutionen verankert werden, z. B. in Altenheimen, im nachbarschaftlichen Umfeld oder in Wohnprojekten wie „WohnQuartier[4] = Die Zukunft altersgerechter Quartiere gestalten".

Generationenübergreifendes Lernen
Senior/inn/en engagieren sich nicht nur für ihre eigene Altersgruppe, sondern sind ebenso an der Arbeit mit Jüngeren interessiert (Gensicke 2005b, S. 336 f.). Da durch den demografischen Wandel ein Austausch der Generationen in den Familien immer seltener wird, bedarf es neuer Orte, wo sich Generationen und Kulturen begegnen.

Foto: Elke Müller, Dritter Frühling e.V.

Forschungsbedarf
Viele der Aussagen, die hier getroffen wurden, konnten nur aus allgemeinen Erkenntnissen über das Engagement Älterer abgeleitet werden. Interessant wäre nicht nur eine Vertiefung der (Praxis-)Forschung zum Engagement Älterer speziell im Kulturbereich (und zu Selbstorganisationen im Besonderen), sondern auch eine bessere Unterstützung der Praxis kultureller selbstorganisierter Tätigkeiten Älterer.

7.5 Gute Praxisbeispiele

Selbstorganisationen von Älteren in der kulturellen Bildung sind sehr vielfältig. Es gibt viele kleine Projekte, die kaum an die Öffentlichkeit herantreten, viele Vereine, die klein angefangen haben und nun zu den größten ihrer Art zählen, Initiativen, die zur Aufrechterhaltung eines städtischen Angebotes gegründet wurden, sowie Vernetzungs- und Fortbildungsprojekte. Bei der Auswahl der guten Praxisbeispiele wurde versucht, unterschiedliche Facetten darzustellen.

dritter frühling e.V., Berlin

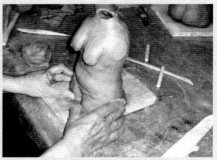

Foto: Sabine Schuberth, Dritter Frühling e.V.

„Kultur als Lebenselixier" – unter diesem Motto bietet der Verein künstlerische Werkstätten und Seminare für „Menschen mit Lebenserfahrung" an. Die Teilnehmer/innen sind zwischen 50 und 80 Jahren alt.

Die Angebote des gemeinnützigen Vereins reichen von digitalen Fotoworkshops, Theaterwerkstätten, Malseminaren, Keramikworkshops, Schreibwerkstätten über Exkursionen, Lesungen und Ausstellungen von Ergebnissen aus den künstlerischen Werkstätten bis hin zu intergenerationellen und interkulturellen Projekten.
In den Werkstattseminaren werden mit verschiedenen künstlerischen Medien allgemeine und/oder persönliche Interessen thematisiert und neu erlebt. Besonders spannend sind die intergenerationellen Begegnungen. In der Generationen-Werkstatt „When I´m 64" trafen beispielsweise zehn Mädchen des interkulturellen Mädchentreffs Reinickendorf auf Teilnehmerinnen der Werkstattseminare und Theaterkurse des „dritten frühlings". Mit verschiedenen kreativen und künstlerischen Medien tauschten sich die beiden Gruppen über Träume, (geheime) Wünsche und Probleme eines Mädchens von damals und heute aus. Dargestellt wurden die Gegenüberstellungen über Tanz, Theater, Schreiben, Fotografie, Zeichnen und Computer.
Im Jahr 1997 initiierte das Kulturamt Berlin-Neukölln in Zusammenarbeit mit der Hochschule der Künste Berlin das Projekt „Dritter Frühling – Kreativität im Alter". Die Neuköllner Senior/inn/en waren so begeistert vom kreativen, künstlerischen und kulturellen Angebot, dass 2002 die Dozent/inn/en aus dem Projekt heraus den Verein „dritter frühling e.V." gründeten. Heute wird das Angebot durch neun professionelle Künstlerinnen und Kulturpädagoginnen, die teilweise auch über 50 Jahre alt sind, ehrenamtlich und selbstorganisiert gestaltet.
Durch Spenden, Teilnehmerbeiträge und finanzielle Unterstützung durch das Kulturamt Neukölln können Materialkosten und kleine Honorare finanziert werden.
www.dritter-fruehling.de (Stand: 06.11.07)

Bücherdorf Müllenbach, Marienheide

Das Bücherdorf Müllenbach ist ein Ort der Begegnung, bei dem verschiedene Altersgruppen und soziale Schichten über das Thema Bücher ins Gespräch kommen. An jedem ersten und dritten Wochenende im Monat können Besucher/innen auf dem Büchermarkt in Büchern stöbern. Anbieter sind sechs Antiquariate und Privatpersonen, die ohne Platzmiete einen Stand aufbauen können.
Einmal im Jahr findet im Sommer zusätzlich ein großes Bücherfest mit einem großen Büchermarkt statt, der durch Aufführungen von Theater- oder Musikgruppen untermalt wird. 2007 lautete das Motto „Fehldrucke – Falschmünzer – Fuhrmannsgeschichten".
Das Bücherdorf Müllenbach wurde vor vier Jahren von dem Pensionär Hans Adolf Müller ins Leben gerufen. Er bedauerte, dass seine vielen Bücherkartons im Keller ungenutzt blieben und bei Umzügen viel Arbeit machten. Er suchte nach einer Möglichkeit, sich von diesen zu trennen, wollte sie aber keineswegs entsorgen. Er begann, einige Bücher an Antiquariate zu verkaufen. Darüber kam die Idee, das Bücherdorf Müllenbach zu gründen.
Organisiert wird das Bücherdorf von zwei berufstätigen Paaren, drei Pensionär/inn/en und einem Buchhändler, die die Antiquariate betreiben. Hauptamtliche Mitarbeiter/innen gibt es keine. Die Antiquariate erhalten die Bücher oft durch Wohnungsauflösungen oder Erbschaften.
Aus Einnahmen der verkauften Bücher können anfallende Kosten gedeckt werden. Aus dem Erlös der verkauften Getränke und Speisen beim Bücherfest kann an das angrenzende Haus der Geschichten eine Spende entrichtet werden.
www.buecherdorf-muellenbach.de (Stand: 06.11.07)

Seniorentheaterkonferenz NRW

Seit 2001 treffen sich kontinuierlich Theatergruppen und Spielleiter zur Seniorentheaterkonferenz NRW. Ziel dieser Konferenz ist ein kontinuierlicher Informations- und Erfahrungsaustausch. Gemeinsam werden Projekttage und Workshops sowohl für die Spielleiter als auch für Ensemblemitglieder organisiert und durchgeführt.
Die Seniorentheater dieser Konferenz sind in der freien Szene tätig. Sie sind mit ihren Stücken mobil und werden von Kommunen, Wohlfahrtsverbänden, Kirchengemeinden und anderen Veranstaltern zu Gastspielen eingeladen. So werden die Senioren(theater) in ihrer besonderen kulturellen und sozialen Bedeutung überregional gestärkt.
Diese Vernetzung aktiver Seniorentheater in der freien Szene ist in Deutschland einzigartig. In Baden-Württemberg wurde nach dem Vorbild der Seniorentheaterkonferenz NRW das Senioren- und Generationentheaterforum gegründet.
www.seniorentheaterkonferenz-nrw.de (in Vorbereitung)

Darstellende Kunst

Blauer Montag
Düsseldorfer Schauspielhaus
Ältere Theaterinteressiert diskutieren mit Regisseur/inn/en, Schauspieler/innen oder Dramaturg/inn/en über aktuelle Aufführungen.
vgl. www.duesseldorfer-schauspielhaus.de/theater/stuecke/detail/248660 (Stand: 06.11.07)

Literatur

Isernhagen liest vor
Gemeindebücherei Isernhagen
In der Bücherei lesen zweimal im Monat Ältere Kindern im Alter von fünf bis zehn Jahren vor. Regelmäßig wird auch mit den Kindern gemeinsam gebastelt. Ins Leben gerufen wurde diese Aktivität durch eine Privatperson.
vgl. www.isernhagen.de/staticsite/staticsite.php?menuid=248&topmenu=13 (Stand: 06.11.07)

Lese-Insel, München
Versöhnungskirche München-Harthof
Ein Beispiel für generationenübergreifendes freiwilliges Engagement ist die Lese-Insel. Hier haben sich freiwillig engagierte Lesepat/inn/en, meist über 50, zusammengefunden, um Kinder der ersten und zweiten Klasse beim Lesen-Lernen zu unterstützen. Einmal pro Woche wird hierzu in der Versöhnungskirche München-Harthof erzählt, vorgelesen und gespielt. Nur ein geringer Teil sowohl der Lesepat/inn/en als auch der Kinder gehören der Gemeinde an. Viele der Kinder stammen aus Familien mit Migrationshintergrund und haben keine oder andere Konfessionen.
vgl. www.kulturfuehrerschein-bayern.de/doc/Lesepaten.pdf (Stand: 06.11.07)

Spartenübergreifende Angebote

Aktive Senioren Leipzig
Der Verein bietet ein breites Angebot in den Themenbereichen Sport, Kultur und Geselligkeit. Pro Woche gibt es ca. 20 geistig-kulturelle Veranstaltungen, z. B. kulturhistorische Vorträge, Lesungen, Chorarbeit, Tanzkurse, Mal- und Zeichenkurse. Der Großteil der Angebote wird durch Ehrenamtliche angeleitet, die entweder früher professionell in den Bereichen tätig waren oder die künstlerische Tätigkeiten als Laien praktizieren. Die Organisation wird komplett durch ehrenamtlich Ältere übernommen. Die Aktiven Senioren Leipzig wurden 1990 von einer 65-jährigen Ärztin initiiert und wuchsen seitdem zum größten Seniorenverein Sachsens, der nach der Wende entstanden ist. Im Jahr 2006 konnte der Verein bei den Veranstaltungen aus allen Themenbereichen insgesamt 67.000 Besucher/innen begrüßen.
vgl. www.aktive-senioren-leipzig.de (Stand: 06.11.07)

Bürger für Bürger
Biberach
Die Initiative unterstützt mit ehrenamtlicher Arbeit die Stadt, Biberacher Bürger/innen und Vereine, u. a. im kulturellen Sektor. So werden für Archive, Museen und andere Einrichtungen Helfer/innen vermittelt. Hierzu sind etwa 30 überwiegend ältere Menschen aktiv.
vgl. www.bfb.biberserver.de (Stand: 06.11.07)

Heute ein Engel
München, Berlin
„Heute ein Engel" ist eine Initiative, die kurzzeitiges und gezieltes ehrenamtliches Engagement fördert und anregt. Auf der Homepage können soziale Organisationen Aufrufe schalten und darstellen, welche Unterstützung sie benötigen. Viele der Aufrufe sind im kulturellen Bereich von und für Senior/inn/en, z. B. Vorleseprojekte in Kindergärten, Aquarellmalerei mit Senior/inn/en oder Zeitzeugenprojekte.
vgl. www.gute-tat.de (Stand: 06.11.07)

Fortbildungen/Qualifizierungen

Schwungfeder, Augsburg
Evangelisches Bildungswerk, Augsburg
Schwungfeder bietet Orientierungs- und Qualifizierungskurse nach der Erwerbsarbeit und Familienzeit für soziales, kulturelles und ökologisches Engagement.
vgl. www.schwungfeder.de (Stand: 06.11.07)

>kek< - Kultur, Engagement, Kompetenz
Im bundesweiten Modellprogramm „>kek< – Kultur, Engagement, Kompetenz" wurde eine Fortbildungsreihe mit der Akademie für Ehrenamtlichkeit Deutschland entwickelt. Insbesondere Senior/inn/en sollen hierbei für das bürgerschaftliche Engagement im Kulturbereich gewonnen werden, kulturelle Einrichtungen sollen zu „Engagement-Zentren" werden.
vgl. www.kek-projekt.de (Stand: 06.11.07)

senior*Trainerin*
Im Rahmen des EFI-Programms existieren Weiterbildungen von Senior/inn/en zum/zur „*senior*Trainer*in*" für bürgerschaftliches Engagement.
vgl. www.efi-programm.de/mod.php?mod=userpage&menu=11&page_id=33 (Stand: 06.11.07)

Senior Experten Service
Der Senior Experten Service vermittelt und betreut pensionierte Fachleute, die ihr Berufs- und Erfahrungswissen ehrenamtlich an Schüler/innen, an unerfahrenere Berufstätige oder im Ausland weitergeben.
vgl. www.ses-bonn.de (Stand: 06.11.07)

Kulturführerschein®
Projekt-Werkstatt für innovative Seniorenarbeit, Düsseldorf
Senior/inn/en lernen in der Fortbildung viele Kulturangebote ihrer Region kennen, besuchen diese und erhalten Hintergrundinformationen. Inhaber/innen des Kulturführerschein® werden dazu eingesetzt, selbstorganisiert mit Gleichgesinnten eine Kulturveranstaltung zu besuchen, andere Kulturinteressierte zu vermitteln, zu begleiten und zu informieren.
vgl. www.ekir.de/eeb-nordrhein/pisa (Stand: 16.01.08)

Vernetzung

EFI-Programm (Erfahrungswissen für Initiativen)
Neben der Qualifizierung zu *senior*Trainer*innen* steht die Vernetzung der Akteure im Fokus. Die Bildung von Netzwerken trägt zu einem Erfahrungs- und Wissenstransfer bei.
vgl. www.efi-programm.de (Stand: 06.11.07)

ZWAR Zentralstelle NRW
In Beratungs- und Qualifizierungsangeboten vernetzt die ZWAR Zentralstelle NRW ältere aktive Menschen, Träger und Institutionen, die mit Älteren arbeiten.
vgl. www.zwar.org (Stand: 06.11.07)

Öffentlichkeitsarbeit und Förderung

Robert-Jungk-Preis 2007 für Bürgerengagement
Seit 1999 wird der Robert-Jungk-Preis für bürgerschaftliches Engagement in Nordrhein-Westfalen ausgeschrieben. Im Jahr 2007 lautete eine Kategorie „Kultur und Bildung im Alter". Beide Preisträger sind aus dem Kulturbereich (Schlosstheater Moers mit Erinnern – Vergessen: Kunststück Demenz und Diakonie in Düsseldorf mit Kunstspuren – Über die Kunst soziale Netze zu knüpfen).
vgl. www.robertjungkpreis.nrw.de (Stand: 06.11.07)

Die Gesellschafter
Aktion Mensch
Das Projekt „Die Gesellschafter" wirbt für gesellschaftliches Engagement. In der Freiwilligendatenbank auf der Internetseite werden Institutionen genannt, die Freiwillige suchen.
vgl. www.diegesellschafter.de (Stand: 06.11.07)

Körber-Stiftung
Die Körber-Stiftung fördert Projekte, bei denen Bürger freiwillig mitwirken und neue Impulse geben.
vgl. www.koerber-stiftung.de (Stand: 06.11.07)

WohnQuartier⁴ = Die Zukunft altersgerechter Quartiere gestalten
HOCHTIEF Construction AG, Evangelischer Verband für Altenarbeit im Rheinland, Fachverband im Diakonischen Werk der Evangelischen Kirche im Rheinland, Evangelisches Erwachsenenbildungswerk Nordrhein
Im Konzept WohnQuartier⁴ wurden Handlungsempfehlungen für eine altersgerechte Quartiergestaltung entwickelt. Die vier Faktoren, die berücksichtigt wurden, lauten:
Wohnen & Wohnumfeld
Gesundheit & Service und Pflege
Partizipation & Kommunikation
Bildung & Kunst und Kultur
vgl. www.wohnquartier4.de (Stand: 06.11.07)

Stadtteile mit besonderem Entwicklungsbedarf – die soziale Stadt
Im Bund-Länder-Programm werden neue Herangehensweisen in der Entwicklung von Stadtteilen mit komplexen Problemen gefördert. In einem Handlungsfeld sollen Kunst und Kultur im Stadtteil verankert werden.
vgl. www.soziale-stadt.de (Stand: 06.11.07)

Abbildungs- und Tabellenverzeichnis

Abb. 1:	Arbeitsschritte und -methoden	46
Abb. 2:	Praxisfelder kultureller Bildung für ältere Menschen	72
Abb. 3:	Kultur aus Sicht der Bevölkerung	90
Abb. 4:	Alterstruktur der Mitarbeiter/innen 2004	128
Abb. 5:	Altersstruktur der Besucher/innen 2004	129
Abb. 6:	Besuche nach den Bereichen 2004	130
Abb. 7:	Religionsgemeinschaften in Deutschland	141
Abb. 8:	Altersstruktur der Mitglieder der MSO in NRW	177
Abb. 9:	Anteil aller Angebotsnennungen nach Zielgruppenorientierung der MSO in NRW	179
Abb. 10:	Gewünschte Tätigkeitsfelder im Rentenalter	200
Abb. 11:	Leistungen der freiwillig engagierten Senior/inn/en	247
Abb. 12:	Vielfältige Tätigkeiten im Bereich „Kultur und Musik"	249

Tab. 1:	Verteilung der Antworten	60
Tab. 2:	Antworten der Ministerien, die angaben kulturelle Bildung für Senior/inn/en zu fördern	62
Tab. 3:	Verteilung der Museen und Ausstellungshäuser nach Trägerschaft – angenähert an die Klassifikation des Deutschen Städtetags	80
Tab. 4:	Träger/Rechtsformen öffentlicher Theaterunternehmen	80
Tab. 5:	Träger öffentlicher Bibliotheken	81
Tab. 6:	Nutzung kultureller Angebote außer Haus von Senior/inn/en	82
Tab. 7:	Soziale Zusammensetzung der Theaterbesucher/innen	84
Tab. 8:	Angebotsformen für Senior/inn/en an Musikschulen	104
Tab. 9:	Verteilung der Inhalte der Angebote an Musikschulen für Senior/inn/en	104
Tab. 10:	Schülerzahl und Altersverteilung an Musikschulen im VdM im Jahr 2006	105
Tab. 11:	Trägerschaft soziokultureller Zentren 2004	125
Tab. 12:	Einnahmen soziokultureller Zentren 2004	125
Tab. 13:	Zielgruppenorientierte Angebote 2004	131
Tab. 14:	Kirchliche öffentliche Büchereien: Anzahl der Büchereien, Benutzer/innen und Mitarbeiter/innen	152
Tab. 15:	Kirchliche öffentliche Büchereien, Anzahl der Veranstaltungen	158
Tab. 16:	Ausländische Bevölkerung nach Altersgruppen im Jahr 2005	168
Tab. 17:	Haushaltsdurchschnittseinkommen und Armutsrisikoquote der Deutschen und Ausländer/innen ausgewählter Staaten ab 60 Jahre im Jahr 2003	170
Tab. 18:	Arbeitsschwerpunkte von MSO	180

Tab. 19:	Unterrichtsstunden der Programmbereiche und Anteile am Gesamtangebot der Volkshochschulen 2006	204
Tab. 20:	Anteil Frauen in Kursen nach Programmbereichen 2006	205
Tab. 21:	Altersstruktur der Teilnehmer/innen im Programmbereich „Kultur – Gestalten" (Altersstruktur des Gesamtangebots) 2006	206
Tab. 22:	Anteil Teilnehmer/innen 50 Jahre und älter nach Programmbereichen 2006	206
Tab. 23:	Kurse/Unterrichtsstunden nach Fachgebieten im Programmbereich „Kultur – Gestalten" 2006	207
Tab. 24:	Struktur der Gesamtunterrichtsstunden im Programmbereich „Kultur – Gestalten"	208
Tab. 25:	Kurse für ältere Menschen als besondere Adressaten nach Programmbereichen 2006	209
Tab. 26:	Anteil der Veranstaltungen und Unterrichtsstunden in Themenbereichen nach Trägern in 2005	219
Tab. 27:	Organisationsformen, in denen sich die freiwilligen Tätigkeiten vollziehen (nach Alter)	239
Tab. 28:	Organisationsformen, in der sich die freiwilligen Tätigkeiten vollziehen (im Engagementbereich Kultur)	240
Tab. 29:	Freiwilliges Engagement im Bereich Kultur und Musik	243
Tab. 30:	Engagement in verschiedenen Engagementbereichen von Migrant/inn/en und Nicht-Migrant/inn/en	245
Tab. 31:	Soziodemografie engagierter Senior/inn/en im Engagementbereich Kultur und Musik	246
Tab. 32:	Verbesserungsbedarf der Rahmenbedingungen des Engagements älterer Menschen	252

Literaturverzeichnis

Allgemeine Literatur

Adolf-Grimme-Institut (2007): Ein Blick in die Zukunft. Demografischer Wandel und Fernsehnutzung. Ergebnisbericht zur Studie. URL: www.lpr-hessen.de/files/ Studie_DemografischerWandelundFernsehnutzung.pdf (Stand: 23.01.08)

B.A.T. Freizeit-Forschungsinstitut (2004): Freizeit-Monitor 2004. Daten zur Freizeitforschung. Repräsentativbefragung in Deutschland. Hamburg

Backes, G.M. u. a. (2004): Lebensformen und Lebensführung im Alter. Objektive und subjektive Aspekte des Alter(n)s. In: Dies. (Hrsg.): Lebensformen und Lebensführung im Alter. Wiesbaden, S. 7–24

Barz, H./Tippelt, R. (Hrsg.) (2004): Weiterbildung und soziale Milieus in Deutschland. Bd. 1: Praxishandbuch Milieumarketing. Bd. 2: Adressaten- und Milieuforschung zu Weiterbildungsverhalten und -interessen. Bielefeld

Börsch-Supan, A. u. a. (Hrsg.) (2005): Health, Ageing and Retirement in Europe. First results from the survey of health, ageing and retirement in Europe. Mannheim

Bubolz-Lutz, E. (2004): Bildung im Alter. Ansätze – Erfahrungen – Herausforderungen. URL: fogera.de/files/pdf/publik/Bubolz-Lutz_Bildung_im_Alter_2004.pdf (Stand: 23.01.08)

Bundesamt für Statistik (2006): 11. koordinierte Bevölkerungsvorausberechnung. Annahmen und Ergebnisse. Wiesbaden. URL: www-ec.destatis.de/csp/shop/sfg/ bpm.html.cms.cBroker.cls?CSPCHD=0041000100014hb1daFY003074623385& cmspath=struktur,vollanzeige.csp&ID=1019439 (Stand: 23.01.08)

Bundesinstitut für Bevölkerungsforschung (2004): Bevölkerung. Fakten – Trends – Ursachen – Erwartungen. Die wichtigsten Fragen. Sonderheft der Schriftenreihe des Bundesinstituts für Bevölkerungsforschung. Wiesbaden, URL: www.bib-demographie.de/info/bib_broschuere2.pdf (Stand: 23.01.08)

Bundesministerium für Familie, Senioren, Frauen und Jugend (BMFSFJ) (Hrsg.) (2005a): Freiwilliges Engagement in Deutschland 1999–2004. Ergebnisse der repräsentativen Trenderhebung zu Ehrenamt, Freiwilligenarbeit und bürgerschaftlichem Engagement. München. URL: www.bmfsfj.de/bmfsfj/generator/RedaktionBMFSFJ/Arbeitsgruppen/Pdf-Anlagen/freiwilligen-survey-langfassung,property=pdf,bereich=, sprache=de,rwb=true.pdf (Stand: 23.01.08)

Bundesministerium für Familie, Senioren, Frauen und Jugend (BMFSFJ) (Hrsg.) (2005b): Fünfter Bericht zur Lage der älteren Generation in der Bundesrepublik Deutschland. Potenziale des Alters in Wirtschaft und Gesellschaft. Der Beitrag älterer Menschen zum Zusammenhalt der Generationen. Bericht der Sachverständigenkommission an das Bundesministerium für Familie, Senioren, Frauen und Jugend. Berlin. URL: www.bmfsfj.de/bmfsfj/generator/RedaktionBMFSFJ/Abteilung3/Pdf-

Anlagen/fuenfter-altenbericht,property=pdf,bereich=,sprache=de,rwb=true.pdf (Stand: 23.01.08)

Deutscher Ausschuss für das Erziehungs- und Bildungswesen (1960): Zur Situation und Aufgabe der deutschen Erwachsenenbildung. Stuttgart

Deutscher Kulturrat (2007): Kulturelle Bildung. Eine Herausforderung durch den demografischen Wandel. Stellungnahme des Deutschen Kulturrates. In: Kultur. Kompetenz. Bildung. Konzeption kulturelle Bildung. Regelmäßige Beilage zu politik und kultur, H. 8, S. 3–4

Deutscher Bundestag (2007): Schlussbericht der Enquete-Kommission „Kultur in Deutschland". 16. Wahlperiode. Bundestagsdrucksache 16/7000 vom 11.12.2007. URL: http://dip.bundestag.de/btd/16/070/1607000.pdf (Stand 18.12.07)

Deutsches Institut für Erwachsenenbildung (2005): Angebot, Perspektive und rechtliche Rahmenbedingungen der kulturellen Erwachsenenbildung in Deutschland. Gutachten für die Enquete-Kommission „Kultur in Deutschland". Kommissionsdrucksache 15/494a. Bonn. URL: www.bundestag.de/parlament/gremien/kommissionen/enqkultur/Schlussbericht/Gutachten/Gutachten_15__WP/Gutachten_Kulturelle_Erwachsenenbildung.pdf (Stand: 23.01.08)

Ehrenspeck, I. (2002): Ästhetisch/mediale Bildung als Versprechen. In: Bundesvereinigung Kulturelle Kinder- und Jugendbildung (Hrsg.): Kultur leben lernen. Remscheid, S. 139–149

van Eimeren, B./Frees, B. (2007): Internetnutzung zwischen Pragmatismus und YouTube-Euphorie. In: MediaPerspektiven, H. 8. URL: www.daserste.de/service/ardonl0107.pdf (Stand: 23.01.08)

European Commission (2007): EuroBarometer 68. Public opinion in the European Union. First results. Brüssel. URL: http://ec.europa.eu/public_opinion/archives/eb/eb68/eb68_first_en.pdf (Stand: 23.01.08)

Eurostat (2007): Cultural Statistics. Luxemburg

Forschungsinstitut Geragogik (2007): Offene Altenarbeit und Altersbildung in den Wohlfahrtsverbänden. Lernen und Bildung im Alter für ein selbstbestimmtes bürgerschaftliches Engagement in NRW. URL: www.forschungsinstitut-geragogik.de/content/seite8.html (Stand: 23.01.08)

Fuchs, M. (1994): Kultur lernen. Eine Einführung in die Allgemeine Kulturpädagogik. Remscheid

Fuchs, M. (2005a): Kulturelle Bildung und die Bildungsreform. Beiträge zu Grundlagen und Einsatzfeldern der Kulturpädagogik (= Aufbaukurs Kulturpädagogik 3). URL: www.akademieremscheid.de/publikationen/buecherDigital/pdf/Aufbaukurs_Kulturpaedagogik_Band_III.pdf (Stand: 23.01.08)

Fuchs, M. (2005b): Die Kultur und die Seniorengeneration. Eine Einführung in Thesen. Europäische Konferenz. Seniorenwirtschaft in Europa 2005. 17.–18.02.2005. URL: www.silvereconomy-europe.org/events/2005/documents/Forum_4.pdf (Stand: 23.01.08)

Fuchs, M. (2007): Kultur macht Sinn. Eine Einführung in die Kulturtheorie für Kulturpolitik und Kulturpädagogik. unveröff. Manuskript

Gesetz über den Westdeutschen Rundfunk Köln (WDR-Gesetz) vom 23.März 1985 in der Fassung vom 30.11.2004. URL: www.wdr.de/unternehmen/_media/pdf/

basis_struktur/wdr_Gesetz_neu.pdf;jsessionid=PIXKXM31DAS2CCQKYRSUTIQ (Stand: 23.01.08)

Gregarek, S. (2005): Fortbildung „Geragogik" – Konzept und Curriculum. In: Veelken, L. u. a.: Altern, Alter, Leben lernen. Geragogik kann man lehren. Oberhausen

Hippe, W./Sievers, N. (2006): Kultur und Alter. Kulturangebote im demografischen Wandel. Essen

Institut für Bildung und Kultur (Hrsg.) (1990): Seniorenkulturarbeit. Handreichungen. Künstler in der kulturellen Bildungsarbeit. Remscheid

Institut für Bildung und Kultur (Hrsg.) (2007): Entfalten statt liften. Erfahrungen aus dem Projekt mehrkultur55plus. Remscheid

Kade, S. (2000): Volkshochschulen. In: Becker, S. u. a. (Hrsg.): Handbuch Altenbildung. Opladen, S. 173–184

Kade, S. (2007): Altern und Bildung. Eine Einführung. Bielefeld

Kaufmann, F.-X. (2006): Schrumpfende Gesellschaft. Vom Bevölkerungsrückgang und seinen Folgen. Bonn

Keuchel, S. (2006): Rheinschiene – Kulturschiene. Mobilität – Meinungen – Marketing. Bericht über ein Umfragemodell. Bonn

Kinsler, M. (2003): Alter – Macht – Kultur. Kulturelle Alterskompetenzen in einer modernen Gesellschaft. Hamburg

Knopp, R./Nell, K. (Hrsg.) (2007): Keywork. Neue Wege in der Kultur- und Bildungsarbeit mit Älteren. Bielefeld

Kohli, M. (1992): Altern in soziologischer Perspektive. In: Baltes, P./Mittelstraß, J. (Hrsg.): Zukunft des Alterns und gesellschaftliche Entwicklung. Berlin, S. 231–259

Kohli, M. (1998): Alter und Altern der Gesellschaft. In: Schäfers, B./Zapf, W. (Hrsg.): Handwörterbuch zur Gesellschaft Deutschlands. Opladen, S. 1–11

Kommission der Europäischen Gemeinschaften (2007): Europas demografische Zukunft. Fakten und Zahlen. Zusammenfassung. Arbeitspapier der Kommissionsdienststellen SEK (2007) 638. URL: http://ec.europa.eu/employment_social/spsi/docs/social_situation/demo_rep_2006_execsum_de.pdf (Stand: 30.01.08)

Köster, D. (1998): Strukturwandel und Weiterbildung älterer Menschen. Eine Studie des „neuen Alters". Münster

Krings, E. (1994): Konzeption Kulturelle Bildung. Analysen und Perspektiven. Essen

Kultusministerkonferenz (2004): Auswirkungen des demografischen Wandels auf die Kultur. Empfehlung der Kultusministerkonferenz vom 16.09.2004. URL: www.kmk.org/doc/publ/BS_Auswirkungen_demografischer_Wandel.pdf (Stand: 23.01.08)

Kuwan, H./Thebis, F.(2004): Berichtssystem Weiterbildung IX. Ergebnisse der Repräsentativbefragung zur Weiterbildungssituation in Deutschland. München. URL: www.bmbf.de/pub/berichtssystem_weiterbildung_9.pdf (Stand: 23.01.08)

Lubnow, R. (Hrsg.) (1993): „Wieder mehr beim Leben als bei meiner Krankheit...". Kulturpädagogik in einer Rehabilitationsklinik. Dokumentation und Diskussion eines Modellprojekts in der Fachklinik Erbprinzentanne. Hannover

Meyer-Wolters, H. (2004): Altern als Aufgabe. Oder wider die Narrenfreiheit der Alten. In: InitiativForum Generationenvertrag (Hrsg.): Altern ist anders. IFG, das Forum zum Querdenken. Münster, S. 85–104

Nell, K. (2007): Keywork lernen – Fortbildungskonzepte für die Gewinnung und Qualifizierung von Keyworkern. In: Knopp, R./Nell, K. (2007), S. 77–116
Neumann, B. (2006): Kulturelle Bildung muss gestärkt werden. URL: www.bundesregierung.de/nn_250/Content/DE/Namensbeitrag/2006/05/2006-05-01-kulturelle-bildung-muss-gestaerkt-werden.html (Stand: 23.01.08)
Nittel, D. (2007): (Neue) Bildungsaufgaben und Lernfelder unter dem Eindruck des demographischen Wandels. In: forum Erwachsenenbildung, H. 2, S. 15–24
Petzold, H./Bubolz, E. (1976) (Hrsg.): Bildungsarbeit mit alten Menschen. Stuttgart
Reichert, A./Born, A. (2003): Einkommenssituation und -verwendung älterer Menschen in Nordrhein-Westfalen. Ergebnisse der Repräsentativumfrage. Im Auftrag des Ministeriums für Gesundheit, Soziales, Frauen und Familie des Landes Nordrhein-Westfalen. Düsseldorf
Reitz, G./Reichart, E. (2006): Weiterbildungsstatistik im Verbund 2004. Bonn. URL: www.die-bonn.de/esprid/dokumente/doc-2006/reitz06_01.pdf (Stand: 23.01.08)
Reitze, H./Ridder, C.-M. (2006): Massenkommunikation VII. Eine Langzeitstudie zur Mediennutzung und Medienbewertung 1964–2005 (= Schriftenreihe Media Perspektiven 19). Baden-Baden
Sautter, S. (2007): An der Schnittstelle von Sozialem und Kultur. Bürgerschaftliches Engagement in der zweiten Lebenshälfte. In: Knopp, R./Nell, K. (2007), S. 53–73
Schröder, H./Gilberg, R. (2005): Weiterbildung Älterer im demographischen Wandel. Empirische Bestandsaufnahme und Prognose. Bielefeld
Sieben, G. (1995): Die Künste im interkulturellen Prozess. In: Institut für Bildung und Kultur (Hrsg.): Gemeinsam erleben. Remscheid, S. 17–48
Sieben, G. (2003): Künstlerisches Handeln. Ein Impuls für die neue Arbeitsrealität. In: Institut für Bildung und Kultur/Institut für Kulturpolitik der Kulturpolitischen Gesellschaft (Hrsg.): Kultur. Kunst. Arbeit. Essen, S. 220–241
Sieben, G. (2005): Das Leben jenseits der 50 beflügelt die Fantasie. In: politik und kultur. Zeitung des Deutschen Kulturrates, H. 11/12, S. 5–6
Sieben, G. (2007): „... das macht einfach mein Leben aus". Kulturell aktive ältere Menschen in NRW: Zugänge, Motive, Barrieren. In: Institut für Bildung und Kultur (2007), S. 33–48
Sieben, G./Spormann, U. (2003): Didaktische Konstellationen. Anregungen zur Entwicklung von vielfältigen Lernzugängen für multimediales Gestalten. In: Dies. (Hrsg.): Konstellationen. Materialien und Analysen zur Entwicklung multimedialer Gestaltungskompetenz. Remscheid, S. 265–314
Sommer, C. u. a. (2004): Zwischen Selbstorganisation und Seniorenakademie. Die Vielfalt der Altersbildung in Deutschland. Berlin
Stang, R. (2001): Kulturelle Bildung. In: Arnold, R. u. a. (Hrsg.): Wörterbuch Erwachsenenpädagogik. Bad Heilbrunn, S. 180–181
Statistisches Bundesamt (Hrsg.) (2003): Bevölkerung Deutschlands bis 2050 – Ergebnisse der 10. koordinierten Bevölkerungsvorausberechnung. Wiesbaden
Statistisches Bundesamt (2004): Alltag in Deutschland. Analysen zur Zeitverwendung. Wiesbaden
Statistisches Bundesamt (2005): Bildung im Zahlenspiegel. Wiesbaden

Tesch-Römer, C. u. a. (2006): Altwerden in Deutschland. Sozialer Wandel und individuelle Entwicklung in der zweiten Lebenshälfte. Wiesbaden
Winterhagen-Schmid, L. (Hrsg.) (2000): Erfahrungen mit Generationendifferenz. Weinheim
Zacharias, W. (Hrsg.) (2001): Kulturpädagogik. Kulturelle Jugendbildung. Eine Einführung. Opladen
Zentrum für Kulturforschung (2005): Achtes „KulturBarometer". Tabellenband. Bonn
Zentrum für Kulturforschung (2008): KulturBarometer 50+. Eine bundesweite empirische Bestandsaufnahme. Endbericht. unveröff. Manuskript

Literatur zum Praxisfeld Kulturinstitutionen der Hochkultur

B.A.T. Freizeit-Forschungsinstitut (2004): Freizeit-Monitor 2004. Daten zur Freizeitforschung. Repräsentativbefragungen in Deutschland. Hamburg
Butzer-Strothmann, K. u. a. (2001): Leitfaden für Besucherbefragungen durch Theater und Orchester. Baden-Baden
Deutscher Bühnenverein (2007): Theaterstatistik Summentabellen. Köln. URL: www.buehnenverein.de/presse/pdfs/thstat/thstat2006.pdf (Stand: 06.11.07)
Dreyer, M./Wiese, R. (2004): Demographischer Wandel und die Folgen für Museen. In: Dreyer, M. (Hrsg.): Zielgruppen von Museen (= Schriften des Freilichtmuseums am Kiekeberg 47), S. 163–180
Deutscher Bundestag (2006): Wortprotokoll der 9. Sitzung (öffentlich) der Enquete-Kommission „Kultur in Deutschland". Öffentliche Anhörung zum Thema „Museen und Ausstellungshäuser". Protokoll 16/9. URL: www.bundestag.de/parlament/gremien/kommissionen/enqkultur/oeffentlanh/2_museen/Wortprotokoll.pdf (Stand: 06.11.07)
Hampe, C./Bolwin, R. (2005): Das Theater und sein Publikum. In: Institut für Kulturpolitik der Kulturpolitischen Gesellschaft (2005), S. 127–134
Hochschulbibliothekszentrum des Landes Nordrhein-Westfalen (2007): Öffentliche Bibliotheken. Gesamtstatistik. Köln. URL: www.hbz-nrw.de/dokumentencenter/produkte/dbs/aktuell/auswertungen/oeb_bund_06.pdf (Stand: 06.11.07)
Institut für Kulturpolitik der Kulturpolitischen Gesellschaft (Hrsg.) (2005): Jahrbuch für Kulturpolitik 2005. Thema: Kulturpublikum. Band 5. Essen
Institut für Museumsforschung (2006): Statistische Gesamterhebung an den Museen der Bundesrepublik Deutschland für das Jahr 2005 (Heft 60). Berlin. URL: museum.zib.de/ifm/mat60.pdf (Stand: 06.11.07)
Klingholz, R. (2006): Auswirkungen des demografischen Wandels auf die Arbeit der deutschen Museen. Vortrag von Dr. Reiner Klingholz. Berlin-Institut für Bevölkerung und Entwicklung auf dem Deutschen Museumstag am 09.05.2006. Leipzig. URL: www.berlin-institut.org/Kultur%20Leipzig%20Druckfassung.doc (Stand: 06.11.07)
Mehlig, R./Wanner, C. (2005): Die Entwicklung der Musikschulen in Deutschland. In: Institut für Kulturpolitik der Kulturpolitischen Gesellschaft (2005), S. 151–158
Opaschowski, H. u. a. (2006): Freizeitwirtschaft. Die Leitökonomie der Zukunft. Hamburg
Reuband, K.-H./Mishkis, A. (2005): Unterhaltung versus Intellektuelles Erleben. Soziale und kulturelle Differenzierungen innerhalb des Theaterpublikums. In: Institut für Kulturpolitik der Kulturpolitischen Gesellschaft (2005), S. 235–249

Zentrum für Kulturforschung (2008): KulturBarometer 50+. Eine bundesweite empirische Bestandsaufnahme. Endbericht. Bonn (i.V.)

Literatur zum Praxisfeld Kulturpädagogische Einrichtungen

Deutscher Musikrat (2007a): Schülerzahl und Altersverteilung an Musikschulen im VdM. Bonn. URL: www.miz.org/intern/uploads/statistik5.pdf (Stand: 06.11.07)
Deutscher Musikrat (2007b): Wiesbadener Erklärung. Musizieren 50+. Im Alter mit Musik aktiv. 12 Forderungen an Politik und Gesellschaft. Wiesbaden/Mainz. URL: www.es-ist-nie-zu-spaet.de (Stand: 06.11.07)
Ermert, K./Lang, T. (2006): Alte Meister. Über Rolle und Ort Älterer in Kultur und kultureller Bildung (= Wolfenbütteler Akademie-Texte 25). Wolfenbüttel
Ermert, K. (2006): Von den Alten zu den alten Meistern? In: kultur – kompetenz – bildung. Konzeption kulturelle Bildung. Regelmäßige Beilage zu politik und kultur. H. 3, S. 5
Fuchs, M. (2005): Kulturpädagogik und Schule im gesellschaftlichen Wandel. Alte und neue Herausforderungen für die Theorie und Praxis von Bildung und Erziehung. Ein Versuch. Remscheid. URL: www.akademieremscheid.de/publikationen/buecherDigital/pdf/Kulturpaedagogik_und_Schule.pdf (Stand 12.11.07)
Kinder- und Jugendfilmzentrum in Deutschland (2007): Medienprojekte für Jung und Alt. Leitfaden zu generationsübergreifenden Angeboten im Videobereich. Remscheid. URL: www.video-der-generationen.de/documents/GUE-Medienprojekte.pdf (Stand: 06.11.07)
Kirchner, C. (2006): BuT Tagung 2006 „Generationentheater". Protokoll WS2 Theater der Erfahrungen. Berlin. http://theaterwerkstatt.files.wordpress.com/2006/12/protokoll-but-tagung-10-2006-ws2-theater-der-erfahrungen.doc (Stand: 06.11.07)
Mehlig, R./Wanner, C. (2005): Die Entwicklung der Musikschulen in Deutschland. In: Institut für Kulturpolitik der Kulturpolitischen Gesellschaft (Hrsg.): Jahrbuch für Kulturpolitik 2005. Thema: Kulturpublikum. Band 5. Essen, S. 151–158
Reitze, H./Ridder, C.-M. (2006): Massenkommunikation VII. Eine Langzeitstudie zur Mediennutzung und Medienbewertung 1964–2005 (= Schriftenreihe Media Perspektiven 19). Baden-Baden
Stadelhofer, C./Marquard, M. (2004): SeniorInnen und Online-Medien. In: Merz. Medien und Erziehung. Zeitschrift für Medienpädagogik, H. 4, S. 9–17
Stang, R. (2005): Junge Ältere und Neue Medien. Demografischer Wandel als Herausforderung für Medien und Medienpädagogik. Vortrag bei den Stuttgarter Tagen der Medienpädagogik am 18.02.2005. Stuttgart. URL: www.mediaculture-online.de/fileadmin/bibliothek/stang_aeltere/stang_aeltere.pdf (Stand: 06.11.07)

Literatur zum Praxisfeld Soziokulturelle Zentren

Bundesvereinigung soziokultureller Zentren (2005): Soziokulturelle Zentren im Jahr 2004. Ergebnisse der Umfrage der Bundesvereinigung. URL: http://soziokultur.de/_seiten/zahlen2004/Bericht2004-Bund.pdf (Stand: 22.11.07)

Bundesvereinigung soziokultureller Zentren (o.J.): Wer wir sind. URL: www.soziokultur.de (Stand 26.11.07)

Flohé, A. (2006): Soziokulturelle Zentren als Ort und Akteur in der Stadt. URL: www.stadt teilarbeit.de/index.html?/Seiten/Theorie/flohe/soziokultur.htm (Stand: 26.11.07)

Hippe, W. (1999): Thesen zum Ende der Arbeitsgesellschaft und der Wachstumsbranche (Sozio)Kultur. Bundeskongress soziokultureller Zentren. 24.–27. Juni 1999. AG 6. Wo ist sie hin, die bezahlte Arbeit? URL: www.soziokultur.de/20/doku/ag6h.htm (Stand 22.11.07)

Hofmann, H. (2007): Hier wird Kulturwissen weitergegeben. In: Stadtteilkultur Magazin. Ausgabe 2/2007, S. 18–19

Knoblich, T.J. (o.J.): Soziokultur und Kulturelle Bildung. URL: www.bpb.de/themen/JDCJSJ.html (Stand 26.11.07)

Notz, G. (2005): seniorTrainerinnen im Bereich von Kultur und Soziokultur. In: Braun, J. u. a. (Hrsg.): Erfahrungswissen und Verantwortung. Zur Rolle von seniorTrainerinnen in ausgewählten Engagementbereichen (= ISAB-Schriftenreihe: Berichte aus Forschung und Praxis 89). Köln, S. 145–175

Spieckermann, G. (2005): Soziokulturelle Zentren und ihr Publikum. Aktuelle Entwicklungen und Trends. Institut für Kulturpolitik der Kulturpolitischen Gesellschaft (Hrsg.): Jahrbuch für Kulturpolitik 2005. Thema: Kulturpublikum. Band 5. Essen

Ziller, Ch. (2006): Alte Meister in der Soziokultur. In: Ermert, K./Lang, T. (Hrsg.): Alte Meister. Über Rolle und Ort Älterer in Kultur und kultureller Bildung. Wolfenbüttel, S. 41–44

Zentrum für Kulturforschung (2008): KulturBarometer 50+. Eine bundesweite empirische Bestandsaufnahme. Endbericht. unveröff. Manuskript

Literatur zum Praxisfeld Kirchen

Adolphsen, H. (2006): Kultur der Ruinen? Herausforderungen im Umgang mit überzähligen Kirchengebäuden. In: politik und kultur. Zeitung des Deutschen Kulturrates, H. 5, S. 12–13

Arnold, J. (2006): Spiel- und Bildungsräume von Bach bis Bossanova. Zur kulturellen und spirituellen Ausstrahlung evangelischer Kirchenmusik am Beispiel des Michaeliklosters Hildesheim. In: politik und kultur. Zeitung des Deutschen Kulturrates, H. 5, S. 16

Bahr, P. (2007): Festrede zur Eröffnung der Kulturkirche St. Stephanie in Bremen am 19.01.2007. URL: www.ekd.de/print.php?file=/kultur/070119_bahr_bremen.html (Stand: 06.11.07)

von Bülow, V. (2006): Daten zum Kulturengagement der Evangelischen Kirche in Deutschland (EKD) und ihrer Gliedkirchen. In: politik und kultur. Zeitung des Deutschen Kulturrates, H. 5, S. 17–18

Bundesverband Kirchenpädagogik e.V. (2002): Thesen 2002 zur Kirchenpädagogik. URL: www.bvkirchenpaedagogik.de/fileadmin/download/07.02.28__Thesen_WEB-Seite.pdf (Stand: 06.11.07)

Evangelische Arbeitsgemeinschaft für Altenarbeit in der EKD (EAfA) (2006): Erfahrungswissen für Initiativen in der Kirche. Alterspotenziale wahrnehmen und fördern. Hannover

Evangelischer Kirchenbautag (2005): „Maulbronner Mandat". Einstimmig beschlossen von den Teilnehmerinnen und Teilnehmern des 25. Evangelischen Kirchenbautages im Kloster Maulbronn am 01.10.2005. URL: www.altekirchen.de/Dokumente/MaulbronnerMandat.pdf (Stand: 06.11.07)

Friedrich, J. (2006): Kultur ist der Spielraum der Freiheit. Zum Verhältnis von Kultur und Christentum aus evangelischer Perspektive. In: politik und kultur. Zeitung des Deutschen Kulturrates, H. 5, S. 4–5

von Gaffron, K. (2007): Das Projekt artionale 2007. Gegenwartskunst. URL: www.artionale.de/gegenwartskunst.html (Stand 06.11.07)

Kade, S. (2007): Altern und Bildung. Eine Einführung. Bielefeld

Kirchenamt der EKD (2006): Evangelische Kirche in Deutschland. Zahlen und Fakten zum kirchlichen Leben. Hannover

Klingenberger, H. (2000): Altenbildung und Kirchen. In: Becker, S. u. a. (Hrsg.): Handbuch Altenbildung. Opladen, 197–201

Knobloch, Ch. (2007): Jüdisches Leben in Deutschland. Die Rolle der Kultur in jüdischen Gemeinden. In: politik und kultur. Zeitung des Deutschen Kulturrates, H. 5, S. 1–3

Koch, J. J. (2006): Das kulturelle Engagement der katholischen Kirche in Deutschland – Zahlen und Fakten. In: politik und kultur. Zeitung des Deutschen Kulturrates, H. 5, S. 18–19

Koch, J. J. (o. J.): Katholische Kirche größter Kulturträger neben dem Staat. URL: www.katholische-kirche.de/2679.htm (Stand 06.11.07)

Mennekes, F. (2007): Neue Kunst in alter Kirche. Die Kunst-Station Sankt Peter in Köln. In: politik und kultur. Zeitung des Deutschen Kulturrates, H. 6, S. 16–17

Mussinghoff, H. (2006): Ohne zweckfreies Tun verkümmert der Mensch. Der Beitrag der katholischen Kirche zum kulturellen Leben in Deutschland. In: politik und kultur. Zeitung des Deutschen Kulturrates, H. 5, S. 4

Nagel, S. (2006): Zum Bildungskonzept der Förderation Evangelischer Kirchen in Mitteldeutschland (EKM). In: forum Erwachsenenbildung, H. 2, S. 82–86

Neubert, Ch.-G. (2006): Kulturkirchen. Schwellenräume zwischen Religion und Kunst. In: politik und kultur. Zeitung des Deutschen Kulturrates, H. 5, S. 10–11

Nittel, D. (2007): (Neue) Bildungsaufgaben und Lernfelder unter dem Eindruck des demographischen Wandels. In: forum Erwachsenenbildung, H. 2, S. 15–21

Pitsch, R. (2006): Der Bibliothekar als Lesewegbegleiter. Kulturelle Wertschöpfung durch kirchliche öffentliche Büchereien. In: politik und kultur. Zeitung des Deutschen Kulturrates, H. 5, S. 11

Pohl-Patalong, U. (2007): „Glauben weitergeben". An wen auf welchen Wegen? Teil II. In: forum Erwachsenenbildung, H. 2, S. 30–34

Religionswissenschaftlicher Medien- und Informationsdienst e.V. (REMID) (2006): Religionsgemeinschaften in Deutschland. Marburg.

Rösener, A. (2006): „Kirchen und Kaiser, Steine und Statuen ..." Erste Bundeskonferenz für die Ausbilder und Ausbilderinnen von Kirchenführern. In: forum Erwachsenenbildung, H. 2, S. 57–58

Schulz, C. (2006a): Kirche im Fokus. Die Partizipation der Älteren im Spiegel der Mitgliedschaftsuntersuchungen. In: Evangelische Arbeitsgemeinschaft für Altenarbeit in der EKD (EAfA) (Hrsg.): Platz für Potenziale? Partizipation im Alter zwischen alten Strukturen und neuen Erfordernissen. Referate, Statements und Beiträge des Symposions am 07.06.2006. Hannover, S. 17-22

Schulz, C. (2006b): Die vierte EKD-Erhebung über Kirchenmitgliedschaft. Lerneffekte für eine mitgliederorientierte Kirche. In: forum Erwachsenenbildung, H. 2, S. 41-47

Winnekes, K. (2006): Investition in die Zukunft. Museen und Schatzkammern in katholischer Trägerschaft. In: politik und kultur. Zeitung des Deutschen Kulturrates, H. 5, S. 9-10

Zahner, W. (2006): Häuser Gottes und Häuser für die Menschen. Kirchenräume als besonders ausgewiesene Plätze der Begegnung. In: politik und kultur. Zeitung des Deutschen Kulturrates, H. 5, S. 12

Zimmermann, O. (2006): Die Kirchen, die unbekannte kulturpolitische Macht. Warum ein Schwerpunkt „Kultur und Kirche" in politik und kultur? In: politik und kultur. Zeitung des Deutschen Kulturrates, H. 5, S. 3

Literatur zum Praxisfeld Migrantenselbstorganisationen und Einrichtungen der Migrationsarbeit

Amt für multikulturelle Angelegenheiten Frankfurt am Main (Hrsg.) (2004): „Mit Koffern voller Träume ..." Ältere Migrantinnen und Migranten erzählen. Frankfurt a.M.

Beauftragte der Bundesregierung für Migration, Flüchtlinge und Integration (2005): Sechster Bericht über die Lage der Ausländerinnen und Ausländer in Deutschland. Bundestagsdrucksache 15/5826 vom 22.06.2005. Berlin

Böhmer, M. (2007): Kulturelle Pluralität leben. Empfehlungen der Arbeitsgruppe Kultur zum Nationalen Integrationsplan. In: kultur – kompetenz – bildung. Beilage zu politik & kultur, H. 12, S. 1-2

Bundesamt für Migration und Flüchtlinge (2005): Ausländerzahlen. URL: www.bamf.de/cln_006/nn_442496/SharedDocs/Anlagen/DE/DasBAMF/Downloads/Statistik/statistik-anlage-teil-2-auslaendezahlen-auflage14,templateId=raw,property=publicationFile.pdf/statistik-anlage-teil-2-auslaendezahlen-auflage14.pdf (Stand: 06.11.2007)

Deutscher Kulturrat (2007): Eine Chance für unsere Gesellschaft. Interkulturelle Bildung. Stellungnahme des Deutschen Kulturrates. In: kultur – kompetenz – bildung. Beilage zu politik & kultur, H. 12, S. 8-9

Deutsches Rotes Kreuz (Hrsg.) (2000): Adentro. Spanisch sprechende Senior/-innen mischen sich ein. Abschlußbericht über das Modellprojekt. Bonn

Dietzel-Papakyriakou, M. u. a. (2004): Mobilität von Migrantinnen und Migranten im Alter. Wissenschaftliches Forschungsprojekt im Auftrag des Bundesministeriums für Familie, Senioren, Frauen und Jugend. Berlin

Forschungsgesellschaft für Gerontologie/Stiftung Zentrum für Türkeistudien (2006): Erschließung der Seniorenwirtschaft für ältere Migrantinnen und Migranten. Expertise im Rahmen der Landesinitiative Seniorenwirtschaft. Dortmund u. a. URL: www.mgffi.nrw.de/pdf/senioren/erschliessung-seniorenwirtschaft.pdf (Stand: 06.11.2007)

Freie und Hansestadt Hamburg (Hrsg.) (1998): Älter werden in der Fremde. Wohn- und Lebenssituation älterer ausländischer Hamburgerinnen und Hamburger. Sozial-empirische Studie. Hamburg

Fuchs, M. (2007): Kulturelle Bildung für alle: Schlüssel zur Integration? Vortrag bei der Fachtagung „Teile-Habe-Nichtse" der BKJ und der LKJ Sachsen-Anhalt am 15.02.2007 in Magdeburg. URL: www.akademieremscheid.de/publikationen/aufsaetze/fuchs_habenichtse.pdf (Stand: 06.11.2007)

Halm, D./Sauer, M. (2005): Freiwilliges Engagement von Türkinnen und Türken in Deutschland. Projekt der Stiftung Zentrum für Türkeistudien im Auftrag des Bundesministeriums für Familie, Senioren, Frauen und Jugend. Essen

Haug, Sonja (2005): Die Datenlage im Bereich der Migrations- und Integrationsforschung. Ein Überblick über wesentliche Migrations- und Integrationsindikatoren und die Datenquellen. Working Papers 1/2005. Nürnberg (Bundesamt für Migration und Flüchtlinge)

Jungk, S. (2001): Soziale Selbsthilfe und politische Interessenvertretung in Organisationen von Migrantinnen und Migranten. Politische Rahmenbedingungen, Forschungslage, Weiterbildungsbedarf. In: Migration und ethnische Minderheiten, Informationszentrum Sozialwissenschaften/Landeszentrum für Zuwanderung NRW, H. 1, S. 7–15

Keuchel, S./Zentrum für Kulturforschung (Hrsg.) (2003): Rheinschiene – Kulturschiene. Mobilität – Meinungen – Marketing. Bonn

Ministerium für Arbeit, Soziales und Stadtentwicklung, Kultur und Sport des Landes Nordrhein-Westfalen (MASSKS NRW) (Hrsg.) (1999): Selbstorganisationen von Migrantinnen und Migranten in NRW. Wissenschaftliche Bestandsaufnahme. Düsseldorf

Ministerium für Generationen, Familie, Frauen und Integration des Landes Nordrhein-Westfalen (MGFFI NRW) (Hrsg.) (2007a): Zuwanderung. Eine Chance für die Familienbildung. Bestandsaufnahme und Empfehlungen zur Eltern- und Familienbildung in Nordrhein-Westfalen. Düsseldorf

Ministerium für Generationen, Familie, Frauen und Integration des Landes Nordrhein-Westfalen (MGFFI NRW) (Hrsg.) (2007b) (unveröffentlichtes Manuskript): Handlungsempfehlungen 2007–2010 zur Erschließung der Seniorenwirtschaft für ältere Menschen mit Zuwanderungsgeschichte. Ergebnisse des Workshops mit Expertinnen und Experten der Seniorenwirtschaft und der Integrationsarbeit im Ministerium für Generationen, Familie, Frauen und Integration des Landes Nordrhein-Westfalen. Düsseldorf

Ministerium für Gesundheit, Soziales, Frauen und Familie des Landes Nordrhein-Westfalen (MFJFG NRW) (Hrsg.) (2000): Gesundheitsberichte NRW. Gesundheit von Zuwanderern in Nordrhein-Westfalen. Düsseldorf

Osborne, C. u. a. (1997): Erinnern. Eine Anleitung zur Biografiearbeit mit älteren Menschen. Freiburg i.B.

Schweppe, C. (2000): Biografie und Altern auf dem Land. Lebenssituation und Lebensentwürfe. Opladen

Statistisches Bundesamt (2006): Leben in Deutschland. Haushalte, Familien und Gesundheit. Ergebnisse des Mikrozensus 2005. Wiesbaden

Stiftung Zentrum für Türkeistudien (2007): Perspektiven des Zusammenlebens: Die Integration türkischstämmiger Migrantinnen und Migranten in Nordrhein-Westfalen. Ergebnisse der achten Mehrthemenbefragung. URL: www.zft-online.de/UserFiles/File/NRW-Bericht%202006.pdf

Weingandt, B. (2001): Biografische Methoden in der Geragogik. Qualitative und inhaltsanalytische Zugänge. In: Kuratorium Deutsche Altershilfe (Hrsg.): Schriftenreihe „thema", Bd. 167. Köln

Zeman, P. (2005): Ältere Migranten in Deutschland. Befunde zur soziodemographischen, sozioökonomischen und psychosozialen Lage sowie zielgruppenbezogene Fragen der Politik- und Praxisfeldentwicklung. Expertise im Auftrag des Bundesamtes für Flüchtlinge und Migration. Berlin. URL: www.bamf.de/cln_042/nn_566316/SharedDocs/Anlagen/DE/Migration/Publikationen/Forschung/Expertisen/zeman-expertise,templateId=raw,property=publicationFile.pdf/zeman-expertise.pdf (Stand: 06.11.2007)

Zentrum für Kulturforschung (2008): KulturBarometer 50+. Eine bundesweite empirische Bestandsaufnahme. Endbericht. unveröff. Manuskript

Literatur zum Praxisfeld Erwachsenenbildung

Arnold, R. u. a. (Hrsg.) (2001): Wörterbuch Erwachsenenpädagogik. Bad Heilbrunn

Bauer-Wolfram, P. (2006): „SzenenWechsel". Ein Generationen übergreifendes Projekt des Evangelischen Bildungswerks München. In: forum Erwachsenenbildung. H. 1, S. 56–57

Becker, S. u. a. (Hrsg.): Handbuch Altenbildung. Opladen

Bertelsmann Stiftung (2006): Älter werden – aktiv bleiben. Gütersloh. URL: www.bertelsmann-stiftung.de/bst/de/media/CBP_Umfrage_03.pdf (Stand: 03.12.07)

Bihusch, E. (2007) (unveröffentlichtes Manuskript): Der demographische Wandel. Herausforderungen und Chancen für die Volkshochschulen Baden-Württembergs in der Bildung Älterer.

Deutscher Ausschuss für das Erziehungs- und Bildungswesen (1960): Zur Situation und Aufgabe der deutschen Erwachsenenbildung. Stuttgart

Deutscher Bildungsrat (1970): Strukturplan für das Bildungswesen. Stuttgart

Deutscher Bundestag (2005): Tätigkeitsbericht der Enquete-Kommission „Kultur in Deutschland". 15. Wahlperiode. Berlin. URL: http://webarchiv.bundestag.de/archive/2007/0108/parlament/gremien/kommissionen/archiv15/kultur_deutsch/bericht/taetigkeitsbericht_15wp.pdf (Stand: 03.12.07)

Deutscher Bundestag (2007): Schlussbericht der Enquete-Kommission „Kultur in Deutschland". 16. Wahlperiode. Bundestagsdrucksache 16/7000 vom 11.12.2007. URL: http://dip.bundestag.de/btd/16/070/1607000.pdf (Stand: 12.12.07)

Dohmen, G. (1999): Volkshochschulen. In: Tippelt, R. (1999), S. 455–460

Eierdanz, J. (1997): Alte. In: Bernhard, A./Rothermel, L. (Hrsg.): Handbuch Kritische Pädagogik. Weinheim

Fauss, M. (2007): Lernen ist Leben. Know-how für die zweite Lebenshälfte. Düsseldorf

Gemeinsame Synode der Bistümer der Bundesrepublik Deutschland (1976): Beschlüsse der Vollversammlung. Freiburg
Heinz, H.J. (1999): Kirchliche Bildungsarbeit. In: Tippelt, R. (1999), S. 462–469
Hinz, O. (2006): „Literatur an Ort und Stelle". Ein Netzwerk literarischer Lernorte entsteht. In: forum Erwachsenenbildung, H. 2, S. 65–66
Höcht-Stöhr, J. (2006): Steter Tropfen höhlt den Stein. Kriterien langfristiger Bildungsplanung am Beispiel städtischer Bildungseinrichtungen. In: forum Erwachsenenbildung. H. 2, S. 53–55
Kade, S. (2000): Volkshochschulen. In: Becker, S. u. a. (2000), S. 173–184
Kade, S. (2007): Altern und Bildung. Eine Einführung. Bielefeld
Kaiser, M. (1997): Bildung durch ein Studium im Alter. Auswirkungen der Teilnahme an einem allgemeinbildenden wissenschaftlichen Weiterbildungsangebot für ältere Studierende. Münster u. a.
Kammer der Evangelischen Kirche Deutschlands für Bildung und Erziehung (1983): Erwachsenenbildung als Aufgabe der evangelischen Kirche. Grundsätze. Gütersloh
Katholische Bundesarbeitsgemeinschaft für Erwachsenenbildung (Hrsg.) (1992): Bildungspolitische Grundsätze. Hirschberger Erklärung. Bonn
Katholische Landesarbeitsgemeinschaft Erwachsenenbildung (2004): Erwachsenenbildung gehört zum kirchlichen Kerngeschäft. URL: www.kbe-bonn.de/fileadmin/Redaktion/PDF/Stellungnahmen/Erwachsenenbildung_geh_rt_zum.pdf (12.12.07)
Lange, J. (2001): Zwischen Nebel & Aufklärung. URL: www.die-frankfurt.de/esprid / dokumente/doc-2000/lange01_01.pdf (Stand: 12.12.07)
Meueler, E. (2002): Kirchliche Erwachsenenbildung. In: prekär. Zeitung für die Beschäftigten der Weiterbildung, H. 6. URL: www.gew-nordhessen.de/prekaer/prekaer6_2002/WB_Markt/Kirchl_EB.htm (Stand: 03.12.07)
Nagel, S. (2006): Zum Bildungskonzept der Föderation Evangelischer Kirchen in Mitteldeutschland (EKM). In: forum Erwachsenenbildung, H. 2, S. 82–86
Nuissl, E. (2001): Erwachsenenbildung – Weiterbildung. In: Arnold, R. u. a. (2001), S. 85–89
Nuissl, E./Pehl, K. (2000): Porträt Weiterbildung Deutschland. Bielefeld
Pfaff, K. (1998): Wider Gleichförmigkeit und Ausschließung. Über die Ghettoisierung alter Menschen in und durch die Gesellschaft. In: Veelken, L. u. a. (Hrsg.): Jung und Alt. Beiträge und Perspektiven zu intergenerativen Beziehungen. Hannover
Reichart, E./Huntemann, H. (2006): Volkshochschul-Statistik 2006. URL: www.die-bonn.de/doks/reichart0702.pdf (Stand: 03.12.07)
Rosenmayr, L. (1980): Senioren an die Universität? Wege und Irrwege der „Altenbildung". In: ZWW Oldenburg 1980, S. 6–26
Schnücker, E. (2000): Akademien. In: Becker, S. u. a. (2000), S. 191–193
Schröder, H./Gilberg, R. (2005): Stand und Entwicklung der Bildungsbeteiligung älterer Menschen. In: Hessische Blätter für Volksbildung, H. 3, S. 214–225
Schröder, H./Gilberg, R. (2006): Weiterbildung Älterer im demographischen Wandel. Empirische Bestandsaufnahme und Prognose. Bielefeld
Seiverth, A. (2001): Evangelische Erwachsenenbildung. In: Arnold, R. u. a. (2001), S. 106–108

Sommer u. a. (2004): Zwischen Selbstorganisation und Seniorenakademie. Die Vielfalt der Altersbildung in Deutschland. Berlin
Stadelhofer, C. (2000): „Forschendes Lernen" im dritten Lebensalter. In: Becker, S. u. a. (2000), S. 304-310
Stadelhofer, C. (2006): Bildung für das Alter. Konzepte und Handlungsfelder. In: forum Erwachsenenbildung, H. 1, S. 29-34
Stang, R. (2005): Kulturelle Erwachsenenbildung. Entwicklungen und Herausforderungen am Beispiel der Volkshochschulen. In: Institut für Kulturpolitik der Kulturpolitischen Gesellschaft e.V. (Hrsg.): Jahrbuch für Kulturpolitik 2005. Band 5. Bonn, S. 143-149
Stang, R. (2006): Kulturelle Erwachsenenbildung unterbewertet!? Forderung nach Schlüsselqualifikationen erfordert umdenken. URL: www.die-bonn.de/esprid/dokumente/doc-2006/stang06_01.pdf (Stand: 03.12.07)
Stang, R. u. a. (2003): Kulturelle Bildung. Ein Leitfaden für Kursleiter und Dozenten. 2. komplett überarb. und aktual. Auflage. Bielefeld
Statistisches Bundesamt (2007): Pressemitteilung Nr. 225 vom 04.06.2007. URL: www.destatis.de/jetspeed/portal/cms/Sites/destatis/Internet/DE/Presse/pm/ 2007/06/PD07__225__213.psml (Stand: 12.12.07)
Tippelt, R. (Hrsg.) (1999): Handbuch Erwachsenenbildung/Weiterbildung. 2. Aufl. Opladen
Veelken, L. (2000): Hochschulen und Akademien. Geschichte. In: Becker, S. u. a. (2000), S. 184-186
Wallraven, K.P. (2000): Hochschulen und Akademien. Struktur und Organisation. In: Becker, S. u. a. (2000), S. 184-197
Weiland, M./Ambos, I. (2007): Weiterbildungsstatistik im Verbund 2005. Kompakt. URL: www.die-bonn.de/doks/weiland0701.pdf (Stand: 12.12.07)
Wittrahm, A. (2001): Katholische Erwachsenenbildung. In: Arnold, R. u. a. (2001), S. 172-174

Literatur zum Praxisfeld Selbstorganisierte Aktivitäten

Braun, J. u. a. (Hrsg.) (2004): *senior*Trainer*in*. Neue Verantwortungsrollen und Engagement in Kommunen. Bundesmodellprogramm „Erfahrungswissen für Initiativen". Bericht zur ersten Programmphase (= ISAB-Schriftenreihe: Berichte aus Forschung und Praxis 84). Köln
Brendgens, U./Braun, J. (2001a): Freiwilliges Engagement der Seniorinnen und Senioren. In: von Rosenbladt, B. (2001), S. 156-166
Brendgens, U./Braun, J. (2001b):Freiwilliges Engagement älterer Menschen. In: Picot, S. (Hrsg.): Freiwilliges Engagement in Deutschland. Ergebnisse der Repräsentativerhebung 1999 zu Ehrenamt, Freiwilligenarbeit und bürgerschaftlichem Engagement. Frauen und Männer, Jugend, Senioren, Sport. 2., korr. Aufl. (= Schriftenreihe des Bundesministeriums für Familie, Senioren, Frauen und Jugend 194.3). Stuttgart u. a., S. 209-301. URL: www.bmfsfj.de/bmfsfj/generator/Redaktion-BMFSFJ/Broschuerenstelle/Pdf-Anlagen/PRM-24456-SR-Band-194.3,property= pdf,bereich=,sprache=de,rwb=true.pdf (Stand: 06.11.07)

Bundesministerium für Familie, Senioren, Frauen und Jugend (BMFSFJ) (2007): Selbstorganisation älterer Menschen. Beispiele guter Praxis. Berlin
Bundesministerium für Familie, Senioren, Frauen und Jugend (BMFSFJ) (Hrsg.) (2004): Bildung im Alter. Ergebnisse des Forschungsprojektes. Berlin. URL: www.bmfsfj.de/RedaktionBMFSFJ/Abteilung3/Pdf-Anlagen/bildung-im-alter,property=pdf.pdf (Stand: 06.11.07)
Bundesministerium für Familie, Senioren, Frauen und Jugend (BMFSFJ) (Hrsg.) (2005a): Freiwilliges Engagement in Deutschland 1999–2004. Ergebnisse der repräsentativen Trenderhebung zu Ehrenamt, Freiwilligenarbeit und bürgerschaftlichem Engagement. München. URL: www.bmfsfj.de/bmfsfj/generator/RedaktionBMFSFJ/Arbeitsgruppen/Pdf-Anlagen/freiwilligen-survey-langfassung,property=pdf, bereich=, sprache=de,rwb=true.pdf (Stand: 06.11.07)
Bundesministerium für Familie, Senioren, Frauen und Jugend (BMFSFJ) (Hrsg.) (2005b): Fünfter Bericht zur Lage der älteren Generation in der Bundesrepublik Deutschland. Potenziale des Alters in Wirtschaft und Gesellschaft. Der Beitrag älterer Menschen zum Zusammenhalt der Generationen. Bericht der Sachverständigenkommission an das Bundesministerium für Familie, Senioren, Frauen und Jugend. Berlin. URL: www.bmfsfj.de/bmfsfj/generator/RedaktionBMFSFJ/Abteilung3/Pdf-Anlagen/fuenfter-altenbericht,property=pdf,bereich=,sprache=de,rwb=true.pdf (Stand: 06.11.07)
Ermert, K./Lang, Th. (Hrsg.) (2006): Alte Meister. Über Rolle und Ort Älterer in Kultur und kultureller Bildung. Wolfenbüttel
Deutscher Bundestag (2002): Bericht der Enquete-Kommission „Zukunft des Bürgerschaftlichen Engagements". Bürgerschaftliches Engagement. Auf dem Weg in eine zukunftsfähige Bürgergesellschaft. Drucksache 14/8900. URL: http://dip.bundestag.de/btd/14/089/1408900.pdf (Stand: 06.11.07)
Geiss, S. (2007) (i.V.): Freiwilliges Engagement im Engagementbereich „Kultur und Musik". Hauptergebnisse der Freiwilligensurveys 1999–2004 im Auftrag der Bundesvereinigung Kulturelle Kinder- und Jugendbildung e.V. und mit Unterstützung des Bundesministeriums für Familie, Senioren, Frauen und Jugend. München
Geiss, S./Gensicke, Th. (2005): Freiwilliges Engagement von Migrantinnen und Migranten. In: BMFSFJ (2005a), S. 347–404
Gensicke, Th. (2005a): Freiwilliges Engagement in Deutschland 1999–2004. Hauptbericht. In: BMFSFJ (2005a), S. 15–200
Gensicke, Th. (2005b): Freiwilliges Engagement älterer Menschen im Zeitvergleich. In: BMFSFJ (2005a), S. 303–346
Kade, S. (2007): Altern und Bildung. Eine Einführung. Bielefeld
Knopp, R./Nell, K. (2007a): Die Ressourcen nutzen: Neue Chancen im Alter. In: Dies. (2007b), S. 7–18
Knopp, R./Nell, K. (Hrsg.) (2007b): Keywork. Neue Wege in der Kultur- und Bildungsarbeit mit Älteren. Bielefeld
Kohli, M./Künemund, H. (Hrsg.) (2005): Die zweite Lebenshälfte. Gesellschaftliche Lage und Partizipation im Spiegel des Alters-Survey. 2., erw. Aufl. Wiesbaden

Liebelt, U. (2006): Museum für und mit Älteren: Ältere als Besuchergruppe und als bürgerschaftliches Unterstützungspotential. In: Ermert, K./Lang, Th. (2006), S. 77–87

Nell, K./Frank, U. (2007): Kulturführerschein® und Co. In: Knopp, R./Nell, K. (2007b), S. 117–140

Notz, G. (2005): *senior*Trainer*innen* im Bereich von Kultur und Soziokultur. In: Braun, J. u. a. (Hrsg.): Erfahrungswissen und Verantwortung. Zur Rolle von *senior*Trainer*innen* in ausgewählten Engagementbereichen (= ISAB-Schriftenreihe: Berichte aus Forschung und Praxis 89). Köln, S. 145–175

Olejniczak, C. (2006): Bürgerschaftliches Engagement Älterer im Naturschutz und in der Umweltbildung: Kann der Kulturbereich davon lernen? In: Ermert, K./Lang, Th. (2006), S. 105–110

von Rosenbladt, B. (Hrsg.) (2001): Freiwilliges Engagement in Deutschland. Ergebnisse der Repräsentativerhebung zu Ehrenamt, Freiwilligenarbeit und bürgerschaftlichem Engagement. Gesamtbericht. 2., korr. Aufl. (= Schriftenreihe des Bundesministeriums für Familie, Senioren, Frauen und Jugend 194.1). Stuttgart u. a.. URL: www.bmfsfj.de/RedaktionBMFSFJ/Broschuerenstelle/Pdf-Anlagen/PRM-24454-SR-Band-194.1,property=pdf,bereich=,rwb=true.pdf (Stand: 06.11.07)

Sautter, S. (2007): An der Schnittstelle von Sozialem und Kultur. Bürgerschaftliches Engagement in der zweiten Lebenshälfte. In: Knopp, R./Nell, K. (2007b), S. 53–73

Schröder, H./Gilberg, R. (2005a): Weiterbildung Älterer im demographischen Wandel. Empirische Bestandsaufnahme und Prognose. Bielefeld

Schröder, H./Gilberg, R. (2005b): Stand und Entwicklung der Bildungsbeteiligung älterer Menschen. In: Hessische Blätter für Volksbildung, H. 3, S. 214–225

Sommer, C. u. a. (2004): Zwischen Selbstorganisation und Seniorenakademie. Die Vielfalt der Altersbildung in Deutschland. Berlin

Tesch-Römer, C. u. a. (2006): Altwerden in Deutschland. Sozialer Wandel und individuelle Entwicklung in der zweiten Lebenshälfte. Wiesbaden

Wagner, B. (2000): Ehrenamt, Freiwilligenarbeit und bürgerschaftliches Engagement in der Kulturarbeit. In: Kulturpolitische Mitteilungen, Nr. 89, S. 36–41

Wagner, B./Blumenreich, U. (2004): Bürgerschaftliches Engagement und Ehrenamt im Kulturbereich. Wesseling. URL: www.kas.de/db_files/dokumente/materialien_fuer_die_arbeit_vor_ort/7_dokument_dok_pdf_5510_1.pdf (Stand: 06.11.07)

Zentrum für Kulturforschung (2008): KulturBarometer 50+. Eine bundesweite empirische Bestandsaufnahme. Endbericht. unveröff. Manuskript